明儒學案

学术史系统研究

赵文会 著

铜仁学院学术著作资助专项

目　录

绪　　言

一、选题动机

“学术史”是中华优秀传统文化的重要类别，有学者认为“学术史的考察研究是探讨中国文化本质的核心课题”①。中国编纂学术史的传统源远流长，先秦时期即有《礼记·儒行》《庄子·天下》等单篇的学术史专论，脱胎于《别录》《七略》的《汉书·艺文志》在汉代开创了经典的目录体学术史之制②，南宋时期《伊洛渊源录》实为理学学术史编纂之滥觞，明清时期《宋元学案》《明儒学案》的成书代表了学案体学术史的成熟与稳定，清末民初的《清儒学案》和梁启超《中国近三百年学术史》则分别标志着古典学案体时代的终结和传统学术史编纂范式的近代转型，而《明儒学案》是中国传统学术史编纂历程中极重要的典型代表。

《明儒学案》内涵丰富，但“学术史”意义至少是该书的核心价值之

---

① 李学勤：《简帛佚籍与学术史·自序》，南昌：江西教育出版社，2001 年，第 2 页。

② 梅新林、俞樟华：《中国学术史研究的主要体式与成果》（《浙江师范大学学报》2009 年第 1 期）一文将中国学术史研究的主要体式分为八类：序跋体、传记体、目录体、笔记体、道录体、学案体、章节体、学术编年体。

一[①]。梁启超认为："中国有完善的学术史，自梨洲之著学案始。"[②]"黄梨洲著《明儒学案》……乃创为学史之格。"[③]"《明儒学案》，中国之有'学术史'，自此始也。"[④]虽然梁氏是以近代西方"学术史"的概念标准来衡量中国传统学术史，但他绝非不承认中国自《庄子·天下》以来优良的学术史传统，而其要义则在于"完善"二字，"完善"实有二义：一是《明儒学案》代表了中国传统学术史编纂极高的水平，二是《明儒学案》与近代西方学术史理论体系异质同构。自此而后，"学术史"一直是探究《明儒学案》的重要方向，前贤不断从编纂目的、学术史观、史料选录、学案体、学派归属、门户之见、哲学义理、学术史方法、史源学、文献学、儒学、史学史等角度展开探讨，取得了诸多极具价值的重要研究成果。但不是单独意义上的"史观、史料、史例、史法"使得《明儒学案》走向经典，而是它们之间的"关系"才使得《明儒学案》成为中国首部比较完善的学术史。《明儒学案》的学术史观、学术史史料选编、学术史编纂体例、学术史方法论是一个完整的意义系统，正是这套学术史系统使得《明儒学案》在一定程度上具有基于史

---

① 清代康熙年间黄宗羲本人在《〈明儒学案〉发凡》中沿着《圣学宗传》《理学宗传》的进路论及《明儒学案》具有"理学之书"的内涵，乾隆年间《明儒学案》被收录进《四库全书》，列于"史部·传记类"，清代后期张之洞在《书目答问》中又将《明儒学案》划归到"子部·儒家类·理学汇属"，清末民初梁启超首倡《明儒学案》的"学术史"性质，民国时期金毓黻从"史学史"的角度讨论《明儒学案》，冯友兰阐释《明儒学案》的"哲学史"性质，中华人民共和国成立后侯外庐主要讨论了《明儒学案》的"理学史"性质，当代学者朱鸿林重点强调《明儒学案》的"子书"性质，陈畅则重论作为"理学之书"的《明儒学案》。从清初至今的三百余年间，对《明儒学案》性质的定义大体上经历了"理学之书→传记→子书→学术史→史学史→哲学史→理学史→理学之书"的变化，《明儒学案》性质之辨反映的主要问题不在于《明儒学案》本身，反而在于近现代以来我国学科分类的不断衍化以及学科范式的不断转型。前人对《明儒学案》性质之辨从深层次上反映了《明儒学案》一书内涵之丰富，"学术史"亦只是其中的一个维度，但大体上应该属于其核心价值之一。

② 梁启超：《中国近三百年学术史》(新校本)，北京：商务印书馆，2016 年，第 63 页。

③ 梁启超：《中国历史研究法》，北京：中华书局，2009 年，第 181 页。

④ 梁启超著，朱维铮校订：《清代学术概论》，北京：中华书局，2016 年，第 26 页。

学并超越史学的价值，并产生着泛学科的意义。正如梁启超所说："《明儒学案》这部书，我认为是极有价值的创作，将来做哲学史、科学史、文学史的人，对于他的组织虽有许多应改良之处，对于他的方法和精神，是永远应采用的。"①"使后人能师其意，则中国文学史可作也，中国种族史可作也，中国财富史可作也，中国宗教史可作也。诸类此者，其数何限？"②百年前梁启超之论不能不令我们深思。故本文以"《明儒学案》的学术史系统"为论阈，初步尝试对《明儒学案》学术史系统的理论结构进行探讨，以期学界的批评与对这一问题的共同关注。

"文化"与"学术"互为表里，中华优秀传统文化创造性转化的部分前提是从学理的角度探究清楚某一类文化的内质，"学术史"自是重要一类。"学术"的递进性发展则离不开"学术史"的持续性编纂，先秦以来，"强烈的时代使命感"和"深沉的历史责任感"始终伴随着历代学术史编纂者志向前行，发展到明清时期，《明儒学案》特点鲜明，大体上可以这样理解：在中国传统学术史编纂的文化序列里，《明儒学案》学术史系统的理论结构相对来说应该具有比较重要的学理性价值。

二、国内外研究现状

（一）清代关于《明儒学案》研究的基本情况

关于《明儒学案》的编纂，若远溯，可达至其师刘宗周之《皇明道统录》以及《明儒学案》卷首所辑之《师说》；若近求，则至少可以追溯到（清）康熙六年（1667）黄宗羲所辑的《理学录》，现存《理学录》是一部残稿，或称为未竟之稿，正文包括濂溪学派、康节学派、河南学派、

---

① 梁启超：《中国近三百年学术史》（新校本），第 64 页。

② 梁启超：《中国历史研究法》，第 181 页。

关中学派、浙学派、道南学派（残）、湖南学派（残）、金华学派（残）、辅氏学派（残）、江右学派（残）、北方学派、明初学派（残）、河东学派、崇仁学派、白沙学派、甘泉学派，与《明儒学案》的体例、内容、思想意旨等皆有联系，正如有学者指出："《理学录》反映了梨洲正式撰写《明儒学案》和《宋元学案》之前对于宋、元、明三朝儒家学术思想史的基本看法。"[①]梨洲久有"志七百年来儒苑门户"[②]之心，《理学录》的主要价值是进一步补充了学界对《明儒学案》文本早期样态的认知。另外与黄宗羲有密切学术关系的姜希辙（别号定庵）之同名"《理学录》"也与《明儒学案》的成书有关[③]。始纂于（清）康熙七年（1668）、辑成于（清）康熙十四年（1675）的《明文案》在文献资料类型方面与《明儒学案》的成书也有一定关系，但待详论。（清）康熙十五年（1676）《明儒学案》成书[④]，也有学者认为成书于（清）康熙十六年[⑤]、（清）康熙十七年[⑥]、（清）康熙十七年至十八年间[⑦]、（清）康熙二十三年至二十四年间[⑧]，不过还有学者提出："近有学者对此质疑，一说认为完稿于康熙二十三、二十四年间，一说认为成书于康熙十七、十八年间。似皆不足为定论，然本书当于本年后陆续撰成，应无疑问。"[⑨]《明儒学案》的

---

① 彭国翔：《黄宗羲佚著〈理学录〉考论》，《中共宁波市委党校学报》2011 年第 4 期，第 102 页。

② （清）全祖望：《鲒埼亭集》卷一一《梨洲先生神道碑文》，（清）全祖望撰，朱铸禹汇校集注：《全祖望集汇校集注》，上海：上海古籍出版社，2021 年，第 223 页。

③ 详见彭国翔：《姜希辙及其〈理学录〉考论》，载氏著《近世儒学史的辨正与钩沉》，北京：中华书局，2015 年，第 453—519 页。

④ （清）黄炳垕撰，王政尧点校：《黄宗羲年谱》，北京：中华书局，1993 年，第 40 页。

⑤ 方国根：《〈明儒学案〉评要》，刘淑兰主编：《中外社会科学名著千种评要 · 中国哲学》，北京：华夏出版社，1992 年，第 243 页。

⑥ 方祖猷：《黄宗羲长传》，杭州：浙江大学出版社，2011 年，第 281 页。

⑦ 吴光：《〈明儒学案〉考》，（清）黄宗羲著，吴光主编：《黄宗羲全集》第 8 册，杭州：浙江古籍出版社，2012 年，第 1005 页。

⑧ 陈祖武：《中国学案史》，上海：东方出版中心，2008 年，第 110 页。

⑨ 乔治忠、朱洪斌编著：《增订中国史学史资料编年 · 清代卷》，北京：商务印书馆，2013 年，第 94 页。

成书是一个过程，(清)康熙六年(1667)黄宗羲应已着手开始编撰，至(清)康熙十五年(1676)一定是完成了绝大部分的主体核心内容，之后陆续有所增、删、改、易、补，这个过程甚至可能持续到(清)康熙三十二年(1693)紫筠斋初版刊刻之前，(清)康熙十七年、十八年、二十三年、二十四年都有明显的修改痕迹，而如果说黄宗羲对自己的著作从稿本到刊本期间不做任何修改反倒可能性很小。若将“书成于丙辰之后”理解为“丙辰”年“之后”的某一年，那么就说明连黄宗羲自己都只是想说这只是个范围，但“丙辰”年则一定是黄宗羲本人对《明儒学案》成书时间最核心的认同①。

(清)康熙年间《明儒学案》成书后一直以抄本的形式流传，(清)康熙二十年(1681)陆陇其记曰：“仇沧柱以黄太冲《学案》首六卷见赠。”②此首六卷即为抄本的《明儒学案》，来源于黄宗羲的弟子仇兆鳌(字沧柱)。仇兆鳌于(清)康熙二十四年(1685)进士及第后被钦点为翰林院庶吉士，(清)康熙二十六年(1687)五十岁时任翰林院编修，在此前后，仇兆鳌一直在京城讲学，抄本《明儒学案》正是其讲学的教材之一。此时贾润之子贾朴学于仇兆鳌，据《清儒学案》载：“贾润字若水，故城人，明诸生。轻财好施，乐善不倦。入清代，屏弃帖括，专研性理之学。后命其子朴受业于鄞县仇编修兆鳌，授以梨洲《明儒学案》。”③贾朴得以携《明儒学案》的抄本给其父贾润观看，贾润读后喟

---

① 学界持《明儒学案》成书于(清)康熙十五年说的还有钱穆：《中国近三百年学术史》，北京：商务印书馆，1997年，第29页。侯外庐等主编：《宋明理学史》下，北京：人民出版社，1987年，第781页。白寿彝主编：《中国史学史》第五卷，上海：上海人民出版社，2006年，第190页。杜维运：《中国史学史》，北京：商务印书馆，2010年，第736页。〔日〕福田殖：《关于〈明儒学案〉成书的基础性研究》，吴光主编：《黄宗羲与明清思想》，上海：上海古籍出版社，2006年，第223页。

② (清)陆陇其撰，杨春俏点校：《三鱼堂日记·辛酉》，北京：中华书局，2016年，第180页。

③ 徐世昌等编纂，沈芝盈、梁运华点校：《清儒学案》卷二《南雷私淑·贾先生润》，北京：中华书局，2008年，第140页。

然叹曰："此后学之津梁，千秋不朽之盛业也。"[①]遂决定刊刻。仇兆鳌旋即索序于梨洲，贾润亦令贾朴精心校雠，（清）康熙三十年（1691）春开刻，之后贾润不幸离世，由子贾朴[②]在（清）康熙三十二年（1693）续刻完成。至此，依据仇兆鳌抄本刊刻的紫筠斋版《明儒学案》正式刻成[③]。但与黄宗羲学术深有渊源的（清）郑性却认为："故城贾氏一刻，杂以臆见，失黄子著书本意。"[④]（清）全祖望也说："故城贾氏颠倒《明儒学案》之次第，（郑性）正其误而重刊之。"[⑤]黄宗羲七世孙黄炳垕亦认为："故城贾氏所刻，杂以臆见。"[⑥]有学者认为："贾本实非善本，因为它所据底本只是钞本，而且又经过了贾氏父子（贾润、贾朴）的重编甚至删改。"[⑦]还有学者根据民国十五年惇伦堂《竹桥黄氏宗谱》中黄百家之子黄千人《柬卢配京孝廉索还先人〈宋元学案〉底本》一诗中"忆康熙丁亥冬夜，先子于仇公邸第尝面斥其窜易之诬，仇公为之俯首"的内容论证贾本乃经由仇兆鳌所改动[⑧]，亦有学者认为

---

① （清）贾润：《〈明儒学案〉序》，（清）黄宗羲：《明儒学案》，（清）康熙三十二年紫筠斋刻本，中国国家图书馆藏，善本书号：19570，叶二正。

② 据《清儒学案》卷二《南雷私淑·贾先生润》载："朴，岁贡生，笃学，研究性理，官至苏松常镇道、布政使参政，清廉著声，《明儒学案》实由其承父命刊成。"徐世昌等编纂，沈芝盈、梁运华点校：《清儒学案》，第141页。

③ 馆藏地有中国国家图书馆、中国人民大学图书馆、天津图书馆、辽宁省图书馆、黑龙江省图书馆、哈尔滨师范大学图书馆、浙江图书馆、新乡市图书馆、湖北省图书馆、湖北经济学院图书馆、湖南省图书馆、湖南省社科院图书馆、南京图书馆、温州市图书馆、绍兴市图书馆、宁波天一阁、徐州市图书馆、福建省图书馆、兰州大学图书馆、上海图书馆、台湾省图书馆、台湾政治大学图书馆、台湾师范大学图书馆等。

④ （清）郑性：《〈明儒学案〉序》，（清）黄宗羲：《明儒学案》，（清）乾隆四年二老阁刻本，中国国家图书馆藏，善本书号：54564，叶一背。

⑤ （清）全祖望：《鲒埼亭集》卷二一《五岳游人穿中柱文》，（清）全祖望撰，朱铸禹汇校集注：《全祖望集汇校集注》，第378页。

⑥ （清）黄炳垕撰，王政尧点校：《黄宗羲年谱》，第40页。

⑦ 吴光：《第七、第八册（〈明儒学案〉）点校说明》，（清）黄宗羲著，吴光主编：《黄宗羲全集》第7册，第2页。

⑧ 张如安：《黄氏两〈学案〉补考》，《古籍整理研究学刊》1993年第6期，第24—25页。

“贾本大部分修改出自黄宗羲弟子仇兆鳌之手”[1]。这些观点长期影响着人们对于紫筠斋刻本版本价值的判断。然而有学者经过具体的版本对勘提出:“郑本较近于黄宗羲刚编纂完成的原稿,应该可以肯定。贾本虽出传抄,但就说它‘杂以臆见,失黄子著书本意’,则未必是公平,而且根据上述观察,甚至很可能出于黄宗羲自己的改动。……贾本经过改订,其实是比较进步的版本。”[2]还有学者提出:“贾本似更为‘准确’,与文献原文更相匹配,上版前后有经校勘之痕迹可寻,二老阁本更似初稿。”[3]直到有学者明确指出,贾本是黄宗羲的“晚年定本”[4]。紫筠斋贾本是《明儒学案》最早得以刊刻的全本,不仅在清初更早地传递了明学,甚至(清)乾隆年间《四库全书》在贾、郑二本均已行世的情况下反而收录了山东巡抚采进的紫筠斋本,也在一定程度上映射着版本选择背后的思想史考量,故学界对其版本价值应有更深一步的公平之论。

(清)康熙三十一年(1692)秋七、八月间黄宗羲应贾润之邀、仇兆鳌之请在病中为紫筠斋本《明儒学案》作了一篇序,《南雷文定四集》收录此序,称为“《明儒学案序》”,(清)康熙三十二年(1693)紫筠斋初刻本亦收录此序,但称之为“《黄梨洲先生原序》”。这两篇序的文字略有不同,如关于学人对《明儒学案》的评价,《南雷文定四集》版原序为:然抄本流传,陈介眉以谨守之学,读之而转手,汤潜庵谓余曰:《学案》宗旨杂越,苟善读之,未始非一贯也。紫筠斋版原序改作:然

① 刘辰:《贾氏紫筠斋本〈明儒学案〉删改史实探微》,《清史研究》2023 年第 3 期,第 92 页。

② 钟彩钧:《黄宗羲〈明儒学案〉的异本问题》,《中国文哲研究通讯》2008 年第 2 期,第 121 页。

③ 吴兆丰:《〈明儒学案〉(中华书局修订版)点校辨误举隅》,中国社会科学院历史研究所明史研究室编:《明史研究论丛》第十六辑,北京:中国社会科学出版社,2017 年,第 213 页。

④ 郭齐:《说黄宗羲〈明儒学案〉晚年定本》,《史学史研究》2003 年第 2 期,第 49 页。

抄本流传，颇为好学者所识，往时汤公潜庵有云：《学案》宗旨杂越，苟善读之，未始非一贯。此陈介眉所传述语也。这两种表达实际上都只有一个核心思想，即主程朱路径的清初理学名臣汤斌对《明儒学案》的评价，在这一点上二者并无差别，也应该是黄宗羲更看重的部分。但关于汤斌的评价是不是由陈介眉所传述却有两种理解，有学者提出："陈氏于康熙十八年即已告假送亲返乡，从此'里居五年，遂膺末疾，不能出户，又三年而卒'(《怡庭陈君墓志铭》)。可见，在康熙二十一年至二十四年间，陈锡嘏既没有，也不可能离甬北上，去同汤斌晤面。……'转手'指的是陈锡嘏所'谨守'的为学路径的转变，而丝毫没有将《明儒学案》抄本转交他人的意思。故贾氏改窜《明儒学案序》，所谓汤斌对《学案》的评论，是由'陈介眉传述'云云，就纯属臆断。"①此说有训诂及义理的支撑。但也有学者对此处文本曾作过不同的断句："陈介眉以谨守之学读之，而转手汤潜庵，谓余曰：'《学案》宗旨杂越，苟善读之，未始非一贯也。'"②其意即汤斌之评乃是由陈介眉传述给黄宗羲，这种理解与下文"此陈介眉所传述语也"一致，此说有原文献的支撑。"转手"在黄宗羲的学术语境下肯定含有非常明确的改变为学路径之意，如《崇仁学案·小序》："虽一斋、庄渠稍为转手。"③《江右王门学案·文庄邹东廓先生守益小传·附邹德涵》："于家学又一转手矣。"④《江右王门学案·给谏罗匡湖先生大纮》："于江右先正之脉又一转矣。"⑤《东林学案·中书陈几亭先生龙正》："师门之旨又一转矣。"⑥但我们不能因此而直接否定"转手"的"转于他人"

---

① 陈祖武：《中国学案史》，第 107 页。
② 沈芝盈：《黄梨洲先生原序·校勘记》，(清) 黄宗羲著，沈芝盈点校：《明儒学案》，北京：中华书局，1985 年，第 10 页。
③ (清) 黄宗羲著，吴光主编：《黄宗羲全集》第 7 册，第 1 页。
④ (清) 黄宗羲著，吴光主编：《黄宗羲全集》第 7 册，第 382 页。
⑤ (清) 黄宗羲著，吴光主编：《黄宗羲全集》第 7 册，第 635 页。
⑥ (清) 黄宗羲著，吴光主编：《黄宗羲全集》第 8 册，第 876 页。

之意,倒推陈介眉染疾至卒在(清)康熙二十四年至二十六年(又三年而卒),而之前的(清)康熙十八年至二十三年(里居五年)间围绕甬上讲经之会①,陈介眉有非常明确的学术活动。而且现存《汤子遗书》以及《南雷文定》中三篇汤斌与黄宗羲往复的书札中均没有这段内容,所以在未能于其他清代文献中见到汤斌对《明儒学案》的相同评价之前,“亲口说”和“转述”至少应该两存其义。关键是何以断定紫筠斋本原序的改动者一定是贾氏父子?此序的修订者有可能是贾润、贾朴,也有可能是黄宗羲本人。如果是贾氏父子,那么请问他们目的是什么?如果不是黄宗羲本人,那么请问如何解释紫筠斋本原序将“某”幼遭家难、视“某”犹子、“某”送之江干、“某”曰、仲升欲“某”序其《节要》、“某”终不敢、“某”为《明儒学案》中七处“某”均改为“羲”?紫筠斋版原序对《南雷文定》版原序的改动分增、删、改几种情况,如“北地贾若水”中“北地”下增“隐士”二字进一步体现了对贾润的尊重;删“未始非一贯也”中“也”、“承遗命而刻之”中“而”皆属于删掉余词;改“唯”为“惟”、改“序”为“叙”、改“死”为“逝”、改“犹子”为“如子”、改“矇瞳”为“懵懂”、改“都中”为“都下”、改“无何”为“亡何”、改“蹻蹻”为“矍矍”、改“某病几革”为“一病几革”、改“我心体之”为“我之心体”等基本上属于无明显字义词义变化的行文变动,而改“数百岁之书”为“数百岁学脉”体现了更加宏观的明代学术史意涵,于文义较为优长。学界论及黄宗羲哲学常引用的“心无本体,工夫所至即其本体”其实最早出现在紫筠斋版原序中,因为《南雷文定》版原序中的“工夫”原本作“功力”。而“功力所至即其本体”不能替代“工夫所至即其本体”所开显的理学思想体系中“本体—工夫”的结构。从文

① (清)黄宗羲:《翰林院编修怡庭陈君墓志铭》:“先是甬上有讲经之会,君与其友陈赤衷等数十人,尽发郡中经学之书,穿求崖穴,以立一哄之平,盖断断如也。自君出而诸子亦散,至是复集,甬中多志行之士,由此会为之砥砺耳。”(清)黄宗羲著,吴光主编:《黄宗羲全集》第10册,第445页。

献学的角度看，如果认为紫筠斋版原序不是黄宗羲本人所改，那么肯定就不能直接引“工夫所至即其本体”为黄宗羲之论。实际上以“工夫”易“功力”，不仅完全包含了原文义，而且使其得到了理论上的升华，所以说不能完全排除其为黄宗羲本人所修改。由上可见，紫筠斋本原序对《南雷文定》版原序的修改甚至在总体上进一步优化了原文本。黄宗羲在病愈后对原序进行了修改，是为改本的《明儒学案序》，这篇改序最早收录于《南雷文定五集》，称为“又改本”，但（清）康熙三十二年（1693）紫筠斋初刻本并未收录此篇改序，直到（清）雍正十三年（1735）贾氏后人贾念祖重刻紫筠斋本时才收录了此篇改序，直接称为“《明儒学案序》”，以区别同时收录的“《黄梨洲先生原序》”。雍正本改序与《南雷文定五集》本改序基本上完全一致，改动之处很少，仅有如“盈天地皆心也”中“地”下增“间”，改“茅”为“芽”，改“死”为“亡”，改“撮”为“操”，改“朱程”为“程朱”等。改序与原序都是围绕理学本体论、理学工夫论、理学史观、《明儒学案》的编纂缘起、紫筠斋本的刊刻过程五个问题展开，但侧重各有不同。因此现存《明儒学案》的序文有四篇，最早的是《南雷文定四集》收录的“《明儒学案序》”（即病中原序），共 710 字。在此基础上进行修改并收录于（清）康熙三十二年（1693）紫筠斋初刻本中的“《黄梨洲先生原序》”共 683 字。这是《明儒学案》的两篇原序。之后原序经黄宗羲修改后收录于《南雷文定五集》，称为“《明儒学案序又改本》”，共 627 字。这篇改序后又经修改收录于（清）雍正十三年（1735）紫筠斋重刻本中，直接称为“《明儒学案序》”，共 611 字。这是《明儒学案》的两篇改序。四篇序文紧密联系又有明显的文本差异，各有其独立的、重要的史料价值、文献价值和学术价值，是后人了解《明儒学案》相关问题极重要的材料。尤其是原序的价值应该进一步得到重视，（清）康熙三十二年紫筠斋初刻本、（清）雍正十三年紫筠斋重刻本、（清）道光元年教忠堂刻本、

(清)光绪十四年南昌县学刻本、民国十九年上海商务印书馆《万有文库》本、民国二十五年上海中华书局《四部备要》本、民国二十五年上海世界书局《四朝学案》本、民国二十七年《清儒学案》卷二《南雷学案》本、民国三十四年重庆正中书局《重编〈明儒学案〉》本、1985 年中华书局点校本、1992 年《黄宗羲全集》本、2016 年北京大学《儒藏·精华编》本均收录了黄宗羲的这篇原序,这至少说明历代学者均认可了原序的重要学术价值。另外黄宗羲在《〈明儒学案〉发凡》中简明扼要地介绍了该书编纂的缘起、宗旨、体例、内容等主要问题,也是了解《明儒学案》的一篇必读文献。

(清)雍正十三年(1735),贾朴之子贾念祖对(清)康熙三十二年(1693)《明儒学案》紫筠斋初刻本的原板片进行了补修并重刻,是为雍正版紫筠斋贾氏刻本①。贾念祖收录了仇兆鳌《明儒学案序》、于准《明儒学案序》、黄宗羲病愈后所作的改本《明儒学案序》、黄宗羲在病中所作的《黄梨洲先生原序》(与紫筠斋初刻本同)、贾润的《明儒学案序》《明儒学案总评》、贾朴《明儒学案跋》、末附贾念祖本人的识语。这些序、跋、识语是研究《明儒学案》相关问题的宝贵资料。

(清)乾隆四年(1739)由郑性依据黄宗羲的原稿本续刻成了二老阁版《明儒学案》。《明儒学案》成书后,在(清)康熙十五年(1676)至二十年(1681)前后许三礼仅刻了数卷②,(清)康熙三十年(1681)万

---

① 馆藏地有中国国家图书馆、重庆大学图书馆、湖南省社科院图书馆、徐州市图书馆、兰州大学图书馆、天津师范大学图书馆、陕西省图书馆、南开大学图书馆等。

② 许三礼(1625—1691),字典三,号酉山,河南安阳人。(清)顺治十八年(1661)进士,历官海宁知县、顺天府尹、兵部督捕侍郎等,著有《读礼偶见》《正史纲说》等。黄宗羲在《兵部督捕右侍郎酉山许先生墓志铭》中说:“余自丙辰至庚申五年,皆在海宁奉先生之教。”[(清)黄宗羲著,吴光主编:《黄宗羲全集》第 10 册,第 480 页]有学者据以考证,许三礼刻《明儒学案》的时间应该在康熙十五年—二十年(1676—1681)黄宗羲海宁讲学期间(韩春平:《〈明儒学案〉清刻本及版本源流》,《古籍研究》2020 年第 2 期,第 145 页)。

言刻了卷一至卷一八、卷二〇、卷二一[①]。后来万言离职，只能暂辍刊刻之事，而《明儒学案》的稿本归于郑性。（清）雍正初年，黄宗羲之孙黄千秋听同乡胡泮英说广东巡抚杨文乾之子想要刊刻《明儒学案》[②]，嘱托黄千秋到郑性处求原稿，黄千秋与郑性讲明情况，郑性旋即拿出原稿给胡泮英，可不幸的是胡泮英携稿出发后突然离世，（清）雍正六年（1728）胡泮英的学生杨文乾也辞世了。黄千秋与郑性一方面为胡泮英之离世感到悲痛，另一方面惋惜耗费梨洲数十年心血的原书稿有可能就此散失。可是过了数年，胡泮英的外甥景鹿鸣带着《明儒学案》原稿本归还给了郑性，并转述了胡泮英临终时对景鹿鸣的嘱托："黄子《明儒学案》一书未刻，并未取还，此我所死不瞑目者也。汝能为我周旋，则九原感且不朽矣。"[③]可见胡泮英、景鹿鸣皆是守信重义之士。郑性复得原稿，立即捐赀续刻，始于（清）雍正十三年（1735），成于（清）乾隆四年（1739）。至此，依据黄宗羲原稿本刊刻的二老阁本《明儒学案》于（清）乾隆四年（1739）正式刻成[④]。二老阁本与《明儒学案》的原貌最为接近，历来为学界所重，其底本来源非常清楚，就是黄宗羲的原稿本。1985 年中华书局点校本的底本即是（清）冯全垓于（清）光绪八年补修的二老阁本，1992 年《黄宗羲全集》收录的《明儒学案》完全依据二老阁本原版排印，2016 年北京大学《儒

① 万言（1637—1705），字贞一，浙江鄞县人，晚年出任安徽五河知县，刊刻了约三分之一的《明儒学案》，现二老阁本中由万言所刻的部分卷首均有"门人万言订"的标识。

② （清）王梓材、（清）冯云濠：《〈宋元学案〉考略》："郑南溪性《与沈栾城书》云：'年前中丞在粤，属其师购觅黄梨洲先生所著宋元、明儒学案，且欲刊之。'……梓材谨案：中丞为广东巡抚杨公文乾，其师乃姚江胡泮英。中丞桥梓俱受业于胡。"（清）黄宗羲著，吴光主编：《黄宗羲全集》第 3 册，第 6 页。

③ （清）黄千秋：《黄千秋跋》，（清）黄宗羲著，吴光主编：《黄宗羲全集》第 7 册，第 2 页。

④ 馆藏地有中国国家图书馆、温州市图书馆、绍兴市图书馆、宁波天一阁、湖南省图书馆、徐州市图书馆、上海图书馆、福建省图书馆、内蒙古图书馆、兰州大学图书馆等。

藏·精华编》收录的《明儒学案》底本亦是二老阁原本。之后(清)乾隆年间编修《四库全书》收录了山东巡抚采进的紫筠斋本《明儒学案》,现可见(清)乾隆四十三年(1778)文渊阁抄本[①]、(清)乾隆四十七年(1782)文溯阁抄本[②]、(清)乾隆四十九年(1784)文津阁抄本[③]、(清)乾隆五十二年(1787)文澜阁抄本[④]等。《四库全书》的收录不仅代表了国家学术层面对《明儒学案》的认可,而且对于《明儒学案》一书的典藏、传播、流布极具文献学意义。《四库全书总目·〈明儒学案〉提要》是一篇高水平的古典目录学之作,从正反两方面评价了《明儒学案》的得失,代表了清中期官方对明代学术某种价值性判断,但关于《明儒学案》与《提要》的关系,目前为止还缺乏更深入的研究[⑤]。

(清)道光元年(1821),浙江会稽人莫晋刻成了教忠堂版的《明儒学案》[⑥]。莫本是(清)光绪以后一直到民国时期多种《明儒学案》刊

---

① 《四库全书》抄录的是(清)雍正十三年(1735)贾念祖重刻的紫筠斋本,由山东巡抚采进,归《明儒学案》于《史部七·传记类三·总录之属》,首列《〈明儒学案〉·提要》一篇,次列《明儒学案原序》(实为清雍正十三年贾念祖紫筠斋本收录的黄宗羲病后之改本序)。《四库全书》在(清)乾隆四十三年(1778)抄录《明儒学案》时至少有三种版本:(清)康熙三十二年紫筠斋初刻本、(清)雍正十三年紫筠斋重刻本、(清)乾隆四年二老阁刻本,而《四库全书》在官方层面的国家选择是紫筠斋重刻本,2005 年四川大学《儒藏·史部·历代学案》收录的《明儒学案》也是根据《四库全书》本整理。

② 金毓黻等编:《文溯阁四库全书提要》卷三五《史部九·传记类二·〈明儒学案〉》,北京:中华书局,2014 年,第 1152 页。

③ 现存中国国家图书馆,影印《文津阁四库全书·史部传记类》第 156—158 册,北京:商务印书馆,2005 年。

④ (清)乾隆五十二年(1787)文澜阁版《四库全书》成书,浙江图书馆残存。见宋卫平、徐海荣编:影印《文澜阁四库全书》史部第 457、458 册,杭州:杭州出版社,2015 年。

⑤ 仅有高寿仙初步作了《明儒学案》与《四库全书总目》对明儒评价的比较。载氏著《变与乱:明代社会与思想史论》,北京:人民出版社,2018 年,第 207—254 页。

⑥ 馆藏地有中国国家图书馆、上海图书馆、温州市图书馆、绍兴市图书馆、重庆市图书馆、贵州省图书馆、福建省图书馆、宁波天一阁、陕西省图书馆、西北师范大学图书馆、东海大学图书馆等。

刻排印的底本来源，范希曾提出："会稽莫晋刻本，善。"[①]但"善"与"善本"有别，如有学者认为："在这三种刊本当中，莫本最难以相信。据莫晋的序言看，莫本应当近似于郑本，然而实际上，莫本与郑本一致之处只是排列顺序和'王门学案'这一名称，其他的却完全同于贾本，而且其版式也完全按照被他指责为'非先生本旨'的贾本，莫本似乎是原封不动地对贾本的重刻，莫晋所说的'予家旧有钞本'很可能是故弄玄虚。事实上，莫本是折衷的产物。"[②]莫本的主要问题在于底本。莫晋在《重刻明儒学案序》中提出的"是非互见，得失两存"[③]对于我们认识《明儒学案》学术史系统的理论结构具有重要的方法论价值。另有(清)道光二十二年(1842)谢益汜水县衙刻本[④]和

---

① (清)张之洞撰，范希曾补正：《书目答问补正》，上海：上海古籍出版社，2010年，第128页。

② 〔日〕山井涌：《〈明儒学案〉考辨》，吴光主编：《黄宗羲论——国际黄宗羲学术讨论会论文集》，杭州：浙江古籍出版社，1987年，第480页。

③ (清)莫晋：《重刻明儒学案序》，(清)黄宗羲：《明儒学案》，(清)道光元年教忠堂刻本，叶一正。

④ 谢益(1783—1855)，字子迁，安徽桐城人，进士，曾授河南汜水知县，主嵩阳书院。关于刊刻缘起，谢益在(清)道光二十二年(1842)《重刻明儒学案序》中说："先君子篠榭公诲益曰：'洙泗传心而后，儒学明于宋而盛于明。载诸《理学宗传》者彰彰矣，而前明儒林之犹有未经列入者，则尽收入于《明儒学案》一书。《理学宗传》宗既一而学始一，孙夏峰先生之所由作也；《明儒学案》案不同而学则同，黄梨洲先生之所由作也。不睹其书，将宗无以为宗，亦学无以为学。……然得睹其书，而不心领神会，身体力行，将《宗传》自《宗传》，亦《学案》自《学案》。……小子识之哉！小子勉乎哉！'益敬识于心而不敢忘！兹《理学宗传》刻成，复以《明儒学案》付诸梓，以广其传，即以昔所闻于庭训者为之序。道光壬寅长至月望前四日，谢益谨识于汜水官署之镜心斋。"(转引自韩春平：《〈明儒学案〉清刻本及版本源流》，第148—149页)另据韩春平考证："从汜水本《明儒学案》篇目安排、所附莫晋序言，以及总目、卷端等处所刻'会稽后学莫晋宝斋、莫阶芝庭校刊'字样等情况来看，汜水本显然是据莫本重刻。该版本未曾被《中国古籍总目》著录，也未见之前相关研究有所论及，是近年古籍普查的一项新发现，据目前所知，仅河南焦作市图书馆有藏。"(《〈明儒学案〉清刻本及版本源流》，第149页)叶德辉《〈书目答问〉斠补》亦著录有："《明儒学案》六十二卷 道光壬寅汜水谢益刻本。"(来新夏等汇补：《书目答问汇补》，北京：中华书局，2011年，第581页)按，此版本卷三至卷六为补配抄本。

(清)道光二十八年(1848)湖南道州何绍基刻本①。

(清)光绪年间,至少有八种版本的《明儒学案》刊刻行世,包括(清)光绪八年(1882)冯全垓重刻二老阁本②、(清)光绪十二年(1886)贾敦忭重刻紫筠斋版③、(清)光绪十四年(1888)南昌县学刻本④、(清)光

① 叶德辉《〈书目答问〉斠补》:"《明儒学案》六十二卷 道光二十八年何绍基刻本。"(来新夏等汇补:《书目答问汇补》,第581页)按,何绍基(1799—1873),湖南道县人,晚清诗人、画家、书法家,(清)道光十六年(1836)进士,历主山东泺源书院、长沙城南书院,通经史,精于小学、金石、碑版之学,著有《惜道味斋经说》《东洲草堂诗》及《说文段注驳正》等,此版本的《明儒学案》目前只见于叶德辉《〈书目答问〉斠补》的存目中。

② 此版本是由清代浙江慈溪人冯全垓于(清)光绪八年(1882)据二老阁藏版补修。(清)乾隆四年(1739)郑性所刻二老阁本《明儒学案》的原板片一直保存在二老阁,(清)光绪年间郑性后人售予冯全垓,由于间隔近百年,部分板片有缺损,故冯全垓进行了少部分的补修,遂成此本。该版本有郑性序、冯全垓跋,(清)光绪二十八年(1902)上海文澜书局用石印的方法印了此版本,冯本也是1985年中华书局点校本的底本。馆藏地有中国国家图书馆、南京图书馆、温州市图书馆、陕西省图书馆、绍兴市图书馆、徐州市图书馆、贵州省图书馆、兰州大学图书馆、安徽师范大学图书馆、香港中文大学图书馆、台湾师范大学图书馆等。

③ (清)光绪十二年(1886)贾敦忭修补本《〈明儒学案〉跋》:"是书原国朝之初姚江黄梨洲先生手著,先八世祖若水公相与参阅,亟图公示,迄未垂成,嗣先九世祖素庵公克成父志,始授梓焉。忭甲申秋月旋里,查点家塾所存《学案》一书,板多残坏,因思此系家藏旧物,何可任其残缺?谨又商诸兄弟,按照旧帙修补数十页,以备海内笃学力行之士来索是书,亦以敬慓先志云尔。"(转引自韩春平:《〈明儒学案〉清刻本及版本源流》,第150—151页)韦力亦著录曰:"《明儒学案》六十二卷 康熙三十二年贾朴紫筠斋刻 光绪十二年贾敦忭重修本。"(来新夏等汇补:《书目答问汇补》,第581页)馆藏地有上海图书馆、黑龙江省图书馆等。

④ 此版本页面题:"黄梨洲先生纂辑《明儒学案》光绪十四年 板存南昌县学。"卷首是该版本刊刻者的一篇序,之后是黄千秋跋、郑性序、《明儒学案原序》(即收录于清康熙三十二年紫筠斋本中的《黄梨洲先生原序》)、莫晋《重刻明儒学案序》。总目录下题:豫章后学夏鼎、熊育鑫、熊绳祖、熊育镛、徐兆澜、周联庆、熊绳祖、萧兆柄、刘秉桢、李真实重刊。吴光考证此本是"据莫本重刻本"[(清)黄宗羲著,吴光主编:《黄宗羲全集》第8册,第1008页]韩春平则提出:"考虑到本书行款与汜水本完全相同,不排除存在以下可能,即这个一向被定为光绪十四年南昌县学刻本或徐兆澜等刻本的版本,其实是多年来几乎失传的汜水本的挖改版后印本。"(《〈明儒学案〉清刻本及版本源流》,第150页)馆藏地有中国国家图书馆、湖南省图书馆、首都图书馆、开封市图书馆、重庆綦江县图书馆、嘉兴市图书馆、重庆市图书馆、兰州大学图书馆、南开大学图书馆、贵州省图书馆、新疆大学图书馆、西南政法大学图书馆、河南辉县市图书馆、温州市图书馆、重庆市万州区图书馆、河南商丘市梁园区图书馆、青海省图书馆、河南大学图书馆、上海图书馆、台湾大学图书馆等。

绪二十一年（1895）刘树堂中州明道书院本①、（清）光绪二十八年（1902）上海文澜书局石印本②、（清）光绪三十年（1904）湘潭黄氏苏山草堂刻本③、（清）光绪三十一年（1905）杭州群学社石印《黄梨洲遗书》本④、（清）光绪三十一年（1905）梁启超《节本〈明儒学案〉》⑤等，梁启超早在万木草堂从学于康有为之时即已开始习读《明儒学案》，之后他在《〈节本明儒学案〉例言》中提出："今日学绝道丧之余，非有鞭

① 刘树堂（1830—1903），云南保山人，历任直隶、福建浙江布政使，浙江巡抚等职。据黄舒昺（清）光绪二十一年（1895）《补刊明儒学案后序》载："浙中有莫宝斋先生原刻板，坊间通行，而中州见此书者颇鲜。一日，坊友以此书板出售，残阙者十之二三，甚惜之。适遇大中丞保山刘景韩先生来书院，因以此书呈之。中丞欣然出重资，命梓人缮补完好，即买此板存书院，公之士林。"（转引自韩春平：《〈明儒学案〉清刻本及版本源流》，第 151 页）韩春平据以考证："书名页右上刻有'宣城刘大中丞补刊'字样，书中另有牌记一方，内刻'版存中州明道书院'。该版本也是近年古籍普查的新发现……目前仅西北民族大学图书馆及开封市图书馆（题'道光元年会稽莫氏刻光绪宣城刘氏补刻本'）有藏。"（《〈明儒学案〉清刻本及版本源流》，第 151 页）

② 此版本即（清）光绪八年（1882）冯全垓重刻二老阁本的覆本，内容与冯本同。首页题：《明儒学案》光绪壬寅上海文澜书局石印，卷首是郑性序，冯全垓跋。馆藏地有中国国家图书馆、上海图书馆、温州市图书馆、福建省图书馆、新疆维吾尔自治区图书馆、黑龙江省图书馆、贵州省图书馆、湖南省图书馆、徐州市图书馆、绍兴市图书馆等。

③ 吴光《〈明儒学案〉考》："光绪三十年（一九〇四年）湘潭黄氏苏山草堂据莫本重刻本。今存。"[（清）黄宗羲著，吴光主编：《黄宗羲全集》第 8 册，第 1008 页]韩春平认为："与南昌本类似，黄本也没有与刊刻相关的任何序跋，因而无从了解其刊刻详情。不过书中刻有一方刊识，内容为'光绪甲辰湘潭黄氏苏山草堂校刊'……至于刊刻者苏山草堂主人……推测很可能是光绪二十一年（1895）刘树堂中州明道书院修补莫氏本《明儒学案》的序作者黄舒昺族人。……黄本版面整饬，其版刻之精良在诸清刻本中仅次于贾本。据目前所知，该刻本仅湖南省图书馆藏有两部。"（《〈明儒学案〉清刻本及版本源流》，第 150 页）

④ 吴光《〈明儒学案〉考》："光绪三十一年（一九〇五年）杭州群学社石印《黄梨洲遗书十种》本（全三册），据冯刻本选收《郑性序》《冯全垓跋》《〈明儒学案〉发凡》《师说》及各卷《序录》《叙传》，分八卷。"[（清）黄宗羲著，吴光主编：《黄宗羲全集》第 8 册，第 1009 页]馆藏地有中国国家图书馆等。

⑤ 梁启超于光绪三十一年（1905）选编成此书，二十卷，一册，同年由新民社印行。据考证："《节本〈明儒学案〉》……根据的是二老阁本。"（朱鸿林：《梁启超与〈节本明儒学案〉》，《中国文化》2012 年第 1 期，第 101 页）

辟近里之学以药之，万不能矫学风而起国衰。求诸古籍，惟此书最良。”①另有（清）光绪三十三年（1907）山东高等学堂石印（清）赵铠《〈明儒学案〉讲义》存目。

另有（清）宣统三年（1911）官报书局（清）张世英辑《〈明儒学案〉评节钞》一卷；（清）陈訏批校《〈明儒学案〉小传》不分卷，《师说》一卷；（清）陈澧批点《明儒学案》，存七卷（卷一至卷六）以及《师说》一卷；（清）张廷琛《〈明儒学案〉正编》（稿本），十一卷。

清代还有一种存目的吕氏刊本，《八千卷楼书目》卷五《史部·传记类》：“《明儒学案》六十二卷，国朝黄宗羲撰，吕氏刊本。”②民国时期杨立诚《四库目略·史部传记类》：“《明儒学案》，清黄宗羲撰，六二，康熙中刊本、吕氏刊本。”③〔日〕山井涌据以考证：“有吕氏刊本，刊行年代不明，见于丁丙的《八千卷楼书目》。杨立诚《四库目略》中记有‘康熙中刊本、吕氏刊本’。此处的‘康熙中刊本’看来是指贾本，而与康熙中刊本并列的吕氏刊本也许不是康熙年间刊行的，而是雍正以后的刊本。再说在郑本的序跋当中也未提及此刊本，因此我想这大概是郑本以后的刊本（另外，在莫本的序中也未提及吕氏刊本，但据推测此本要比莫本早得多）。由于未见此本实物，故不知此本体例如何。”④当代学者吴光认为：“又据丁丙撰《八千卷楼书目》和杨立诚《四库目略》载，尚有吕氏刊本一种，今未见传本。”⑤另据韩春平考证：“该刻本最早著录于《八千卷楼书目》”，“丁氏八千卷楼藏书于清末光宣间售予江南图书馆（今南京图书馆前身），本书目系据原藏所

---

① 梁启超：《〈节本明儒学案〉例言》，汤志钧、汤仁泽编：《梁启超全集》第五集《论著五》，北京：中国人民大学出版社，2018年，第178页。

② （清）丁立中编：《八千卷楼书目》，北京：国家图书馆出版社，2009年，第277页。

③ 杨立诚编：《四库目略》，台北：台湾中华书局，2020年，第114页。

④ 〔日〕山井涌：《〈明儒学案〉考辨》，吴光主编：《黄宗羲论》，第479页。

⑤ 吴光：《〈明儒学案〉考》，（清）黄宗羲著，吴光主编：《黄宗羲全集》第8册，第1009页。

编,其中所著录的'吕氏刊本'为清刻本无疑","之后偶有其他书目提及。由于中外学界迄未有人见过传本实物,无从了解原书详情,其书或已失传"。[①]

有清一代在《明儒学案》历次版本刊刻过程中形成的"序、跋、总评、提要、例言、眉批、条辨、著录、题跋"是后人研究《明儒学案》直接有效的原始材料。(清)汤斌称赞《明儒学案》:"一代理学之传,如大禹导山导水,脉络分明。"[②](清)黄百家认为:"《明儒学案》六十二卷,此有明一代学术所关也。"[③](清)邵廷采说:"所著《孟子师说》《明儒学案》《明文案》……皆有成书,不下百种。"[④](清)全祖望称《明儒学案》乃"有明三百年儒林之薮也"[⑤],后来亦有意修补之[⑥]。(清)王梓材曾说:"盖谢山又有意修补《明儒》而未暇。"[⑦]其《与郑南溪论〈明儒学案〉事目》曰:"《明儒学案》间有需商榷者,愚意欲附注之元传之尾,不擅动本文也。其有须补入者,各以其学派缀之。"[⑧]并附列十一条目,这较早地涉及了《明儒学案》的补编问题。在史料与文献的互著方面,全祖望说:"少读牧斋《初学集》盛称:三原王端毅公《石渠意

① 韩春平:《〈明儒学案〉清刻本及版本源流》,第151页。
② (清)汤斌:《汤子遗书》卷四《答黄太冲书》,段自成等编校:《汤子遗书》,北京:人民出版社,2016年,第223页。
③ (清)黄百家:《先遗献文孝公梨洲府君行略》,(清)黄宗羲著,吴光主编:《黄宗羲全集》第11册,第414页。
④ (清)邵廷采:《遗献黄文孝先生传》,(清)黄宗羲著,吴光主编:《黄宗羲全集》第12册,第66页。
⑤ (清)全祖望:《鲒埼亭集》卷一一《梨洲先生神道碑文》,(清)全祖望撰,朱铸禹汇校集注:《全祖望集汇校集注》,第221页。
⑥ 有学者认为全祖望对《明儒学案》的"重修"主要表现在价值取向上从"自得"转向了"躬行"(金晓刚:《编纂与刊刻:〈宋元学案〉文本生成史研究》,杭州:浙江大学出版社,2021年,第131页)。
⑦ (清)王梓材:《宋元学案》卷九三《静明宝峰学案·案语》,(清)黄宗羲著,吴光主编:《黄宗羲全集》第6册,第647页。
⑧ (清)全祖望:《鲒埼亭集外编》卷四四《与郑南溪论〈明儒学案〉事目》,(清)全祖望撰,朱铸禹汇校集注:《全祖望集汇校集注》,第1693页。

见》有功经学，顾无从见其书。既读梨洲《明儒学案》，见所引入书中者几一卷，犹以未得尽窥之为恨。……今年始钞得之天一阁范氏。"[①]黄宗羲在《诸儒学案》上卷为黄润玉立学案，但并未详及其家族世系，后全祖望《族祖真志先生墓石本跋》补曰："真志先生，讳谦孙，为先侍御公之十世孙，'义田六老'之一也。……黄公南山……明初大儒也。《明儒学案》中失去其源流，但为南山立传，今补其世系于此。"[②]（清）恽敬从正反两方面评价曰："黄梨州先生《明儒学案》六十二卷，表彰前修，开引后学，为功甚巨。然先生之学出于刘蕺山先生，蕺山先生之学大旨悉宗姚江。是以先生于河东、三原，均有微辞。而姚江之说则必迁就之以成其是，一迁就不得，则再迁就、三迁就之，此则先生门户之见也。"[③]（清）江藩提出："宗羲之学，出于蕺山，虽姚江之派，然以慎独为宗、实践为主，不恣言心性，堕入禅门，乃姚江之诤子也。……平生勤于著述，所著有《明儒学案》六十二卷。"[④]（清）钱林说："尝取明代儒者区分之，定《学案》，冠以《师说》，弟子附焉。……书成叙之。"[⑤]清代还有诸多学者关于《明儒学案》的论学书信等，这些资料还有待进一步搜辑和整理。另外《正堂读书记》《越缦堂读书记》《八千卷楼书目》《持静斋书目》《藏园订补郘亭知见传本书目》《书目答问》中关于《明儒学案》的著录和题跋也具有重要的文献价值。总体来说，清代诸多学者对《明儒学案》的相关问题进行了探

---

① （清）全祖望：《鲒埼亭集外编》卷二七《石渠意见跋》，（清）全祖望撰，朱铸禹汇校集注：《全祖望集汇校集注》，第 1285 页。

② （清）全祖望：《鲒埼亭集》卷三六《族祖真志先生墓石本跋》，（清）全祖望撰，朱铸禹汇校集注：《全祖望集汇校集注》，第 700 页。

③ （清）恽敬：《大云山房文稿》初集卷三《明儒学案条辨序》，（清）恽敬著，万陆等标校，林振岳集评：《恽敬集》，上海：上海古籍出版社，2013 年，第 146 页。

④ （清）江藩：《国朝汉学师承记》卷八《黄宗羲》，（清）江藩纂，漆永祥笺释：《汉学师承记笺释》，上海：上海古籍出版社，2006 年，第 815、819 页。

⑤ （清）钱林：《黄宗羲传》，（清）黄宗羲著，吴光主编：《黄宗羲全集》第 12 册，第 84 页。

讨，这些资料散落在文集或其他文献中，目前还未被系统地辑录出来，这也限制了我们对《明儒学案》的历史性观察。

（二）民国时期关于《明儒学案》研究的基本情况

民国元年（1912）国学研究会据莫本重刻了《明儒学案》，民国五年（1916）有上海文瑞楼石印本①，民国九年（1920）开封新民社石印了夏成吉《〈明儒学案〉书后》一卷②，其论曰："梨洲辑《明儒学案》六十二卷，一以阳明、蕺山为衡。"③民国十三年（1924），李中正辑有《止修学案录要》④，他说："方今世道陵夷，风俗颓败，绍明绝学，挽回世运端有赖乎知本，是止修之旨可以扶元，岂仅救弊而已？我公著书甚富，自明以来遗佚甚多，诚为憾事，兹于《明儒学案》中采撷《止修学案》，删其支节，录其切要，敬校付梓以广流传，且为学者便读起见云。"⑤民国十五年（1926）上海群学社刻了许啸天《〈明儒学案〉节要》。章太炎则提出："其（黄宗羲）所以自旌式，散在《明儒学案》，陶诞而哗，非忮者莫之重。"⑥民国时期对《明儒学案》的研究首先与梁启超关系密切，他认为："《明儒学案》，中国之有'学术史'自此始也。"⑦梁启超与《明儒学案》最重要的关系是他代表了对《明儒学案》的研究由传统向近代的转型，这种研究范式的转换极具学术史的意

① 两函十六册，六十二卷，有《黄梨洲先生原序》《〈明儒学案〉发凡》、郑性序、冯全垓跋，全书约七十万字。

② 夏成吉：《〈明儒学案〉书后》，民国九年开封新民社石印，中国国家图书馆藏，古籍书号：13710。另收录于梁启超、王恩洋等：《历朝学案拾遗》下，北京：北京图书馆出版社，2004年，第215—244页。

③ 夏成吉：《〈明儒学案〉书后》，梁启超、王恩洋等：《历朝学案拾遗》下，第241页。

④ 此文收录于梁启超、王恩洋等：《历朝学案拾遗》下，第245—332页。

⑤ 李中正：《〈止修学案录要〉识语》，梁启超、王恩洋等：《历朝学案拾遗》下，第246页。

⑥ 章太炎：《章氏丛书·太炎文录初编·文录》卷一《非黄》，（清）黄宗羲著，吴光主编：《黄宗羲全集》第12册，第220页。

⑦ 梁启超著，朱维铮校订：《清代学术概论》，第26页。

义，影响直至当代。钱穆也认为《明儒学案》为“学术史不磨之创作”[①]。陈垣则提出了关于《明儒学案》编纂体例的一个重要观点：“自灯录盛行，影响及于儒家，朱子之《伊洛渊源录》，黄梨洲之《明儒学案》，万季野之《儒林宗派》等，皆仿此体而作也。”[②]此观点也引发了后世对于学案体起源问题的探讨甚至争论。另外谢国桢的《黄梨洲学谱》从学术思想、史学价值、编纂体例、版本源流等方面对《明儒学案》进行了研究[③]，并提出“学案”之名实即今之学术史，其体制亦实由梨洲所创获。民国十九年（1930）四月，商务印书馆出版了由王云五主编的《万有文库》本《明儒学案》[④]，此版本是民国时期《明儒学案》诸种节本、选本、节译本、选注本、选编本最主要的底本来源和依据，对民国时期《明儒学案》的流传起到了重要作用，《万有文库》本是民国时期《明儒学案》最重要的版本。对原本进行“节、选、注、译”是民国时期《明儒学案》版本流传一个比较显著的特点，这些节选本以其“原文本、短篇幅、精内容”的特点对《明儒学案》的体式有所创新，从文献流布和文化传播的意义上看，节选本对原本亦有重要贡献。之后有民国二十年（1931）上海商务印书馆排印缪天绶选注《学生国学丛书》本《明儒学案》，《学生国学丛书》是王云五和朱经农在《万有文库》里专门为中学生选编的，具有专门的文化普及意义，有学者指出：“（此种选编）目的是将弘扬民族文化精华的理念带入初等教育，

① 钱穆：《中国近三百年学术史》，第 34 页。

② 陈垣：《中国佛教史籍概论》卷四《景德传灯录》，上海：上海书店出版社，2005 年，第 73 页。

③ 谢国桢：《黄梨洲学谱》，上海：商务印书馆，1932 年，第 34—59、68、74—76 页。

④ 王云五主编：《万有文库》第一集一千种《明儒学案》（十二册），《国学基本丛书》系列，上海：商务印书馆，民国二十年四月初版，铅印，全文断句。卷首依次是《凡例》《自序》、郑性序、莫晋序，末附黄千秋跋。卷首总目录中新列出了部分传主的学术资料类型，如《诸儒学案中・文庄罗整庵先生钦顺》条下列“《困知记》《论学书》《读佛书辨》”，这是之前各种版本的《明儒学案》所没有的。

这在当时不能不说是有远见的。”[①]之后《明儒学案》的版本有民国二十五年(1936)上海中华书局《四部备要》本[②]、民国二十五年(1936)上海世界书局《四朝学案》本[③]、民国三十三年(1944)重庆中周出版社胡秋原《明儒学案》节补本、民国三十四年(1945)重庆正中书局李心庄《重编〈明儒学案〉》本[④]等。民国三十八年(1949)冯惠于甘肃省立兰州乡村师范学校撰有《明儒学案札记》[⑤]。徐世昌于民国十七年(1928)开始组织人力纂辑《清儒学案》,在资料选编、编纂体例、编纂思想等方面均充分参考了《明儒学案》和《宋元学案》等,这一点在《清儒学案序》和《清儒学案凡例》中有充分说明,《南雷学案》收录了《明儒学案序》(即《南雷文定四集》版黄宗羲病中原序)、《明儒学案凡例》五条、南雷私淑《贾先生润》小传,论《明儒学案》:“叙述明代讲学诸儒

---

① 王宁:《学生国学丛书新编》总序一《在阅读中走近中华优秀传统文化》,缪天绶选注,王延模校订:《明儒学案》,北京:商务印书馆,2022年,第3页。

② 《四部备要》本谓其据郑氏补刻本校刊,但有学者认为其据莫本排印[吴光:《〈明儒学案〉考》,(清)黄宗羲著,吴光主编:《黄宗羲全集》第8册,第1008页]首有郑性序、黄宗羲《明儒学案原序》、莫晋《重刻〈明儒学案〉序》、《师说》《发凡》,各分卷卷首均题“豫章后学夏鼎、熊育鑫、熊绳祖、熊育镛、徐兆澜、周联庆、熊绳祖、萧兆柄、刘秉桢、李真实重刊”,末附黄千秋《跋》。

③ 《四朝学案》本首列黄宗羲的《自序》(即紫筠斋版原序),次列郑性序、莫晋序、《凡例》(即《〈明儒学案〉发凡》),末附黄千秋《跋》。在卷首的总目录中列出了选编传主的一些主要文献类型。

④ 李心庄:《重编〈明儒学案〉》(上、下),重庆:国立编译馆出版,正中书局印行,民国三十四年(1945)六月渝初版。首列《重编〈明儒学案〉·凡例》,介绍了“重编”的缘起及方式,次列民国三十三年(1944)三月陈立夫等作的《重编宋元明清四朝学案序》,之后是《黄氏原序》《重编〈明儒学案〉导言》,此导言阐述了李心庄对明代学术及《明儒学案》相关问题的基本看法。原六十二卷并为四十五卷,主要是将王门各学案统一归为“姚江学案”,删十七个学案前的小序,前四卷的顺序是“河东—崇仁—三原—白沙”,与郑本及贾本均不同。将一些传主合传,如戚贤和程默,部分传主的目录下均用小字标出其所选编的部分文献类型,例如“王介庵先生恕石渠意见”,并且在每卷卷首列《学案传授表》,初步介绍学派内的师承授受关系,较早地关注了《明儒学案》“学案表”的问题。

⑤ 收录于梁启超、王恩洋等:《历朝学案拾遗》下,第83—114页。

流派,分合得失甚详。”[①]民国时期还有赵汤节抄的《〈明儒学案〉摘要》油印本一卷,具体年代不明,现藏于上海图书馆。佚名所辑《明理学文献录》三卷附《拟修补〈明儒学案目叙〉》,四川大学图书馆有藏。民国时期还有一些存目的《明儒学案》研究文献,如赤霞《雨花斋笔记——读〈明儒学案〉书后》(《江宁实业杂志》1910 年第 5 期)、张尔田《学说:〈明儒学案〉点勘》(《孔教会杂志》1913 年第 3、4、6 期)、何绍寒《履薄斋存稿——摘录〈明儒学案〉序》(《教育周报(杭州)》1914 年第 49 期)、吴雨嗟《读〈明儒学案〉》(《致中》“徂杂”栏目 1919 年第 1 卷第 1 号)、缪尔纾《〈明儒学案〉节钞》(《云南教育会月刊》1924 年第 9 期和第 10 期、1925 年第 1 期)等。党晴梵《明儒学案表补》约成稿于 1929 年 7、8 月间,现有手稿本和清稿本两种[②]。赵九成《〈明儒学案〉的版本》(《大公报·图书副刊》1936 年 3 月 19 日)探讨了《明儒学案》的版本。〔日〕小柳司气太《续东洋思想の研究·〈明儒学案〉补》(森北书店 1943 年)涉及了贾本与郑本的异同、贾润《明儒学案总评》、泰州学派、东林学案以及全祖望在《与郑南溪论〈明儒学案〉事目》中提出的十一条补编等问题。总体来说,对《明儒学案》在民国时期的流传及相关问题的研究是比较薄弱的,但有一点可供学界讨论:即民国时期探讨《明儒学案》的重点应该是近代学术研究范式的发生与转型。

(三)中华人民共和国成立后至二十世纪末关于《明儒学案》研究的基本情况

二十世纪五十年代,侯外庐在《中国早期启蒙思想史》中以《明儒

---

① 徐世昌等编纂,沈芝盈、梁运华点校:《清儒学案》卷二《南雷学案·黄先生宗羲》,第 67 页。

② 详见魏冬:《党晴梵〈明儒学案表补〉版本考述》,《渭南师范学院学报》2020 年第 3 期,第 84 页。

学案》为重要材料论述了黄宗羲的哲学思想①。1955 年编译馆重印了李心庄《重编〈明儒学案〉》。1958 年 12 月，嵇文甫在《黄梨洲文集·序言》中提出："黄宗羲最重要的是一部学术史创作的《明儒学案》和一部《明夷待访录》。梨洲之学，近承蕺山，远宗阳明，基本上仍是走'心学'一路。"②1959 年台北正中书局也影印了《重编〈明儒学案〉》。1959 年中华书局出版了由陈乃乾整理编成的《黄梨洲文集》，其中《南雷文定四集》收录《明儒学案序》，《南雷文定五集》收录改本《明儒学案序》，《文集》中所收录黄宗羲的各种"行状、传、碑铭、墓表、墓志铭、序、记、题词、论学书信"等文献对《明儒学案》早期的综合性研究有重要的辅助作用。

二十世纪六十年代，1961 年台北世界书局《中国学术名著·历代学案》影印了《四朝学案》本。〔日〕山井涌《关于〈四库全书"明儒学案"提要〉的若干问题》（《东京学报》1965 年第 12 期）③是一篇关于《明儒学案》版本问题的重要文献，该文首先列出《明儒学案》在清代的八种主要版本，之后考证了贾本、郑本、莫本的刊刻过程，还对各种版本的优劣作出了评价，并且比较犀利地指出莫本最难以相信。1966 年台北中华书局影印了《四部备要》本，另有罗联络《〈明儒学案〉辨微录》[《建设》（台北）1966 年第 6 期—1967 年第 3 期]④九期连载综合性地介绍了《明儒学案》的基本情况。有佚名《〈明儒学案〉序

---

① 详见侯外庐主编：《中国思想通史》第五卷《中国早期启蒙思想史》，北京：人民出版社，1956 年，第 177—191 页。

② 嵇文甫：《黄梨洲文集序言》，（清）黄宗羲著，陈乃乾编：《黄梨洲文集》，北京：中华书局，1959 年，第 1—2 页。

③ 此文由吴震译成中文，名为"《〈明儒学案〉考辨》"，收录于吴光主编：《黄宗羲论》，第 473—488 页。

④ 1966 年 11 月第 15 卷第 6 期、1966 年 12 月第 15 卷第 7 期、1967 年 1 月第 15 卷第 8 期、1967 年 2 月第 15 卷第 9 期、1967 年 3 月第 15 卷第 10 期、1967 年 4 月第 15 卷第 11 期、1967 年 5 月第 15 卷第 12 期、1967 年 7 月第 16 卷第 2 期、1967 年 8 月第 16 卷第 3 期。

例节钞》(《人生》1968 年第 5 期)存目,1968 年台湾商务印书馆刻印了《人人文库》本《明儒学案》①。

二十世纪七十年代,阮芝生《学案体裁源流初探》(《史原》1971 年第 2 期)提出在学案体著作中《明儒学案》"最精"。甲凯《〈明儒学案〉与黄宗羲》[《"中央"月刊》(台湾)1972 年第 2 期]介绍了黄宗羲编纂《明儒学案》的过程。钱穆《中国史学名著:黄梨洲的〈明儒学案〉与全谢山的〈宋元学案〉》(《文艺复兴》1972 年第 6 期)探讨了《明儒学案》的编纂缘起、性质、版本、体例、史料选择等多方面的内容②,直至当代,港台地区《明儒学案》的研究范式仍受其影响。1974 年台湾河洛图书出版社有《夏学丛书》本《明儒学案》。〔日〕吉田公平《黄宗羲「明儒学案」の思想史的研究》(日本东北大学 1977 年资助研究项目 X00095 - 261008)从思想史的角度探讨了《明儒学案》。陈荣捷《论〈明儒学案〉之"师说"》(《幼狮月刊》1978 年第 1 期)提出黄宗羲《明儒学案》卷首的《师说》乃出自其师刘宗周的《皇明道统录》。〔美〕成中英《谈〈明儒学案〉中的明儒气象》(《幼狮月刊》1978 年第 2 期)从"儒者之气象"这一比较独特的视角分析了黄宗羲对于明代儒家学者的叙述。古清美《黄梨洲之生平及其学术思想》(《台湾大学文史丛刊》1978 年第 49 期)以《明儒学案》为基本材料论述了黄宗羲的学术思想问题。另有陈铁凡《宋元明清四朝学案索引弁言》(《书目季刊》1979 年第 3 期)存目。

二十世纪八十年代,从史源学、文献学、哲学、思想史等各个方面对《明儒学案》的研究均取得了重要的进展,直接研究文献至少有 17

---

① 此即民国二十年(1931)上海商务印书馆缪天绶选注本的覆本。

② 钱穆 1969—1971 年间为中国文化学院历史研究所博士班学生开设"中国史学名著"课程,《明儒学案》是明代史学名著的部分,此讲义被整理后由台北三民书局于 1973 年出版,名为《中国史学名著》,现有北京:生活·读书·新知三联书店,2013 年版。

种。1985 年中华书局出版了《明儒学案》的现代标点本，方便了学界的利用。1986 年首次国际黄宗羲学术讨论会的顺利召开有效地推动了《明儒学案》相关问题研究的展开。

1981 年台湾中华书局影印《四部备要》本《明儒学案》，1981 年台北时报文化出版事业公司有《民族文化再觉醒：明儒学案》①。

1983 年，仓修良《黄宗羲和〈明儒学案〉》(《杭州大学学报》1983 年第 4 期)比较全面地考察了《明儒学案》的价值、内容、成书、版本、刊刻、史料、体例、思想等问题，是学界较早综合研究《明儒学案》的专文。另外关于《明儒学案》的学术史方法，萧萐父、李锦全主编的《中国哲学史》(人民出版社 1982 年)提炼为尊重史实、把握宗旨、清理学脉、提倡创见。

1984 年，黄进兴《"学案"体裁产生的思想背景：从李绂的〈陆子学谱〉谈起》(《汉学研究》1984 年第 1 期)认为"学案"的出现与"学承、学谱"等有历史性的继承关系。关于《明儒学案》的史料选编，古清美《黄梨洲〈东林学案〉与顾泾阳、高景逸原著之比较》(香港《孔孟月刊》1984 年第 3 期)认为黄宗羲在《明儒学案》中对顾、高的评估与实际情况不尽相同，甚至有意把他们说成是倾向王阳明和不赞同朱熹的。这是目前学界可见的较早运用史源学的方法对《明儒学案》的学术资料选编进行研究的专文，直至当代已经有越来越多的学者注意到《明儒学案》与传主原著之间文本差异的问题。陈锦忠《黄宗羲〈明儒学案〉著作因缘与其体例性质初探》(《东海学报》1984 年第 25 期)认为《明儒学案》的编纂与理学内部陆王和程朱两派之间的竞争有关。

1985 年 10 月，由沈芝盈点校的《明儒学案》现代标点本由中华书

① 方武编撰：《民族文化再觉醒：明儒学案》，《中国历代经典宝库》，台北：时报文化出版事业公司，1981 年。此版本节选了《明儒学案》中的 19 人，体例是用白话文叙述传主的小传，然后选取其少部分语录或资料进行注释和译述。

局出版，该版本以（清）光绪八年（1882）冯全垓补修二老阁版为底本，增入了贾本、莫本有而郑本没有的河东学案杨应诏、姚江学案许半圭及王司舆、浙中王门学案胡瀚、南中王门学案薛甲、甘泉学案王道等①。卷首是沈芝盈于1983年6月作的“前言”，介绍了《明儒学案》的基本情况和此版本的形成过程，之后依次收录了《郑性序》《黄千秋跋》《冯全垓跋》《于准序》《仇兆鳌序》《明儒学案序》《黄梨洲先生原序》《贾润序》《贾朴跋》《贾念祖跋》《莫晋序》《〈明儒学案〉发凡》，末附人名索引，繁体竖排并加以现代标点，上下两册单行，这是《明儒学案》第一部完整的现代标点本，极大地推动了《明儒学案》的普及、传播、学习和利用，是《明儒学案》现代版本史上最重要的本子之一。任大援《中国最早的有系统的学术史专著——〈明儒学案〉》（《文史知识》1985年第2期）从学术史性质对《明儒学案》作了简介。朱义禄《黄宗羲哲学史方法论发微——兼论〈明儒学案〉》（《哲学研究》1985年第4期）认为黄宗羲提出了相较于他所处时代较为系统深刻的哲学史方法论原则。冯契在《中国古代哲学的逻辑发展》下册（上海人民出版社1985年）中提出：黄宗羲以为学派纷争的历史正体现了“本体”随“工夫”而展开的运动，并认为通过历史的考察可以把握其“一本而万殊”的脉络。此说可理解为“一本而万殊”是黄宗羲观察明代学术思想史的总纲。

1986年，无渝《“学案”考议》（《孔子研究》1986年第2期）认为“学案”作为一种体裁，自黄宗羲以后基本上已确定，今后仍然会是编纂学术思想史资料一种可用之形式。余金华《黄宗羲学术史观新探——对〈明儒学案〉一书的结构功能分析》（武汉大学1986年硕士

---

① 沈芝盈虽然依贾本补入了郑本所缺的传记与选录，但还是有些遗漏，钟彩钧在《黄宗羲〈明儒学案〉异本考》一文之附录《〈明儒学案〉郑本补》中通过逐字比对郑本与莫本于“沈补”之后又进行了“续补”。见氏著：《明代心学的文献与诠释》，台北：“中研院”文哲所，2020年，第393—425页。

学位论文)提出《明儒学案》的学术史观是“一本万殊、万派归宗”,并分析了《明儒学案》三个层次的结构:把握宗旨——微观结构;清理学脉——中观结构;一本万殊——宏观结构。梁远华在《古籍整理出版情况简报》1986 年第 158 期介绍了中华书局 1985 年版《明儒学案》的整理情况。1986 年 10 月,首次国际黄宗羲学术讨论会在浙江宁波举行,会议有多篇关于《明儒学案》的重要论文,之后历次的有关黄宗羲的学术讨论会均在不同程度上有效地推进了《明儒学案》相关问题的研究。

1987 年,由秦家懿等节译的 *The Records of Ming Scholars*① 出版,节译了《黄梨洲先生原序》《〈明儒学案〉发凡》、17 个学案前的案首小序、42 位传主的小传,书名页有“明儒学案选译冯友兰题”的中文标识,这是目前为止《明儒学案》唯一的英文节译本。1987 年台湾华世书局影印了 1985 年中华书局点校本的《明儒学案》。1987 年 6 月,由侯外庐等主编的《宋明理学史》下卷由人民出版社出版,其中第二十八章专论《明儒学案》及其对明代理学的总结,以“和会学术异同”概括了《明儒学案》的学术史观,以“兼综百家,网罗文献”概括了《明儒学案》的学术史方法,该书是一段时期内学界判断《明儒学案》及明代学术史基本情况的重要参考资料。卢钟锋《论〈宋元学案〉〈明儒学案〉的理学史观点》(《孔子研究》1987 年第 2 期)从理学的发端、确立、传衍、分派与合流等方面探讨了《明儒学案》的理学史观点。黄进兴《“学案”体裁补论》(《食货月刊》1987 年第 9、10 期)认为黄宗羲的“学案”体裁固对旧作有所承继,而“学案”一词更非其首创,然此毫不贬损《明儒学案》在中国史学史之中承先启后的枢纽地位。1987

① A selected translation edited by Julia Ching with the collaboration of Chaoying Fang, *The Records of Ming Scholars*, Honolulu: University of Hawaii Press, 1987.

年12月,《黄宗羲论——国际黄宗羲学术讨论会论文集》由浙江古籍出版社出版,其中余金华《〈明儒学案〉的结构与功能分析》重点分析了《明儒学案》的体例结构关系。〔美〕司徒琳《〈明夷待访录〉与〈明儒学案〉的再评价》认为《明儒学案》真正卓越之处在于达到了历史描述和哲学论述以及客观性与主观性这两种精致的互相补充。陈正夫《试论〈明儒学案〉》认为黄宗羲的哲学史方法论包括倡“万殊”之学,排“独尊”之学;广集史实,纂要勾玄;把握宗旨,提倡创见;系统排比,清理学脉。并认为《明儒学案》是我国封建社会哲学史研究的最高成就。卢钟锋《略论〈明儒学案〉学术风格的新特点》认为《明儒学案》呈现出了“兼综百家、网罗文献、和会学术异同”三种学术风格的新特点。朱仲玉《试论黄宗羲〈明儒学案〉》从著述宗旨、学术资料选编、未收录学者等方面综论了《明儒学案》。仓修良《黄宗羲的史学贡献》认为黄宗羲创立了一种新的史体——学案体,关于《明儒学案》的学术史方法,该文总结为:体现各家宗旨;不袭前人旧本,所辑材料能透露传主的思想特色;肯定独立见解,兼取众家之说;提倡自得,贵于创见。论文集还收录了〔日〕山井涌《关于〈四库全书“明儒学案”提要〉的若干问题》的中文译本,其他对黄宗羲学术思想进行研究的多篇论文也涉及了《明儒学案》。

1988年2月1日,美国亚洲研究协会出版的《亚洲研究杂志》第47卷刊载了〔美〕本杰明·A·埃尔曼《〈明儒学案〉英译本问世》一文,该文介绍了1987年秦家懿节译本 *The Records of Ming Scholars* 的基本情况。3月23日,仓修良在《光明日报》发文《要给“学案体”以应有的历史地位》,特别强调了《明儒学案》对于“学案体”的重要意义以及“学案体”在中国史学史上的重要地位。默明哲《〈明儒学案·崔铣·松窗寤言〉订正》(《孔子研究》1988年第1期)指出黄宗羲引《松窗寤言》四条资料中三条有疑误。刘敏《黄宗羲在〈明儒学案〉中的哲学思想》(北京大学 1988 年硕士论文)专论黄宗羲的哲学。

1989 年,宋立民翻译了〔美〕本杰明・A・埃尔曼《〈明儒学案〉英译本问世》一文,发表于《古籍整理研究学刊》(1989 年第 3 期)。

二十世纪九十年代,学界对《明儒学案》与"学案体"之间的关系讨论得比较多,这期间关于《明儒学案》的直接研究文献至少有 15 种。浙江古籍出版社出齐了全十二册的《黄宗羲全集》,对《明儒学案》的研究起到了重要的综合性基础文献支撑作用。

1990 年,古清美《从〈明儒学案〉谈黄宗羲思想上的几个问题》(《明代理学论文集》,台北大安出版社 1990 年)从本体论与工夫论的角度分析了黄宗羲的理学思想。吴怀祺《〈明儒学案〉,一部开风气的学术史专著》(《史学史研究》1990 年第 4 期)提出了黄宗羲的两种学术史方法:一是学要有宗旨,但不可有门户;二是穷原竟委、博采兼收。王文鹏《吴与弼和〈崇仁学案〉》(《抚州师专学报》1990 年第 3 期)以《崇仁学案》为基本材料探讨了吴与弼的天道观、性善观、践行观、苦乐观等。杨国荣《王学通论——从王阳明到熊十力》(上海三联书店 1990 年)将《明儒学案》的学术史方法提炼为广搜材料、甄别遴选、贵自得、提宗旨、清理学脉。1990 年中国书店《海王邨古籍丛刊》影印了(清)雍正十三年贾念祖补修重刻的紫筠斋本《明儒学案》。

1991 年,朱鸿林《〈明儒学案〉点校释误》(台北"中央研究院"历史语言研究所专刊之九十六)对《明儒学案》1985 年中华书局点校本在字句之误、段落之误、断句之误、当断不断之误、点号之误、专名号之误、书名号之误、引文之误等方面存在的问题提出了 1 443 条意见,2008 年中华书局再版时吸收了其诸多研究成果。1991 年台北明文书局有《明代传记丛刊・学林类》本《明儒学案》。

1992 年,浙江古籍出版社《黄宗羲全集》第七、八册以二老阁原刻本为底本,校以贾氏、莫氏刻本和《四部备要》本,繁体竖排加以现代标点。卷首有《郑性序》《黄千秋跋》《自序》《发凡》，末附吴光《〈明儒学案〉考》，对《明儒学案》的历史价值、成书年代、版本及刊行、主要刻本之异同等问题做了重要的论述，是研究《明儒学案》相关问题的必读文献之一。此本与《明儒学案》原貌最为接近，历来为学术界所重，也是《明儒学案》现代版本史上最重要的本子之一。李庆《阳明学中的欲望观：〈明儒学案〉中对欲望的几种见解》(《金沢大学教养部论集》1992 年第 1 期)专门从“欲”的角度探讨了黄宗羲的理学思想。曾春海《经典导读——〈明儒学案〉》(《哲学与文化》1992 年第 4 期)对《明儒学案》作了简要的导读。

1993 年，余贵林《简评〈明儒学案〉研究中的两种观点》(《内江师专学报》1993 年第 1 期)认为“学案体”是黄宗羲在充分继承之前各种学术史体例基础上提出并运用的，并非其独创。张如安《黄氏两〈学案〉补考》(《古籍整理研究学刊》1993 年第 6 期)认为贾本最初来自黄氏家缮本，郑本源于原稿本，其底本内容实质上是一致的，但仇兆鳌改动了原缮本，故刊刻后的贾本与郑本有一定不同。1993 年何本方选注了《文史英华·学案卷》本《明儒学案》[①]。

1994 年，李明友《一本万殊——黄宗羲的哲学与哲学史观》(人民出版社 1994 年)以“一本万殊”概括黄宗羲的哲学史观，并从哲学的角度对《明儒学案》中“理气合一、心性合一、心理合一”等问题做了详细的论述，进而将《明儒学案》的学术史方法论提炼为四个方面：网罗史料，纂要勾玄；辨别异同，揭示宗旨；分源别派，清理学脉；存一偏之见，相反之论。此书对《明儒学案》的主要价值在于其鲜明的“哲学范式”，实际上近代以来对《明儒学案》诸多问题的研究都与多学科

---

① 白寿彝等主编，何本方选注：《文史英华·学案卷·〈明儒学案〉》，长沙：湖南出版社，1993 年。按，此本收录了《师说》、17 个学案的小序、29 人的小传和部分传主的学术资料选编，对选编的资料分类，并简要注释了选录的小序和小传。

交叉的模式密切相关，而哲学的角度尤其关键，对于阐发《明儒学案》的义理与思想贡献很大。陈祖武《中国学案史》(文津出版社 1994 年)以学案体的历史发展过程为线索对《伊洛渊源录》《圣学宗传》《理学宗传》《明儒学案》《宋元学案》《理学备考》《学案小识》《清儒学案》进行了历史性的考察，是研治学案体史籍的必读书。

1995 年，仓修良《黄宗羲和学案体》(《浙江学刊》1995 年第 5 期)明确提出：作为历史学家的黄宗羲创立了一种史体——学案体。在黄宗羲之前，也绝无学案体可言。学案体著作都是学术思想史，但学术思想史著作不都是学案体，如《伊洛渊源录》等，说它们是学术思想史可以，若说他们属于学案体则不可以。此文从史学史的角度出发，提出"学案体"乃是一种有规范标准的史体，有严整的逻辑结构和特定的编纂体例，《伊洛渊源录》等是学术思想史而不是学案体史籍，进而提出是黄宗羲"创立"了学案体，言之有据。〔日〕福田殖《『明儒学案』成立に関する一考察》(*Studies in Chinese Philosophy*, 1995)认为《明儒学案》应当成书于康熙十四年《明文案》完稿后的第二年①。陈锐《黄宗羲与黑格尔学术史观之比较》(《杭州师范学院学报》1995 年第 1 期)从东西方文化差异的角度展开论述。1995 年 10 月纪念黄宗羲逝世三百周年暨国际学术研讨会在浙江余姚召开，再次推动了《明儒学案》相关问题的研究。

1996 年，朱鸿林《〈明儒学案〉中之唐伯元文字》[《"国家图书馆"馆刊》(台湾)1996 年第 2 期]运用史源学的方法将《醉经楼集》与《明儒学案》进行文本对勘后提出《学案》与原集之文字颇多异同，其可以互补归正，亦有因《学案》之误而导致误解唐氏之原意者。陈荣捷《论〈明儒学案〉》(朱荣贵编《宋明理学之概念与历史》，台北"中央研究

---

① 此文由钱明译成中文《关于〈明儒学案〉成书的基础性研究》，收录于吴光主编：《黄宗羲与明清思想》，第 210—232 页。

院”中国文哲研究所筹备处出版，1996 年，第 363—365 页）简要地从宋明理学的角度介绍了《明儒学案》。

1997 年，古清美《黄宗羲的两种〈师说〉》（《黄梨洲三百年祭》，当代中国出版社 1997 年）一文认为黄宗羲评价明儒与其师刘宗周不尽相同。〔日〕柴田笃《黄宗羲の〈明儒学案〉成立に关する基础的研究》（平成九年度科研报告书基盘研究 B）从文献学的角度考察了《明儒学案》的成书。李显裕《〈明儒学案〉与明代学术思想史之研究》（《史汇》1997 年第 6 期）探讨了黄宗羲对明代学术史的宏观看法。另有刘康德《论“四十不惑”——〈明儒学案〉》（《世纪论评》1997 年第 5、6 期）存目。1997 年 12 月，《纪念黄宗羲逝世三百周年国际学术研讨会文集——黄梨洲三百年祭（祭文 · 笔谈 · 论述 · 佚著）》由当代中国出版社出版，集中之文多篇涉及《明儒学案》。

1998 年，卢钟锋《中国传统学术史》（河南人民出版社 1998 年）专论传统学术史的渊源流变，始于先秦，迄于二十世纪三十年代。该书的规模、体例、视角、研究思路极大地推进了“中国传统学术史”研究领域的发展，是研治传统学术史的基础性参考文献。

1999 年，蔡淑闵《从〈明儒学案〉论黄宗羲对四句教之疏解》（《陈百年先生学术论文奖论文集》第二期，1999 年）从义理与文献的角度解读了黄宗羲对四句教的观点。朱义禄《论学案体》（《哈尔滨工业大学学报》1999 年第 1 期）也认为明清之际黄宗羲《明儒学案》的面世是“学案体”形成的标志，而“设学案以明学脉、写案语以示宗旨、选精粹以明原著”则是学案体的三要素。

（四）二十一世纪以来关于《明儒学案》研究的基本情况

二十一世纪前十年，学界对《明儒学案》的研究全面走向深入，关于《明儒学案》的直接研究文献至少有 37 种。有“实学、意说、修德”思想的阐发，有继续对黄宗羲学术资料选编得失的分析，有对贾郑二本内容异同的深入考论。两次关于黄宗羲和浙东学术文化的会议进一步推动了《明儒学案》相关问题的研究。四川大学《儒藏》工程收录了贾本系统的《明儒学案》。

2000 年，祁英《学术史专著：〈明儒学案〉》(《华夏文化》2000 年第 3 期)认为《明儒学案》的编成标志着中国学术史研究“学案体”的确立。仓修良《阅读古籍应当注意版本选择——读〈明儒学案〉所联想到的》(《史家·史籍·史学》，山东教育出版社 2000 年)涉及了《明儒学案》的版本问题。

2001 年，罗炳良《我国第一部完整的学术史著作——〈明儒学案〉》(《光明日报》2001 年 10 月 16 日)认为《明儒学案》是我国第一部“完整”的学术史著作。高玮谦《〈明儒学案·浙中王门学案〉中钱绪山与王畿思想之述评》(《鹅湖学志》2001 年第 12 期)以浙中王门为背景比较了钱德洪与王畿的学术。朱鸿林《为学方案——学案著作的性质与意义》(熊秉真编《让证据说话·中国篇》，麦田出版有限公司 2001 年，第 287—318 页)认为与“史书”性质相比，《明儒学案》更具“子书”意义，“学案”的内涵应理解为传主“为学”活动的一种“方案”。

2002 年，彭国翔《周海门的学派归属与〈明儒学案〉相关问题之检讨》(新竹《清华学报》2002 年第 3 期)认为黄宗羲将周汝登划归到泰州学案背离学术思想史的实际，周汝登与王畿有明确的师承关系，故应划入浙中王门。张承宗、潘浩《黄宗羲与〈明儒学案〉》(《历史教学问题》2002 年第 4 期)认为黄宗羲编撰《明儒学案》的主要意图是经世致用。王樾《从史体结构的分析与诠释论黄宗羲〈明儒学案〉的意义》(《海峡两岸古典文献学学术研讨会论文集》，上海古籍出版社 2002 年)重点从体例的角度探讨了《明儒学案》。

2003 年，郭齐《说黄宗羲〈明儒学案〉晚年定本》(《史学史研究》

2003 年第 2 期）认为郑本乃黄宗羲初稿，贾本各方面均优于郑本，应是郑本的修订本，亦即黄宗羲的晚年定本，于现存诸本中为最善。现今使用《明儒学案》，应以贾本为主。此文是关于《明儒学案》版本问题最重要的论文之一，自（清）康熙三十二年紫筠斋本刻成以来，贾本始终备受争议，但这些批评却多停留在迹上，至于贾本与郑本六十二卷文本究竟有什么不同却始终未见有全面、系统、详尽的比较。郭齐是四川大学《儒藏》工程《史部・历代学案》之《明儒学案》的点校者，他选择了贾本系统的《四库全书》本为底本，这个学术步骤也促成了此文的生成。周恩荣《黄宗羲的学术史方法论》（《南阳师范学院学报》2003 年第 4 期）重点论述《明儒学案》的“学脉”和“宗旨”。王记录《〈明儒学案〉缘何不为李贽立学案？——兼谈黄宗羲的学术史观》（《河南师范大学学报》2003 年第 5 期）认为黄宗羲著《明儒学案》意在破除学术门户。〔日〕佐藤炼太郎《周汝登『聖学宗伝』と黄宗羲『明儒学案』》（《阳明学》2003 年第 15 期）从理学史发展的角度将两部书进行了比较，认为《圣学宗传》亦自有其价值，此说有别于黄宗羲论《圣学宗传》。2003 年 12 月明清浙东学术文化国际探讨会在浙江宁波召开，进一步推动了《明儒学案》的研究。2003 年海南出版社出版了方武《〈明儒学案〉快读》①。

2004 年，方光华《〈明儒学案〉研究中国思想学术史的理论与方法》（《明清浙东学术文化研究》，中国社会科学出版社 2004 年）一文认为黄宗羲学术史研究的理论主要是力求全面反映各种学术体现“道”的曲折过程，方法包括重视史料、抓思想家的宗旨、重视学派在思想学术史研究中的地位、重视考察思想家生平行事等。朱鸿林《〈明儒学案・白沙学案〉的文本问题》（《燕京学报》2004 年第 16 期）

---

① 方武编撰：《〈明儒学案〉快读：民族文化再觉醒》，海口：海南出版社，2003 年。此即 1981 年台北时报文化出版事业公司《民族文化再觉醒：明儒学案》覆本。

继续从史源学的角度出发，进而提出黄宗羲的选录与原著有诸多不同，并有一些错误。〔日〕难波征男《『明儒学案』における「慎独」の展開》(《比较文化：福冈女学院人文科学研究科纪要》2004年第23期)认为刘宗周深密的慎独体验和实践以及哲学思想精华在黄宗羲的《明儒学案》里得到了充分的继承和总结提高，并且传之后世，不仅在中国，在汉语圈范围内，在世界各地都得到了广泛的流传①。

2005年，四川大学《儒藏》工程《史部·历代学案》收录了《明儒学案》，这对于《明儒学案》的典藏与流布具有重要的文献意义。该版本以紫筠斋贾本系统的《四库全书》本为底本，在"前言"中提出："关于郑、贾二本的区别，前人比较一致的看法是，郑本为众本所出之善本，而贾本乃后人擅改，有失作者原意。这是不正确的。实际上，郑本乃作者早年未定之稿，而贾本则是郑本的修订本，可视为作者晚年定本。只要将二本次序、案题、内容仔细比勘，就不难看出，贾本在上述方面均优于郑本。'精粹和平'四字，大约可以概括修改润色之后的效果。在现存诸本中，贾本实为最善。今天使用《明儒学案》，当以此本为准。"②郭齐《〈明儒学案〉点校说明》(《宋代文化研究》2005年)重申了贾本是黄宗羲晚年定本。黄敦兵《〈王畿学案〉与黄宗羲的学术史观》(武汉大学2015年硕士学位论文)认为黄宗羲提倡学术平等与学术民主思想。朱康有《〈明儒学案〉中的"实学"意考》(《中共宁波市委党校学报》2005年第6期)通过对《明儒学案》中不同思想家在各个时期"实学"使用内涵上的考察提出"实学"至明末清初达至鼎盛。戴逸《学术大师的标准》(《光明日报》2005年8月18日"读书与出版"专刊)也认为黄宗羲撰写《明儒学案》创造了"学案体"史书。曾明泉

---

① 陈祖武主编：《明清浙东学术文化研究》，北京：中国社会科学出版社，2004年，第446页。

② 四川大学古籍整理研究所编，舒大刚主编，郭齐、张尚英校点：《儒藏·史部·历代学案》第二十五册，成都：四川大学出版社，2005年，第2页。

《“义理溶液，操持洒落”之诗哲吴康斋——兼论〈明儒学案·崇仁学案〉之缺憾》(《文明探索丛刊》2005 年第 10 期)涉及了《崇仁学案》的编纂问题。

2006 年，谢江飞《百年遗珍莫晋刻本〈明儒学案〉》(《收藏界》2006 年第 1 期)叙述了其购得(清)道光元年(1821)莫晋教忠堂刻本《明儒学案》的过程。王俊才《明清之际学术史的突变——学案体的趋新与定型》(《河北学刊》2006 年第 3 期)认为明清之际是中国传统学术史大发展时期，《明儒学案》使传统的学术史在体例上发生变革并最终成熟而趋于定型。2006 年 4 月，黄宗羲民本思想国际学术研讨会在余姚举行，其中〔韩〕崔在穆《关于郑寅普〈阳明学演论〉中反映的黄宗羲及其〈明儒学案〉的评价论》认为郑寅普对《明儒学案》卷三三中王学左派的评价与黄宗羲《泰州学案》小序的主张不同，郑寅普是以积极的态度去学习阳明左派的精神。钱明《〈明儒学案〉中的“意”范畴与黄宗羲的“主意”说》认为黄宗羲用“主意”说概括刘宗周学说之精髓的敏锐的问题意识，以及他在《明儒学案》中对“意”范畴的梳理与审视，为后人厘定明代“主意”学说提供了重要的思想资源。黄敦兵《黄宗羲学案体范式的问题意识与现实意义——以〈王畿学案〉为例》提出虽然此前已有“学案”之名与以“学案”命名的相关著述，但真正具有所谓“范式”意义的，只有黄宗羲所创立的“学案体”，本次会议的其他论文也都在不同程度上涉及《明儒学案》。邓国亮《资料不足对〈明儒学案〉编纂的限制——以闽粤王门学案为例》(《燕京学报》2006 年新 21 期)指出了黄宗羲在粤闽王门学案中对传主学术资料选编的不足及原因。《中国文化研究集刊》编辑部在 2006 年(黄宗羲逝世 310 周年)组织“黄宗羲与明清思想”专辑，并由上海古籍出版社出版，其中胡发贵《心学立场　史家眼光——从〈明儒学案〉看黄宗羲对罗钦顺的解读》认为黄宗羲在《明儒学案》中对罗钦顺发表的见解不仅有助于理解罗钦顺的思想，而且也显示了黄宗羲本人的心学立场和史家眼光。王宇《方孝孺与黄宗羲对明代理学开端的构建——兼论宋濂不入〈明儒学案〉》认为黄宗羲将方孝孺作为明代理学的开端而未将其师宋濂列入《宋元学案》的意图是为了确立明代理学与宋代理学分庭抗礼的地位。该专辑还收录了钱明译〔日〕福田殖《『明儒学案』成立に関する一考察》（*Studies in Chinese Philosophy*，1995）一文。侯羽穜《〈明儒学案〉中"河东"与"三原"学派对程朱理学之承继与演变》（台湾师范大学 2006 年博士学位论文）以《河东学案》《三原学案》为主要研究对象，探讨其对于程朱理学之承继与演变，包括薛瑄、薛敬之、吕楠、杨应诏、王恕、杨爵等，重点分析了河东与三原学说的价值，包括承继程朱"性即理"与"道问学"之学风、演变程朱形上理学进入气化学说、展现下学工夫与实践理学家精神三个方面。

2007 年，韩学宏《黄宗羲〈明儒学案〉之研究》（潘美月、杜洁祥主编《古典文献研究辑刊》五编第 19 册，花木兰文化出版社 2007 年）对"学案体"的起源、《明儒学案》的体例与内容、《师说》与《明儒学案》的关系、黄宗羲的学术史观及学术史方法、《明儒学案》的评价等问题进行了综合性的研究，并且比较集中地呈现了我国港台及欧美、日本地区的研究成果，这是目前学界可见的最早对《明儒学案》进行综合研究的专著。许惠敏《〈明儒学案〉以〈崇仁学案〉为卷首之意义之衡定——从吴与弼"心学"论述之》（《当代儒学研究》2007 年第 1 期）认为黄宗羲将吴与弼置于《明儒学案》卷首有其思想史的深意，并非所谓"门户之见"，这种安排体现的是明初理学对明代王学发展的影响，其中最明显的即在于陈献章问学吴与弼进而为明代心学的发轫者。张实龙《修德而后可讲学——论〈明儒学案〉的精神》（《浙江学刊》2007 年第 1 期）认为黄宗羲的创作宗旨在于"修德"。黄敦兵、雷海燕

《黄宗羲学案体范式的问题意识——以〈王畿学案〉为例》(《兰州学刊》2007 年第 2 期)通过个案研究揭示出黄宗羲致力于“求真、贵创、重学脉”,从而创立了“学案体”范式。王宇《试论〈明儒学案〉对明代理学开端的构建》(《中共浙江省委党校学报》2007 年第 4 期)即其《方孝孺与黄宗羲对明代理学开端的构建——兼论宋濂不入〈明儒学案〉》原文。黄敦兵、雷海燕《从哲学史学角度看黄宗羲学案体著述的哲学特质》(《宁波党校学报》2007 年第 5 期)认为《明儒学案》中“道非一家之私、圣贤学脉散殊百家”之论含有近代学术平等与学术民主的思想。蔡家和《从黄宗羲〈明儒学案〉的评语见其心学意涵》(《鹅湖学志》2007 年第 6 期)从“心学”的角度集中讨论了黄宗羲在《明儒学案》的评语,他认为黄宗羲的思想是一种气论的心学,主张一心之伸展,此论之好处在于其活泼性、能动性、生命性、一贯性及实践性,并点出了道德实践的主体性、自主性,从而改正了宋明理学的一些缺失与弊病。朱文杰《是“吟风”而非“冷风”考述——点校本〈明儒学案〉勘误一则》(《第十二届明史国际学术讨论会论文集》,辽宁师范大学出版社 2009 年)考证《东林学案·小序》中“一堂师友,冷风热血,洗涤乾坤”中“冷”为“吟”之误。朱鸿林《儒家“为学方案”:学案著作体裁》①认为以《明儒学案》为最佳代表的学案著作,利用案例指引出学者以个人的道德实践、决定其为学成效的儒学修养门径。

2008 年,刘勇《黄宗羲对泰州学派历史形象的重构——以〈明儒学案·颜钧传〉的文本检讨为例》(《汉学研究》2008 年第 1 期)运用史源学的方法比较了《颜钧年谱》《颜钧集》与黄宗羲在《明儒学案》中对

① 原题为“Confucian ‘Case Learning’: The Genre of Xue'an Writings”,刊于 Charlotte Furth, Judith T. Zeitlin, and Ping-chen Hsiung, eds, *Thinking with Cases: Specialist Knowledge in Chinese Cultural History*, Honolulu: University of Hawaii Press, 2007, pp. 244 - 273)。此文亦载于朱鸿林:《〈明儒学案〉研究及论学杂著》,北京:生活·读书·新知三联书店,2016 年,第 29—59 页。

颜钧的叙述，认为黄宗羲通过抽取、曲解和篡改已有的历史文献，重新模塑出颜钧学有所宗、急公好义的历史形象。钟彩钧《黄宗羲〈明儒学案〉的异本问题》(《中国文哲研究通讯》2008 年第 2 期)认为贾本经过改订，其实是比较进步的版本，这与郭齐《说黄宗羲〈明儒学案〉晚年定本》观点一致，可见贾本在“内容”方面确有其优长之处。孟庆楠《〈明儒学案〉修订本》(《哲学门》2008 年第 2 期)存目。2008 年 12 月，上海东方出版中心再版了陈祖武《中国学案史》(原文津出版社 1994 年版)，有效扩大了该书在大陆地区的学术影响。1985 年中华书局出版的《明儒学案》现代标点本存在一些标点、断句、引文等方面的错误，1991 年朱鸿林《〈明儒学案〉点校释误》一书对此专门提出了 1 443 条意见，之后沈芝盈在 1985 年版的基础上新运用《万有文库》本、《世界书局》断句本作为参校本，有效吸收了《〈明儒学案〉点校释误》和吴光《〈明儒学案〉考》的部分研究成果，于 2008 年修订再版，但略有遗憾的是新版删去了 1985 年版收录的《黄梨洲先生原序》，此序自有其重要的文献价值。

2009 年，李文辉《从〈伊洛渊源录〉到〈明儒学案〉——学案体之体例演进研究》(《中山大学研究生学刊》2009 年第 1 期)认为黄宗羲显然重新焕发了“学案体”所能承载历史的力度，将“学案体”的革新推向了一个难以企及的高度。陈祖武《学案再释》(《北京师范大学学报》2009 年第 2 期)重申了其在《中国学案史》(文津出版社 1994 年)中对于“学案体”的定义。陈祖武《〈明儒学案〉发微》(《中国史研究》2009 年第 4 期)认为黄宗羲的撰述动机一是为师门传学术，二是为故国存信史，三是为天地保元气。李俊《黄宗羲及其〈明儒学案〉》(《中国社会科学报》2009 年 7 月 2 日)对《明儒学案》作了简介。2009 年台北世界书局有《中国学术名著》本《明儒学案》。刘兴淑《学案体研究》(四川大学 2009 年博士学位论文)专论“学案体”的定义与特征、形成与发展、历史影响及当代价值，史料丰富，系统翔实，是研究学案体不可或缺的重要文献。钱明《王阳明及其学派论考》（人民出版社2009年）从王学的角度出发分别做了王阳明弟子考、王学的地域考、粤学考、黔学考、闽学考、徽学考、浙学考、赣学考，与《明儒学案》诸多相关问题均有比较深入的交叉。

二十一世纪一〇年代，学界对《明儒学案》的研究全面走向繁荣，特点是全面、系统、多维以及比较深层次的学科交叉，关于《明儒学案》的直接研究文献至少有75种。这一时期确实几乎在《明儒学案》的各个研究方向均取得了长足的进展，近于爆发期，并且诞生了一系列极具学术价值的标志性研究成果。2016年北京大学《儒藏》工程收录了二老阁版《明儒学案》，此版本具有很高的典藏和文献价值。

2010年，刘兴淑《学案体研究》（吉林人民出版社2010年）以其2009年博士论文为基础成书。姚文永《"共行只是人间路，得失谁知天壤分"——从"一本而万殊"看〈明儒学案〉为何不给李贽立案》（《云南民族大学学报》2010年第2期）认为李贽的道德规范建立在"己"和"私"的基础之上，与"一本万殊"的理念有别，故未予立案。姚文永、宋晓伶《"自得"和"宗旨"——〈明儒学案〉一个重要的编纂方法与原则》（《大连大学学报》2010年第3期）强调"自得"和"宗旨"是黄宗羲编纂《明儒学案》的重要方法。姚文永《〈明儒学案〉百年研究回顾与展望》（《北京理工大学学报》2010年第5期）从成书时间、版本、总体评价、在学案体上的价值、编纂原因及目的、体例、学派归属、门户之见、学术史观、相关专著等方面回顾和总结了学术界对于《明儒学案》的研究情况，这是目前学界可见的少数较早具有综述性质的《明儒学案》研究专文。姚文永《浅谈〈明儒学案〉在编辑学上的特色》（《编辑之友》2010年第6期）指出《明儒学案》编辑体例有创新、编辑方法得当、编辑主旨思想清晰、编辑者的学术独立性得以确立四个方面的特色，体现了交叉学科的研究思路。姚文永《〈明儒学案〉的编纂原则与方法初探》（《淡江人文社会学刊》2010 年第 41 期）提出"自得和宗旨、工夫与本体"是贯穿《明儒学案》的重要编纂原则和方法。

2011 年，姚文永、张国平《重"工夫"轻"本体"——谈黄宗羲编著〈明儒学案〉所贯穿的一条重要原则》（《殷都学刊》2011 年第 4 期）再论黄宗羲重"工夫"。毛益华《黄宗羲〈明儒学案〉序文比较》（《乐山师范学院学报》2011 年第 9 期）认为黄宗羲病愈后所作的改本序比病中作的序在学术思想的统一与论说逻辑上都更为完善和周密。李佳爱《〈明儒学案〉学术观研究》（拉曼大学 2011 年硕士学位论文）探讨的实际是学术史方法。佟雷《由〈明儒学案〉观黄宗羲对心学的继承与发展》（辽宁大学 2011 年硕士学位论文）从生成论、本体论、人性论的角度探讨黄宗羲心学。徐定宝《黄宗羲评传》（南京大学出版社 2011 年）认为黄宗羲成功地编撰了《明儒学案》，并因此创立"学案体"这一崭新的前所未有的史体形式。

2012 年，陈畅《论〈明儒学案〉的道统论话语建构》（《学海》2012 年第 1 期）认为《明儒学案》是以总结明代儒学为途径、以表彰刘宗周之学为目标的道统论著作。陈卫平《突破传统，书写信史——〈明儒学案〉对中国哲学史学科的历史先导意义》（《人文杂志》2012 年第 3 期）认为《明儒学案》的"先导性"主要体现在三个方面：首创"学案体"的学术史研究范式、哲学史与哲学研究相统一的研究方法、"接着讲"与"如实讲"的学术使命感。朱鸿林《〈明儒学案·曹端学案〉研读》（《汉学研究学刊》2012 年第 3 期）详解《曹端学案》文本。王婧倩、唐玉洁《〈明儒学案〉学术史观发微》（《黑河学刊》2012 年第 6 期）所论"学术史观"实际上也是"学术史方法"。朱鸿林《梁启超与〈节本明儒学案〉》（《中国文化》2012 年第 1 期）从著述背景、文本内容、思想特色切入，并提出梁启超精研《明儒学案》始终与他的政治和教育事业密不可分。姚文永、王明云《从〈明儒学案〉看黄宗羲的儒佛观及其矛盾》(《中国石油大学学报》2012年第5期)认为有“理”无“理”是黄宗羲儒佛观的重要考量,但在现实生活中却遇到了难以解释的困境。姚文永、王明云《〈明儒学案〉补编编著刍议》(《佳木斯大学学报》2012年第6期)提出了对《明儒学案》未录人员或仅仅提示而没有案主传记、案主评价、案主重要文献资料汇编进行补编的构想,但此种补编很具有一定的难度和风险,因为除了黄宗羲本人明确提出过的补编内容外,后人的补编可能难以适配于他的学术史意图和价值取向。屈宁、王曼《论〈明儒学案〉的历史内涵和思想价值》(《史学理论与史学史学刊》2012年)认为《明儒学案》的思想价值突出地表现为对明代进步学者学术风骨与行为风范的集中肯定和对有明一代学风积弊的深刻反省,书中对忠贞气节的砥砺、对学者以天下为己任的经世情怀的颂扬、对实学风气的倡扬以及黄宗羲在历史编纂方面所表现出的自觉反思等均值得学习和继承。柴锐《〈明儒学案·楚中王门学案〉蒋信(1483—1559)的学派归属研究》(中山大学2012年硕士学位论文)认为蒋信的主要师承关系是湛若水,故应列于甘泉学案。朱鸿林《〈明儒学案·姚江学案〉的文本问题初探(一)》①和《〈明儒学案·姚江学案〉的文本问题初探(二)》②继续从史源学的角度将《姚江学案》与刘宗周的《阳明传信录》以及《王阳明全集》进行了详尽的文本比较,结论是《姚江学案》的改动和加工,有对有错、有粗有精、有简练

① 《第三届中国古文献与传统文化国际研讨会学术论文集》,北京:中国社科院历史所,2012年10月19—21日,第480—505页。该文是香港特区资助局(Research Grants Council)优配研究金542110号研究项目“从《明儒学案》整理开始的明代儒学研究上之文本重建”部分成果。

② 《第二届国际阳明学研讨会论文集》,浙江余姚,2012年11月30日—12月2日。亦载于《国际阳明学研究》2013年第3期,第271—294页。该文是香港特区资助局(Research Grants Council)优配研究金542110号研究项目“从《明儒学案》整理开始的明代儒学研究上之文本重建”部分成果,后刊载于《国际阳明学研究》,上海古籍出版社2013年。

也有误导，研究者不容忽视。王维和、张宏敏《〈明儒学案〉〈宋元学案〉之黄宗羲案语汇辑》（杭州出版社 2012 年）辑录了 17 个小序、二百余位传主小传以及黄宗羲在传主学术资料选编中所下的案语，该著从文体方面促进了《明儒学案》的传播与利用，尤其是"录中案语"引发的思考。朱鸿林《〈明儒学案〉选讲》（北京三联书店 2012 年）乃是根据作者 2008 年在中国文化论坛"第二届文化素质通识教育核心课程讲习班"上的讲课录音整理而成，内容包括《明儒学案》简介以及《发凡》《序》《曹端学案》的解读等，这是一部高质量的专业性普及书籍，通俗透彻，是学习了解《明儒学案》极佳的入门书。"经典"的"通识"性解读不仅扩大了其横向的传播，反过来也促进了"经典"本身的纵深研究，这种良性的双向互动有利于文化的传承与发展。实际上自（清）康熙年间《明儒学案》成书以来，不断有各种"节本、选本、节注本、节译本、选编本、重编本"出现，这种"节、注、选、译"本身就是一种研究，它们在不同的历史时期对《明儒学案》文本的传播与流布均起到了不同程度的重要作用，但关于《明儒学案》的高质量的普及性节选本其实并不多，这也是学界今后共同努力的一个重要方向。

2013 年，香港中文大学出版社出版了《朱鸿林读黄宗羲：〈明儒学案〉讲稿》，即其《〈明儒学案〉选讲》繁体中文版。2013 年 1 月 14 日香港《大公报》所载《孔院院长朱鸿林埋首研〈明儒学案〉》一文介绍了香港理工大学朱鸿林致力于整理《明儒学案》新校本的情况。张圆圆《黄宗羲学术发展规律论》（《理论探讨》2013 年第 2 期）认为《明儒学案》的学术史观是"一本万殊，万殊总归一致"，此说的主要价值在于提出了"学术发展规律"的论阈。张笑龙《钱穆对〈明儒学案〉评价之转变》（《广东社会科学》2013 年第 3 期）认为钱穆起初对《明儒学案》评价较高，1971 年后则出现了批评其"门户之见"，这种评价的转变与钱穆的学术思想从"阳明学"到"朱子学"的转向密切相关。姚文永

《析薛瑄的复性说——兼论黄宗羲在〈明儒学案〉中对薛瑄的评价》(《中国石油大学学报》2013 年第 4 期)提出“理即性”是薛瑄对程朱“性即理”理学范式的重大修改与完善，是一种突破，而不是如黄宗羲所说的“恪守宋人矩矱”。朱光磊《〈明儒学案·师说〉“邓先生”考述》(《人文杂志》2013 年第 5 期)和赵文会《〈明儒学案·师说罗汝芳传〉人物考辨》(《宁波大学学报》2013 年第 5 期)均考证《明儒学案·师说·罗近溪汝芳》中“邓先生”是指江右王门邓元锡。张圆圆《黄宗羲学术史思想研究——以〈明儒学案〉为中心》(黑龙江大学 2013 年博士学位论文)比较充分地研究了黄宗羲学术史思想的形成及其学术史规律论、学术史方法论、明代理学史思想等。近代以来对《明儒学案》的研究很多都与“黄宗羲、学案体、中国学术史、中国哲学、中国儒学、中国史学史、宋明理学、阳明学、明清思想、浙东学术”等方向的研究密切相关，有的甚至交叉重叠，但亦因此而立体、动态、多维。袁光仪《论晚明儒者耿定向之学术及其价值——与〈明儒学案〉商榷》(《中国学术年刊》，2013 年 9 月)认为《明儒学案》鉴于“王学流弊”，对泰州、龙溪以下之学者，所论未必客观恰当。白洁尹《黄宗羲对蔡清的评价——兼论〈明儒学案〉对史料的剪裁》(《新亚论丛》2013 年第 12 期)认为《明儒学案·蔡清学案》对史料的剪裁或导致读者在认识蔡清的学术涵养及修身工夫时有失实之处。2013 年线装书局出版了《明儒学案——修身的艺术》①。

2014 年，姚文永《浅谈〈明儒学案〉的文献选择——以颜钧、何心隐、陈九川为例》(《运城学院学报》2014 年第 1 期)提出黄宗羲对颜钧、何心隐、陈九川的文献选择存在问题。姚文永《浅析黄宗羲对学案体的设计——兼释〈明儒学案〉未列诸儒之原因》(《图书馆研究与

① 此即 1981 年台北时报文化出版事业公司《民族文化再觉醒：明儒学案》覆本。

工作》2014 年第 1 期)提出黄宗羲对入案标准、文献选择、案主评价进行了总体设计,这种总体设计保证了学案体整齐划一的有序性,但同时也使得许多本该入案的儒者与《学案》失之交臂。吴琼《简论黄宗羲及其〈明儒学案〉》(《金田》2014 年第 1 期)述及《明儒学案》的内容、版本和观点。黄敏浩《黄宗羲〈明儒学案〉对阳明学的评价》(《全球与本土之间的哲学探索:刘述先先生八秩寿庆论文集》,2014 年 6 月)分析了黄宗羲在《明儒学案》中对阳明学的总体评价和认识。刘盛《〈明儒学案〉纂修探微》(《明清论丛》第十四辑,故宫出版社 2014 年)认为如果按照严格的学术史著作来要求,《明儒学案》从选材到内容都既欠客观也欠全面,《明儒学案》是一部表现黄宗羲个人学术思想的重要著作,而非一部严格意义上的总结明代学术思想史的著作。秦峰《〈明儒学案〉对"四句教"的诠释和批评》(《哲学动态》2014 年第 11 期)提出为了维护王学的正统,保住学脉,黄宗羲对"四句教"与"良知"进行了切割。而为了阐扬师说,替刘宗周争道统,他又刻意曲解"良知教"。由于黄宗羲深层想法的复杂性,《明儒学案》中出现了对王阳明的批评、回护、褒扬等多种态度杂糅在一起的情形。何威萱《〈明儒学案〉的文本剪裁及编纂问题析说:以魏校学案为例》(《明史研究》第十四辑,黄山书社 2014 年)通过《魏校学案》与《庄渠遗书》的文本比较发现《明儒学案》至少有八处在文字掌握上出现程度不一的偏失。黎业明《唐伯元编次之〈白沙先生文编〉略述——兼论黄宗羲〈明儒学案·白沙学案上〉之取材问题》(《理学与岭南社会文化国际学术研讨会·会议论文集》,2014 年)考证出《明儒学案·白沙学案上》取材于唐伯元编次之《白沙先生文编》而非陈献章原集。黄宗羲在《李承箕小传》中说:"唐伯元谓其晚节大败,不知何指,当俟细考。"该文考证出"晚节大败"指的是(明)李士实在(明)正德十四年(1519)因依附宁王朱宸濠谋反叛乱而伏法一事,"李晚节大败"是唐伯元所选录《与世卿闲谈 · 兼呈李宪副》一诗的旁批，黄宗羲将唐伯元对李士实的旁批误认为是指李承箕本人。姚文永《黄宗羲〈明儒学案〉研究》(四川大学出版社 2014 年)汇辑了作者之前多种关于《明儒学案》研究的单篇论文。

2015 年，张明《〈明儒学案〉缺载“黔中王门”考论——兼论“黔中王门”源流演变及其心学成就》(《贵阳学院学报》2015 年第 1 期)认为徐爱早逝造成黔中王门流入江浙地区的早期资料散佚、钱德洪编著《阳明文录》时购书令和购书人均未到达贵州、明清之际因战乱导致文献破坏严重分别是造成《明儒学案》缺载“黔中王门”的远因、中因和近因。郑礼炬《〈明儒学案 · 粤闽相传学案〉王守仁福建门人考》(《中国典籍与文化》2015 年第 1 期)认为从(明)正德十一年(1516)起直至王阳明逝世的十三年间，福建因得地利之近便，先得王学的沾溉，遂使得闽中朱子学一统天下的局面发生变化。张圆圆《中国哲学史诠释模式的传统借鉴与当代反思——论〈明儒学案〉的哲学史意义》(《社会科学辑刊》2015 年第 2 期)认为《明儒学案》中所体现出的哲学概念、范畴和对某些哲学问题的表述方式，完全来自中国传统哲学和中国传统哲学史的话语体系，《明儒学案》对于探索具有民族独立性的中国哲学史诠释模式具有十分重要的启示和借鉴意义。张圆圆《黄宗羲论东林学派和蕺山之学——基于对〈明儒学案〉文本的解读》(《江南大学学报》2015 年第 2 期)认为《东林学案》和《蕺山学案》的设置主要是围绕为东林学派正名、东林学派对于阳明学派的批评与调和、高度赞扬蕺山之学三个方面展开，是对明代理学后期发展的总结。〔日〕豊島ゆう子《黄宗羲の思想とその背景—清初学術をめぐる諸問題と『明儒学案』》(日本东北大学资助项目 13J04211，2015 年 3 月 31 日)结合明末清初时期的政治、社会、学术探讨《明儒学案》，并涉及《明文案》《理学录》与《明儒学案》的关系。陈文新、王冯英《由唐顺之由文入道看文学史与哲学史之相关性——〈明儒学案〉视野下的唐顺之》(《哈尔滨工业大学学报》2015 年第 4 期)认为《明儒学案》记述了唐顺之古文和儒学思想在不同时期的转变和影响。赵文会《〈明儒学案〉研究》(福建师范大学 2015 年博士学位论文)主要从文献学的角度做了一些研究。赵文会《〈明儒学案〉勘误二十三则》(《图书馆杂志》2015 年第 6 期)对八种《明儒学案》版本的 34 处文本疑误进行了考论。朱鸿林《〈明儒学案·崇仁学案〉校读》(《明史研究论丛》第十四辑,中国社会科学出版社,2015 年)对勘了《康斋先生文集》《庄渠先生遗书》《夏东岩先生文集》与《崇仁学案》。

2016 年,袁立泽《从〈理学宗传〉到〈明儒学案〉——“以经学济理学之穷”视角下学案体史籍初论》(《清史论丛》2016 年第 1 期)认为《明儒学案》与《理学宗传》《皇明道统录》具有“后先相承”的关系,这与清初思想界“以经学济理学之穷”的新思潮密切相关。吴海兰《会众以合一——黄宗羲对中国传统学术史的继承与发展》(《南开学报》2016 年第 1 期)从史学史的角度提出“殊途百虑”是《明儒学案》的学术史观。张圆圆《提倡自得 把握宗旨——论〈明儒学案〉一以贯之的学术史方法原则》(《学术交流》2016 年第 2 期)再论“自得”和“宗旨”。庄兴亮《黄宗羲对聂豹政治形象的构建——以〈明儒学案·贞襄聂双江豹传〉为探讨中心》(《国学学刊》2016 年第 3 期)认为黄宗羲通过筛选、删薙甚至改动史料来“确保”传主的正面形象,进而提出传记中行事大节往往和后半部的学术要旨是紧密相关的。这就从编纂体例的角度初步揭示了“小传”和“学术资料选编”的意旨有明确的一致性。陈畅《〈明儒学案〉中的“宗传”与“道统”——论〈明儒学案〉的著述性质》(《哲学动态》2016 年第 11 期)提出“宗传”意象展现了《明儒学案》背后的明代社会思想史背景及其政教含义,“道统”意象则说明了《明儒学案》中的政教如何奠定意义与发挥作用,《明儒学案》是一部通过把各家学术统合为一个价值整体来表述理学家对政教秩序之寄托的理学之书，而其著述本意是希冀后人由此开创政教新局面。此文代表了新世纪以来对《明儒学案》性质的重新判断。赖玉树《黄宗羲气学思想探赜——以〈明儒学案〉为主的考察》(《万能学报》2016 年第 7 期)探讨了黄宗羲论“气”。朱鸿林《〈明儒学案〉研究及论学杂著》(北京三联书店 2016 年)收录了作者关于《明儒学案》研究的多篇论文，涉及“学案体”的形成和《明儒学案》的性质、史源、校勘、普及性介绍以及从史源学的角度进行文本重建的思路，此书是研治《明儒学案》非常重要的学术参考文献。白洁尹《和而不同——黄宗羲的门户关怀与〈明儒学案〉的编纂》(花木兰文化出版社 2016 年)认为黄宗羲提倡的并非“尔是我非”的门户相轧之见，而是欲通过编纂《学案》，为当时的学术界创造一个“和而不同”的和谐氛围，由此建立一个“门户并存”的局面，既不排斥程、朱学脉，同时也承认陆、王为儒学真传。“和而不同”是此书提出的关于《明儒学案》学术史观问题的鲜明观点。2016 年 6 月，北京大学《儒藏》工程《儒藏・精华编・史部传记类》(第一五五、一五六册)《明儒学案》出版，此版以(清)乾隆四年郑性二老阁本为底本，校以紫筠斋本和教忠堂本，参校《四库》本以及有关文集、经书和史书。卷首收录了郑性序、黄宗羲的《明儒学案序》《黄梨洲先生原序》《〈明儒学案〉发凡》，卷末附录了仇兆鳌序、于准序、贾润序、贾朴跋、贾润总评、莫晋序，一叶双栏，上下分行，繁体竖排加以现代标点，具有珍贵的典藏和文献价值。(清)乾隆年间《四库全书》工程、2005 年四川大学《儒藏》工程、2016 年北京大学《儒藏》工程对《明儒学案》的收录均是《明儒学案》文献学史上的重大事件。

2017 年，〔日〕佐藤炼太郎《明末清初相反对立的阳明学派史——周汝登〈圣学宗传〉与黄宗羲〈明儒学案〉的比较》(《湖南大学学报》2017年第1期)认为《圣学宗传》代表着明万历末年的阳明学观,《明儒学案》则代表了清初康熙间的阳明学观,二者都应该被尊重。吴兆丰《〈明儒学案〉(中华书局修订版)点校辨误举隅》(《明史研究论丛》第十六辑,中国社会科学出版社2017年)对2008年中华书局修订本《明儒学案》在标点断句以及校勘等方面存在的问题进行了四十余则辨误,其中一些是定论。陈畅《理学道统的思想世界》(上海书店出版社2017年)专门从道统的角度分析了《明儒学案》中的宗传与道统、道统论话语建构、道统话语中的开显与遮蔽等问题,其研究视角很值得关注。

2018年,李训昌《全集本〈明儒学案·甘泉学案〉一至三点校勘误》(《平顶山学院学报》2018年第1期)和《全集本〈明儒学案·甘泉学案〉四至六点校勘误》(《平顶山学院学报》2018年第3期)对《黄宗羲全集》版《甘泉学案》的部分文本进行了探讨。黄涛、庄兴亮《〈明儒学案〉文本研究和校点整理——访朱鸿林教授》(《中国史研究动态》2018年第2期)集中阐述了朱鸿林运用"史源学"的方法致力于《明儒学案》文本重建的思路与实践。张二平《〈明儒学案〉的生生哲学》(《江南大学学报》2018年第3期)从"生几、生理、生气、生意"几个维度阐释了黄宗羲"生生"哲学。邓伊帆《"语道之书":〈明儒学案〉性质蠡测》(中南民族大学2018年硕士学位论文)认为《明儒学案》是一部以"明道为旨归"的语道之书。金香花《罗钦顺性论新诠——〈明儒学案〉商兑》(《社会科学》2018年第8期)通过检视《困知记》等文献认为罗钦顺的心性论与其理气论内在统一,而不是如黄宗羲所说的相矛盾。连伟《〈明儒学案〉载王阳明余姚籍弟子管州事迹考订》(《长江丛刊》2018年第11期)补充了《浙中王门学案》管洲的生平与学术。2018年台北世界书局影印了《中国学术名著历代学案·〈明儒学案〉》，九州出版社再版了《明儒学案：民族文化再觉醒》①。张圆圆《中国传统哲学视阈下的传统学术思想史研究：以〈明儒学案〉为中心个案》（黑龙江人民出版社 2018 年）从中国传统哲学的角度梳理了黄宗羲的学术史思想体系。赵文会《〈明儒学案〉研究》（黑龙江人民出版社 2018 年）作了一些基础性的研究。

2019 年，甄洪永《黄宗羲〈明儒学案·夏尚朴〉文献选编的一则失误》（《文化学刊》2019 年第 1 期）考证黄宗羲对夏尚朴《浴沂亭记》中的一段文字进行了刻意的裁剪，从而对读者造成了某种误导。谢丽泉《梁启超〈节本明儒学案〉的德育方法论启示》（《北京教育（德育）》2019 年第 1 期）专门从“德育”的角度探讨了《节本明儒学案》的重要价值，此文辅证了《明儒学案》所具有的“子书”意涵。陈畅《明清之际哲学转向的气学视野——以黄宗羲〈明儒学案〉〈孟子师说〉为中心》（《现代哲学》2019 年第 5 期）认为黄宗羲提出了一条独特的明代哲学发展脉络，即心学的气学视野建构。陈畅《个体性与公共性之间——论〈明儒学案〉形上学结构及其当代意义》（《中国哲学史》2019 年第 5 期）认为《明儒学案》主要是一部理学政教之书。这种认识与黄宗羲自定义的“理学之书”很接近，关于《明儒学案》“史书、子书、理学之书”性质的探讨已经持续了很久，该文提出了理解该问题的一种视角：作为一个思想文本的《明儒学案》具有复杂的多重面相和内涵，《明儒学案》并非如今人所理解的那样功能单一，而是有着非常复杂而多层次的思想内涵重叠在一起。这种观点有助于我们更加综合性地、历史性地理解《明儒学案》的性质。甄洪永、李珂《论黄宗羲〈明儒学案〉对明代关学的新构建》（《武陵学刊》2019 年第 6 期）认为《明

① 此即 1981 年台北时报文化出版事业公司《民族文化再觉醒：明儒学案》覆本。

儒学案》纳关学入河东之学在整体上降低了明代关学的学术价值和历史定位。文碧方、卢添成《章潢性气思想探微——从〈明儒学案〉的一处文本错误谈起》(《井冈山大学学报》2019 年第 6 期)认为章潢《图书编》的一处文本摘录与原文差异较大。洪伟侠《北大〈儒藏〉版〈明儒学案〉勘误一则》(《市场调查信息》2019 年第 8 期)考证北大《儒藏》版《明儒学案·姚江学案·语录〈与黄宗贤〉》"若就標末粧綴比擬"中"粧"或为"粧"之误。赵文会《〈明儒学案〉所见科举业妨圣贤学史料价值探析》(《中华传奇》2019 年第 9 期)浅论了明代举业与圣学的关系。

二十一世纪二十年代,目前关于《明儒学案》的直接研究文献有 18 种,涉及史源分析、成书时间、版本梳理、经史关系、学派考论等。

2020 年,李一禾、张如安《"不拘"与"纵情"——论〈明儒学案〉中黄宗羲对邓豁渠形象的建构》(《南京师大学报》2020 年第 1 期)通过对比《泰州学案·前言》邓豁渠传记与《南询录》《里中三异传》,发现黄宗羲对邓豁渠的事迹与思想进行了一定程度的删改。汪学群《〈明儒学案〉与阳明学的分派》(《贵阳学院学报》2020 年第 3 期)认为《明儒学案》对阳明学的分派为近代以阳明学分派诸说定下了学术基调。魏冬《党晴梵〈明儒学案表补〉版本考述》(《渭南师范学院学报》2020 年第 3 期)对党晴梵《明儒学案表补》的手稿本、清稿本进行了专门的考证。关于《明儒学案》的成书时间,朱鸿林曾根据黄百家"《明儒学案》成而五星聚牛女"之语利用天象回算尝试佐证《明儒学案》成书于(清)康熙十七年(1678),但是赵江红《〈明儒学案〉成书时间与天象——兼谈古代天文记录研究方法论的反思》(《科学技术哲学研究》2020 年第 4 期)认为无论是利用现代天文学的推算,抑或《清史稿·天文志》与十一曜行度文献的记载,"五星聚牛女"的天象都是不存在的,故无法借"五星聚牛女"考证《明儒学案》的成书时间,此文体现了交叉学科范式对于《明儒学案》研究的重要意义。韩春平《〈明儒学案〉清刻本及版本源流》(《古籍研究》2020 年第 2 期)结合近年来古籍普查的新发现系统地梳理了《明儒学案》各种清刻本的刊刻过程、版本特点以及流传情况。王珊珊《〈明儒学案·卢冠岩学案〉文本与义理研究——以卢冠岩〈献子遗存〉为参照》(同济大学 2020 年硕士学位论文)继续从史源学的角度对《诸儒学案·卢宁忠》的学术资料选编问题进行个案研究。刘兴淑《历代学案的思想研究》(线装书局 2020 年)专门从"学案思想"的角度探讨明代中叶至当代的学案体史籍,时间跨度较长,内容比较丰富,有助于进一步理解学案体史籍的起源、形成、发展与演变过程。

2021 年,朱义禄《论泰州学派对日本明治维新思想的影响——以梁启超〈节本明儒学案〉为中心的考察》(《贵州文史丛刊》2021 年第 1 期)认为梁启超关于泰州学派对日本明治维新思想的影响有着较为深刻的分析。胡传吉《经史分离与史学"致用"——梁启超"新史学"与黄梨洲〈明儒学案〉关系考论》(《关东学刊》2021 年第 1 期)认为《明儒学案》是梁启超"新史学"的本土学术资源,梁启超肯定《明儒学案》在学术史编纂体例方面的开创价值,为现代学术正名,进而为思考经史关系打下重要基础。李博《从〈关学编〉到〈明儒学案〉——论黄宗羲重构"关学"的方法及意义》(《人文论丛》2021 年第 2 期)认为黄宗羲通过集句、增润、附评等方式,改润师承、序次谱系,将《关学编》所呈现的多脉并存、折中于孔氏的明代关学融释到《河东》《三原》《北方王门》等学案中。这些改作是论证阳明学学术中心地位的一环,改变了冯从吾试图确立的关学面貌,也影响了后世对于关学、北方理学及明代理学史的认识。这种个案研究有助于理解黄宗羲编纂《明儒学案》的价值取向。甄洪永、李珂《黄宗羲〈明儒学案·崇仁学案〉一处文献失误献疑》(《宁德师范学院学报》2021 年第 2 期)考证魏校为了证伪《朱子晚年定论》有一个详细的论证过程，但黄宗羲将此论证过程误植在余祐身上。金晓刚《编纂与刊刻：〈宋元学案〉文本生成史研究》（浙江大学出版社 2021 年）首次专门讨论了全祖望于《宋元学案》之外有意重修《明儒学案》的问题。以往学界从史源学的角度探讨《明儒学案》多关注传主“学术资料选编”的部分，而余劲东《略论黄宗羲〈明儒学案〉传记镕裁的旨趣——以〈文正方正学先生孝孺〉为中心》（《明史研究论丛》第十九辑，中国社会科学出版社 2021 年）则进一步关注了“小传”，该文考证黄宗羲撰写方孝孺传记时所用的资料主要来源于（明）宋端仪（1447—1501）编写的《革除录》，可见“小传”也涉及史源问题，扩展了对于《明儒学案》史料选编问题的认识。

2022 年，陈畅《方学渐心学的理论特质及其困境——兼论黄宗羲〈明儒学案·泰州学案〉的思想主旨》（《同济大学学报》2022 年第 1 期）提出黄宗羲将泰州学派的学风概括为“非名教所能羁络”的狂禅化和异端化，但是《泰州学案》所收人物并非全部都能归入此类学风，甚至有些思想家是以反对狂禅学风著称的，如方学渐。这种看似矛盾的思想史书写方式，其实蕴含着黄宗羲深刻的哲学洞见，黄宗羲的思想史立场并没有停留于简单的“宗派”之争，他力图从阳明后学丰富多元的发展路径中揭示出中晚明阳明学的核心问题及其思想史出路。此文有助于理解黄宗羲编纂《明儒学案》的意旨。赵文会《一本万殊：〈明儒学案〉学术史观考论》（《赣南师范大学学报》2022 年第 2 期）对作为《明儒学案》学术史观的“一本万殊”进行了论证。陈心怡《〈明儒学案〉略载“闽中王门”成因钩沉》（《国文天地》2022 年第 8 期）初步从思想、文献、师承、地域因素等方面分析了闽中王门被略载的原因。徐倩《〈明儒学案〉之阳明后学的分派》（《今古文创》2022 年第 33 期）认为地域区划、思想差异、师承关系是黄宗羲划分阳明后学的主要考虑因素。2022 年商务印书馆简体横排加以现代标点再版了民国二十年上海商务印书馆《学生国学丛书》系列选注本《明儒学案》①。

2023 年，刘辰《贾氏紫筠斋本〈明儒学案〉删改史实探微》(《清史研究》2023 年第 3 期)认为贾本的大部分修改出自黄宗羲弟子仇兆鳌之手，主要原因是仇兆鳌自身发生了从“讲学从梨洲”到“归宗于朱子”的转变。薄文梅《论黄宗羲〈明儒学案〉的历史编纂学特色》(东北师范大学 2023 年硕士学位论文)阐释了黄宗羲“一本万殊”的编纂史观。甄洪永、王宁《〈明儒学案·方孝孺〉的文本生成及“有明之学祖”的重构》(《武陵学刊》2023 年第 4 期)认为黄宗羲通过“小传”和选编的《侯城杂诫》实现了对方孝孺“有明之学祖”的重构。2024 年 6 月，江苏凤凰文艺出版社出版了方武编著的《明儒学案：乱世中的良知》节选注译本②。李萍、王巍《超越〈明儒学案〉局限 建构黔中王门心学体系》(《贵阳学院学报》2024 年第 2 期)提倡从实践和精神史的角度拓展阳明心学现代转换的路径，从而打开黔中王门心学体系建构的新格局。

表绪-1　近百年来《明儒学案》研究论著年代区间变化表(1910—2024 年)

时间	1910—1919 年	1920—1929 年	1930—1939 年	1940—1949 年	1960—1969 年	1970—1979 年	1980—1989 年	1990—1999 年	2000—2009 年	2010—2019 年	2020—2024 年
数量(种)	6	6	3	2	11	5	17	15	37	75	19
总计	196										

① (清) 黄宗羲著，缪天绶选注，王延模校订：《明儒学案》，王宁主编：《学生国学丛书新编》，简体横排加以现代标点，此即民国二十年上海商务印书馆排印缪天绶选注本《学生国学丛书》覆本。

② 此版本也是 1981 年台北时报文化出版事业公司方武编撰《民族文化再觉醒：明儒学案》覆本。

三百多年来，一代代学者对《明儒学案》的研究前后相继，倾注了大量的心血，在不同的历史时期持续不断地推动着相关问题的研究，取得了很大的成就。

从研究角度和方法来看，学界从探讨黄宗羲本人学术思想的角度进而涉及《明儒学案》是比较普遍的情况，但这种范式有利有弊。学案体、理学史、阳明学等均是重要的切入点，哲学、史学、理学、儒学、经学、学术史、思想史、史学史、史源学、版本学、校勘学、编纂学、编辑学、实学、天文学、系统论等均是重要的研究角度和研究方法。

从研究的内容看，有对编纂原因、成书时间、版本源流、刻本异同、补编考订、校勘释误、史源比较、文本剪裁、编纂体例、传主构成、理学思想、门户之见、学案设置、学派归属、个案文本、补学案表、学术史观、学术史方法等问题的深入讨论；有对慎独、实学、意说、修德、复性、生生、道统论、儒佛观、欲望观、阳明学、四句教、心学意涵、气学概念、儒者气象、人格精神、经世致用、经学济理学、德育方法论、形上学结构等诸种哲学义理思想概念范畴的精到阐发；有与《伊洛渊源录》《宋元学案》《圣学宗传》《理学宗传》《四库全书总目提要》的严谨对比等。

从研究进程看，清代关于《明儒学案》的相关研究代表了传统社会末期的学术环境与文化形态对《明儒学案》的认知，但资料比较分散，研究也相对薄弱。晚清民国时期，对《明儒学案》的研究与传统学术向近代的转型密切相关，"旧学"与"新知"的碰撞不断激荡在《明儒学案》的文本研究中，甚至延伸到民族家国。民国时期关于《明儒学案》的研究成果数量虽然不多，但提出的一些研究范式却产生了深远的历史性影响。中华人民共和国成立后至改革开放前美、日、韩、马来西亚、我国的台湾、香港等地区对《明儒学案》关注较多，并且很注意探讨与争鸣。二十世纪八十年代大陆地区关于《明儒学案》的研究开始有了重要的进展,如黄宗羲研究的推动、学术会议的辅助、现代文本的校理等。二十世纪九十年代《明儒学案》的研究打开了很多新的研究视角,并且引入了很多新的研究方法。二十一世纪以来对于《明儒学案》的研究更加深入,并且确实几乎在各个专题领域均取得了比较重要的研究成果。总体来看,百多年来关于《明儒学案》的研究有两个最显著的特点:一是研究范式的不断转换,二是多学科交叉的不断切入。

经过一代代学人持续不断的努力,学界对《明儒学案》的研究取得了很大的成就,但也存在一些可以继续讨论的方面:

第一,关于《明儒学案》的性质问题。学界对《明儒学案》究竟属于"传记类史书、学术史、理学史、子书、理学之书"的问题等始终存在争议。这个问题从清代就已经开始了,近现代以来又有关于其"哲学史、儒学史、思想史、史学史"的种种论说。实际上《明儒学案》本身就具有"复杂的多重面相和内涵"①,而关于《明儒学案》性质的争论反映的深层次问题其实并不在《明儒学案》本身,它主要是中国近现代以来学科分类的发展与衍化过程的映射。

第二,关于《明儒学案》的版本问题。二老阁版、紫筠斋版、教忠堂版是《明儒学案》三个最重要的本子,而紫筠斋版与二老阁版在文本及文本思想上有明显的区别。紫筠斋本的改动者究竟是黄宗羲本人?与黄宗羲关系密切的门友?仇兆鳌?还是贾润、贾朴父子?这一问题或困于史实,或囿于文献,或限于思想史的表达始终没有公认的定论。紫筠斋本与二老阁本的异同是关于《明儒学案》版本最核心的问题。

① 陈畅:《个体性与公共性之间——论〈明儒学案〉形上学结构及其当代意义》,《中国哲学史》2019 年第 5 期,第 109 页。

第三，关于《明儒学案》的史源问题。二十世纪以来，不断有学者将《明儒学案》的学术资料选编与传主原著进行史源比较，并多认为存在有意的剪裁和改动。但这种研究趋势动摇的不是《明儒学案》的文本根基，而是改变了长久以来人们通过《明儒学案》去认识明代学术思想史这一路径的看法。“选编”一定与原著有不同，这是“学案体”史书固有的基本的体例属性。《明儒学案》学术史史料选编的深层次含义应该是黄宗羲书写方式的“思想史洞见、脉络预设与价值诉求”①，即从史源学的角度运用文献学的方法解决学术史的问题。

第四，关于《明儒学案》与“学案体”的关系。“学案体”与纪传体、编年体、典志体、国别体等均为中国史学史范围内的基本体式。关于“学案体”的起源，有学者以两宋时期儒佛关系为背景，认为学案起于禅宗；有学者以宋明理学的学术形态为参照，认为学案起于儒学；有学者基于对中国史学史的观察，认为学案起于传统史学。三种分歧的根源在于“学案体”究竟是以《伊洛渊源录》还是以《明儒学案》为准？如果这一问题得不到有效解决，那么所有关于“学案体”的探讨都会形成两种相反的结论：一种是以《伊洛渊源录》为准的学案体结构体系，一种是以《明儒学案》为准的学案体结构体系，而它们解决的是同一个“学案体”的问题，这定会造成研究目的和研究结果的背离。

第五，关于《明儒学案》与宋明理学的关系问题。古典“学案体”史籍的形成与宋明理学思潮的关系是极其密切的，这种伴生的学术形态甚至从两宋之前一直持续到清末民初，“学案”与“理学”的关系是传统社会后期值得关注的一种文化现象。前人对《明儒学案》的研

① 陈畅：《方学渐心学的理论特质及其困境——兼论黄宗羲〈明儒学案·泰州学案〉的思想主旨》，《同济大学学报》2022 年第 1 期，第 97 页。

究角度各异、内容广泛、层次分明，但研究《明儒学案》的根基实际上还是在宋明理学，即以宋明理学史的发展进程和宋明理学的基本原理为依归，从理学的方向出发，按照理学的方式运用理学的方法解决理学自身的问题。

第六，有学者统计《明儒学案》的主要版本约有二十余种①，如果进一步延伸开来广义地看，清代以来关于《明儒学案》的各种刻本、重刻本、补修本、覆本、递修本、稿本、抄本、节本、选本、节注本、节译本、重编本、新编本、批校本、影印本、石印本、铅印本、排印本、点校本、修订本至少有 97 种，其中清版至少有 25 种，民国时期版本至少有 7 种，当代版本至少有 17 种，海外藏版至少有 48 种。虽然这种统计定有疏漏和缺失，也肯定有待于进一步的补充、整理和完善，但三百多年来这些版本在不同的历史时期、不同的地域范围、不同的学术群体、不同的文化形态中对《明儒学案》的传播与流布均起到过重要的历史性作用，各有其重要的、独立的版本价值，故应予以历史地记录。

清代版本汇录 25 种

(清)康熙十五年至二十年前后许三礼刻数卷，今无传本。

(清)康熙三十年万言刻卷一至卷一八、卷二〇、卷二一。

(清)康熙三十二年贾润、贾朴紫筠斋刻本，六十二卷。

(清)康熙年间吕氏刊本，六十二卷(存目)。

(清)雍正十三年贾念祖重刻紫筠斋本，六十二卷。

(清)乾隆四年郑性二老阁刻本，六十二卷。

(清)乾隆四十三年文渊阁《四库全书》抄本，六十二卷。

(清)乾隆四十七年文溯阁《四库全书》抄本，六十二卷。

---

① 吴光：《〈明儒学案〉考》，(清) 黄宗羲著，吴光主编：《黄宗羲全集》第 8 册，第 1007 页。

(清)乾隆四十九年文津阁《四库全书》抄本,六十二卷。

(清)乾隆五十二年文澜阁《四库全书》抄本,六十二卷。

(清)道光元年莫晋教忠堂刻本,六十二卷。

(清)道光二十二年谢益汜水县衙刻本,六十二卷。

(清)道光二十八年湖南道州何绍基刻本,六十二卷。

(清)光绪八年冯全垓补修重刻二老阁本,六十二卷。

(清)光绪十二年贾敦忭重刻紫筠斋本,六十二卷。

(清)光绪十四年南昌县学刻本,六十二卷。

(清)光绪二十一年刘树堂中州明道书院本,六十二卷。

(清)光绪二十八年上海文澜书局石印本,六十二卷。

(清)光绪三十年湘潭黄氏苏山草堂刻本,六十二卷。

(清)光绪三十一年杭州群学社石印《黄梨洲遗书》本,八卷。

(清)光绪三十一年梁启超《节本明儒学案》,二十卷。

(清)宣统三年官报书局(清)张世英辑《〈明儒学案〉评节钞》,一卷。

(清)陈訏批校《〈明儒学案〉小传》不分卷,《师说》一卷。

(清)陈澧批点《明儒学案》,存七卷(卷一至卷六、《师说》一卷)。

(清)张廷琛《〈明儒学案〉正编》(稿本),十一卷。

民国时期版本汇录7种①

民国元年国学研究会据莫本重刻本,六十二卷。

民国五年上海文瑞楼石印本,六十二卷。

民国十九年上海商务印书馆《万有文库》本,六十二卷。

民国二十五年上海中华书局《四部备要》本,六十二卷。

---

① 另有民国九年开封新民社夏成吉《〈明儒学案〉书后》、民国十三年李中正《〈止修学案〉录要》、民国十五年上海群学社刻许啸天《〈明儒学案〉节要》、民国二十年上海商务印书馆排印缪天绶选注《学生国学丛书》节本、民国三十三年重庆中周出版社胡秋原《明儒学案》节补本以及民国时期赵汤《〈明儒学案〉摘要》油印本6种。

民国二十五年上海世界书局《四朝学案》本，六十二卷。

民国三十四年重庆正中书局李心庄《重编〈明儒学案〉》本，四十五卷。

民国三十八年冯惠《〈明儒学案〉札记》，一卷。

当代版本汇录 17 种①

1955 年编译馆重印李心庄《重编〈明儒学案〉》本，四十五卷。

1959 年台北正中书局影印李心庄《重编〈明儒学案〉》本，四十五卷。

1961 年台北世界书局影印《四朝学案》本，六十二卷。

1966 年台湾中华书局影印《四部备要》本，六十二卷。

1968 年台湾商务印书馆《人人文库》本，六十二卷。

1974 年台湾河洛图书出版社《夏学丛书》本，六十二卷。

1981 年台湾中华书局影印《四部备要》本，六十二卷。

1985 年中华书局点校本，六十二卷。

1987 年台湾华世书局影印中华书局点校本，六十二卷。

1990 年中国书店《海王邨古籍丛刊》影印（清）雍正十三年紫筠斋本，六十二卷。

1991 年台北明文书局《明代传记丛刊·学林类》本，六十二卷。

1992 年浙江古籍出版社《黄宗羲全集》本，六十二卷。

2005 年四川大学出版社《儒藏·史部·历代学案》本，六十二卷。

---

① 另有 1981 年台北时报文化出版事业公司《民族文化再觉醒：明儒学案》节本、1987 年 *The Records of Ming Scholars* 本、1993 年何本方选注《文史英华·学案卷》本、2003 年海南出版社方武《〈明儒学案〉快读》节本、2012 年杭州出版社《〈明儒学案〉〈宋元学案〉之黄宗羲案语汇辑》本、2013 年线装书局《修身的艺术——明儒学案》节本、2018 年九州出版社《明儒学案：民族文化再觉醒》节本、2022 年商务印书馆《学生国学丛书新编》本、2024 年江苏凤凰文艺出版社《明儒学案：乱世中的良知》节本 9 种。

2008年中华书局1985年点校版修订本，六十二卷。

2009年台北世界书局《中国学术名著》本，六十二卷。

2016年北京大学出版社《儒藏·精华编》本，六十二卷。

2018年台北世界书局影印《中国学术名著历代学案》本，六十二卷。

海外所藏版本汇录48种①

英国牛津大学图书馆藏(清)乾隆四年二老阁刻本，六十二卷。

英国牛津大学图书馆藏民国元年国学研究会据莫本重刻本，六十二卷。

英国伦敦大学亚非学院图书馆藏(清)乾隆四年二老阁刻本，六十二卷。

德国巴伐利亚邦立图书馆藏(清)光绪十四年南昌县学刻本，六十二卷。

美国国会图书馆藏(清)乾隆四年二老阁刻本，六十二卷。

美国普林斯顿大学葛思德东亚图书馆藏(清)光绪十四年南昌县学刻本，六十二卷。

美国伊利诺伊大学香槟分校图书馆藏(清)光绪十四年南昌县学刻本，六十二卷。

美国华盛顿大学图书馆藏(清)雍正十三年紫筠斋重刻本，六十二卷。

马来西亚大学图书馆藏(清)道光元年莫晋教忠堂刻本，二十

---

① 另有韩国国立中央图书馆藏木板(清)光绪十四年南昌县学刻本；韩国首尔大学韩国学研究院藏木板(清)康熙三十二年紫筠斋刻本，八册；日本京都大学人文科学研究所藏(清)光绪十四年南昌县学刻本，四十册；日本群马大学藏(清)道光元年教忠堂刻本，二十册；日本新潟大学藏(清)光绪十四年南昌县学刻本，四十册；日本爱媛大学藏(清)光绪十四年南昌县学刻本，四十册；日本冈山县立图书馆藏(清)道光元年教忠堂刻本，九册，具体卷数皆不明，总计7种。

八卷。

新加坡国立大学图书馆藏(清)乾隆四年二老阁刻本,六十二卷。

日本东京内阁文库藏(清)康熙三十二年紫筠斋刻本,六十二卷。

日本东洋文库藏(清)道光元年教忠堂刻本,六十二卷。

日本东洋文库藏(清)光绪八年冯全垓补修二老阁本,六十二卷。

日本东洋文库藏(清)光绪十四年南昌县学刻本,六十二卷。

日本国立公文书馆藏(清)康熙三十二年紫筠斋刻本,六十二卷。

日本国会图书馆藏(清)道光元年莫晋教忠堂刻本,六十二卷。

日本京都大学人文科学研究所藏影印(清)康熙三十二年紫筠斋本,六十二卷。

日本京都大学人文科学研究所藏(清)道光元年莫晋教忠堂刻本,六十二卷。

日本京都大学人文科学研究所藏(清)光绪八年冯全垓补修二老阁本,六十二卷。

日本东京都立中央图书馆藏(清)光绪八年冯全垓补修二老阁本,六十二卷。

日本东京都立中央图书馆藏(清)光绪十四年南昌县学刻本,六十二卷。

日本东京都立中央图书馆藏上海文瑞楼石印本,六十二卷。

日本东京大学藏上海文瑞楼石印本,六十二卷。

日本国士馆大学藏(清)康熙三十二年紫筠斋刻本,六十二卷。

日本国士馆大学藏(清)乾隆四年二老阁刻本,六十二卷。

日本立命馆大学藏上海文瑞楼石印本,六十二卷。

日本宫城县东北大学藏上海文瑞楼石印本,六十二卷。

日本高知大学藏(清)道光元年教忠堂刻本,六十二卷。

日本大阪大学藏紫筠斋刻本,六十二卷。

日本大阪大学藏(清)乾隆四年二老阁刻本,六十二卷。

日本神户大学藏上海文瑞楼石印本,六十二卷。

日本二松学舍大学藏(清)光绪八年冯全垓补修二老阁本,阙卷五〇至卷六二。

日本二松学舍大学藏(清)光绪二十八年上海文澜书局石印本,存卷一至卷六、卷九至卷一六。

日本二松学舍大学藏上海文瑞楼石印本,六十二卷。

日本广岛大学藏上海文瑞楼石印本,六十二卷。

日本新潟大学藏(清)道光元年教忠堂刻本,六十二卷。

日本大阪府立中之岛图书馆藏(清)光绪八年冯全垓补修二老阁本,六十二卷。

日本关西大学藏(清)康熙三十二年紫筠斋刻本,六十二卷。

日本关西大学藏(清)乾隆四年二老阁刻本,六十二卷。

日本山口大学藏二老阁版,存卷一至卷三四、卷五一至卷六二。

日本长崎大学藏上海文瑞楼石印本,六十二卷。

日本法政大学藏(清)道光元年莫晋教忠堂刻本,六十二卷。

日本椙山女学园大学藏民国元年国学研究会据莫本重刻本,六十二卷。

日本一桥大学藏上海文瑞楼石印本,六十二卷。

日本宫内厅书陵部图书馆藏(清)光绪十四年南昌县学刻本,六十二卷。

日本前田育德会藏教忠堂刻本,六十二卷。

日本静嘉堂文库藏二老阁刻本,六十二卷。

日本静嘉堂文库藏教忠堂刻本,六十二卷。

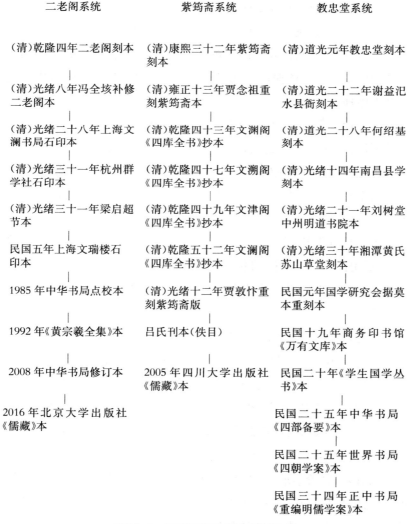

二老阁系统	紫筠斋系统	教忠堂系统
(清)乾隆四年二老阁刻本	(清)康熙三十二年紫筠斋刻本	(清)道光元年教忠堂刻本
(清)光绪八年冯全垓补修二老阁本	(清)雍正十三年贾念祖重刻紫筠斋本	(清)道光二十二年谢益汜水县衙刻本
(清)光绪二十八年上海文澜书局石印本	(清)乾隆四十三年文渊阁《四库全书》抄本	(清)道光二十八年何绍基刻本
(清)光绪三十一年杭州群学社石印本	(清)乾隆四十七年文溯阁《四库全书》抄本	(清)光绪十四年南昌县学刻本
(清)光绪三十一年梁启超节本	(清)乾隆四十九年文津阁《四库全书》抄本	(清)光绪二十一年刘树堂中州明道书院本
民国五年上海文瑞楼石印本	(清)乾隆五十二年文澜阁《四库全书》抄本	(清)光绪三十年湘潭黄氏苏山草堂刻本
1985年中华书局点校本	(清)光绪十二年贾敦忭重刻紫筠斋版	民国元年国学研究会据莫本重刻本
1992年《黄宗羲全集》本	吕氏刊本(佚目)	民国十九年商务印书馆《万有文库》本
2008年中华书局修订本	2005年四川大学出版社《儒藏》本	民国二十年《学生国学丛书》本
2016年北京大学出版社《儒藏》本		民国二十五年中华书局《四部备要》本
		民国二十五年世界书局《四朝学案》本
		民国三十四年正中书局《重编明儒学案》本

图绪-1　《明儒学案》版本关系导图

三、研究思路

首先对“《明儒学案》学术史系统”的内涵进行界定，之后在宏观上对“一本万殊”的学术史观进行溯源，进而在中观层面对《明儒学案》的学术史史料选编、学案体及学术史编纂体例、学术史方法论进行专题讨论，重点从微观层面分析“史观、史料、史例、史法”之间内在的结构性联系及其依据，最终尝试初步探讨《明儒学案》学术史系统的基本原理。

第一章首先阐明《明儒学案》的学术史观、学术史史料选编、学术史编纂体例、学术史方法论是一个完整的意义系统。之后从横向的学术史之概念、纵向的传统学术史编纂发展脉络以及《明儒学案》所具有的学术史性质等方面对“《明儒学案》学术史系统”的内涵进行界定。

第二章首先梳理前贤关于《明儒学案》学术史观问题的各种观点，之后追溯“一本万殊”的起源、在宋明理学思想体系中的演变及其在黄宗羲学术史思想中的核心位置，最后说明“一本万殊”展开的具体思路与纲目。

第三章将 17 个学案群中 22 位传主的学术资料选编与其原著进行具体的文本对校，以此为基础从“增、删、改、易、移、补、并”等方面阐明“纂要勾玄”是《明儒学案》学术史史料选编的基本原则。

第四章首先梳理“学案体”的起源、发展与定义，之后对“序、传、录”分别进行专题讨论，以此为基础初步提出“同源同向异体异用”是《明儒学案》“序—传—录”体例结构最核心的要义。

第五章从“价值取向、四维结构、编纂范式、主题引领、要素提炼、批评格式、叙述层次”七种范畴观察《明儒学案》的学术史方法，它们是“一本万殊”学术史观在方法论层面具体而集中的体现。

四、研究方法

1. 史源法。运用史源学方法将《明儒学案》与传主原著对校，搜辑范围包括《四库全书》《续修四库全书》、《阳明后学文献丛书》（初编、二编、三编）、《浙江文丛》《湖湘文库》《江苏文库》《关学文库》以及新近出版的诸多明人全集、选集、别集等，进而观察《明儒学案》的文本生成。

2. 对比分析法。将《明儒学案》与《宋元学案》《清儒学案》等古典学案体史籍进行横向剖面的对比，与《庄子・天下》《伊洛渊源录》等传统学术史著作进行纵向源流的分析，意在从“学案体”的角度观察中国传统学术史编纂的基本衍化过程。

3. 历史背景分析法。《明儒学案》的编纂有三个重要的背景：一是宋明理学这一大的学术思潮；二是明末清初这一特殊的历史时期；三是黄宗羲本人的学术结构。将《明儒学案》的编纂放到这三种论阈中进行考察，能够更加深入地理解其学术史意义的生成与展开。

第一章 《明儒学案》学术史系统的内涵

黄宗羲著学案有着清晰的学术史意图,《明儒学案》的史观、史料、史例、史法之间有着深层次的意义联系和规范性的内在结构,这种意义结构保证了《明儒学案》从编纂到成书始终都处于一种近乎立体、动态、平衡的学术史系统当中,此"系统性"至关重要,是这种"学术史系统"才使得《明儒学案》逐步走向经典,进而成为一部相对比较完善的学术史著作,故本章旨在阐明"《明儒学案》学术史系统"的内涵与构成。

第一节 "学术史"释义

作为现代学科分类意义上的"学术史",从辞源上说与梁启超在清末民初引入西方近代史学的学科分类思想关系密切。他说:"学也者,观察事物而发明其真理者也。术也者,取所发明之真理而致诸用者也。……学者术之体,术者体之用。"①但是作为内容意义上的学

---

① 梁启超:《学与术》,《饮冰室合集》第3册《文集之二十五(下)》,北京:中华书局,1989年,第12页。

术史编纂则是中国自古以来就有的，从《礼记·儒行》《庄子·天下》到《伊洛渊源录》再到《清儒学案》等一脉相承。从名称上讲，或称"学史"，或称"道术史"，这本是古人不言自明之事。但自从梁启超以近代学科分类的视角去观察中国古代传统的学术，人们就更加清晰地接受了作为学科分类意义上的"学术史"，进而推进了"中国传统学术史"这门学科"名"与"实"的相应。梁氏的提法将人们从传统的"经、史、子、集"四部目录研究范式转换到近代细化了的学科分类意义上的学术史的研究范式，促进了人们从学术史的行为自觉向理论自觉的发展，这么讲大致是公允的。但梁氏的贡献亦只是中国传统学术史在近代转型发展的一个阶段，是一种过渡，更是一种延续，它并没有超出中国学术史整体的框架和范围，本书所论"《明儒学案》学术史系统"中"学术史"的概念亦是以中国传统学术史为根基。

古今中外关于"学术史"内涵与定义的真知灼见甚多，前辈时贤基于不同的角度、维度进行了精到的阐发，本书亦无力重新对"学术史"进行定义。但既然是从"学术史系统"的角度立论，那么首先就应阐明"学术史"究竟属于何种概念范畴，因为不能在不定义"学术史"的前提下去探讨它的"系统"，本文对"学术史"之深邃内涵的浅见其有限性的意义只是为了在结构体例和思想内容上适配于本章范围内对"《明儒学案》学术史系统理论结构"的探讨。

"学术史"释义。"学"义"觉悟"①，"术"义"邑中道"②，"学术"一般指"有系统而较专门的学问"③，"学术史"是一种研究学术活动历史发生过程及其规律的学问，它的基点是史学。

"学术"与"学术史"的关系。"学术"重在横向的理论剖面，"学术

---

① （汉）许慎撰，（宋）徐铉校定：《说文解字》，北京：中华书局，1963 年，第 69 页。
② （汉）许慎撰，（宋）徐铉校定：《说文解字》，第 44 页。
③ 何九盈等主编：《辞源》第 3 版，北京：商务印书馆，2015 年，第 1080 页。

史”重在纵向的发生过程，狭义的“学术”与“学术史”之间界限鲜明。学术活动本身为学术史的研究提供了质料，学术史则从史学的维度梳理了学术，二者互为表里。“学术”与“学术史”宗旨的共性在于推动学术发展。

“学术史”的研究范式。学术史的研究是以合逻辑的方法分析学术史史料，辨析其间相同的或相异的部分以及这种异同产生的深层次原因，这种微观的个别的相同或相异之中包含着宏观的一般规律性的东西。因此学术史的研究范式至少包括三个维度：相同或相异的动态辨析，微观与宏观的多元一体，历史与逻辑的辩证统一。

第二节 传统学术史的编纂

传统学术史发展的基础是传统社会，它有着鲜明的经世致用的现实关怀，反映在学术领域，是人们不断反思学术的结果。有学者指出：“中国传统学术史是对中国历代的学术思想及其流派所作的概括和总结，重在‘辨章学术，考镜源流’，具有‘史’的特点。”①

先秦是传统学术史编纂的发轫期。夏商周三代因革，至周而盛。有学者认为：“井田、分封、宗法、周礼是西周奴隶社会全盛时期的几个特征。”②盛极而生变，春秋战国时期在土地制度、政治结构、思想文化等方面发生了剧烈的变革，这也是先秦时期子学思潮产生的历史背景和时代背景。基于对社会现实的关怀和思考，各家学说纷起，刘歆《诸子略》概括为“儒、墨、道、法、阴阳、名、纵横、杂、农”九家，而

---

① 卢钟锋：《中国传统学术史·导论》，郑州：河南人民出版社，1998 年，第 1 页。

② 金景芳：《中国奴隶社会史》，吕文郁、舒大刚主编：《金景芳全集》，上海：上海古籍出版社，2015 年，第 2080 页。

这只是百家学说中的代表,这些思想学说之间不能没有交锋和碰撞,甚至从某种程度上对当时的社会发展进程产生着一定的影响,故应对各家学说考其源流、别其异同、断其得失,这也是“学术史”出现的客观因素,可见“学术”自身的充分发展是“学术”之“史”产生的重要条件。治中国传统学术史,一般可始于《庄子・天下》,此篇对先秦时期各家学术形态作了较深刻的评判:“天下之治方术者多矣,皆以其有为不可加矣。古之所谓道术者,果恶乎在?曰:‘无乎不在。’曰:‘神何由降?明何由出?’‘圣有所生,王有所成,皆原于一。’”①主要说明了治学术史如何处理特殊性的“多”和普遍性的“一”之间关系的问题。《韩非子・显学》则专门梳理孔、墨及其后学的流变,与《庄子・天下》的区别之一是更加注重学术的“流变”过程,即“学术史”中“史”的意涵,此篇首先明确学术史讨论的对象:“世之显学,儒、墨也。儒之所至,孔丘也。墨之所至,墨翟也。”②之后分析儒家学术及其分化过程:“自孔子之死也,有子张之儒,有子思之儒,有颜氏之儒,有孟氏之儒,有漆雕氏之儒,有仲良氏之儒,有孙氏之儒,有乐正氏之儒。”③再分析墨家学术的分化过程:“自墨子之死也,有相里氏之墨,有相夫氏之墨,有邓陵氏之墨。”④然后给出判断:“故孔、墨之后,儒分为八,墨离为三,取舍相反不同,而皆自谓真孔、墨;孔、墨不可复生,将谁使定后世之学乎?”⑤后学与师门学术源头的差异是历代学术史撰写者都比较重视的问题,《韩非子・显学》突出了学术史中的“历史”意识。《荀子・非十二子》的学术史特点在“非”字,基本思路是由“非”而“是”,即基于“评、论、断”的学术批评反过来表达其认为

① (清)郭庆藩撰,王孝鱼点校:《庄子集释》,北京:中华书局,2016年,第1069页。
② (清)王先谦撰,钟哲点校:《韩非子集解》,北京:中华书局,1998年,第456页。
③ (清)王先谦撰,钟哲点校:《韩非子集解》,第456页。
④ (清)王先谦撰,钟哲点校:《韩非子集解》,第456页。
⑤ (清)王先谦撰,钟哲点校:《韩非子集解》,第457页。

对的部分，如其评墨学："不知壹天下，建国家之权称，上功用、大俭约而慢等差，曾不足以容辨异、县君臣；然而其持之有故，其言之成理，足以欺惑愚众，是墨翟、宋钘也。"①这是通过否定而表达肯定的一种学术史方法。《吕氏春秋·不二》："老聃贵柔，孔子贵仁，墨翟贵廉，关尹贵清，子列子贵虚，陈骈贵齐，阳生贵己，孙膑贵势，王廖贵先，儿良贵后。"②简明切要。先秦是中国传统学术史编纂范式的奠基期，虽单篇之论较多，但影响是比较深远的。

汉初统治者休养生息，道家思想是主流，体现在学术史方面，《淮南子·要略》是代表，此篇以道家思想总领评判各家学说，如其论墨："墨子学儒者之业，受孔子之术，以为其礼烦扰而不说，厚葬靡财而贫民，(久)服伤生而害事，故背周道而用夏政。"③既追溯了墨家的起源，又说明了儒墨之别，有学者认为"两汉时期的学术史研究具有强烈的历史意识和时代感"④。司马谈《论六家要旨》着重从学派的角度考察诸子学说的特点，分"阴阳、儒、墨、名、法、道德"六家，其学术史观受《易》影响，《系辞下》："子曰：天下何思何虑？天下同归而殊途，一致而百虑。天下何思何虑？"⑤"殊途同归，一致百虑"对后世编纂学术史影响深远，黄宗羲"一本万殊"的学术史观即与此有关。而后司马迁撰《史记》，《儒林列传》开辟了后世正史中以"儒林传"的体裁记载学术史的形式。传统"目录学"与传统"学术史"的关系非常密切，《别录》和《七略》不仅是极其重要的传统目录学文献，它还具有非

---

① (清)王先谦撰，沈啸寰、王星贤点校：《荀子集解》，北京：中华书局，1988年，第92页。

② 许维遹：《吕氏春秋集释》，北京：中华书局，2009年，第467页。

③ 刘文典撰，冯逸、乔华点校：《淮南鸿烈集解》，北京：中华书局，1989年，第862页。按，清代王念孙云"服伤生而害事"，文义未明，"服"上当有"久"字。"厚葬""久服"相对为文。

④ 卢钟锋：《中国传统学术史》，第57页。

⑤ (魏)王弼、(晋)韩康伯注，(唐)孔颖达疏：《周易正义》，(清)阮元校刻：《十三经注疏》，北京：中华书局，1980年，第87页。

常强烈的“学术史”指向，正如（清）章学诚所说：“校雠之义，盖自刘向父子部次条别，将以辨章学术，考镜源流，非深明于道术精微，群言得失之故者，不足与此。后世部次甲乙，纪录经史者，代有其人，而求能推阐大义，条别学术异同，使人由委溯源，以想见于坟籍之初者，千百之中不十一焉。”[①]“辨章学术，考镜源流”虽然是从传统目录学的角度所提出的，后来却对中国传统学术史编纂理论的发展产生了特别重要的影响。《汉书·艺文志》不仅是重要的史志目录，它同样有着非常强烈的“学术史”指向，如其序曰：“昔仲尼没而微言绝，七十子丧而大义乖。故《春秋》分为五、《诗》分为四、《易》有数家之传。……每一书已，向辄条其篇目，撮其指意。……歆于是总群书而奏其《七略》。”[②]《汉书·艺文志》以目录学的形式发挥了学术史的功能，之后历代正史中的艺文志、经籍志均是重要的“学术史”篇章。

魏晋南北朝时期，《三国志》《宋书》《南齐书》无“儒林传”和“艺文志”，但南朝谢灵运的《四部目录》和阮孝绪的《七录》具备一定的学术史载体功能。后来清代唐晏编撰《两汉三国学案》，分《易》《尚书》《诗》《礼》《乐》《春秋》《论语》《孝经》《孟子》《尔雅》《明经文学列传》十一目，其自叙曰：“翻撷两汉、三国各史，求其端绪，凡得若干人，分为若干卷，每传又分载事、载言两类。旁搜远绍，提要钩玄，匪云眩奇，正以明道。”[③]可见他有通过学术史的编纂达致昌明儒学的意图，即所谓“以史明道”，客观上《两汉三国学案》的编纂在一定程度上补充了魏晋时期的学术史研究。

---

① （清）章学诚：《校雠通义·自序》，（清）章学诚著，王重民通解：《校雠通义通解》，上海：上海古籍出版社，2009年，第1页。

② （汉）班固撰，（唐）颜师古注：《汉书》卷三〇《艺文志》，北京：中华书局，1962年，第1701页。

③ （清）唐晏著，吴东民点校：《两汉三国学案·序》，北京：中华书局，2008年，第4页。

隋唐时期统一的社会局面也促进了儒学的复兴，此一时期传统学术史的编撰以《隋书·经籍志》为代表。《隋书·经籍志》不仅是重要的目录学专论，还兼学术史的性质，它与《汉书·艺文志》一脉相承，吸取了郑默《中经》、荀勖《新簿》、王俭《七志》以及阮孝绪《七录》中的学术史成分，将隋以前的历代群书按照“经、史、子、集”四部方法分类辑录而成，并且注意辨析各部的因革损益及学术源流。（唐）刘知幾从史学史角度在《史通·自叙》中提出的“辨其指归，殚其体统”[①]对传统学术史的编纂理论也产生了一定的影响。

宋辽金元是传统学术史编纂体例的转型期，即由先秦两汉以来的序跋体学术史、传记体学术史、目录体学术史转向学案体学术史，在规模上也由单篇单章向专门的论著扩大。朱子《伊洛渊源录》成书于宋孝宗乾道九年（1173），记周敦颐、二程、张载、邵雍及其后学的言行政事。其体例是“录”，重点在“渊源”二字。理学是儒学发展到两宋时期的新形态，它是对先秦儒学的重新解构，朱子撰此书的宗旨是追溯儒家的道统，而以北宋理学的流变为梳理对象。全书从横向的理学论题太极说、天理论、理一分殊、性论、格物致知论和纵向的周敦颐、二程、张载、邵雍及其后学对这些论题的阐释两个方面入手，重在梳理其“渊源”，即通过“学术史”的方法完成道统意图的建构。《四库全书总目》评价说：“盖宋人谈道学宗派自此书始，而宋人分道学门户亦自此书始。”[②]《伊洛渊源录》的成书有深刻的理学背景，亦有学者认为“《伊洛渊源录》开创了理学学案史的先例”[③]。《伊洛渊源录》承上启下，是中国传统学术史编纂体例转型时期的关键文献。

---

① （唐）刘知幾著，（清）浦起龙通释，王煦华整理：《史通通释》，上海：上海古籍出版社，2009年，第271页。

② （清）永瑢等：《四库全书总目》，北京：中华书局，1965年，第519页。

③ 徐公喜：《理学渊源考辨丛刊·总序》，（清）孙奇逢撰，万红点校：《理学宗传》，南京：凤凰出版社，2015年，第5页。

明清时期传统学术史的编纂以“学案体”为主要体式,《宋元学案》《明儒学案》比较系统地总结了传统社会后半期的儒学发展历程,也基本确立了“学案体”此一时期在中国传统学术史编纂体例中的主要位置。(明)耿定向《陆杨二先生学案》为陆九渊、杨简师徒立案。(明)刘元卿《诸儒学案》收录宋儒十二人、明儒十三人,每卷一人,凡二十五卷,意在梳理理学流变。明末刘宗周《论语学案》逐条阐释《论语》文本,是一部说经之作。《圣学宗传》成书于(明)万历三十三年(1605),是周汝登编纂的一部具有代表性的明代学术史,有学者认为:“《圣学宗传》代表的是万历时代阳明学观,《明儒学案》代表的是康熙年间阳明学观,二者都应该被尊重。”①明清易代,孙奇逢撰《理学宗传》,“眉批、总评、内外传”是其学术史编纂体例的突出特点。而开创中国传统学术史编纂体例新局面的则是《明儒学案》,黄宗羲又发凡起例编纂《宋元学案》,经黄百家、全祖望续修成书后,“学案体”体例臻于成熟。《学案小识》和《两汉三国学案》进一步继承并发展了“学案体”,而之后成书于民国时期的《清儒学案》则正式标志着学案体古典时代的终结。另外《四库全书总目提要》也是研究传统学术史非常重要的文献资料,它与《汉书·艺文志》的思路一脉相承,充分体现了“传统目录学”与“传统学术史”的紧密关系。

自先秦至明清,在中国传统学术史编撰的过程中,对学术史史料的考察范围不断扩大,学术史编纂体例不断调整并逐渐成熟,学术史方法论越来越缜密,学术史系统理论构建的自觉意识不断增强。梳理中国传统学术史发展脉络的主要目的是将《明儒学案》放在历史的长河中进行观察,这样会确立一种基本的范围,即我们谈《明儒学案》决不能离开中国传统史学、儒学的根基。

---

① 〔日〕佐藤炼太郎:《明末清初相反对立的阳明学派史——周汝登〈圣学宗传〉与黄宗羲〈明儒学案〉的比较》,《湖南大学学报》2017 年第 1 期,第 18 页。

第三节 《明儒学案》性质辨析

（一）传记体史书

此观点始于四库馆臣。（清）乾隆四十三年（1778）《明儒学案》被抄入《四库全书》，列于"史部·传记类"，这是四库馆臣从"传记"的角度对《明儒学案》的定位，而后《明儒学案》著录于《清史稿·史部七·传记类》①、《〈越缦堂读书记〉·史部传记类》②、《〈八千卷楼书目〉·史部传记类》③、《持敬斋书目·持敬斋藏书记要·史部七·传记类·总录之属》④、《梁氏饮冰室藏书目录·史部·传记类·总录之属》⑤、《四库目略·史部传记类》⑥，民国时期钱穆以之讲授中国"史学"名著课程，中华人民共和国成立后《中国古籍善本书目》亦著之于"史部·传记类"⑦，"史书"是关于《明儒学案》性质的基本判断。

（二）子书

此观点始于张之洞。《书目答问》成书于（清）光绪元年（1875），从目录学史的角度看，它在一定程度上是对《四库全书总目提要》的"由繁返约"。《书目答问》分"经、史、子、集、丛书"五目，子部总目又

① 赵尔巽等：《清史稿》，北京：中华书局，1977 年，第 4282 页。
② （清）李慈铭：《越缦堂读书记》，上海：上海书店出版社，2015 年，第 473—477 页。
③ （清）丁丙、（清）丁仁：《八千卷楼书目》，《续修四库全书》第 921 册，上海：上海古籍出版社，2002 年，第 130 页。
④ （清）丁日昌著，张燕婴点校：《持静斋书目·持静斋藏书记要》，北京：中华书局，2012 年，第 129 页。
⑤ 国立北平图书馆编：《梁氏饮冰室藏书目录》，北京：北京图书馆出版社，2005 年，第 79 页。
⑥ 杨立诚编：《四库目略》，第 114 页。
⑦ 《中国古籍善本书目》编辑委员会编：《中国古籍善本书目》上，上海：上海古籍出版社，1993 年，第 434—435 页。

分“儒家”等十三目，儒家又分“议论经济、理学、考订”三目，《明儒学案》即被列为“子部·儒家类·理学”，张之洞认为“此书为陆王之学”[①]，并将《性理精义》《近思录》《宋元学案》《国朝学案小识》《理学宗传》《北学编》《关学编》《洛学编》等均视为“儒家·理学类”之属汇集书，这与《四库全书》的分法有所不同。民国二十五年（1936）上海中华书局《四部备要》亦列《明儒学案》于“子部”。有学者认为：“此书的性质是子书而非史书。”[②]“子书”性质的判断不断向理学思潮的历史样态和儒家道统观回归，注重阐发其经世价值和致用功能，是关于《明儒学案》性质的重要判断。

（三）学术史

此观点始于梁启超。他认为：“中国有完善的学术史，自梨洲之著学案始。”[③]“（清代）史学之祖当推宗羲，所著《明儒学案》，中国之有‘学术史’，自此始也。”[④]“梨洲之著学案，创制学史。”[⑤]“黄梨洲著《明儒学案》，创为学史之格。”[⑥]之后亦有学者认为：“（黄宗羲）撰作了一部有系统的学术史——《明儒学案》。”[⑦]“《明儒学案》当为‘中国学术史’最初之作。”[⑧]“黄宗羲的《明儒学案》是中国第一部学术史。”[⑨]“黄宗羲写成《明儒学案》六十二卷，我国才正式出现比较有体

---

① （清）张之洞撰，范希曾补正：《书目答问补正》，第128页。
② 朱鸿林：《为学方案——学案著作的性质与意义》，《〈明儒学案〉研究及论学杂著》，第23页。
③ 梁启超：《中国近三百年学术史》（新校本），第63页。
④ 梁启超著，朱维铮校订：《清代学术概论》，第26页。
⑤ 梁启超：《〈节本明儒学案〉例言》，梁启超著，汤志钧、汤仁泽编：《梁启超全集》第五集《论著五》，第179页。
⑥ 梁启超：《中国历史研究法》，第181页。
⑦ 谢国桢：《黄梨洲学谱》，第10页。
⑧ 蒋维乔：《中国近三百年哲学史》，上海：上海古籍出版社，2014年，第14页。
⑨ 辛冠洁：《黄宗羲的经世实学》，陈鼓应等主编：《明清实学思潮史》，济南：齐鲁书社，1989年，第944—945页。

系的学说思想史。”[①]自梁启超提出此说至今，“学术史”一直是《明儒学案》研究的重要范畴。

（四）哲学史

此观点以冯友兰为代表。他认为：“《明儒学案》是中国第一部有系统的成为整部书的哲学史著作。”[②]“《宋元学案》和《明儒学案》是具有成熟形式的断代中国哲学史。”[③]同样有学者认为：“《明儒学案》可谓传统体裁的哲学史。”[④]“《明儒学案》是中国第一部有系统的学术史、哲学史著作。”[⑤]“《明儒学案》是中国第一部系统的哲学史论著作。”[⑥]“《明儒学案》是我国封建社会哲学史研究的最高成就。”[⑦]近代以来对《明儒学案》义理的研究多有赖于哲学角度的阐发，其成果为研究《明儒学案》其他方面的问题提供了诸多有价值的参考，也为从多学科交叉的范式探讨《明儒学案》提供了很好的思路和借鉴。

（五）史学史

此观点始于金毓黻。他在《中国史学史》一书中提出：“逮明末清初，黄宗羲撰《明儒学案》六十二卷，而吾国乃有真正之学史。”[⑧]白寿彝在《中国史学史》中提出：“在黄宗羲众多的史学著作中，《明儒学案》是他最著名的学术代表之一。”[⑨]之后不断有学者从史学史的角度对《明儒学案》的体例性质进行阐发，如论“《明儒学案》是古代学术

---

① 张舜徽：《中国古代史籍举要》，武汉：华中师范大学出版社，2004年，第132页。
② 冯友兰：《中国哲学史史料学》，北京：中华书局，2017年，第165页。
③ 冯友兰：《中国哲学史新编》（下卷）第6册，北京：人民出版社，2007年，第295页。
④ 张岱年：《中国哲学史方法论发凡》，北京：中华书局，2017年，第90页。
⑤ 冯契：《中国古代哲学的逻辑发展》，上海：上海人民出版社，1985年，第1023页。
⑥ 萧萐父：《中国哲学史史料源流举要》，武汉：武汉大学出版社，1998年，第230页。
⑦ 陈正夫：《试论〈明儒学案〉》，吴光主编：《黄宗羲论》，第556页。
⑧ 金毓黻：《中国史学史》，北京：商务印书馆，2010年，第276页。
⑨ 白寿彝主编：《中国史学史》第五卷，第190页。按，白寿彝1987年9月在《在史学史助教进修班座谈会上的讲话》中提出学习史学史必读的三十部书中即包括《明儒学案》（详见《白寿彝史学论集》，北京：北京师范大学出版社，1994年，第291页）。

史著述的杰作”[①]，“《明儒学案》是黄宗羲历史著作中的代表，为我国封建社会最早、最完备的一部学术思想史著作”[②]。史学史的角度是《明儒学案》一个较新的、重要的研究方向[③]。

（六）理学之书

此观点以侯外庐为代表。他认为：“《明儒学案》实际上是一部明代理学史专著。”[④]同样有学者认为《宋元学案》《明儒学案》“是我国最早的自成系统的关于宋明时期的理学史专著”[⑤]，“《明儒学案》是一部理学史”[⑥]，“集理学史编纂之大成”[⑦]。“《明儒学案》是一部通过把各家学术统合为一个价值整体来表述理学家对政教秩序之寄托的理学之书。”[⑧]另有学者从理学范畴、理学学派的角度对《明儒学案》进行探讨，如一本万殊[⑨]、慎独[⑩]、本体工夫[⑪]、道

---

① 瞿林东：《中国史学史纲》，北京：北京师范大学出版社，2017 年，第 601 页。

② 仓修良：《中国古代史学史》，北京：人民出版社，2009 年，第 550—551 页。

③ 如有史学史专著在“康熙十五年”条下记：“黄宗羲于本年后撰成《明儒学案》。”（乔治忠、朱洪斌编著：《增订中国史学史资料编年・清代卷》，第 91 页）

④ 侯外庐等主编：《宋明理学史》下，第 821 页。

⑤ 卢钟锋：《论〈宋元学案〉〈明儒学案〉的理学史观点》，《孔子研究》1987 年第 2 期，第 90 页。

⑥ 周振华：《论阳明后学谱系的建构——基于三部理学史著作的比较研究》，《江西社会科学》2017 年第 7 期，第 155 页。

⑦ 汪学群：《中国儒学史・清代卷》，北京：北京大学出版社，2011 年，第 90 页。

⑧ 陈畅：《〈明儒学案〉中的“宗传”与“道统”——论〈明儒学案〉的著述性质》，《哲学动态》2016 年第 11 期，第 52 页。

⑨ 朱义禄：《论宋明理学的“一本万殊”——兼论朱熹与黄宗羲在“一本万殊”上的异同》，《朱子学与 21 世纪国际学术研讨会论文集》，西安：三秦出版社，2001 年，第 539—553 页。

⑩ 〔日〕难波征男：《在黄宗羲〈明儒学案〉中的“慎独”》，陈祖武主编：《明清浙东学术文化研究》，第 437—446 页。

⑪ 姚文永、张国平：《重“工夫”轻“本体”——谈黄宗羲编著〈明儒学案〉所贯穿的一条重要原则》，《殷都学刊》2011 年第 4 期，第 139—143 页；蓝法典：《论黄宗羲“工夫所至、即其本体”思想的形成》，《人文杂志》2013 年第 7 期，第 16—23 页。

统[①]、复性[②]、四句教[③]以及泰州学派、黔中王门、粤闽王门等，这都从不同侧面反映了人们对《明儒学案》所具有的“理学之书”性质的判断。

自《明儒学案》成书至今的三百多年间，人们对《明儒学案》性质的判断大体上经历了“理学之书→传记→子书→学术史→史学史→哲学史→理学史→理学之书”的数次变化，主要原因是一定时期内中国学术研究范式的频繁转换，尤其是清末民初以来近代学科分类的引入和不断发展。（清）康熙年间黄宗羲提出：“从来理学之书，前有周海门《圣学宗传》，近有孙钟元《理学宗传》……学者观羲是书，而后知两家之疏略。”[④]可见“理学之书”至少是黄宗羲本人对《明儒学案》性质的一种基本判断，而所谓的“理学之书”天然的就包含“史学”和“子学”两种意涵，这一点梁启超后来解释得非常清楚：“梨洲之著《学案》，本有两目的：其一则示学者以入道之门；其二则创制学史，成不朽之业也。”[⑤]（清）乾隆四十三年（1778）《明儒学案》被收录进《四库全书》的“史部・传记类”，这种分类在清代中后期长期影响着人们对《明儒学案》的性质判断。但《四库全书总目提要》纂成后，有学者不仅从内容上主张删繁就简，在目录分

---

① 陈畅：《论〈明儒学案〉的道统论话语建构》，《学海》2012 年第 1 期，第 155—159 页；陈畅：《〈明儒学案〉中的“宗传”和“道统”——论〈明儒学案〉的著述性质》，《哲学动态》2016 年第 11 期，第 52—60 页；李德锋：《固守与超越：阳明心学道统构建与学案史籍编纂中的“门户”》，《廊坊师范学院学报》2019 年第 2 期，第 46—52 页。

② 姚文永：《析薛瑄的复性说——兼论黄宗羲在〈明儒学案〉中对薛瑄的评价》，《中国石油大学学报》2013 年第 4 期，第 62—65 页。

③ 秦峰：《〈明儒学案〉对四句教的诠释和批评》，《哲学动态》2014 年第 11 期，第 39—48 页。

④ （清）黄宗羲：《〈明儒学案〉发凡》，（清）黄宗羲著，吴光主编：《黄宗羲全集》第 7 册，第 5 页。

⑤ 梁启超：《〈节本明儒学案〉例言》，汤志钧、汤仁泽编：《梁启超全集》第五集《论著五》，第 179 页。

类上也有所调整,(清)光绪元年(1875)张之洞的《书目答问》就明确将《明儒学案》列于"子部·儒家类·理学"之属。清末民初,近代学科分类的引入使得人们从多学科的角度对《明儒学案》进行研究,梁启超提出的"学术史"角度影响较大。民国时期及中华人民共和国成立后,学者不断从哲学史、史学史、思想史、儒学史等角度入手,取得了突出的研究成就。随着学科分类越来越细,人们对《明儒学案》的研究也更加多元和多维。当代,朱鸿林的一系列研究皆主张应从"子书、为学方案"的角度看待《明儒学案》,陈畅则明确提出《明儒学案》是一部"理学政教之书",这代表了一种回归。由上可见,三百多年来人们对《明儒学案》性质的判断始终受到中国近现代学术研究范式不断频繁转换的影响。历史上从"传记类史书、子书、学术史、哲学史、史学史、理学史、为学方案、理学之书"等角度对《明儒学案》的探讨均有坚实的学理依据,"学术史"只是其中的一个方面,我们决不能因为主张从"学术史"的角度研究《明儒学案》而弱化《明儒学案》一书在其他方面丰富的内涵,正如梨洲所言:"学术之不同,正以见道体之无尽。"①

基于学术史内涵的横向定位、传统学术史发展的纵向梳理以及学术史近代研究范式的现代转型三个维度,我们提出:《明儒学案》一书内涵丰富,但它基本上是沿着自先秦时期中国传统学术史编纂的脉络发展而来,且符合近代以来关于学术史理论的基本原则,是一部具有强烈的学术史意识、鲜明的学术史特点、规范的学术史体式的学案体体裁学术史著作,"学术史"意义至少是《明儒学案》的核心价值之一。

① (清)黄宗羲:《改本明儒学案序》,(清)黄宗羲著,陈乃乾编:《黄梨洲文集》,第380页。

第四节 “《明儒学案》学术史系统”的界定

我们提出“《明儒学案》学术史系统”这一范畴的目的是为了能够更好地从“学术史”的角度去理解《明儒学案》的文本，而如果不是相对比较系统地观察《明儒学案》的史观、史料、史例、史法，便有可能在一定程度上限制《明儒学案》的表达，故初步提出了“学术史系统”的论阈。《明儒学案》的学术史系统由其学术史观、学术史史料的处理原则、学术史编纂体例、学术史方法论四个方面构成。其中学术史观是统领，涵摄全局；学术史史料是基础，起着支撑全书内容的骨干作用；学术史编纂体例是关键，有效地调节着全书各结构；学术史方法论是手段，精确地提炼出了学术史对象的核心价值。它们之间是一个立体的、动态的、多维平衡的具有完整意义的“关系系统”，各部分之间紧密结合，通过微观层面学术史方法中相同或相异的动态辨析，中观层面学术史史料选编和学术史编纂体例内个别与一般的多元一体，从而保证了全书在宏观层面历史与逻辑的辩证统一。

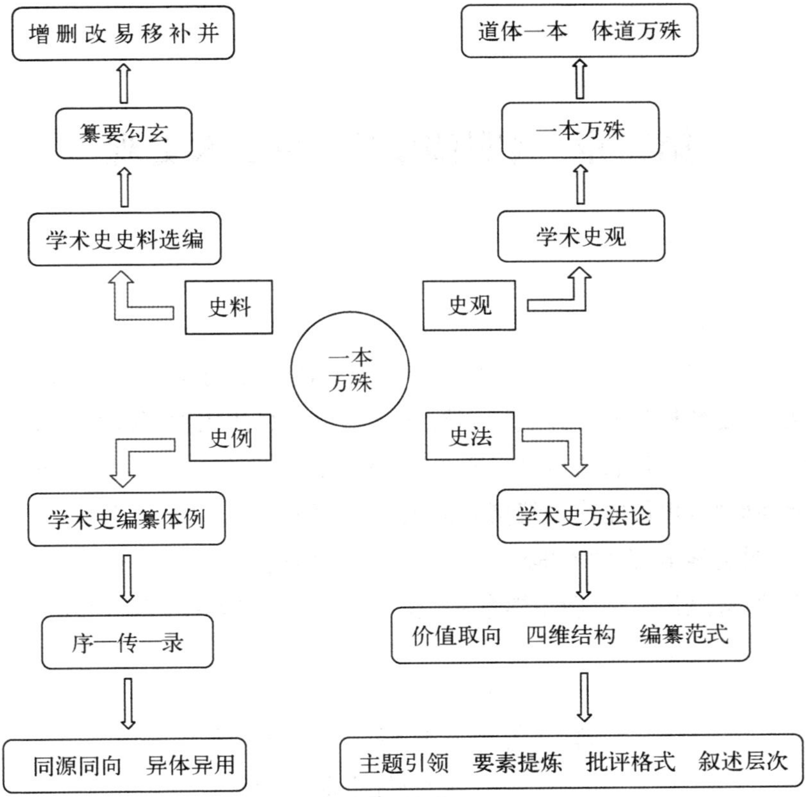

图1-1 《明儒学案》学术史系统结构导图

第二章 《明儒学案》的学术史观

所谓“学术史观”，即如何“观”学术史，它不同于具体的学术史方法论，是各种学术史方法能够展开在思想上总的依据，长时段、贯穿性、整体关注是它的显著特征，“学术史观”是一种非常稳定的思想宗旨和原则，也最能代表编撰者的宏观学术史思想。“一本万殊”统领着《明儒学案》在学术史史料选编、学术史体例编纂、学术史方法等方面的具体展开，是《明儒学案》学术史系统宏观结构的枢纽和核心。

第一节 《明儒学案》学术史观诸家之说

一、一本万殊、殊途百虑说

有学者认为：“‘一本而万殊’的学术史观是黄氏学术思想之纲，而他的《明儒学案》，就是运用这一学术史观编纂的一部明代儒学史。”①第一，儒学所体现的圣人之道是“本”，而人对圣人之道即所谓“微言大义”的理解和阐发各有异同，所以形成“万殊”。第二，黄宗羲

① 李明友：《一本万殊——黄宗羲的哲学与哲学史观》，北京：人民出版社，1994年，第144页。

将道学(主要是理学和心学)及诸儒之学,均作为儒学内部发展过程中出现的各家各派,虽有差异,但均不失为儒学之本。此说最大的特点是较早地比较系统地以哲学的方法分析理学的问题,并对如何从“哲学史观”的角度理解“学术史观”提供了很好的启示。同样有学者从哲学及哲学史的视角提出:“‘一本万殊’是黄宗羲学术史思想的核心。”①“突出地彰显了学者的学术个性与思想的独特性……正是黄宗羲‘一本万殊’的学术史观中最有创发性的地方。”②“黄宗羲以为学派纷争的历史正体现了‘本体’随‘工夫’而展开的运动,并认为通过历史的考察可以把握其‘一本而万殊’的脉络。”③还有学者从史学史的角度提出:“通过编纂《明儒学案》和《宋元学案》,黄宗羲确立了以‘一本而万殊’的真理论为指导的学术史观。”④从道统论的角度提出:“黄宗羲用‘一本万殊’来表述《明儒学案》价值整体与差异元素的关系。”⑤从著述宗旨的角度提出:“一本万殊,万殊归一,正是黄宗羲《明儒学案》这部中国思想史巨著的宗旨所在。”⑥另有学者认为:“《明儒学案》是中国传统学术史的集大成之作。……黄宗羲倡导‘殊途百虑之学’,承认儒学存在多元发展的可能与必要。”⑦此说的特点在于其结构比较完整的史学分析。

二、和而不同、和会学术异同说

有学者认为:“(黄宗羲)欲通过编纂《学案》,为当时的学术界创

① 张学智:《明代哲学史》,北京:中国人民大学出版社,2012年,第458页。
② 吴根友:《中国哲学通史·清代卷》,南京:江苏人民出版社,2021年,第49页。
③ 冯契:《中国古代哲学的逻辑发展》,第1035页。
④ 白寿彝主编:《中国通史》第十卷《中古时代·清时期》,上海:上海人民出版社,2015年,第1032页。
⑤ 陈畅:《理学道统的思想世界》,上海:上海书店出版社,2017年,第106页。
⑥ 方祖猷:《黄宗羲长传》,第394页。
⑦ 吴海兰:《会众以合一——黄宗羲对中国传统学术史的继承与发展》,《南开学报》2016年第1期,第129页。

造一个'和而不同'的和谐氛围，由此建立一个'门户并存'的局面，既不排斥程、朱学脉，同时也承认陆、王为儒学真传。"[①]此说从史源的角度分析蔡清和陈献章学案的文本后提出："我们不该把黄宗羲的作为简化成学术上的门户纷争，误以为他以反对朱学为志。在他努力的背后，更是为了建立一个开放的学术环境，以致达到百虑万殊、多元的思想进路。"[②]《明儒学案》究竟是"立门户"还是"破门户"暂且不论，但有一点值得注意，即"和而不同"从一个更宏阔的文化史视角为我们理解黄宗羲及《明儒学案》的编纂提供了另一种思路。另有学者提出："黄宗羲著《明儒学案》始终贯串着兼综百家、网罗文献、和会学术异同的编纂原则。"[③]"兼综百家"讲择案范围，"网罗文献"讲史料选编，而"和会学术异同"则相对比较明确的具有"学术史观"之意涵。此说对"和会学术异同"的定义是：对于理学内部不同学派采取居中持平的态度，力戒门户之见。第一，黄宗羲对明儒学术的流弊所作的批评，表明他并非偏袒王学，更非专立王学门户，而是试图确立一个评论学术是非的客观标准，他称之为"公道""公学"。第二，黄宗羲之所以特别指出王学的流弊，也并非表明他偏袒朱学。"和会学术异同"以"朱王异同"为线索概括《明儒学案》的学术史观。

三、一本而万殊、会众以合一说

有学者认为《明儒学案》"建立了以'一本而万殊'的真理论为指导，

---

① 白洁尹：《和而不同——黄宗羲的门户关怀与〈明儒学案〉的编纂》，林庆彰主编：《中国学术思想研究辑刊》第二十三编第 16 册，新北：花木兰文化出版社，2016 年，第 1 页。

② 白洁尹：《和而不同——黄宗羲的门户关怀与〈明儒学案〉的编纂》，林庆彰主编：《中国学术思想研究辑刊》第二十三编第 16 册，第 135 页。

③ 侯外庐等主编：《宋明理学史》下，第 785 页。

以‘会众以合一’为方法去把握和整理学术演变史的学术史观”①。第一,“一本而万殊”是黄宗羲观察和把握学术发展千差万别情况的指导原则,是一种微观分析的方法。第二,仅仅着眼于理会各家学术之不同处是不够的,还必须有“会通万殊使归一本”的归纳能力。此说不仅强调了“一本而万殊”的展开能力,重点是还辩证地强调了“会众以合一”的收束能力。有学者提出:“《明儒学案》以师承关系为基本线索,以‘学案’为基本单位,将个人与学派联系起来,通过把握宗旨来清理学脉,分源别派;而各个学派又统领于、贯串于心学之产生、发展、流变这一整个明代学术发展的主流之下,构成一个‘一本万殊’、‘万派归宗’的发展中的系统。”②此说着眼于《明儒学案》自身的体例结构和功能发生,进而阐释《明儒学案》的学术史观。有学者提出:“黄宗羲还提出了‘万殊总归一致’的思想,体认到并主张儒学范围内不同学说思想的融合与汇通,从而进一步丰富和发展了其‘一本万殊’的学术史规律论。”③此说的特点是划出了“学术史规律”的论阈。

第二节 “一本万殊”是《明儒学案》的学术史观

前人的“一本万殊说、殊途百虑说、和而不同说、和会学术异同说、一本万殊万派归宗说、一本而万殊会众以合一说、一本万殊万殊总归一致说”实际上均有一个共同的基本指向——一本万殊。不同

① 吴光:《〈明儒学案〉考》,(清)黄宗羲著,吴光主编:《黄宗羲全集》第8册,第1002页。

② 余金华:《〈明儒学案〉结构与功能分析》,吴光主编:《黄宗羲论》,第240页。

③ 张圆圆:《黄宗羲学术史思想研究——以〈明儒学案〉为中心》第二章《黄宗羲学史规律论》,黑龙江大学2013年博士学位论文,第54页。

于前人将“一本万殊”作为《明儒学案》的理学史观、哲学史观，这里探讨的是作为“学术史观”的“一本万殊”，而即使作为“学术史观”意义上的“一本万殊”也是由前人提出的，继续探讨此问题是为了具体分析“一本万殊”的起源与发生、展开的思路与纲目。

一、“一本万殊”思想的起源

“一本万殊”思想的起源与孔子有关，《易·系辞下》：“《易》曰：‘憧憧往来，朋从而思。’子曰：‘天下何思何虑？天下同归而殊途，一致而百虑。天下何思何虑？’”①“憧憧往来，朋从而思”是咸卦九四爻辞，孔子《小象传》②的解释是“憧憧往来，未光大也”③。为何没有光大？唐代孔颖达进一步疏解道：“非感之极，不能无思无欲，故未光大也。”④这种局面是由九四阳爻处阴位之不当位的处境决定的，孔子据九四之爻象进一步发挥，引申到了他对于“天下”，即人类社会发展的一种认知：同归而殊途，一致而百虑。孔子有强烈的社会现实关注感和历史忧患意识，“殊途同归、一致百虑”思想的提出与春秋时期动荡分裂的社会局面密切相关，其所指隐暗又真实，对后世影响较大。魏晋时期韩康伯注《易》解释道：“途虽殊其归则同，虑虽百其致

---

① （魏）王弼、（晋）韩康伯注，（唐）孔颖达疏：《周易正义》，（清）阮元校刻：《十三经注疏》，第 87 页。

② 关于孔子与《易传》的关系，金景芳认为：“先秦古书所谓‘作’，与后世之书所谓‘作’不同，不必亲自撰写方称为‘作’。今观《易传》十篇，里边有的是弟子记录，有的是前人旧说，也有的是后人窜乱，不都是孔子写定的。然而从主要思想来说，《易传》应属于孔子。”（金景芳：《孔子与六经》，《孔子研究》1986 年第 1 期，第 20 页）本文据此说。

③ （魏）王弼、（晋）韩康伯注，（唐）孔颖达疏：《周易正义》，（清）阮元校刻：《十三经注疏》，第 47 页。

④ （魏）王弼、（晋）韩康伯注，（唐）孔颖达疏：《周易正义》，（清）阮元校刻：《十三经注疏》，第 47 页。

不二。”[①]唐代孔颖达则说：“‘天下同归而殊途’者，言天下万事终则同归于一。……‘一致而百虑’者，所致虽一虑，必有百言虑。”[②]孔子在《易传》中提出的“殊途同归、一致百虑”是“一本万殊”在先秦时期最早的思想起源。“性命”是儒家伦理学说的基础问题，《大戴礼记·本命》：“分于道谓之命，形于一谓之性。”[③]在《大戴礼记》看来，每一种“命”的样态是个别的、具体的、特殊的，而每一种不同的“命”所具有的共同的属性即是“性”。由此可见，“性”与“命”是一体之两面，断不可截然而分，更不能混淆，因为二者的转化是有明确的客观条件的，即向下“分于道”的过程和向上“形于一”的过程，《大戴礼记》的这种提法是后来儒家“一本万殊”思想的早期样态。《中庸》：“万物并育而不相害，道并行而不相悖，小德川流，大德敦化，此天地之所以为大也。”[④]“道并行而不相悖”强调了事物之发展各有其不同的进路，后来朱子进一步解释说：“小德者，全体之分；大德者，万殊之本。”[⑤]由上可见，“一本万殊”思想起源于儒家，孔子从形而上的角度在《易传》中提出的“天下殊途而同归，一致而百虑”和《大戴礼记》从伦理学的角度提出的“分于道谓之命，形于一谓之性”以及《中庸》“道并行而不相悖”均是后人从学术史角度提出“一本万殊”的重要思想来源。

二、“一本万殊”在理学思想体系中的演变

宋明理学在继承先秦儒学的基础上进行了时代性的重新建构，

---

① （魏）王弼、（晋）韩康伯注，（唐）孔颖达疏：《周易正义》，（清）阮元校刻：《十三经注疏》，第87页。

② （魏）王弼、（晋）韩康伯注，（唐）孔颖达疏：《周易正义》，（清）阮元校刻：《十三经注疏》，第87页。

③ （唐）孔广森撰，王丰先点校：《大戴礼记补注》，北京：中华书局，2013年，第241页。

④ （汉）郑玄注，（唐）孔颖达疏：《礼记正义》，（清）阮元校刻：《十三经注疏》，第1634页。

⑤ （宋）朱熹：《四书章句集注》，北京：中华书局，2016年，第38页。

对于儒家天道性命学说，理学派大体上多论“理一分殊”，心学派大体上多论“一本万殊”。“理一分殊”源出程颐，《西铭》：“故天地之塞，吾其体；天地之帅，吾其性。民，吾同胞；物，吾与也。”①程颐为了说明《西铭》本旨与墨家“兼爱”之不同，对弟子杨时说：“《西铭》之为书，推理以存义，扩前圣所未发，与孟子‘性善’‘养气’之论同功，岂墨氏之比哉？《西铭》明理一而分殊，墨氏则二本而无分。”②可见程颐提出“理一分殊”最初是从批评墨家思想而来，“兼”有“二”义，言“用”可以，言“体”则断不可，因为“体”的属性只能是“一”，故程子首论“理一而分殊”。

朱熹充分吸收了程颐的这种思想并特别强调：《西铭》通体是一个理一分殊，一句是一个理一分殊③，《西铭》要句句见理一分殊④，《西铭》一篇始末皆是理一分殊⑤，《西铭》大纲是理一而分自尔殊⑥。朱熹论“理一分殊”不仅与张载、程颐直接有关，也与周敦颐“一实万分”的思想紧密相连，《通书·理性命》：“二气五行，化生万物，五殊二实，二本则一。是万为一，一实万分。万一各正，小大有定。”⑦朱熹解释说：“自其本而之末，则一理之实，而万物分之以为体。故万物之中，各有一太极，而小大之物，莫不各有一定之分也。”⑧实际上朱熹

---

① (宋) 张载：《正蒙·乾称篇第十七》，(宋) 张载著，章锡琛点校：《张载集》，北京：中华书局，1978 年，第 62 页。

② (宋) 程颐：《河南程氏文集》卷九《答杨时论西铭书》，(宋) 程颢、(宋) 程颐著，王孝鱼点校：《二程集》，北京：中华书局，2004 年，第 609 页。

③ (宋) 黎靖德编，王星贤点校：《朱子语类》卷九八《张子之书》，北京：中华书局，1986 年，第 2522 页。

④ (宋) 黎靖德编，王星贤点校：《朱子语类》，第 2522 页。

⑤ (宋) 黎靖德编，王星贤点校：《朱子语类》，第 2523 页。

⑥ (宋) 黎靖德编，王星贤点校：《朱子语类》，第 2524 页。

⑦ (宋) 周敦颐：《通书·理性命第二十二》，(宋) 周敦颐著，陈克明点校：《周敦颐集》卷二，北京：中华书局，2009 年，第 32 页。

⑧ (宋) 朱熹：《通书·理性命第二十二解》，(宋) 周敦颐著，陈克明点校：《周敦颐集》卷二，第 32 页。

论“理一分殊”与张载、程颐、周敦颐有所区别，朱熹之“理一分殊”的着眼点是其整个理学思想体系，他为了解释建构理学，用“理一分殊”，也用“一本万殊”，二者既是一种理学观点，更是一种理学方法。如《论语·里仁》：“曾子曰：‘夫子之道，忠恕而已矣。’”①朱熹从方法论的角度运用“一本万殊”对孔子的忠恕之道进行了解释：“尽己之谓忠，推己之谓恕。……盖至诚无息者，道之全体也，万殊之所以一本也。万物各得其所者，道之用也，一本之所以万殊也。”②进而明确指出“万殊便是这一本，一本便是那万殊”③。至此，“一本万殊”经由朱熹进一步提倡，对明代学者讨论儒家的天道性命学说产生了较大的影响。

明初洪武年间河东薛瑄云：“统体一太极，即万殊之一本；各具一太极，即一本之万殊。”④明宣德年间福建周瑛云：“圣人静有以立天下之大本，动有以行天下之达道，求诸万殊而后有一本可得。”⑤明宣德年间江西胡居仁云：“一本而万殊，万殊而一本，学者须从万殊上一一穷究，然后会于一本。若不于万殊上体察，而欲直探一本，未有不入异端者。”⑥明成化年间江西罗钦顺云：“云《易》有太极，明万殊之原于一本也。因而推其生生之序，明一本之散为万殊也。”⑦明弘治

---

① （魏）何晏注，（宋）邢昺疏：《论语注疏》，（清）阮元校刻：《十三经注疏》，第2471页。

② （宋）朱熹：《四书章句集注》，第72页。

③ （宋）黎靖德编，王星贤点校：《朱子语类》卷二七《论语九·里仁》下，第677页。

④ 《河东学案·文清薛敬轩先生瑄·〈读书录〉》，（清）黄宗羲著，吴光主编：《黄宗羲全集》第7册，第122页。

⑤ 《诸儒学案上·方伯周翠渠先生瑛》，（清）黄宗羲著，吴光主编：《黄宗羲全集》第8册，第392页。

⑥ 《崇仁学案·文敬胡敬斋先生居仁·〈居业录〉》，（清）黄宗羲著，吴光主编：《黄宗羲全集》第7册，第32页。

⑦ 《诸儒学案中·文庄罗整庵先生钦顺·〈困知记〉》，（清）黄宗羲著，吴光主编：《黄宗羲全集》第8册，第413页。

年间江西汪俊云："道一本而万殊，夫子之一贯是矣。"①明正德年间徽州洪垣云："万殊一本是理，理一分殊是功，分殊即在理一中。"②可见，无论从时间跨度还是地域分布来看，明代学者对"一本万殊"的讨论都比较广泛，也一直影响到了明末清初的黄宗羲。

三、"一本万殊"在黄宗羲学术史思想中的核心地位

（一）"一本万殊"本身是黄宗羲的一种理学观点

无论在本体层面还是在工夫层面，黄宗羲最初都是将"一本万殊"视为一种理学观点，他甚至以此作为儒释之辨的一种重要参考。

1. 关于本体。刘元卿认为："天地之间，无往非神。神凝则生，虽形质藐然，而其所以生者已具；神尽则死，虽形体如故，而其所以生者已亡。然而统体之神，则万古长存，原不断灭，各具之残魂旧魄，竟归乌有。"③对于刘元卿的这个观点，黄宗羲评论说："此即张横渠'水沤聚散'之说。核而论之，统体之神，与各具之神，一而已矣。舍各具之外，无所谓统体也。其生生不息，自一本而万殊，宁有聚散之可言？"④黄宗羲反对将"统体之神"与"各具之神"分割开认识，他主张两者是一体，只是阐说角度不同，"各具之神"是重要的、基础性的，也是各不相同的，而所谓"一本"的、"统体"的"理"只能是在"万殊"的、"各具"的"理"之中，舍"万殊"何谈"一本"？这是黄宗羲哲学重工夫的一个基本倾向。

---

① 《诸儒学案中·文庄汪石潭先生俊·〈濯旧〉》，（清）黄宗羲著，吴光主编：《黄宗羲全集》第8册，第459页。

② 《甘泉学案·郡守洪觉山先生垣·〈理学闻言〉》，（清）黄宗羲著，吴光主编：《黄宗羲全集》第8册，第202页。

③ 《江右王门学案·征君刘泸潇先生元卿》，（清）黄宗羲著，吴光主编：《黄宗羲全集》第7册，第577页。

④ 《江右王门学案·征君刘泸潇先生元卿》，（清）黄宗羲著，吴光主编：《黄宗羲全集》第7册，第577页。

2. 关于工夫。黄宗羲评论庄昶为学:“以无言自得为宗,受用于浴沂之趣,山峙川流之妙,鸢飞鱼跃之机,略见源头,打成一片,而于所谓文理密察者,竟不加功。”[①]他认为庄昶有天资,故偏本体一路,多从“一本”的角度出发,似有所成,然而实际上这也正是其缺点,即平常日用功夫的“万殊”之学未能踏实去做,至于形成这种局面的具体原因,黄宗羲认为是心学自杨简传下来的一路多有此种缺陷。陈献章说:“定山人品甚高,恨不曾与我问学,遂不深讲。不知其后问林缉熙,何以告之?”[②]可见陈献章与庄昶虽同倡主静,但亦有别。但“别”在哪里? 黄宗羲曰:“其时虽与白沙相合,而白沙一本万殊之间,煞是仔细。”[③]陈献章担忧庄昶有见于“一本”而不见“万殊”,重本体忽视工夫。这里“一本万殊”又被赋予一种工夫论能力层面的意义。

3. 关于儒释之辨。黄宗羲说:“佛氏之流行,一往不返,有一本而无万殊,怀山襄陵之水也。儒者之流行,盈科而行,脉络分明,一本而万殊,先河后海之水也。”[④]黄宗羲认为儒家能够通过“万殊”而达至“一本”,由工夫渐进本体,“一本”与“万殊”辩证统一。而佛禅却只见“一本”,难见“万殊”,主要是分“心体”与“事为”为两截,具体的禅律殊门、威仪细行与本体合不上。梨洲对佛理的看法暂且不论,但他此处确是以“一本万殊”作为区分儒释的一个重要标志,他还说:“夫儒释之辨,真在毫厘……以羲论之,此流行之体,儒者悟得,释氏亦悟得,然悟此之后,亦大有事,始究竟得流行。今观流行之中,何以不散

---

① 《诸儒学案上·郎中庄定山先生昶》,(清)黄宗羲著,吴光主编:《黄宗羲全集》第8册,第375页。
② 《诸儒学案上·郎中庄定山先生昶》,(清)黄宗羲著,吴光主编:《黄宗羲全集》第8册,第375页。
③ 《诸儒学案上·郎中庄定山先生昶》,(清)黄宗羲著,吴光主编:《黄宗羲全集》第8册,第375页。
④ 《南中王门学案·襄文唐荆川先生顺之》,(清)黄宗羲著,吴光主编:《黄宗羲全集》第7册,第695页。

漫无纪？何以万殊而一本？主宰历然。释氏更不深造，则其流行者亦归之野马尘埃之聚散而已，故吾谓释氏是学焉而未至者也。”①黄宗羲再次以“万殊而一本”区分儒释。

黄宗羲从理学意义上论“一本万殊”的基本倾向是重“万殊”。他认为如果舍“各具之神”亦无所谓“统体之神”，文理密察处必要勤做工夫，儒学由工夫至本体的进路脉络分明，由“万殊”而至“一本”方能透见主宰。这些均体现了黄宗羲重“万殊”的倾向，而他这种倾向有着深层次的哲学基础。

（二）重“万殊”、重“工夫”的哲学是黄宗羲“一本万殊”思想的根源

黄宗羲哲学重视“万殊”、重视“工夫”有其深层次的哲学基础，他认为：“盈天地皆心也，变化不测，不能不万殊。”②黄宗羲将“心”的内在属性特点概括为变化不测，所以在具体的外在呈现形态上就不能不万殊。具体来说：“心无本体，工夫所至，即其本体。故穷理者穷此心之万殊，非穷万物之万殊也。”③只有做切实的穷此心之“万殊”的真功夫才能达至心之“一本”。落实到具体的为学层面，黄宗羲说：“羲为《明儒学案》，上下诸先生，浅深各得，醇疵互见，要皆功力所至，竭其心之万殊者而后成家。”④竭其心之“万殊”，定会有醇疵深浅，但这本来就是心之“一本”的外在样态，所以黄宗羲很重视这种“万殊”之学。（明）正德三年（1508）春，王阳明在贵州龙场驿悟“圣人之道吾

① 《泰州学案・参政罗近溪先生汝芳》，（清）黄宗羲著，吴光主编：《黄宗羲全集》第8册，第4页。
② （清）黄宗羲：《明儒学案序》，（清）黄宗羲著，陈乃乾编：《黄梨洲文集》，第379页。
③ （清）黄宗羲：《黄梨洲先生原序》，（清）黄宗羲：《明儒学集》，（清）康熙三十二年紫筠斋刻本，叶一正。
④ （清）黄宗羲：《明儒学案序》，（清）黄宗羲著，陈乃乾编：《黄梨洲文集》，第379页。

性自足，向之求理于事物者，误也"[①]，这是宋明理学发展过程中明代学术特质凸显的起点，即由"理本"向"心本"转化。黄宗羲延续着心本之思，他说："盈天地皆心也，人与天地万物为一体，故穷天地万物之理，即在吾心之中。后之学者错会前贤之意，以为此理悬空于天地万物之间，吾从而穷之，不几于义外乎？此处一差，则万殊不能归一，夫苟工夫着到，不离此心，则万殊总归一致。"[②]强调求"理"在内而不在外，故主张在心体上作切实的工夫，则"万殊"可归"一本"。黄宗羲倡"万殊之学"有其深层次的哲学意识驱动，这种不自觉的深层次的哲学意识是黄宗羲从几百年来宋明理学发展的实际情况和明清之际自身的遭遇中摸索出来的，这种稳定的、深层次的、内化了的意识即是黄宗羲的哲学之源。而哲学是会外化的，即在他的各种生活实践和学术活动中都会显现，如黄宗羲主张："古者以天下为主，君为客，凡君之所毕世而经营者，为天下也。"[③]充分肯定了天下间万殊之"民"的作用，这种民本思想具有强烈的近代民主意识，是其重"万殊"之哲学在政治思想方面的外化。黄宗羲还提出："夫工固圣王之所欲来，商又使其愿出于途者，盖皆本也。"[④]"工商皆本"与传统社会观念中对"工"与"商"的定位不同。在学术方面，他不仅编撰《明文案》，还编撰《明史案》《明学案》，试图从"文、史、哲"等多种途径而不是单一的途径去总结和反思明代文化。黄宗羲总能看出人生、社会、国家、民族、学术等整体结构中"万殊"部分的重要性，这是其重"万殊"哲学

---

① （明）钱德洪：《阳明先生年谱·正德三年》，（明）王守仁撰，吴光等编校：《王阳明全集》卷三三，上海：上海古籍出版社，2011年，第1354页。

② （清）黄宗羲：《改本明儒学案序》，（清）黄宗羲著，陈乃乾编：《黄梨洲文集》，第380页。

③ （清）黄宗羲：《明夷待访录·原君》，（清）黄宗羲著，吴光主编：《黄宗羲全集》第1册，第2页。

④ （清）黄宗羲：《明夷待访录·财计三》，（清）黄宗羲著，吴光主编：《黄宗羲全集》第1册，第41页。

意识的外化,“学术史”的编纂亦不例外,《明儒学案》处处体现了重“万殊”之学。换言之,黄宗羲编纂《明儒学案》是其内在“一本万殊”哲学思想在编纂学术史时的外在体现,这是一种不自觉的内在的深层次的哲学意识在主体活动时自觉地外在地发生作用的过程,是内化哲学的外化。

(三) 作为黄宗羲学术史观的“一本万殊”思想

黄宗羲在《〈明儒学案〉发凡》中正式明确地提出了“一本万殊”的学术史观:“学问之道,以各人自用得着者为真。凡倚门傍户、依样葫芦者,非流俗之士,则经生之业也。此编所列,有一偏之见,有相反之论,学者于其不同处,正宜着眼理会,所谓‘一本而万殊’也。以水济水,岂是学问?”①这段话的关键在“所谓”二字,“所谓”说明“一本而万殊”原本属于另一种范畴,而黄宗羲将这一理学概念引申为自己编纂学术史的一种指导思想,从而完成了“一本万殊”由一种“观点”向一种“观”的转化,进而从多个维度具体阐释了作为其“学术史观”意义上的“一本万殊”。

第一,从“道原”的角度。黄宗羲提出:“盖道非一家之私,圣贤之血路,散殊于百家。求之愈艰,则得之愈真,虽其得之有至有不至,要不可谓无与于道也者。”②尽管学者体会圣贤之道的过程有深有浅、有醇有疵、有偏有正、有得有失,但却都是真真切切对“道”之“一本”的体会,这是一种探寻的过程,各有其历时性的个体价值。他对“道”的这种特点做了形象的比喻:“夫道犹海也,江、淮、河、汉以至泾、渭、

① (清) 黄宗羲:《〈明儒学案〉发凡》,(清) 黄宗羲著,吴光主编:《黄宗羲全集》第7册,第6页。

② (清) 黄宗羲:《佥事清溪钱先生墓志铭》,(清) 黄宗羲著,吴光主编:《黄宗羲全集》第10册,第351页。

蹄、涔，莫不昼夜曲折以趋之，其各自为水者，至于海而为一水矣。”①“一本”之水尽现于“江、淮、河、汉、泾、渭、蹄、涔”这些“万殊”之水的样态中，“万殊之水”是一本之水的基础，“一本之水”是万殊之水的归处。

第二，从“道体”的角度。黄宗羲提出：“学术之不同，正以见道体之无尽，即如圣门师、商之论交，游、夏之论教，何曾归一？终不可谓此是而彼非也。”②孔门弟子各禀其自性而专精于师说的某一方面，从未盲求其同，各人学术不同之“万殊”正是各人对道体之“一本”的体会，不能是此而非彼。他进而批评：“奈何今之君子必欲出于一途，剿其成说以衡量古今，稍有异同，即诋之为离经叛道。”③儒学特点之一是强调对“道体”认知方式的多途、多向、多维。

第三，从“道术”的角度。黄宗羲提出：“诸先生学不一途，师门宗旨，或析之为数家；终身学术，每久之而一变。……诸先生不肯以懵懂精神冒人糟粕，虽或深浅详略之不同，要不可谓无见于道者也。”④“道术”是“术”，即体道之术，它很具体。黄宗羲认为一个时代的学术在不同阶段样态各异，一派学术往往会化为数家，个人学术更是每久之而一变。在为学体道的过程中定然有深、浅、得、失、详、略、醇、疵、偏、正，但这种艰难的摸索才正是历史的真实，此“万殊”性正是对儒家圣贤“一本”之道的真切体认。

---

① （清）黄宗羲：《改本明儒学案序》，（清）黄宗羲著，陈乃乾编：《黄梨洲文集》，第380页。

② （清）黄宗羲：《改本明儒学案序》，（清）黄宗羲著，陈乃乾编：《黄梨洲文集》，第380页。

③ （清）黄宗羲：《改本明儒学案序》，（清）黄宗羲著，陈乃乾编：《黄梨洲文集》，第380页。

④ （清）黄宗羲：《改本明儒学案序》，（清）黄宗羲著，陈乃乾编：《黄梨洲文集》，第380—381页。

第三节 史料、史例、史法——"一本万殊"展开的思路与纲目

一、史料

从《明儒学案》收录的文献类型看,有"语(笔语、会语、录语、日语)、录(语录、漫录、传习录、日省录、求心录、困辨录、日录)、记、说、论学书、论学诗、文集、题跋、著撰、讲义、杂述、问答、论、诫、图、法(调息法、省身法)、札记、学则、随笔"等。从时间跨度看,从生于明初洪武二十二年(1389)的河东学案薛瑄到卒于明末弘光元年(1645)的蕺山学案刘宗周,前后跨越二百五十多年。从地域分布看,辽东、京师、陕西、山西、山东、河南、湖广、江西、南直隶、浙江、广东、四川、福建均有传主分布。从传主构成看,不仅有 143 名进士、33 名举人,还有 41 名无举业却也卓然成家者。从学术类型看,不仅有持心本的王阳明,也有持理本的薛瑄、持气本的罗钦顺及王廷相等。清代贾润论曰:"凡明世理学诸儒咸在焉。"①从收录传主文献数量之多、类型之多样、时间跨度之长、地域分布之广泛、出身之多途、理学主张之多元等方面看,黄宗羲均比较忠实地贯彻了其重"万殊"的学术史史料思想。

二、史例

学术史的编纂体例决定了学术史史料应用效能的下限,恰当的合适的体例可以比较充分地呈现史料价值,二者有一个适配度的问题。黄宗羲运用"序—传—录"的学案体结构较好地解决了《明儒学

① (清)贾润:《〈明儒学案〉序》,(清)黄宗羲:《明儒学案》,(清)康熙三十二年紫筠斋刻本,叶一背。

案》中史料与体例的适配性问题。首先,“录”(学术资料选编)是“万殊”的,包括微观层面的语、录、记、说、书、诗、集、跋、著、撰、述、诫以及“案语”等多种类型,只有在“万殊”的资料中才可能见到传主学术宗旨之“一本”。其次,“小传”是“万殊”的,包括传主的举业、为官、功业、师承、交友、游学、论辩、德行、学术衍化、学术问答、学术考辨、学术引证、学人互评、学术辩论、学术批评等方面,传主“一本”的学术宗旨也只能反映在其各种“万殊”的学术要素之中。最后,“序”是“万殊”的,如追溯学派起源、概括学派特点、梳理学派结构等,小序的多元功能结构是从宏观上了解该学派的首要资料,“序—传—录”的体例内涵本身就具有极佳的调整性和延展性。

三、史法

在学术史的书写方法上,黄宗羲主要从学派分衍过程中的“正传与别派”、传主师承传授过程中的“墨守与转手”、传主个人为学过程中的“次第与演变”三个层面贯彻其“一本万殊”的学术史观,而尤其重视“别派、转手、次第”这些“万殊”层面的意涵,如论关学大概宗薛氏而“三原又其别派”①,江右王门邹德涵“于家学又一转手”②,王阳明学成前有“三变”、学成后又有“三变”、其教法亦曾“再变”。钱德洪、罗洪先、罗钦顺、罗汝芳、万廷言、邹元标、王时槐、黄弘纲、陈九川、薛蕙、胡直、唐鹤征、李材、耿定理、邓豁渠、高攀龙等人为学的次第和演变情况在《明儒学案》中均有详尽的记载。

综上所述,“一本万殊”是《明儒学案》的学术史观,其根本的指向是儒学道体的存在方式问题,儒学范围内,道体“一本”,体道却“万

---

① 《三原学案·小序》,(清)黄宗羲著,吴光主编:《黄宗羲全集》第7册,第172页。
② 《江右王门学案·文庄邹东廓先生守益小传·附邹德涵》,(清)黄宗羲著,吴光主编:《黄宗羲全集》第7册,第382页。

殊”。“一本万殊”思想源于《易》，在宋明理学思想体系中与“理一分殊”关系密切，明儒沿着宋儒“理一分殊”的思路讲“一本万殊”，黄宗羲在本体论和工夫论层面都首先将“一本万殊”视为一种理学观点，并充分主张“万殊”的一面。他的这种重“万殊”的思想源于其对“心”处于哲学本体地位的确立和对心之本体“万殊”属性的规定，这种“万殊”的思想内化为黄宗羲的哲学，是他的一种本源认知。很自然地，这种内化了的哲学会开显于黄宗羲的各种社会实践和学术活动中，而编纂“学术史”只是其“万殊”哲学在这一领域的外化。经过“内化哲学外化”这一范式，“一本万殊”正式由一种具体的理学观点转换为其学术史编纂思想的核心。理解“一本万殊”的关键不在“一本”，也不在“万殊”，而在于“一本”与“万殊”之间。具体而言：“异、众、百虑、殊途”讲“万殊”，“和、会、归宗、合一”讲“一本”；从结构上看，“万殊”与“一本”首先是平衡的，如论“万派”必讲“归宗”，述“异同”必及“和会”；从“关系”上讲它们又是动态的，“和、归、会”与“分、离、散”始终是并时性的；从“方向”上看，“一本”以“万殊”为根基，“万殊”又以“一本”为旨归，体用一源，显微无间。“一本万殊”统领着《明儒学案》在学术史史料选编、学术史编纂体例、学术史方法等方面的具体展开，是《明儒学案》学术史系统宏观结构的枢纽和核心。

第三章 《明儒学案》的学术史史料选编

黄宗羲欲编纂一代学术史，首先要尽可能充分地、详尽地占有学术思想史史料，资料不足则无法勾勒和表达一代之学术。二老阁本近九十五万字①，其中绝大部分是传主的学术资料选编，这些史料很珍贵。有学者曾指出："《明儒学案》起到了学术思想史和学术思想史料选编的双重作用。"②黄宗羲以"纂要勾玄"为基本原则运用"增、删、改、易、移、补、并"的具体方法对史料进行重构的过程，实际上是一种文献的二次选择与二次呈现，这也是"学案体"史籍在体例方面固有的基本属性，学术资料选编对传主"小传"的具体撰写和学案群前"小序"的宏观概述起着最根本性的支撑作用。

第一节 学术史史料的数量及类型

一、主要价值

有清一代不断有人阐发《明儒学案》重要的史料价值，如黄宗羲

① 朱鸿林指出："二老阁本的字数比紫筠斋的多了约四分之一，约有九十五万字，可以称为一个足本。"(《〈明儒学案〉选讲》，第16页)

② 杨向奎：《〈清儒学案新编〉缘起》，杨向奎：《清儒学案新编》，济南：齐鲁书社，1985年，第1页。

本人说："陶石篑《与焦弱侯书》[①]云：'海门意谓身居山泽，见闻狭陋，尝愿博求文献，广所未备，非敢便称定本也。'……钟元杂收，不复甄别……而其闻见亦犹之海门也。"[②]周汝登认为自己在史料搜辑方面并不够完善，黄宗羲认为《理学宗传》亦有此弊，而且对史料考订、辨析、甄别的有效性也不够。进而批评道："每见钞先儒语录者，荟撮数条，不知去取之意谓何。其人一生之精神未尝透露，如何见其学术？"[③]"荟撮"必不能见宗旨，故黄宗羲提出："是编皆从全集纂要钩玄。"[④]"纂要钩玄"正对的是"荟撮数条"。黄宗羲还强调："是书搜罗颇广，然一人之闻见有限，尚容陆续访求。……此非末学一人之事也。"[⑤]梨洲这里绝不仅仅是谦辞，而是一种学术公心，即注重史料搜辑的历时性、过程性和完整性。《明儒学案》成书后阐发其史料价值者代有学人，（清）贾润："其于诸儒也，先为叙传，以纪其行，后采语录，以列其言。"[⑥]《明儒学案》传目中的"语录"实际上包着多种史料类型，它仅是一种总体上的代称，这种情况在全书中非常普遍。（清）仇兆鳌："吾师梨洲先生纂辑是书……于叙传之后，备载语录，各记其

---

① 按，此"《与焦弱侯书》"实际是指陶望龄《与焦弱侯年兄二十七首》第十八首（见（明）陶望龄撰，李会富编校：《陶望龄全集》，上海：上海古籍出版社，2019年，第980—981页），内容与黄宗羲所记同。而"《与焦弱侯书》"[（明）陶望龄撰，李会富编校：《陶望龄全集》，第884页]则是另一篇文献："数日前有为言《孙子参同》者。……万劫不可磨，百物不可换矣。"全篇根本没有涉及所谓"见闻狭陋"的问题。

② （清）黄宗羲：《〈明儒学案〉发凡》，（清）黄宗羲著，吴光主编：《黄宗羲全集》第7册，第5页。

③ （清）黄宗羲：《〈明儒学案〉发凡》，（清）黄宗羲著，吴光主编：《黄宗羲全集》第7册，第6页。

④ （清）黄宗羲：《〈明儒学案〉发凡》，（清）黄宗羲著，吴光主编：《黄宗羲全集》第7册，第6页。

⑤ （清）黄宗羲：《〈明儒学案〉发凡》，（清）黄宗羲著，吴光主编：《黄宗羲全集》第7册，第7页。

⑥ （清）贾润：《〈明儒学案〉序》，（清）黄宗羲：《明儒学案》，（清）康熙三十二年紫筠斋刻本，叶二正至叶二背。

所得力，绝不执己意为去取，盖以俟后世之公论焉尔。”[①]“备载语录”强调搜辑史料之完整，重在“备”；“各记其所得力”强调选编史料之准确，重在“精”，而“备”与“精”则充分体现了“纂要勾玄”的内涵。（清）于准：“复录其语言文字，备后学讨论。”[②]（清）贾念祖：“取先生各载诸儒所得力之语，以俟学者之自择。”[③]（清）莫晋：“言行并载，支派各分，择精语详，钩玄提要。”[④]“择精”强调的是史料选择的能力，“语详”强调的是史料选择的结果。（清）冯全垓更是论《明儒学案》“博采兼收”[⑤]。

民国以来，学者多注意从选编方法的角度阐发《明儒学案》的史料价值。梁启超说：“梨洲自己说‘皆从各人全集中纂要钩玄’，可见他用功甚苦。但我们所尤佩服者，在他有眼光能纂钩得出。”[⑥]钱穆说：“他在材料方面搜罗极广，比之周海门、孙夏峰两书广大得多。到今天，有好多明人的集子已经不容易看到，我们读《明儒学案》，就可以看到很多。‘择精语详’，说他所选材料很精，而发挥又很详。莫晋如此般讲《明儒学案》，可以说他一点都没讲过了分，我们要研究明代一代的理学，就得看这部《明儒学案》。”[⑦]胡适在《一个最低限度的国学书目·思想史之部》中列出《明儒学案》，并指出：“保存原料不少，为宋明哲学最重要又最方便之书。”[⑧]民国时期对《明儒学案》史料价值的讨论主要集中于黄宗羲的选编方法。

---

① （清）仇兆鳌：《明儒学案序》，（清）黄宗羲：《明儒学案》，（清）康熙三十二年紫筠斋刻本，叶三背至叶四正。

② （清）于准：《明儒学案序》，《海王邨古籍丛刊》影印（清）雍正十三年紫筠斋重刻本，北京：中国书店，1990年，第4页。

③ （清）贾念祖：《明儒学案跋》，《海王邨古籍丛刊》影印（清）雍正十三年紫筠斋本，第752页。

④ （清）莫晋：《重刻明儒学案序》，（清）黄宗羲：《明儒学案》，（清）道光元年教忠堂刻本，叶一背。

⑤ （清）冯全垓：《明儒学案跋》，（清）黄宗羲著，沈芝盈点校：《明儒学案》，第3页。

⑥ 梁启超：《中国近三百年学术史》（新校本），第64页。

⑦ 钱穆：《中国史学名著》，北京：生活·读书·新知三联书店，2013年，第319—321页。

⑧ 胡适著，何卓恩编：《胡适文集·治学卷》，长春：长春出版社，2013年，第32页。

中华人民共和国成立后学者多注意从选录特点方面探讨《明儒学案》的史料价值。杨向奎认为："于案主后附有著作摘要。遂起了：一、学术思想史，二、学术思想史料选编的双重作用，《明儒学案》庶几近之。"[①]侯外庐认为："在辑录文献资料方面，他既反对随意断取'先儒语录'的轻率做法，也不以钞录'先儒语录'为限，而是主张从'全集'中去'纂要勾玄'，重视对第一手资料做过细的搜讨和别择工作。宗羲编纂的《明儒学案》，在整理文献资料方面，态度十分严谨，充分体现其防偏求全的精神。"[②]〔日〕佐野公治："这部书关于思想家的生平与思想的论述以及被抄录文章的选择，是极为精确的。这是比它成书早的《圣学宗传》《理学宗传》以及黄氏未能完编而由后人增补编辑的《宋元学案》等同类书籍所无法比拟的。《明儒学案》的特征，不是搜集罗列，而是严谨的资料选择，从这里可以看到一位史学家的真知灼见。我们外国人经常从中国最优秀的传统之一，即史学中受到启发，因为中国史学能巧妙地取舍庞杂的资料，并以宏大的构想力建构历史。"[③]仓修良从历史编纂学的角度提出："《明儒学案》所有原始材料，皆从每人全集中节录，不走捷径，不袭前人之旧本，力求做到通过所辑之材料透露其人一生之精神和思想特色。"[④]朱鸿林则提出："研究者很少通过史源学的方法，用黄宗羲采用的原书中的文字，来与抄入《明儒学案》的同出处文字比对，因而无法看到黄宗羲对原文的'编辑'情况：看不到他对原文的选取和节录，对原文文字的增删和改动，改写原文文句和增加自撰文句；也更看不到由这'编辑'

① 杨向奎：《〈清儒学案新编〉缘起》，杨向奎：《清儒学案新编》，第1页。
② 侯外庐等主编：《宋明理学史》下，第786页。
③ 〔日〕佐野公治：《日本的黄宗羲研究概况》，吴光主编：《黄宗羲论》，第526页。
④ 仓修良：《黄宗羲的史学贡献》，吴光主编：《黄宗羲论》，第399页。

而产生的语气上的变化，意思上的改变、矛盾和错误表述。”①中华人民共和国成立后学者们更加注重《明儒学案》的史料选录特点。

二、数量类型

《明儒学案》203 位传主中 149 人有学术资料选编，54 人没有学术资料选编，分为 53 种类型，总的数量是 274 种。

表 3-1 《明儒学案》学术史史料选编数量类型表②

<table>
<tr><td rowspan="5">崇仁学案</td><td>吴与弼</td><td>吴康斋先生语</td></tr>
<tr><td>胡居仁</td><td>居业录</td></tr>
<tr><td>魏 校</td><td>体仁说　复余子积论性书　论学书</td></tr>
<tr><td>夏尚朴</td><td>夏东岩文集　读白沙与东白论学诗</td></tr>
<tr><td colspan="2">崇仁学案 10 人，6 人无资料（娄谅、谢复、郑伉、胡九韶、余祐、潘润），4 人有资料，共 7 种，包括语、录、说、诗、书、集。</td></tr>
<tr><td rowspan="7">白沙学案</td><td>陈献章</td><td>论学书　语录　题跋　著撰</td></tr>
<tr><td>李承箕</td><td>文集</td></tr>
<tr><td>张 诩</td><td>文集</td></tr>
<tr><td>贺 钦</td><td>言行录</td></tr>
<tr><td>邹 智</td><td>奉白沙书　读石翁诗</td></tr>
<tr><td>林 光</td><td>记白沙语</td></tr>
<tr><td colspan="2">白沙学案 12 人，6 人无资料（陈茂烈、陈庸、李孔修、谢祐、何廷矩、史桂芳）。6 人有资料，共 10 种，包括语、录、书、诗、集、跋、撰等。</td></tr>
</table>

① 黄涛、庄兴亮：《〈明儒学案〉文本研究和校点整理——访朱鸿林教授》，《中国史研究动态》2018 年第 2 期，第 58 页。

② 中华书局 1985 年版《明儒学案》以（清）光绪八年冯全垓补修二老阁版为底本，补入了杨应诏、许半圭、王司舆、胡瀚、薛甲、王道等人的叙传，内容比较完整，故本表据此。

续 表

<table>
<tr><td rowspan="6">河东学案</td><td>薛　瑄</td><td>读书录</td></tr>
<tr><td>王鸿儒</td><td>凝斋笔语</td></tr>
<tr><td>薛敬之</td><td>思庵野录</td></tr>
<tr><td>吕　楠</td><td>吕泾野先生语录</td></tr>
<tr><td>杨应诏</td><td>杨天游集</td></tr>
<tr><td colspan="2">河东学案15人，10人无资料（阎禹锡、张鼎、段坚、张杰、周蕙、李锦、吕潜、张节、李挺、郭郛）。5人有资料，共5种，包括语、录、集等。</td></tr>
<tr><td rowspan="3">三原学案</td><td>王　恕</td><td>石渠意见</td></tr>
<tr><td>杨　爵</td><td>论学　漫录　论文</td></tr>
<tr><td colspan="2">三原学案共6人，4人无资料（王承裕、马理、韩邦奇、王之士）。2人有资料，共4种，包括录、论、意见等。</td></tr>
<tr><td rowspan="2">姚江学案</td><td>王守仁</td><td>阳明传信录　语录　传习录</td></tr>
<tr><td colspan="2">姚江学案3人，2人无资料（许半圭、王文辕）。1人有资料，共3种，以录为主。</td></tr>
<tr><td rowspan="7">浙中王门学案</td><td>徐　爱</td><td>文集</td></tr>
<tr><td>钱德洪</td><td>会语　论学书</td></tr>
<tr><td>王　畿</td><td>语录　论学书　致知议辩（九则）</td></tr>
<tr><td>季　本</td><td>说理会编</td></tr>
<tr><td>黄　绾</td><td>易经原古序　书经原古序　诗经原古序
春秋原古序　礼经原古序</td></tr>
<tr><td>董　沄</td><td>日省录　求心录　碧里疑存</td></tr>
<tr><td>黄宗明</td><td>论学书</td></tr>
</table>

续 表

浙中王门学案	程文德	论学书
	徐用检	友声编　兰游语录
	万　表	鹿园语要
	王宗沐	论学书　文集
	张元忭	不二斋论学书　秋游记　志学录
	浙中王门学案 18 人，6 人无资料（蔡宗兖、朱节、陆澄、顾应祥、张元冲、胡瀚）。12 人有资料，共 25 种，包括语、录、书、集、辩、编、序、存、记等，其中以论学书（5 种）和录（5 种）为主。	
江右王门学案	邹守益	东廓论学书　东廓语录　颖泉先生语录 聚所先生语录　四山论学　思成求正草
	欧阳德	南野论学书
	聂　豹	双江论学书　困辨录
	罗洪先	论学书　杂著
	刘文敏	论学要语
	刘邦采	刘师泉易蕴
	刘　阳	三五先生洞语　晚程记
	黄弘纲	洛村语录
	何廷仁	善山语录
	陈九川	明水论学书
	魏良弼	水洲先生集
	王时槐	论学书　语录
	邓以赞	定宇语录　论学书

续　表

江右王门学案	陈嘉谟	蒙山论学书
	刘元卿	刘调父论学语
	万廷言	万思默约语
	胡　直	胡子衡齐　困学记　论学书
	邹元标	会语　讲义　文集
	罗大纮	匡湖会语　兰州杂述
	宋仪望	阳明先生从祀或问
	邓元锡	论学书
	章　潢	章本清论学书　学箴四条
	江右王门学案 27 人,5 人无资料(刘晓、刘魁、冯应京、魏良政、魏良器)。22 人有资料,共 38 种,包括语、录、书、讲、论、记、问、述、箴、集、草、著、齐、蕴等,其中以论学书(11 种)为主。	
南中王门学案	黄省曾	陈晓问性
	周　冲	周静庵论学语
	朱得之	语录　尤西川纪闻
	周　怡	尤西川纪闻　囚对
	薛应旂	薛方山纪述
	唐顺之	荆川论学语
	唐鹤征	桃溪札记
	徐　阶	存斋论学语
	杨豫孙	西堂日记

续 表

南中王门学案	薛 甲	薛畏斋文集
	查 铎	查毅斋先生集
	南中王门学案 11 人,全部有资料,共 13 种,包括语、录、记、述、纪、对、问、集等。	
楚中王门学案	蒋 信	桃冈日录
	楚中王门学案 2 人,1 人无资料(冀元亨)。1 人有资料,共 1 种,类型是录。	
北方王门学案	孟 秋	我疆论学语
	尤时熙	拟学小记
	孟化鲤	论学书
	杨东明	晋庵论性臆言
	北方王门学案 7 人,3 人无资料(穆孔晖、张后觉、南大吉)。4 人有资料,共 4 种,包括语、记、书、言等。	
粤闽王门学案	薛 侃	语录
	粤闽王门学案 2 人,1 人无资料(周坦)。1 人有资料,类型是录。	
止修学案	李 材	论学书 大学约言 道性善编 兴古疑问 崇闻录 井天萃测 日新蠡测 敬学录 明宗录 证学记 崇行录 天中习课 时习录
	止修学案 1 人,资料共 13 种,包括书、言、编、问、录、测、记、课等。	
泰州学案	王 艮	心斋语录
	王 襞	东崖语录
	徐 樾	语录

续 表

泰州学案	王　栋	语录　诚意问答
	赵贞吉	杂著
	罗汝芳	语录
	杨起元	杨复所证学编
	耿定向	天台论学语
	耿定理	楚倥论学语
	焦　竑	论学语　答友人问释氏
	潘士藻	暗然堂日录
	方学渐	心学宗　桐川语录
	何　祥	讲义　通解
	祝世禄	祝子小言
	周汝登	证学录　九解
	陶望龄	论学语
	刘　塙	证记
	泰州学案 18 人，1 人无资料（林春）。17 人有资料，共 22 种，包括语、录、记、答、著、编、讲、解、宗、言等，以语录为主(12 种)。	
甘泉学案	湛若水	心性图说　求放心篇　论学书　语录
	吕　怀	论学语
	何　迁	论学语
	洪　垣	理学闻言　论学书
	唐　枢	礼玄剩语　三一测　真心图说　景行馆论　杂著　语录

续 表

甘泉学案	蔡汝楠	端居窗语
	许孚远	原学篇 论学书
	冯从吾	辨学录 疑思录 语录 论学书 善利图说
	唐伯元	醉经楼集解 论学书
	杨时乔	文集
	王 道	文定先生文录
	甘泉学案 11 人，均有资料，共 26 种，包括语、录、书、言、说、论、篇、测、著、解、集等。以录(6 种)、论学书(5 种)、语(4 种)为主。	
诸儒学案上	方孝孺	侯城杂诫
	赵 谦	造化经纶图 考古续戒书
	曹 端	语录
	黄润玉	海涵万象录 经书补注
	罗 伦	要语
	章 懋	语要 遗事 原学
	庄 昶	语要
	张元桢	语要
	陈真晟	心学图 论学书 执古辩
	蔡 清	语要 省身法
	潘 府	素言
	罗 侨	潜心语录
	诸儒学案上 15 人，3 人无资料(陈选、张吉、周瑛)。12 人有资料，共 19 种，包括语、录、书、诫、图、注、事、原、辩、法、言等。	

续 表

诸儒学案中	罗钦顺	困知记　读佛书辨　论学书
	汪　俊	濯旧　诗
	崔　铣	士翼　松窗寤言
	何　瑭	儒学管见　语录　阴阳管见　阴阳管见后语
	王廷相	雅述　慎言　论性书　阴阳管见辩
	黄　佐	论学书　论说
	张邦奇	语要
	张　岳	论学书　草堂学则　杂言
	徐　问	读书札记　论学书
	李经纶	大学稽中传　三原
	诸儒学案中 10 人，均有资料，共 25 种，包括语、言、录、书、诗、记、传、述、说、见、则、辩、辨、原、旧、翼等。	
诸儒学案下	李　中	谷平日录
	霍　韬	文敏粹言
	薛　蕙	约言
	舒　芬	太极绎义
	来知德	心学晦明解　语录
	卢宁忠	献子讲存
	吕　坤	呻吟语　别录
	鹿善继	论学语
	曹于汴	论讲学书　仁体策

续 表

诸儒学案下	吕维祺	论学书
	郝 敬	知言 四书摄提
	吴执御	江庐独讲
	黄道周	榕坛问业
	金 铉	语录
	金 声	天命解 诠心 应事
	朱天麟	论学书 虔中偶语
	孙奇逢	岁寒集
	诸儒学案下 17 人，均有资料，共 24 种，包括语、录、书、言、讲、义、解、存、策、提、问、诠、应、集等。	
东林学案	顾宪成	小心斋札记 商语 论学书 当下绎
	高攀龙	语 札记 说 辨 论学书 杂著 讲义 会语
	钱一本	黾记
	孙慎行	困思抄 慎独义 文钞
	顾允成	小辨斋札记
	史孟麟	论学
	刘永澄	绪言
	耿 橘	论学
	黄尊素	怀谢轩讲义
	吴钟峦	霞舟随笔
	陈龙正	学言
	东林学案 17 人，6 人无资料（薛敷教、叶茂才、许世卿、刘元珍、吴桂森、华允诚）。11 人有资料，共 23 种，包括语、书、记、绎、说、辨、著、讲、抄、义、论、言、笔等。	

续 表

蕺山学案	刘宗周	语录　会语　易簣语　来学问答　原　证学杂解　说　读易图说　圣学吃紧三关　大学杂辨　论语学案
	蕺山学案 1 人，资料共 11 种，包括语、录、答、原、解、说、关、辨、案等。	
总计	203 人	274 种

表 3－2　《明儒学案》54 位无学术资料选编传主分布表

河东	10	阎禹锡　张鼎　段坚　张杰　周蕙　李锦　吕潜　张节　李挺　郭郛
东林	6	薛敷教　叶茂才　许世卿　刘元珍　吴桂森　华允诚
白沙	6	陈茂烈　陈庸　李孔修　谢祐　何廷矩　史桂芳
浙中	6	蔡宗兖　朱节　陆澄　顾应祥　张元冲　胡瀚
崇仁	6	娄谅　谢复　郑伉　胡九韶　余祐　潘润
江右	5	刘晓　刘魁　魏良政　魏良器　冯应京
三原	4	王承裕　马理　韩邦奇　王之士
北方	3	穆孔晖　张后觉　南大吉
诸儒	3	陈选　张吉　周瑛
姚江	2	许璋　王文辕
楚中	1	冀元亨
粤闽	1	周坦
泰州	1	林春
总计	54	

表 3－3 《明儒学案》274 种学术资料选编分布表

江右	甘泉	浙中	诸儒中	诸儒下	东林	泰州	诸儒上	南中	止修	蕺山	白沙	崇仁	河东	北方	三原	姚江	楚中	粤闽
38	26	25	25	24	23	22	19	13	13	11	10	7	5	4	4	3	1	1

表 3－4 《明儒学案》53 种学术资料选编类型分布表

录	书	语	记	言	集	说	解	序	论	编	讲	问	著	诗	见	述	测
54	40	38	14	13	12	8	6	5	5	4	4	4	4	3	3	3	3
答	原	义	辩	辨	篇	诫	图	抄	事	闻	箴	对	课	宗	存	策	提
3	3	3	3	3	2	2	2	2	2	2	1	1	1	1	1	1	1
诠	绎	笔	关	案	法	旧	翼	则	注	蕴	齐	传	草	存	跋	撰	
1	1	1	1	1	1	1	1	1	1	1	1	1	1	1	1	1	

三、分布特点

《明儒学案》学术史史料选编分布的主要特点是以明代中后期南方地区儒家学者的语录和论学书信为主。具体来看，第一，《明儒学案》史料选编的总数量是 274 种，其中 30 种以上的是江右王门学案，20 种以上的有甘泉、诸儒、东林、泰州、浙中王门学案，10 种以上的有止修、蕺山、白沙、南中王门学案，10 种以下的有崇仁、三原、河东、姚江、北方王门、楚中王门、粤闽王门学案。浙江、江苏、江西、广东等南方地区的资料较多。第二，《明儒学案》274 种史料选编分为 53 种类型，其中 30 种以上的有“语、书、录”，10 种以上的有“记、言、集”，其余均 10 种以下，最主要的是传主的“语录”和往来论学的“书信”。第三,《明儒学案》中有 54 位传主没有学术资料选编,其中 10 人以上的有河东学案,5 人以上的有崇仁、白沙、东林、浙中王门、江右王门学案,5 人以下的有三原、诸儒、姚江、泰州、北方王门、楚中王门、粤闽王门学案,这些没有学术资料选编的传主集中在北方和明初。

第二节 学术史史料选编与传主原著的文本差异

怎样才能看出黄宗羲在《明儒学案》中对传主的学术史史料进行选编的原则和方法?核心的一点应该是系统地将传主的原著与经过黄宗羲选录过的文本进行对校,即从史源学的角度运用文献学的方法来解决学术史的问题。自二十世纪八十年代至今,学界已有对崇仁、白沙、三原、姚江、江右、泰州、甘泉、诸儒、东林学案的史源比较①,而《明儒学案》203 位传主中只 149 人有学术资料选编,54 人没

① 仅据笔者所见有《崇仁学案》:何威萱《〈明儒学案〉的文本剪裁及编纂问题析说:以魏校学案为例》(《明史研究》第十四辑,黄山书社 2014 年,第 187—208 页)、朱鸿林《〈明儒学案·崇仁学案〉校读》(《明史研究论丛》第十四辑,中国社会科学出版社 2015 年,第 197—208 页)、甄洪永《黄宗羲〈明儒学案·夏尚朴〉文献选编的一则失误》(《文化学刊》2019 年第 1 期,第 239—240 页)、甄洪永及李珂《黄宗羲〈明儒学案·崇仁学案〉一处文献失误献疑——基于"史源学"的一种考察》(《宁德师范学院学报》2021 年第 2 期,第 74—78 页)。《白沙学案》:朱鸿林《〈明儒学案·白沙学案〉的文本问题》(《燕京学报》2004 年第 16 期,第 157—190 页)、黎业明《唐伯元编次之〈白沙先生文编〉略述——兼论黄宗羲〈明儒学案·白沙学案上〉之取材问题》(《理学与岭南社会文化国际学术研讨会·会议论文集》,2014 年,第 187—216 页)、白洁尹《和而不同——黄宗羲的门户关怀与〈明儒学案〉的编纂》(花木兰文化出版社 2016 年)。《三原学案》:甄洪永、李珂《论黄宗羲〈明儒学案〉对明代关学的新建构》(《武陵学刊》2019 年第 6 期,第 78—82 页)。《姚江学案》:朱鸿林《〈明儒学案·姚江学案〉的文本问题初探(一)》(《第三届中国古文献与传统文化国际研讨会学术论文集》,中国社科院历史所,2012 年 10 月 19—21 日,第 480—505 页)、朱鸿林《〈明儒学案·姚江学案〉的文本问题初探(二)》(《国际阳明学研究》第 3 卷,上海古籍出版社 2013 年,第 271—294 页)。(转下页)

有学术资料选编,理论上只有对校 149 位传主的全部共 274 种学术资料才有可能得出较信实的关于黄宗羲处理学术史史料的原则和方法。但从实际操作层面看,此项工作几乎不可能完成,因为部分传主的资料只赖《明儒学案》而得以保存。鉴于资料和行文的实际,本文采取以学案群为个体单位进行代表性的计量史学分析方法,分别选取《明儒学案》十七部学案中的某位传主①,通过这种提纲式的覆盖结合前贤的研究,进而初步尝试探讨黄宗羲学术史料选编的具体方法、基本原则及其学术史史料观,目的仅是在于将这个研

(接上页)《江右王门学案》: 庄兴亮《黄宗羲对聂豹政治形象的构建——以〈明儒学案·贞襄聂双江豹传〉为探讨中心》(《国学学刊》2016 年第 3 期,第 45—53 页)、文碧方及卢添成《章潢性气思想探微——从〈明儒学案〉的一处文本错误谈起》(《井冈山大学学报》2019 年第 6 期,第 48—54 页)。《泰州学案》: 刘勇《黄宗羲对泰州学派历史形象的重构——以〈明儒学案颜钧传〉的文本检讨为例》(《汉学研究》第 26 卷第 1 期,2008 年 3 月,第 165—194 页)、袁光仪《论晚明学者耿定向之学术及其价值——与〈明儒学案〉商榷》(《中国学术年刊》,2013 年)、姚文永《浅谈〈明儒学案〉的文献选择——以颜钧、何心隐、陈九川为例》(《运城学院学报》2014 年第 1 期,第 9—12 页)、李一禾及张如安《"不拘"与"纵情"——论〈明儒学案〉中黄宗羲对邓豁渠形象的建构》(《南京师范大学学报》2020 年第 1 期,第 154—160 页)。《甘泉学案》: 朱鸿林《〈明儒学案〉中之唐伯元文字》[《"国家图书馆"馆刊》(台湾)1996 年第 2 期,第 129—142 页]、李训昌《全集本〈明儒学案·甘泉学案〉一至三点校勘误》(《平顶山学院学报》2018 年第 1 期,第 43—48 页)、李训昌《全集本〈明儒学案·甘泉学案〉四至六点校勘误》(《平顶山学院学报》2018 年第 3 期,第 36—40 页)。《诸儒学案》: 默明哲《〈明儒学案·崔铣·松窗寤言〉订正》(《孔子研究》1988 年第 1 期,第 13、25 页)、金香花《罗钦顺性论新诠——〈明儒学案〉商兑》(《社会科学》2018 年第 8 期,第 121—128 页)、王珊珊《〈明儒学案·卢冠岩学案〉文本与义理研究——以卢冠岩〈献子遗存〉为参照》(同济大学 2020 年硕士学位论文)。《东林学案》: 古清美《黄梨洲〈东林学案〉与顾泾阳、高景逸原著之比较》(《孔孟月刊》1984 年第 3 期)。

① 从史源学的角度研究《明儒学案》必然涉及史料的"版本"问题,即如何确定我们今天所用的版本即黄宗羲当年编纂《明儒学案》时所用的呢? 关于这个问题,朱鸿林指出:"首先以《明儒学案》所载内容与各个版本比较,一比较,黄宗羲根据的是哪个版本,便不难判断了。"(黄涛、庄兴亮:《〈明儒学案〉文本研究和校点整理——访朱鸿林教授》,《中国史研究动态》2018 年第 2 期,第 59 页)可见这个问题无法假设,却能在实践中有效完成。

究方向引向深入①。

一、崇仁、白沙、河东、三原学案

(一)《崇仁学案》胡居仁《居业录》与原著文本差异

1.《〈居业录〉卷三·圣贤》:"静坐中有个戒〔谨〕(1)恐惧,则本体已立。"②

(1)"谨",《学案》作"慎"。③

2.《〈居业录〉卷七·老佛》:"此老氏之学所以颠倒错谬,说空说虚,〔说有说无〕(1)皆不可信。此正以其不识理,只将气之近〔似〕(2)者言也。"④

(1)"说有说无",《学案》作"说无说有"。

(2)"似",《学案》作"理"。⑤

3.《〈居业录〉卷七·老佛》:"儒者心存而有〔理〕(1),禅家心存而无主。"⑥

(1)"理",《学案》作"主"。⑦

(二)《白沙学案》陈献章《论学书》与原著文本差异

4.《复赵提学佥宪一》:"若横渠以礼教人,盖亦由〔是〕(1)而推之,

---

① 近年来,关于明代学者文集资料的整理出版进展很迅速,各种地域性的丛书,部分学者个人的全集、文集、选集等均有现代标点本,且底本与校本都比较精良。尤其是《阳明后学文献丛书》初编、二编、三编的陆续编纂完成,为我们从史源学的角度考察《明儒学案》提供了坚实的文献基础,在没有这些便利的文献资料之前,考察《明儒学案》的史源问题难度是比较大的,所以说学术的递进性发展包含着客观的时代性因素。

② (明)胡居仁撰,冯会明点校:《胡居仁文集》,南昌:江西人民出版社,2013年,第40页。

③ (清)黄宗羲著,吴光主编:《黄宗羲全集》第7册,第24页。

④ (明)胡居仁撰,冯会明点校:《胡居仁文集》,第82页。

⑤ (1)(2),(清)黄宗羲著,吴光主编:《黄宗羲全集》第7册,第33页。

⑥ (明)胡居仁撰,冯会明点校:《胡居仁文集》,第85页。

⑦ (清)黄宗羲著,吴光主编:《黄宗羲全集》第7册,第35页。

教事事人途辙去，使有所拒守耳。……省之言略也，谓姑略去〔之〕(2)，不为害耳。此盖为初学未知立心者言之，非初学不〔云〕(3)且也。……仆〔才不逮人，〕(4)年二十七始发愤从吴聘君学。”①

(1)“是”，《学案》作“事”。

(2)“之”，《学案》删。

(3)“云”，《学案》作“言”。

(4)“才不逮人”，《学案》删。②

5.《复赵提学佥宪三》：“仆〔又〕(1)安敢与之强辩？故以近似者〔为执事陈之〕(2)。母氏〔加〕(3)老，是以不能出门耳，〔则〕(4)凡责仆以不仕者遂不可解。”③

(1)“又”，《学案》删。

(2)“为执事陈之”，《学案》作“言之”。

(3)“加”，《学案》作“年”。

(4)“则”，《学案》删。④

6.《与罗一峰二》：“至于豫章、延平〔二先生〕(1)，尤专提此教人。〔晦庵〕(2)恐人差入禅去，故少说静。然在学者须自量度〔何如〕(3)，若不至为禅所诱，仍〔多〕(4)静方有入处。若平生忙者，此尤为〔对症药〕(5)也。”⑤

(1)“二先生”，《学案》删。

(2)“晦庵”，《学案》作“晦翁”。

(3)“何如”，《学案》作“如何”。

---

① （明）陈献章著，孙通海点校：《陈献章集》，北京：中华书局，1987年，第144—145页。

② (1)(2)(3)(4)，（清）黄宗羲著，吴光主编：《黄宗羲全集》第7册，第83页。

③ （明）陈献章著，孙通海点校：《陈献章集》，第147页。

④ (1)(2)(3)(4)，（清）黄宗羲著，吴光主编：《黄宗羲全集》第7册，第84页。

⑤ （明）陈献章著，孙通海点校：《陈献章集》，第157页。

(4)“多”下,《学案》增“著”,作“著静”。

(5)“对症药”,《学案》作“对症之药”。①

7.《与罗一峰三》:“圣贤处事无所偏〔任〕(1),惟〔亲〕(2)义何如。”②

(1)“任”,《学案》作“主”。

(2)“亲”,《学案》作“视”。③ 按,“视义何如”可解,原著“亲”与“视”或因形近而误(繁体字版),《明儒学案》这里应是改正了原文之误。

8.《与罗一峰七》:“学者先须理会气象,气象好时,百事〔自〕(1)当。”④

(1)“自”,《学案》作“是”。⑤

9.《与林郡博七》:“终日乾乾,只是收拾〔此〕(1)而已。曾点些儿活计,被孟子一口〔打并〕(1)出来,便都是鸢飞鱼跃。”⑥

(1)“此”下,《学案》增“理”。

(2)“打并”,《学案》删。⑦

10.《复张东白内翰》:“吾党恶其〔太〕(1)严也,使著于见闻者不睹其真。”⑧

(1)“太”,《学案》作“大”。⑨

11.《与贺克恭黄门》:“心地要宽平,识见要超卓,规模要阔远,践履要笃实,能〔是〕(1)四者,可以言学矣。”⑩

---

① (1)(2)(3)(4)(5),(清)黄宗羲著,吴光主编:《黄宗羲全集》第7册,第86页。
② (明)陈献章著,孙通海点校:《陈献章集》,第157页。
③ (1)(2),(清)黄宗羲著,吴光主编:《黄宗羲全集》第7册,第85页。
④ (明)陈献章著,孙通海点校:《陈献章集》,第159页。
⑤ (清)黄宗羲著,吴光主编:《黄宗羲全集》第7册,第86页。
⑥ (明)陈献章著,孙通海点校:《陈献章集》,第217页。
⑦ (1)(2),(清)黄宗羲著,吴光主编:《黄宗羲全集》第7册,第87页。
⑧ (明)陈献章著,孙通海点校:《陈献章集》,第131页。
⑨ (清)黄宗羲著,吴光主编:《黄宗羲全集》第7册,第85页。
⑩ (明)陈献章著,孙通海点校:《陈献章集》,第135页。

(1)“是”,《学案》作“此”。①

(三)《河东学案》吕柟《语录》与原著文本差异

12.《柳湾精舍语》:“‘故用人以治天下,不可皆求同,求同则谗谄面〔谀〕(1)之人至矣。’道通曰:‘果然,治天下只看所〔轻重〕(2)。’”②

(1)“谀”,《学案》作“谄”。按,“谀”是用言语奉承,“谄”则不限于言语。③“面谀”是成词,故此处《明儒学案》或误作“谗谄面谄”。

(2)“轻重”,《学案》作“重轻”。④

13.《鹫峰东所语》:“时耀问:‘收“放心”在何处?’先生曰:‘须于放的〔处去〕(1)收,则不远而复矣。’”⑤

(1)“处去”,《学案》作“去处”。⑥按,此或为倒文致误。

14.《鹫峰东所语》:“可以质鬼神,可以对日月,可以开来学,皆〔自〕(1)切实处做来。大器曰:‘夫仁〔亦在熟之而已〕(2)。’”⑦

(1)“自”,《学案》改作“是”。按,“自切实处做来”与“是切实处做来”语意微有不同。

(2)“亦在熟之而已”,《学案》增作“亦在乎熟之而已矣”。⑧

15.《鹫峰东所语》:“本之一心,验之一身,施之宗族,推之乡党,然后达〔诸〕(1)政事,无往不可。”⑨

(1)“诸”,《学案》作“之”。⑩

---

① (清)黄宗羲著,吴光主编:《黄宗羲全集》第7册,第88页。
② (明)吕柟著,赵瑞民点校整理:《吕柟集·泾野子内篇》,西安:西北大学出版社,2014年,第36页。
③ 王力主编:《王力古汉语字典》,北京:中华书局,2000年,第1285页。
④ (1)(2),(清)黄宗羲著,吴光主编:《黄宗羲全集》第7册,第153页。
⑤ (明)吕柟著,赵瑞民点校整理:《吕柟集·泾野子内篇》,第68页。
⑥ (清)黄宗羲著,吴光主编:《黄宗羲全集》第7册,第155页。
⑦ (明)吕柟著,赵瑞民点校整理:《吕柟集·泾野子内篇》,第70页。
⑧ (1)(2),(清)黄宗羲著,吴光主编:《黄宗羲全集》第7册,第155页。
⑨ (明)吕柟著,赵瑞民点校整理:《吕柟集·泾野子内篇》,第71页。
⑩ (清)黄宗羲著,吴光主编:《黄宗羲全集》第7册,第156页。

16.《鹫峰东所语》:"世之儒者诲人,往往不论其资禀造〔诣〕(1),刻数字以必人之从,不亦偏乎!"①

(1)"诣",《学案》作"旨"。② 按,此处《泾野子内篇》原文"诣"于"旨"因形近而误,反因《明儒学案》而得以改正。

17.《鹫峰东所语》:"知行自有〔先后〕(1),〔必〕(2)先知而后行,不可一偏。"③

(1)"先后",《学案》作"次第"。

(2)"必",《学案》作"非"。④ 按,《明儒学案》改"必"为"非",与传主原意正相反。

18.《鹫峰东所语》:"先就身心所到、事物所至者格,久便自熟。或以格者为〔量度〕(1),亦是。"⑤

(1)"量度",《学案》乙作"度量"。⑥

19.《鹫峰东所语》:"先生谓诸生曰:'学者只隐显穷〔达〕(1)始终不变方好。'"⑦

(1)"达",《学案》作"通"。⑧ 按,"穷达"出自《孟子·尽心上》:"故士穷不失义,达不离道。穷不失义,故士得己焉;达不离道,故民不失望焉。……穷则独善其身,达则兼济天下。"⑨"穷通"出自《易·系辞下》:"易穷则变,变则通,通则久。"⑩

---

① (明)吕楠著,赵瑞民点校整理:《吕楠集·泾野子内篇》,第73页。
② (清)黄宗羲著,吴光主编:《黄宗羲全集》第7册,第156页。
③ (明)吕楠著,赵瑞民点校整理:《吕楠集·泾野子内篇》,第75页。
④ (1)(2),(清)黄宗羲著,吴光主编:《黄宗羲全集》第7册,第156页。
⑤ (明)吕楠著,赵瑞民点校整理:《吕楠集·泾野子内篇》,第75页。
⑥ (清)黄宗羲著,吴光主编:《黄宗羲全集》第7册,第157页。
⑦ (明)吕楠著,赵瑞民点校整理:《吕楠集·泾野子内篇》,第76页。
⑧ (清)黄宗羲著,吴光主编:《黄宗羲全集》第7册,第157页。
⑨ (汉)赵岐注,(宋)孙奭疏:《孟子注疏》,(清)阮元校刻:《十三经注疏》,第2764—2765页。
⑩ (魏)王弼、(晋)韩康伯注,(唐)孔颖达疏:《周易正义》,(清)阮元校刻:《十三经注疏》,第86页。

20.《鹫峰东所语》:“凡论前辈,须求至当,亦宜存厚,不可〔牵〕[(1)]意妄语。”①

(1)“牵”,《学案》作“率”。② 按,“率意妄语”可解,与上文文义也相符,而“牵意妄语”则不可解,《明儒学案》此处或改正了传主原著之误。

21.《鹫峰东所语》:“盖〔性〕[(1)]何处寻?只在气上求。”③

(1)“性”下,《学案》增“字”,作“盖性字何处寻”。④

22.《鹫峰东所语》:“然圣人未尝言〔知〕[(1)],何以谓之遗书?先生曰:‘谓之遗书者,指理而言。’且曰圣人未尝言〔知〕[(2)],〔甚害事〕[(3)]。某也愚,只将格物作穷理,先〔后〕[(4)]‘知止’‘致知’起。而曰未尝言〔知〕[(5)],何也?’”⑤

(1)(2)(5)“知”,《学案》均改成“之”。按,“致知”是《大学》重要的概念,将“未尝言知”改为“未尝言之”,或有失原意。

(3)“甚害事”,《学案》改作“是害事”。

(4)“后”,《学案》作“从”。⑥ 按,《吕楠集·泾野子内篇》校勘记:“‘后’字疑为‘从’字之误。”⑦此处《明儒学案》改正了原文之误。

23.《鹫峰东所语》:“邦儒问:‘近日朋友讲及《大学》,每欲贯诚意于〔格致〕[(1)]之前,盖谓以诚意去格物,自无有不得其理者,如何?’先生曰:‘正为无〔格致〕[(2)]之功故也。’”⑧

(1)(2)“格致”,《学案》改作“格物”。⑨

---

① (明)吕楠著,赵瑞民点校整理:《吕楠集·泾野子内篇》,第93页。
② (清)黄宗羲著,吴光主编:《黄宗羲全集》第7册,第158页。
③ (明)吕楠著,赵瑞民点校整理:《吕楠集·泾野子内篇》,第96页。
④ (清)黄宗羲著,吴光主编:《黄宗羲全集》第7册,第159页。
⑤ (明)吕楠著,赵瑞民点校整理:《吕楠集·泾野子内篇》,第105—106页。
⑥ (1)(2)(3)(4)(5),(清)黄宗羲著,吴光主编:《黄宗羲全集》第7册,第161页。
⑦ (明)吕楠著,赵瑞民点校整理:《吕楠集·泾野子内篇》,第106页。
⑧ (明)吕楠著,赵瑞民点校整理:《吕楠集·泾野子内篇》,第111页。
⑨ (清)黄宗羲著,吴光主编:《黄宗羲全集》第7册,第162页。

24.《鹫峰东所语》:"吕潜问:'欲根在心,何法可以一时〔拔去得〕(1)?'先生曰:'这也难说一时要拔得去,须要积久工夫才得。就〔是〕(2)圣如孔子,犹且十五志学,必至三十方能立。'"①

(1)"拔去得",《学案》作"拔得去"。

(2)"是",《学案》作"且"。② 按,由于《明儒学案》将"是"改成"且",所以其断句也变为"须要积久工夫才得就,且圣如孔子",与吕柟原著不同。

25.《鹫峰东所语》:"看来圣学工夫,只在无隐上〔亦〕(1)可做得。……就是到'建诸天地不悖,质〔诸〕(2)鬼神无疑',也都从这里起。"③

(1)"亦",《学案》作"就"。

(2)"诸",《学案》作"之"。④ 按,《礼记·中庸》:"建诸天地而不悖,质诸鬼神而无疑。"⑤《中庸》原文和吕柟原著均作"质诸"。

26.《鹫峰东所语》:"亦须知得〔何者是天理,〕(1)何者是人欲。不然,戒慎恐惧个什么?"⑥

(1)"何者是天理",《学案》删。⑦

27.《鹫峰东所语》:"聂蕲曰:'〔蕲夜醒来〕(1),〔心下〕(2)有所想像,念头便觉萌动,此处亦有物可格否?'"⑧

(1)"蕲夜醒来",《学案》作"某夜睡来"。

---

① (明)吕柟著,赵瑞民点校整理:《吕柟集·泾野子内篇》,第116页。
② (1)(2),(清)黄宗羲著,吴光主编:《黄宗羲全集》第7册,第162页。
③ (明)吕柟著,赵瑞民点校整理:《吕柟集·泾野子内篇》,第118页。
④ (1)(2),(清)黄宗羲著,吴光主编:《黄宗羲全集》第7册,第163页。
⑤ (汉)郑玄注,(唐)孔颖达疏:《礼记正义》,(清)阮元校刻:《十三经注疏》,第1634页。
⑥ (明)吕柟著,赵瑞民点校整理:《吕柟集·泾野子内篇》,第119页。
⑦ (清)黄宗羲著,吴光主编:《黄宗羲全集》第7册,第163页。
⑧ (明)吕柟著,赵瑞民点校整理:《吕柟集·泾野子内篇》,第124页。

（2）“心下”，《学案》删。①

28.《鹫峰东所语》：“性元来是善的，〔本〕(1)相近，但后来加着习染便远了。……但子思是恐人不识性〔之〕(2)来历，故原之于初。……〔张〕(3)横渠不云，‘糟粕煨烬，无非教也’。他把这极粗处都看做天地教人的意思，〔比〕(4)理殊可玩。”②

（1）“本”，《学案》作“便”。

（2）“之”，《学案》作“的”。

（3）“张”，《学案》删。

（4）“比”，《学案》作“此”。③ 按，“比”与“此”或因形近而误，《明儒学案》作“此理”或改正了原文之误。

29.《鹫峰东所语》：“朋友中〔说得有〕(1)不是处，或亦是隐忍过去……‘若说喜怒哀乐前〔求〕(2)个气象，便不是。……若平日不曾〔用过工夫来〕(3)，怎么便见得这中的气象？’”④

（1）“说得有”，《学案》作“有说得”。

（2）“求”，《学案》作“有”。

（3）“用过工夫来”，《学案》改作“用工夫过来”。⑤

30.《鹫峰东所语》：“吾辈〔平日〕(1)安得有这样度量！”⑥

（1）“平日”，《学案》作“今日”。⑦

31.《鹫峰东所语》：“先生曰：‘矜持亦未尝不好。’……〔因问：‘心下想来，怎么便要间歇了？’泉云：‘有间歇的心，只是忘了。’又问：‘你

---

① （1）（2），（清）黄宗羲著，吴光主编：《黄宗羲全集》第7册，第163页。
② （明）吕楠著，赵瑞民点校整理：《吕楠集·泾野子内篇》，第127页。
③ （1）（2）（3）（4），（清）黄宗羲著，吴光主编：《黄宗羲全集》第7册，第164页。
④ （明）吕楠著，赵瑞民点校整理：《吕楠集·泾野子内篇》，第127页。
⑤ （1）（2）（3），（清）黄宗羲著，吴光主编：《黄宗羲全集》第7册，第165页。
⑥ （明）吕楠著，赵瑞民点校整理：《吕楠集·泾野子内篇》，第131页。
⑦ （清）黄宗羲著，吴光主编：《黄宗羲全集》第7册，第166页。

心下想，怎么便要忘了？'泉未答。〕(1)先生曰：'只缘他还是不知。'"①

(1)"因问……泉未答"，《学案》改为"然非有间歇的心，只是忘了"。② 按，《明儒学案》删省的部分，一般都会保持被删减句子的独立和完整。

32.《鹫峰东所语》："先生曰：'然古人做〔工〕(1)，亦从饮食衣服上做起。'"③

(1)"工"下，《学案》增"夫"。④ 按，《明儒学案》补正了原文。

33.《鹫峰东所语》："'明道为人，盎然〔春阳〕(1)之可掬。'凡与人言，贵春温而贱〔秋肃〕(2)。"⑤

(1)"春阳"，《学案》作"阳春"。

(2)"秋肃"，《学案》作"秋杀"。⑥

34.《鹫峰东所语》："格物之义，自伏羲以来未之有改也，其观察求取，即是穷〔格〕(1)之义。格式之格，恐不是孔子立言之意。"⑦

(1)"格"，《学案》作"极"。⑧ 按，"穷极"与原著全段论"格物"并不相符。

(四)《三原学案》王恕《石渠意见》与原著文本差异

35.《中庸》："〔是故君子戒慎乎其所不睹，恐惧乎其所不闻。〕(1)意见：天理人欲相为消长，有天理即无人欲，有人欲即无天理，如何前一段是〔存〕(2)天理之本，然后一段是遏人欲于将萌？"⑨

---

① (明)吕楠著，赵瑞民点校整理：《吕楠集·泾野子内篇》，第132页。
② (清)黄宗羲著，吴光主编：《黄宗羲全集》第7册，第166页。
③ (明)吕楠著，赵瑞民点校整理：《吕楠集·泾野子内篇》，第143页。
④ (清)黄宗羲著，吴光主编：《黄宗羲全集》第7册，第166页。
⑤ (明)吕楠著，赵瑞民点校整理：《吕楠集·泾野子内篇》，第144页。
⑥ (1)(2)，(清)黄宗羲著，吴光主编：《黄宗羲全集》第7册，第167页。
⑦ (明)吕楠著，赵瑞民点校整理：《吕楠集·泾野子内篇》，第152页。
⑧ (清)黄宗羲著，吴光主编：《黄宗羲全集》第7册，第168页。
⑨ (明)王恕著，张建辉、黄芸珠点校整理：《王恕集》，西安：西北大学出版社，2015年，第124页。

(1)“是故君子……其所不闻”,《学案》删省标题为“戒慎恐惧二节”。按,《石渠意见》的体例本来是先引《周易》《尚书》《春秋》《中庸》《论语》《孟子》等经典原文,然后再列王恕本人的解说和评述,即所谓“意见”。黄宗羲在进行文献二次选录的过程中将经典的原文删省改为标题,然后再列王恕的“意见”,这是黄宗羲运用的一种学术史史料处理方法。

(2)“存”,《学案》删。① 按,原著“存”与“遏”是双向对文,《明儒学案》删“存”,遂导致其断句为“如何前一段是天理之本然,后一段是遏人欲于将萌?”与《石渠意见》原文不符。

36.《中庸》:“〔致中和,天地位焉,万物育焉。〕(1) 意见:中和乃人性情之德,虽有动静之殊,初〔非〕(2) 二物。”②

(1)“致中和,天地位焉,万物育焉”,《学案》删省为“中和节”的标题形式。

(2)“非”,《学案》作“无”。③ 按,“无二物”并不同于“非二物”,《明儒学案》此改或有失原意。

37.《论语》:“〔君子食无求饱,居无求安,敏于事而慎于言。〕(1) 意见:〔就有道而正焉,就有道之人而〕(2)〔正所言所行之是非〕(3)。是者行之,非者改之,斯可谓好学之人也。”④

(1)“君子……慎于言”,《学案》删省标题为“食无求饱章”。

(2)“就有道而正焉,就有道之人而”,《学案》合并删省为“就有道而正者”。

(3)“正所言所行之是非”,《学案》作“正正其所言、所行之是

---

① (1)(2),(清)黄宗羲著,吴光主编:《黄宗羲全集》第7册,第175页。
② (明)王恕著,张建辉、黄芸珠点校整理:《王恕集》,第125页。
③ (1)(2),(清)黄宗羲著,吴光主编:《黄宗羲全集》第7册,第175页。
④ (明)王恕著,张建辉、黄芸珠点校整理:《王恕集》,第128页。

非”。① 按，此处“正正其所言”中前“正”字疑为衍文。

38.《论语》：“〔或以‘斯’为‘不勉强’‘自然如此’，恐未安。〕”(1) ②

(1)“或以……未安”，《学案》删省为“若以斯为自然，未安”。③

39.《论语》：“‘立于礼’，礼以谨节，文〔有〕(1)《曲礼》《经礼》，人能知之，则敬慎威仪，言动无失，可以立于乡，立于朝，故曰‘立于礼’。”④

(1)“有”，《学案》删。⑤ 按，王恕原文断句为：礼以谨节，文有《曲礼》《经礼》，人能知之。《明儒学案》删“有”，断句变为：礼以谨节文，《曲礼》《经礼》，人能知之。

40.《论语》：“《集注》谓：‘此颜子深知夫子之道无穷尽，无方体而叹之也。’若然，则〔为人君‘止于仁’、为人臣‘止于敬’、为人父‘止于慈’、为人子‘止于孝’，与国人交‘止于信’，非道与?〕(1)”⑥

(1)“为人君‘止于仁’、为人臣‘止于敬’、为人父‘止于慈’、为人子‘止于孝’，与国人交‘止于信’”，《学案》删省为“止仁、止敬、止慈、止孝、止信非道欤”。⑦ 按，此种删省优化了文本，适应了文献二次选择后文本形态的变化。

41.《论语》：“〔吾之与人也，谁毁谁誉？如有所誉者，其有所试矣。斯民也，三代之所以直道而行也。〕(1)”⑧

(1)“吾之……而行也”，《学案》删省标题为“毁誉章”。⑨

---

① (1)(2)(3)，(清) 黄宗羲著，吴光主编：《黄宗羲全集》第7册，第176页。
② (明) 王恕著，张建辉、黄芸珠点校整理：《王恕集》，第131页。
③ (清) 黄宗羲著，吴光主编：《黄宗羲全集》第7册，第176页。
④ (明) 王恕著，张建辉、黄芸珠点校整理：《王恕集》，第131页。
⑤ (清) 黄宗羲著，吴光主编：《黄宗羲全集》第7册，第176页。
⑥ (明) 王恕著，张建辉、黄芸珠点校整理：《王恕集》，第132页。
⑦ (清) 黄宗羲著，吴光主编：《黄宗羲全集》第7册，第177页。
⑧ (明) 王恕著，张建辉、黄芸珠点校整理：《王恕集》，第133页。
⑨ (清) 黄宗羲著，吴光主编：《黄宗羲全集》第7册，第177页。

42.《论语》:"〔二三子以我为隐乎？吾无隐乎尔。吾无行而不与二三子者,是丘也。〕(1)〔《注》谓:'与',犹示也。意见以为,圣人之意若曰:〕(2)〔吾之〕(3)适陈、蔡、楚、卫诸国,无行而不与二三子同行。"①

(1)"二三子……是丘也",《学案》删省标题为"无隐章"。

(2)"《注》谓'与'……若曰",《学案》删。

(3)"吾之",《学案》作"夫子"。②

43.《论语》:"'厉'者,严厉也。水深可畏,〔犹人之严厉可畏也。深则〕(1)当畏而止之,不可涉也。"③

(1)"犹人之……深则",《学案》删。④

44.《孟子》:"'今之时,人稠地狭,〔欲〕(1)人人授田百亩,其可得乎?''由是人怀苟且之心……田必〔瘦〕(2)矣。'曰:'十年一分,可乎?'曰:'十年一分,止可均一〔年〕(3),其后户口有消长,则又不均矣。'"⑤

(1)"欲",《学案》删。

(2)"瘦",《学案》作"瘠"。

(3)"年",《学案》作"次"。⑥

45.《孟子》:"尽其心者,知其性也。知其性,则知天矣。意见:盖言人能竭尽其心,思而穷究之,则能知其性之理。《集注》言:〔'人有是心,莫非全体。然不穷理,则有所蔽,而无以尽乎此心之量。故能极其心之全体而无不尽者,必其能穷夫理而不知者也。'是言〕(1)知性乃能尽心,不无颠倒,又与下文文势不同,恐未安。"⑦

---

① (明)王恕著,张建辉、黄芸珠点校整理:《王恕集》,第162页。
② (1)(2)(3),(清)黄宗羲著,吴光主编:《黄宗羲全集》第7册,第179页。
③ (明)王恕著,张建辉、黄芸珠点校整理:《王恕集》,第163页。
④ (清)黄宗羲著,吴光主编:《黄宗羲全集》第7册,第179页。
⑤ (明)王恕著,张建辉、黄芸珠点校整理:《王恕集》,第135页。
⑥ (1)(2)(3),(清)黄宗羲著,吴光主编:《黄宗羲全集》第7册,第177页。
⑦ (明)王恕著,张建辉、黄芸珠点校整理:《王恕集》,第137页。

（1）“人有是心……是言”，《学案》删。① 按，《明儒学案》删减这段话之后的文本样态是“《集注》言‘知性乃能尽心’，不无颠倒”。但“知性乃能尽心，不无颠倒”不是朱子“集注”的话，而是王恕对朱子“集注”的评价，这是一种文本的错位。

46.《孟子》：“〔夫志，气之帅也。气，体之充也。夫志，至焉。气，次焉。〕(1)〔《注》谓：‘若论其极，则志固为心之所之，而为气之将帅。然气亦人之所以充满于身，而为志之卒徒者也。故志固为至极，而气即次之。’意见以为‘志为至极’之说恐未然。盖言〕(2)志之所至之处，气即随之而至。〔故云：‘志，至焉。气，次焉。’〕(3)”②

（1）“夫志……次焉”，《学案》删省标题为“志至气次”。

（2）“《注》谓……盖言”，《学案》删。

（3）“故云：志，至焉。气，次焉”，《学案》删。③ 按，从全段内容来看，黄宗羲首先简化标题，之后删朱子“集注”部分，这部分内容基本上属于学人熟知的经典原文，在段尾又删除了重复性的总结之语。径直选择王恕的阐释和评述，即“意见”的部分，这是一种非常清晰的史料选择思路，比较集中地体现了“纂要勾玄”的意旨。

47.《孟子》：“‘无有乎尔者’，是反说之辞，犹言‘岂无有〔也〕(1)’？孟子之意以为，孔门弟子〔速肖〕(2)者七十二人，岂无有见而知之者？”④

（1）“也”，《学案》作“他”。

（2）“速肖”，《学案》作“克肖”。⑤

48.《春秋》：“何为以左氏为传，而与《公羊〔传〕(1)》《穀梁〔传〕(2)》

---

① （清）黄宗羲著，吴光主编：《黄宗羲全集》第7册，第177页。
② （明）王恕著，张建辉、黄芸珠点校整理：《王恕集》，第165页。
③ (1)(2)(3)，（清）黄宗羲著，吴光主编：《黄宗羲全集》第7册，第179页。
④ （明）王恕著，张建辉、黄芸珠点校整理：《王恕集》，第170页。
⑤ (1)(2)，（清）黄宗羲著，吴光主编：《黄宗羲全集》第7册，第180页。

并行？今观公〔羊〕(3)、穀〔梁〕(4)《传》不过发明孔子笔削褒贬之意。”①

(1)(2)“传”,《学案》删省。

(3)“羊”,《学案》删。

(4)“梁”,《学案》删。②

49.《中庸》:“道不远人。人之为道,而远人不可以为道。意见以为,远人以为道,〔则非所以为道矣。《注》谓:‘若为道者,厌弃卑近,以为不足为,而反务为高远难行之事,则非所以为道矣。’恐非本义。〕(1)”③

(1)“则非所以……恐非本义”,《学案》删。④ 按,黄宗羲径直取王恕的观点,对于重复性的解释、引证的部分不予保留。

50.《中庸》:“〔诚者自成也,而道自道也。〕(1)诚,实也,〔言〕(2)人之心无不实,乃能自成其身。而道之〔所〕(3)在我者,自无不行矣。《注》以诚与道对言,以人与物为二事。〔意见以为,‘而’之一字以连接上下,言分而言之,恐非也。〕(4)”⑤

(1)“诚者……道也”,《学案》简化标题为“诚者自成章”。

(2)(3),《学案》删。按,删后并无碍于原句义。

(4)“意见以为……恐非也”,《学案》删省作“非也”。⑥ 按,黄宗羲只用“非也”两字替代了原文用一句话所要表达的文义。

51.《易经》:“〔君子进德修业。忠信,所以进德也。修辞立其诚,所以居业也。知至,至之,可与几也。知终,终之,可与存义也。〕(1)意见以为,‘忠信’谓存诸心者无不诚也。”⑦

---

① (明)王恕著,张建辉、黄芸珠点校整理:《王恕集》,第144页。
② (1)(2)(3)(4),(清)黄宗羲著,吴光主编:《黄宗羲全集》第7册,第177页。
③ (明)王恕著,张建辉、黄芸珠点校整理:《王恕集》,第146页。
④ (清)黄宗羲著,吴光主编:《黄宗羲全集》第7册,第178页。
⑤ (明)王恕著,张建辉、黄芸珠点校整理:《王恕集》,第147—148页。
⑥ (1)(2)(3)(4),(清)黄宗羲著,吴光主编:《黄宗羲全集》第7册,第178页。
⑦ (明)王恕著,张建辉、黄芸珠点校整理:《王恕集》,第151页。

(1)“君子进德……存义也”,《学案》删省标题为“进德修业爻”。① 按,《易·乾文言》:“九三曰:‘君子终日乾乾,夕惕若厉,无咎。’何谓也?子曰:‘君子进德修业。忠信,所以进德也。修辞立其诚,所以居业也。知至,至之,可与几也。知终,终之,可与存义也。’”②故此处黄宗羲以“进德修业爻”代指乾卦九三爻之原标题并无不妥。

52.《书经》:“敛时五福,用敷锡厥庶民。〔《传》谓:‘人君集福于上,非厚其身而已,用敷其福以与庶民,使人人观感而化,所谓“敷锡”也。’不知人君如何集于福上?意见以为〕,(1) 五福在人。”③

(1)“《传》谓……意见以为”,《学案》删。④ 按,黄宗羲删《书集传》中对《尚书·洪范》原文的解释,径直选取王恕“五福在人”的核心观点。

二、姚江、浙中王门、江右王门、南中王门、楚中王门学案

(一)《姚江学案》王阳明《论学书》与原著文本差异⑤

53.《与辰中诸生〔己巳〕(1)》:“所〔云〕(2)静坐事……欲以此补小学收放心一段〔工夫〕(3)耳。明道云:‘才学便须知有着力处,既学便须知有〔着力〕(4)处。’”⑥

(1)“己巳”,《学案》删。

---

① (清)黄宗羲著,吴光主编:《黄宗羲全集》第7册,第178页。
② (魏)王弼、(晋)韩康伯注,(唐)孔颖达疏:《周易正义》,(清)阮元校刻:《十三经注疏》,第15页。
③ (明)王恕著,张建辉、黄芸珠点校整理:《王恕集》,第154页。
④ (清)黄宗羲著,吴光主编:《黄宗羲全集》第7册,第178页。
⑤ 关于《姚江学案》的文本,朱鸿林《〈明儒学案·姚江学案〉的文本问题初探》(《〈明儒学案〉研究及论学杂著》,第191—268页)已有非常详备的论述,本文仅简择其异处而略作补充。
⑥ (明)王守仁:《与辰中诸生己巳》,吴光等编校:《王阳明全集》卷四,第162页。

（2）“云”,《学案》作“谓”。

（3）“工夫”,《学案》作“功夫”。

（4）“着力”,《学案》作“得力”。① 按,本段内容基本上属于无词义变化的同义替换和删减。

54.《答徐成之辛未》:“〔先儒所谓〕(1)‘志道恳切,固是诚意,然急迫求之,则反为私己’,不可不察也。”②

（1）“先儒所谓”,《学案》删。③ 按:“志道恳切,固是诚意,然急迫求之,则反为私己”是先儒所说,“不可不察”才是王阳明的评述。而如果径直读《明儒学案·姚江学案》的文本,则会认为整段话均出自阳明,这是一种史料剪裁后的文本位移。刘宗周在《阳明传信录》中已删去“先儒所谓”,黄宗羲转引师说并未校王阳明原著,可见文献在传抄转述的过程中会出现形态的变化,而这种变化须经过与原著的对比方能看清楚。

55.《答黄宗贤应原忠辛未》:“圣人之心,纤翳自无所容,〔自〕不消磨刮。”(1)④

（1）“自”,《学案》删。⑤

56.《与黄宗贤癸酉》:“吾人为学,当从心髓入微处用力,自然笃实光辉。虽私欲之萌,真是洪炉点雪,天下之大本立矣。若就标末〔妆〕(1)缀比拟,凡平日所谓学问思辩者,适足以为长傲遂非之资。”⑥

① (1)(2)(3)(4),(清)黄宗羲著,吴光主编:《黄宗羲全集》第7册,第204页。
② (明)王守仁:《答徐成之辛未》,吴光等编校:《王阳明全集》卷四,第163页。
③ (清)黄宗羲著,吴光主编:《黄宗羲全集》第7册,第204页。
④ (明)王守仁:《答黄宗贤应原忠辛未》,吴光等编校:《王阳明全集》卷四,第164页。
⑤ (清)黄宗羲著,吴光主编:《黄宗羲全集》第7册,第204页。
⑥ (明)王守仁:《与黄宗贤五癸酉》,吴光等编校:《王阳明全集》卷四,第171页。

(1)“妆”,《学案》作“粧”。[①] 按,《王力古汉语字典》云:“糚,同妆,又做粧。”[②]“妆”与“粧”是同源字。因为“妆”的本义就是“饰”[③],故“妆缀”大意为装饰点缀,“标末”借指枝节,王阳明强调要从心体本源处立诚为学,而不是仅从细枝末节的发用处点缀装饰。但此处的“粧”字,(清)光绪二十八年上海文澜书局石印本[④]、中华书局1985年点校本[⑤]及2008年修订本[⑥]、北京大学《儒藏》本[⑦]均作“籹”。“籹”音nǚ,《汉语大字典》云:“籹,《说文新附》‘粔籹’也。(唐)玄应《一切经音译》卷五引《仓颉篇》:‘粔籹,饼饵也。江南呼为膏糫。’《齐民要术·饼法》:‘膏环,一名粔籹,用秫稻米屑,水、蜜馊之。’”[⑧]“籹”明确是一种食品,似今天的麻花、馓子之类,“籹缀”不可解,“籹”应与“粧”形近而致误。

57.《与王纯甫壬申》:“〔汪景颜近亦出宰大名,临行请益,某告以〕(1)变化气质,居常无所见,惟当利害、经变故、遭屈辱,平时愤怒者到此能不愤怒,忧惶失措者到此能不忧惶失措,始是〔能有〕(2)得力处,亦便是用力处。”[⑨]

(1)“汪景颜……某告以”,《学案》删。按,黄宗羲删句子开头引入的部分,直接取传主的观点。

---

① (清)黄宗羲著,吴光主编:《黄宗羲全集》第7册,第205页。
② 王力主编:《王力古汉语字典》,第906页。
③ (汉)许慎撰,(宋)徐铉校定:《说文解字》,第263页。
④ (清)黄宗羲:《明儒学案》卷三,(清)光绪二十八年上海文澜书局石印本,叶三正。
⑤ (清)黄宗羲著,沈芝盈点校:《明儒学案》,第186页。
⑥ (清)黄宗羲著,沈芝盈点校:《明儒学案》,第185页。
⑦ 北京大学《儒藏》编纂与研究中心编:《儒藏·精华编》(第一五五册),北京:北京大学出版社,2016年,第219页。
⑧ 《汉语大字典》编辑委员会:《汉语大字典》(缩印本),成都:四川辞书出版社;武汉:湖北辞书出版社,1993年,第1309页。
⑨ (明)王守仁:《与王纯甫壬申》,吴光等编校:《王阳明全集》卷四,第173—174页。

（2）“能有”，《学案》删。① 按，删“能有”并未影响原文义的表达。

（二）《浙中王门》徐爱《论学书》与原著文本差异

58.《答邵思抑书》：“故心德者，人之根源也而不可少缓；文章名业者，人之〔枝流〕(1) 也，而非所汲汲。学者先须辨此，即是辨〔义利〕(2) 之分。”②

（1）“枝流”，《学案》作“枝叶”。

（2）“义利”，《学案》改作“义理”。③ 按，徐爱原著“义利之分”之“义”代指上文“心德根源”，“利”代指上文“文章名业”，二者自然可分。但“义理”如何分？《明儒学案》此处或属误改。

59.《答王承吉书》：“白沙之风，使人有‘吾与点也’之意。〔此意在圣门首与，濂溪亦首令二程寻此，〕(1) 然末流涉〔旷〕(2)，则疑其于用力处有缺。夫〔物，〕(3) 有体斯有用；〔事，〕(4) 有终必有始。世固有谓某有体无用，〔某〕(5) 有用无体者，〔某〕(6) 窃不然。”④

（1）“此意在圣门……二程寻此”，《学案》删省。

（2）“旷”下，《学案》增“达”，作“旷达”。按，此处“旷”表达的是对陈献章后学工夫论的担忧，故下文说“有缺”。而“旷达”是一种肯定，故《明儒学案》此处增文或与原文义相反。

（3）“物”，《学案》删。

（4）“事”，《学案》删。按，黄宗羲删“物”“事”，直取观点。

（5）“某”，《学案》删。按，因上文“世固有谓某有体无用”中之“某”，故下句去其重复。

---

① （1）（2），（清）黄宗羲著，吴光主编：《黄宗羲全集》第7册，第206页。

② （明）徐爱：《横山遗集·〈答邵思抑书〉》，钱明编校整理：《徐爱·钱德洪·董沄集》，南京：凤凰出版社，2007年，第56页。

③ （1）（2），（清）黄宗羲著，吴光主编：《黄宗羲全集》第7册，第249页。

④ （明）徐爱：《横山遗集·〈答王承吉书〉》，钱明编校整理：《徐爱·钱德洪·董沄集》，第67页。

(6)“某”,《学案》作“仆”。①

60.《月岩记》:“〔东西〕(1)二洞门,自东门入,初见西露微光。〔始岩以月名,本此,盖天造也。〕(2)故老言:〔周先生〕(3)自幼日游其间,玩而乐之,〔因明暗之半而得阴阳之分,圆得太极。〕(4)”②

(1)“东西”,《学案》删。按,下文“自东门入见西面光”已然表达出“东—西”的顺序和方位,故删除句首“东西”二字,此种文本处理的方法在《明儒学案》中多处可见。

(2)“始岩以月名,本此,盖天造也”,《学案》删省句子头尾“始、盖天造也”,改作“岩以月名本此”。

(3)“周先生”,《学案》作“濂溪”。

(4)“因明暗之半而得阴阳之分,圆得太极”,《学案》改作“因悟太极之理”。③

61.《赠薛子尚谦记》:“而知通世之痼疾存者有二,〔而不觉为之害也。夫人孰不谓文字以示法,治今传后胥不免焉。君子攻之固伤仁,绝之亦伤智;功名以昭行,事君事亲均不免焉。君子求之固害实,无之亦非德。故当今之时,有言绝之、无之者,非笑则詈之曰怪。而〕(1)予始亦以为姑毋攻焉,求之不累于心可矣,绝之、无之不已甚乎?”④

(1)“而不觉为之害也……非笑则詈之曰怪。而”,《学案》将此段文字删省为“文字也,功名也”。⑤ 按,黄宗羲直接提炼出“文字”

---

① (1)(2)(3)(4)(5)(6),(清)黄宗羲著,吴光主编:《黄宗羲全集》第7册,第250—251页。

② (明)徐爱:《横山遗集·〈月岩记〉》,钱明编校整理:《徐爱·钱德洪·董沄集》,第74页。

③ (1)(2)(3)(4),(清)黄宗羲著,吴光主编:《黄宗羲全集》第7册,第251页。

④ (明)徐爱:《横山遗集·〈赠薛子尚谦记〉》,钱明编校整理:《徐爱·钱德洪·董沄集》,第78页。

⑤ (清)黄宗羲著,吴光主编:《黄宗羲全集》第7册,第251页。

“功名”二者是通世之痼疾，既删省了原文，且符合原文义。

（三）《浙中王门学案》钱德洪《语录》《论学书》与原著文本差异

62.《语录》：“人心感应无时不有，无一时之住，其有住则即为〔虚灵之障〕(1)。”①

(1)“虚灵之障”，《学案》作“太虚之碍”。②

63.《语录》：“矍然顾予曰：‘吾子相别十年，犹如〔常〕(1)聚一堂。’”③

(1)“常”，《学案》作“相”。④

64.《语录》：“〔拱极问：〕(1)‘良知不假于见闻，故致知之功从不睹不闻而入。今〔不着此见，〕(2)只念念在良知上精察，使是是非非，无容毫发欺蔽。〔是否?〕(3)’先生默而不应。明日又问：‘致知之功，〔须〕(4)究透全体，如何?’先生默而不应。明日又问：‘〔默体〕(5)良知广大高明，〔如何?’先生又默而不应。拱极固请，先生曰：‘功夫略见端倪，正好用力，必求此心，真信真悟，才着分解，即已浅矣。’〕(6)”⑤

(1)“拱极问”，《学案》删。

(2)“不着此见”，《学案》删省。

(3)“是否”，《学案》删。按，依《明儒学案》的文本样态，则会很自然地认为“良知不假于见闻……无容毫发欺蔽”这段话出自钱德洪本人，但这是拱极提问的内容，不是钱德洪的观点。

(4)“须”，《学案》作“在”。按，此属同义替换。

---

① （明）钱德洪：《钱德洪语录诗文辑佚·〈语录〉》，钱明编校整理：《徐爱·钱德洪·董沄集》，第120页。

② （清）黄宗羲著，吴光主编：《黄宗羲全集》第7册，第257页。

③ （明）钱德洪：《钱德洪语录诗文辑佚·〈语录〉》，钱明编校整理：《徐爱·钱德洪·董沄集》，第122页。

④ （清）黄宗羲著，吴光主编：《黄宗羲全集》第7册，第260页。

⑤ （明）钱德洪：《钱德洪语录诗文辑佚·〈语录〉》，钱明编校整理：《徐爱·钱德洪·董沄集》，第128页。

(5)“默体”,《学案》删。按,“默体良知”是一种行为过程,而讲“良知广大高明”则是一种直述,删“默体”在一定程度上消解了这种过程性。

(6)“如何……即已浅矣”,《学案》删。① 按,只有删除的这段话才是钱德洪所述,而《明儒学案》选录的却皆是拱极的问题。

65.《文录·上甘泉》:“良知天理原非二义,今曰良知不用〔于〕(1)理,则知为空知,是疑以虚元空寂视良知,而又似以袭取外索为天理矣。”②

(1)“于”,《学案》作“天”。③ 按,全段反复对述“天理”与“良知”,故“于”或乃“天”之形近而误。

66.《文录·〔复〕(1)杨斛山书》:“人之心体一也,指名曰‘善’可,〔曰‘至善’可也,〕(2)曰‘至善无恶’亦可也。然未见孺子之前,〔先加〕(3)讲求之功,预有此善以为之则耶?”④

(1)“复”,《学案》作“后”。按,“后”乃“复”之形近而误(繁体字版)。

(2)“曰‘至善’可也”,《学案》删。

(3)“先加”,《学案》作“皆知”。⑤

(四)《浙中王门学案》董沄《日省录》《求心录》与原著文本差异

67.《日省录》:“〔只此自以为得,恐亦不宜,如何?先师批曰:‘知得自以为得为非宜,只此便是良知矣。民之秉彝也,故好是懿德。

---

① (1)(2)(3)(4)(5)(6),(清)黄宗羲著,吴光主编:《黄宗羲全集》第7册,第259页。

② (明)钱德洪:《钱德洪语录诗文辑佚·文录·〈上甘泉〉》,钱明编校整理:《徐爱·钱德洪·董沄集》,第150页。

③ (清)黄宗羲著,吴光主编:《黄宗羲全集》第7册,第263页。

④ (明)钱德洪:《钱德洪语录诗文辑佚·文录·〈复杨斛山书〉》,钱明编校整理:《徐爱·钱德洪·董沄集》,第155—156页。

⑤ (1)(2)(3),(清)黄宗羲著,吴光主编:《黄宗羲全集》第7册,第264—265页。

然〕[1] 多着一分意思不得。多着一分意思,便是私矣。'"①

(1)"只此……然",《学案》删省为"凡事"。② 按,"多着一分意思不得,多着一分意思便是私矣"是王阳明回复董沄的话,若依《明儒学案》直接呈现出的文本样态,则会很自然地误以为出自董沄。

68.《日省录》:"〔余尝疑于先儒论性,尝令缮写以示月泉法聚。先师批曰:〕[1] 二子异同之论,皆是说性,非见性也。见性者,无异同之可言矣。"③

(1)"余尝疑于……先师批曰",《学案》删。④ 按,黄宗羲保留的部分不是董沄的观点,而是出自王阳明,这是一种删减后的文本错位。

69.《求心录》:"〔《书》称高宗〕[1] '恭默思道',〔愚以为〕[2] 凡思道者,则自然恭默,非恭默以思道也。"⑤

(1)"《书》称高宗",《学案》删。

(2)"愚以为",《学案》删省。⑥

70.《求心录》:"但有一毫厌人之心,即谓之不敬,稍有此心,则人先厌我矣。〔此合内外之道也。〕[1]"⑦

(1)"此合内外之道也",《学案》删。⑧ 按,此乃直取观点而删评述。

---

① (明)董沄:《从吾道人语录·〈日省录〉》,钱明编校整理:《徐爱·钱德洪·董沄集》,第249页。
② (清)黄宗羲著,吴光主编:《黄宗羲全集》第7册,第330页。
③ (明)董沄:《从吾道人语录·〈日省录〉》,钱明编校整理:《徐爱·钱德洪·董沄集》,第250页。
④ (清)黄宗羲著,吴光主编:《黄宗羲全集》第7册,第331页。
⑤ (明)董沄:《从吾道人语录·〈求心录〉》,钱明编校整理:《徐爱·钱德洪·董沄集》,第252页。
⑥ (1)(2),(清)黄宗羲著,吴光主编:《黄宗羲全集》第7册,第331页。
⑦ (明)董沄:《从吾道人语录·〈求心录〉》,钱明编校整理:《徐爱·钱德洪·董沄集》,第252页。
⑧ (清)黄宗羲著,吴光主编:《黄宗羲全集》第7册,第331页。

71.《求心录》:“〔常令此心在无物处,〕(1) 心无所希〔名〕(2) 之曰道。”①

(1)“常令此心在无物处”,《学案》删。

(2)“名”,《学案》误作“各”。②

72.《求心录》:“见〔就〕(1) 是性。”③

(1)“就”,《学案》作“性”。④ 按,原著强调的是“见”的过程性本身,而改后作“见性是性”,与原文义有一定不同。

(五)《江右王门学案》王时槐《论学书》与原著文本差异

73.《答族生〔永〕(1) 卿乙亥》:“所谓‘去念守心’四字,〔俱未佳。〕(2) 念不可去,心不可守。……惟寂而常照,即是本体,即是工夫。〔何如何如?〕(3) ”⑤

(1)“永”,《学案》误作“水”。

(2)“俱未佳”,《学案》删省。

(3)“何如何如”,《学案》删。⑥

74.《答朱易庵丁丑》:“以堕于形气之灵识为知,此圣学之所以〔滋〕(1) 晦也。”⑦

(1)“滋”,《学案》删。⑧ 按,“滋晦”有过程性的渐进之义。

75.《答贺弘任癸未》:“此皆近世〔友〕(1) 朋,自不肯痛下苦功真修

---

① (明) 董沄:《从吾道人语录·〈求心录〉》,钱明编校整理:《徐爱·钱德洪·董沄集》,第 253 页。

② (1)(2),(清) 黄宗羲著,吴光主编:《黄宗羲全集》第 7 册,第 331 页。

③ (明) 董沄:《从吾道人语录·〈求心录〉》,钱明编校整理:《徐爱·钱德洪·董沄集》,第 253 页。

④ (清) 黄宗羲著,吴光主编:《黄宗羲全集》第 7 册,第 331 页。

⑤ (明) 王时槐撰,钱明、程海霞编校:《王时槐集》,上海:上海古籍出版社,2020 年,第 343 页。

⑥ (1)(2)(3),(清) 黄宗羲著,吴光主编:《黄宗羲全集》第 7 册,第 542 页。

⑦ (明) 王时槐撰,钱明、程海霞编校:《王时槐集》,第 344 页。

⑧ (清) 黄宗羲著,吴光主编:《黄宗羲全集》第 7 册,第 542 页。

实证,〔而徒剽掠禅家现成语句,正所谓拾人余唾,〕(2)乞人残羹剩汁以自活〔者〕(3)也。”①

(1)“友”,《学案》作“交”。按,“交”或误。

(2)“而徒剽掠……拾人余唾”,《学案》删。按,“剽掠禅家现成语句”“拾人余唾”是对上文“不肯痛下苦功真修实证”的反向说明,对于这种或正或反的解释性、说明性的内容,黄宗羲一般都只取一方面。

(3)“者”,《学案》删。②

76.《答郭以济癸未》:“认得只是〔居敬〕(1)一件,则工夫更无歇手时。”③

(1)“居敬”下,《学案》增“穷理”。④ 按,黄宗羲此增或补充了原文义,“居敬”与“穷理”为二义,故有认二者为“一件”之说。

77.《与萧兑嵎甲申》:“殆如腊尽阳回,不自知其〔然〕(1)也。兄之学,本从‘与物同体’入手,〔固为圣门正脉,〕(2)但此中最宜精研,若未能入微,则亦不无笼统漫过,随〔倩〕(3)流转之病。”⑤

(1)“然”下,《学案》增“而然”。

(2)“固为圣门正脉”,《学案》删。

(3)“倩”,《学案》作“情”。⑥ 黄宗羲改正了原文之误。

78.《答郭墨池戊子》故曰‘必有事焉’,又曰“万物皆备于我”,故充塞宇宙皆心也,〔充塞宇宙〕(1)皆事也,皆物也。”⑦

---

① (明)王时槐撰,钱明、程海霞编校:《王时槐集》,第350页。
② (1)(2)(3),(清)黄宗羲著,吴光主编:《黄宗羲全集》第7册,第543页。
③ (明)王时槐撰,钱明、程海霞编校:《王时槐集》,第352页。
④ (清)黄宗羲著,吴光主编:《黄宗羲全集》第7册,第542页。
⑤ (明)王时槐撰,钱明、程海霞编校:《王时槐集》,第352—353页。
⑥ (1)(2)(3),(清)黄宗羲著,吴光主编:《黄宗羲全集》第7册,第543页。
⑦ (明)王时槐撰,钱明、程海霞编校:《王时槐集》,第364页。

（1）“充塞宇宙”，《学案》删。①

（六）《南中王门学案》唐顺之《荆川论学语》《论学书》与原著文本差异

79.《与张士宜书》：“天理愈〔穷〕(1)，则愈见其精微之难致；人欲愈克，则愈见其植根之甚深。”②

（1）“穷”，《学案》作“见”。③ 按，“穷”是强调做切实工夫的行为过程，与下文“克”对文，黄宗羲改“穷”为“见”与原文义有不同。

80.《与陈两湖主事书》：“夫古之所谓儒，岂尽律以苦身缚体，如尸如斋，言貌如土木人，不得摇动，而后可谓之〔为〕(1)学也哉！天机尽是圆活，性地尽是洒落，顾人情〔率〕(2)率易而苦拘束，然人知恣睢者之为率易矣，而不知见天机者之尤为率易也。人知任情〔佚宕〕(3)之为无拘束矣，而不知造性地者之尤为无拘束也。”④

（1）“为”，《学案》删。按，删其重复。

（2）“率”，《学案》作“乐”。按，《与陈两湖主事书》原著后文有“亦或以其‘乐率易’而苦拘束也，如使果‘乐率易’而苦拘束也”⑤，通过内证法可知黄宗羲或改正了原文之误。

（3）“佚宕”，《学案》乙作“宕佚”。⑥

81.《与蔡子木郎中书》：“江左诸人任情恣肆，不顾名检，谓之〔脱洒〕(1)；圣贤胸中，一物不碍，亦是〔脱洒〕(2)，在辨之而已。兄以为〔脱洒〕(3)与小心相妨耶？……惟洞见天理流行之实，而后能〔脱洒〕(4)，

---

① （清）黄宗羲著，吴光主编：《黄宗羲全集》第7册，第544页。
② （明）唐顺之：《钦定四库全书粹要·集部·〈荆川集〉》，长春：吉林出版集团有限责任公司，2005年，第382页。
③ （清）黄宗羲著，吴光主编：《黄宗羲全集》第7册，第694页。
④ （明）唐顺之：《钦定四库全书粹要·集部·〈荆川集〉》，第388页。
⑤ （明）唐顺之：《钦定四库全书粹要·集部·〈荆川集〉》，第388页。
⑥ （1）（2）（3），（清）黄宗羲著，吴光主编：《黄宗羲全集》第7册，第695页。

非二致也。”①

(1)(2)(3)(4)“脱洒”,《学案》均作“洒脱”。②

82.《答吕沃州御史书》:“若识得无欲〔种子〕(1),则真源波浪,本来无二,正不必厌此而求彼也。〔请兄且毋必求静味〕(2),只于无静味中寻讨;毋必闭关,只于开门应酬〔时〕(3)。”③

(1)“种子”,《学案》作“为静”。

(2)“请兄且毋必求静味”,《学案》改为“请且无求静味”。

(3)“时”下,《学案》增“寻讨”。④ 按,黄宗羲补齐了原文意。

83.《答侄孙一庆书》:“乱臣贼子,其初为气所使……〔迷却〕(1)本来君父秉彝之心。”⑤

(1)“迷却”,《学案》作“迷了”。⑥

84.〔《答王遵岩书》〕(1):“以为无物,则参前倚衡,瞻前忽后,非胸中不〔挂〕(2)世间一物,则不能见得此物。”⑦

(1)“《答王遵岩书》”,《学案》作“《与王道思》”。

(2)“挂”,《学案》作“停”。⑧

85.《明道语略序》:“乾坤之心……见之于复,〔复之所以见乾坤之心。〕”(1)⑨

(1)“复之所以见乾坤之心”,《学案》删。⑩ 按,“复”指《易》之复卦,下句是对上句的同义反向说明,故删。

---

① (明)唐顺之:《钦定四库全书粹要·集部·〈荆川集〉》,第392页。
② (1)(2)(3)(4),(清)黄宗羲著,吴光主编:《黄宗羲全集》第7册,第696页。
③ (明)唐顺之:《钦定四库全书粹要·集部·〈荆川集〉》,第364页。
④ (1)(2)(3),(清)黄宗羲著,吴光主编:《黄宗羲全集》第7册,第697页。
⑤ (明)唐顺之:《钦定四库全书粹要·集部·〈荆川集〉》,第374页。
⑥ (清)黄宗羲著,吴光主编:《黄宗羲全集》第7册,第698页。
⑦ (明)唐顺之:《钦定四库全书粹要·集部·〈荆川集〉》卷五,第427页。
⑧ (1)(2),(清)黄宗羲著,吴光主编:《黄宗羲全集》第7册,第696页。
⑨ (明)唐顺之:《钦定四库全书粹要·集部·〈荆川集〉》卷六,第433页。
⑩ (清)黄宗羲著,吴光主编:《黄宗羲全集》第7册,第699页。

（七）《楚中王门学案》蒋信《桃冈日录》与原著文本差异

86.《桃冈〔日〕(1)录·陶悦问》："〔问：亥子之中乃千古不传之秘，此等处殊未透彻，望明指教。〕(2)心也者，无知而无不知，无为而无不为〔者也〕(3)。"①

(1)"日"，《学案》误作"目"。

(2)"问：亥子……明指教"，《学案》删。按，《桃冈日录》的体例是一问一答，黄宗羲删问留答，径直取蒋信的观点。

(3)"者也"，《学案》删省。②

87.《柳东作问》："〔问：'心与气二乎？'〕(1)心亦是气……心才喜，容色便喜；〔才〕(2)怒，容色便怒。此便见心与气贯通在，未尝二也。"③

(1)"问心与气二乎"，《学案》删。按，直取蒋信的观点。

(2)"才"上，《学案》增"心"。④

88.《柳东作问》："〔问：'智崇礼卑。'〕(1)'如释氏见得本来是空，〔不为生死恐怖，〕(2)亦是智崇。却外人伦日用，何处得礼卑？〔古今间贤者如司马君实，人伦日用处都满人意〕(3)，有个礼卑，却如大本处未能见得。'"⑤

(1)"问智崇礼卑"，《学案》删。按，删问留答。

(2)"不为生死恐怖"，《学案》删。

(3)"古今间贤者如司马君实，人伦日用处都满人意"，《学案》改

---

① (明)蒋信：《蒋道林先生桃冈日录》，(明)万历三十六年杨鹤刻本。美国哈佛大学哈佛燕京图书馆编：《美国哈佛大学哈佛燕京图书馆藏中文善本汇刊》第17册，北京：商务印书馆；桂林：广西师范大学出版社影印本，2003年，第5页。

② (1)(2)(3)，(清)黄宗羲著，吴光主编：《黄宗羲全集》第7册，第731页。

③ (明)蒋信：《蒋道林先生桃冈日录》，第7页。

④ (1)(2)，(清)黄宗羲著，吴光主编：《黄宗羲全集》第7册，第732页。

⑤ (明)蒋信：《蒋道林先生桃冈日录》，第8页。

为“古今贤者非无人伦日用处用功”。①

89.《柳东作问》:“〔问:‘鸢飞鱼跃一节,先正云“此子思吃紧为人处,活泼泼地”,其旨何在?’〕(1)‘盈天地间,有形之物皆同此气。’”②

(1)“问鸢飞……其旨何在”,《学案》删。③ 按,删问留答。

90.《符友闻问》:“问:‘何以五性感动遂有善恶?’‘神理本体元只是无而已,善学者约其情以复于静,则刚柔之气皆变而复于聪明睿智,中正仁义出矣。〔要理会此,非深造默识不可。〕(1)’”④

(1)“要理会此,非深造默识不可”,《学案》删。⑤ 按,删段尾。

91.《周世亨录》:“〔问:‘孔子言太极,周子却添无极二字,与孟子尽其心者知其性其旨同异?’〕(1)‘无欲即是尽心,尽心是谓心无亏欠。〔圣学惟精惟一,正是心在时功夫。此须涵养久自见得,非解说可及也。〕(2)’”⑥

(1)“问孔子……旨同异”,《学案》删。按,删问留答、直取传主观点是黄宗羲在蒋信的学案中通用的方法。

(2)“圣学……及也”,《学案》删。⑦ 按,删段之首尾,直取观点。

三、北方王门、粤闽王门、止修、泰州学案

(一)《北方王门学案》尤时熙《拟学小记》与原著文本差异

92.《疑经·中庸》:“前辈谓‘不睹不闻为道体’,〔其论本精。但以上下文势观之,疑未然。若如此说,不睹不闻只好作赞语,如无声无臭可也。若指为道体,则〕(1)不睹不闻为道,而睹闻非道矣。……

---

① (1)(2)(3),(清)黄宗羲著,吴光主编:《黄宗羲全集》第7册,第732页。
② (明)蒋信:《蒋道林先生桃冈日录》,第9页。
③ (清)黄宗羲著,吴光主编:《黄宗羲全集》第7册,第732页。
④ (明)蒋信:《蒋道林先生桃冈日录》,第26页。
⑤ (清)黄宗羲著,吴光主编:《黄宗羲全集》第7册,第737页。
⑥ (明)蒋信:《蒋道林先生桃冈日录》,第28页。
⑦ (1)(2),(清)黄宗羲著,吴光主编:《黄宗羲全集》第7册,第737页。

〔下文‘慎独’,〕(2)独字即道字,慎字即常睹常闻。〔上是直述其功,下是转发其意。〕(3)”①

(1)“其论……则”,《学案》删。按,代之以“是”连接下文,黄宗羲删了分析和怀疑的过程,径直取传主的结论。

(2)“下文慎独”,《学案》删省。按,“下文慎独”和“独字即道字”意有重复,故删。

(3)“上是直述其功,下是转发其意”,《学案》删省。② 按,此处关于“慎独”之论,黄宗羲删其首尾,不录余辞,直取观点。

93.《疑经·中庸》:“既云未发,岂惟无偏倚?虽不偏不〔倚〕(1),亦无可见。……故‘中和’之‘中’,亦只是里许之义。”③

(1)“倚”,《学案》误作“依”。④

94.《疑经·论语》:“视吾以,观吾由,察吾安,人欲无所匿矣。以此待人,便是〔游〕(1)诈亿不信。”⑤

(1)“游”,《学案》作“逆”。⑥ 按,《论语·宪问》“子曰:不逆诈,不亿不信,抑亦先觉者,是贤乎!”⑦“游”或为“逆”之形近而误。

95.《疑经·论语》:“后世学者〔传习之久〕(1),遂以存心为常语,而以执中为秘传,〔乃曰‘此是心法,非众所与,问至是,始传授之’,不知尧舜平日所讲求者果何事耶?〕(2)岂心外有法,抑心〔有〕(3)二法耶!”⑧

---

① (明)穆孔晖等撰,邹建锋等编校:《北方王门集》,上海:上海古籍出版社,2017年,第100页。
② (1)(2)(3),(清)黄宗羲著,吴光主编:《黄宗羲全集》第7册,第745页。
③ (明)穆孔晖等撰,邹建锋等编校:《北方王门集》,第100页。
④ (清)黄宗羲著,吴光主编:《黄宗羲全集》第7册,第745页。
⑤ (明)穆孔晖等撰,邹建锋等编校:《北方王门集》,第106页。
⑥ (清)黄宗羲著,吴光主编:《黄宗羲全集》第7册,第746页。
⑦ (魏)何晏注,(宋)邢昺疏:《论语注疏》,(清)阮元校刻:《十三经注疏》,第2512页。
⑧ (明)穆孔晖等撰,邹建锋等编校:《北方王门集》,第120页。

(1)“传习之久”,《学案》删。

(2)“乃曰……何事耶”,《学案》删省。

(3)“有”,《学案》作“外”。① 按,“心有二法”可通可解,若改为“心外二法”或有碍于原文义。

96.《疑经·春秋》:“凡《春秋》所书之事,皆当时人所共知,〔此即是传。〕(1)但传说不同,隐微之地,为奸雄所欺耳。夫子〔《春秋》是〕(2)直笔奸雄之真迹实情而破〔其〕(3)曲说。”②

(1)“此即是传”,《学案》删。

(2)“《春秋》是”,《学案》删。按,对于像“孔子作《春秋》”这样的为时人学者所熟知且不必要重复的儒家经典等内容,黄宗羲一般都会进行适当的删减。

(3)“其”,《学案》误作“具”。③

97.《质疑·五丁卯》:“致知、知止二义,只争毫厘。……虽曰同〔由〕(1)于善,而其归远也。〔此与通物之义相发,然亦〕(2)只在意念向背之间。”④

(1)“由”,《学案》误作“游”。按,“致知”“知止”均源出于“善”,“游”为“由”之音近而误。

(2)“此与通物之义相发,然亦”,《学案》删。⑤

98.《质疑·答杨仲衍、孟子腾丙寅》:“道理只在日用常行间,〔百姓〕(1)不知,〔但〕(2)不自作主宰耳〔,无奇特也〕(3)。”⑥

(1)“百姓”下,《学案》增“日用但”。按,《易·系辞上》:“百姓日

---

① (1)(2)(3),(清)黄宗羲著,吴光主编:《黄宗羲全集》第7册,第746页。
② (明)穆孔晖等撰,邹建锋等编校:《北方王门集》,第127页。
③ (1)(2)(3),(清)黄宗羲著,吴光主编:《黄宗羲全集》第7册,第747页。
④ (明)穆孔晖等撰,邹建锋等编校:《北方王门集》,第162页。
⑤ (1)(2),(清)黄宗羲著,吴光主编:《黄宗羲全集》第7册,第750页。
⑥ (明)穆孔晖等撰,邹建锋等编校:《北方王门集》,第177页。

用而不知，故君子之道鲜矣。”① 黄宗羲根据《周易》原文增释传主原著。

(2) “但”，《学案》作“□”。按，经与尤时熙原著对校，可补《明儒学案》的内容。

(3) “无奇特耳”，《学案》删。②

99.《质疑·答李伯生》：“圣人得一，故曲当。常人〔逐〕(1) 万，故纷错，起于自私用智。”③

(1) “逐”，《学案》作“遂”。④ 按，“遂”或为“逐”之形近而误。

100.《质疑·附寄勉洙儿》：“〔人〕(1) 苟知父母之生成此身甚难，则所以爱其身者，不容不至，而〔义〕(2) 不可胜用矣。”⑤

(1) “人”，《学案》删。

(2) “义”下，《学案》增“理”。⑥

101.《长语质疑·赠陈怀龙》：“人情本然，只是相亲相爱，如〔尊〕(1) 君孝亲、敬兄友弟、刑家睦邻、恤〔寡〕(2)〔赈〕(3) 穷，是上爱下，下爱上。”⑦

(1) “尊”，《学案》作“忠”。

(2) “寡”，《学案》作“孤”。按，《说文·孤》：“无父也。”⑧《管子·入国》：“妇人无夫曰寡。”⑨ 改“寡”为“孤”，与原文义有别。

---

① (魏) 王弼、(晋) 韩康伯注，(唐) 孔颖达疏：《周易正义》，(清) 阮元校刻：《十三经注疏》，第 78 页。

② (1)(2)(3)，(清) 黄宗羲著，吴光主编：《黄宗羲全集》第 7 册，第 751 页。

③ (明) 穆孔晖等撰，邹建锋等编校：《北方王门集》，第 183—184 页。

④ (清) 黄宗羲著，吴光主编：《黄宗羲全集》第 7 册，第 752 页。

⑤ (明) 穆孔晖等撰，邹建锋等编校：《北方王门集》，第 190 页。

⑥ (1)(2)，(清) 黄宗羲著，吴光主编：《黄宗羲全集》第 7 册，第 751 页。

⑦ (明) 穆孔晖等撰，邹建锋等编校：《北方王门集》，第 202 页。

⑧ (汉) 许慎撰，(清) 段玉裁注：《说文解字注》，上海：上海古籍出版社，2016 年，第 743 页。

⑨ 黎翔凤撰，梁运华整理：《管子校注》，北京：中华书局，2018 年，第 1142 页。

(3)“赈”,《学案》作“账”。① 按,“账”为“赈”之形近而误。

102.《风水说》:“葬埋之礼,起于〔其□有,此〕(1)则祸福之说,疑其为无〔□〕(2)者设〔信〕(3)。佛氏之怖令,盖权教也。〔然〕(4)彼之怖令,虽若近诬,〔由〕(5)能〔□〕(6)人于善,而此之〔□□□〕(7)无理据,乃至陷人于恶。”②

(1)“其□有,此”,《学案》作“其颡有泚”。按,《孟子·滕文公上》:“其颡有泚,睨而不视。夫泚也,非为人泚,中心达于面目,盖归反虆梩而掩之。”③黄宗羲据《孟子》原文补传主原著。

(2)“□”,《学案》补为“泚”。

(3)“信”,《学案》作“犹”。

(4)“然”,《学案》删。

(5)“由”,《学案》作“犹”。

(6)“□”,《学案》补为“惧”。

(7)“□□□”,《学案》补为“权教茫”。④ 按,通过史源比较可以发现,在一些传主的学案中,《明儒学案》可补传主原著部分缺失,这种文献互著是《明儒学案》重要的史料价值之一。

(二)《北方王门学案》孟化鲤《论学书》与原著文本差异

103.《答马子厚》:“〔夫〕(1)人者天地之心,而人之心〔则〕(2)即浩然之气。浩然〔云〕(3)者,感而遂通,不学不虑,真心之所溢而流也。……知气塞天地而不求诸心,〔知求诸心〕(4)而不本〔诸〕(5)集义,心非真心,气非浩然。”⑤

---

① (1)(2)(3),(清)黄宗羲著,吴光主编:《黄宗羲全集》第7册,第753页。

② (明)穆孔晖等撰,邹建锋等编校:《北方王门集》,第207页。

③ (汉)赵岐注,(宋)孙奭疏:《孟子注疏》,(清)阮元校刻:《十三经注疏》,第2707页。

④ (1)(2)(3)(4)(5)(6)(7),(清)黄宗羲著,吴光主编:《黄宗羲全集》第7册,第753页。

⑤ (明)穆孔晖等撰,邹建锋等编校:《北方王门集》,第410页。

(1)“夫”,《学案》删。

(2)“则”,《学案》删。按,“则”或“即”可删其一。

(3)“云”,《学案》删省。

(4)“知求诸心”,《学案》删。① 按,删其重复。

(5)“诸”,《学案》作“之”。

(三)《粤闽王门学案》薛侃《研几录》《中说》与原著文本差异

104.〔《研几录》〕(1):“高明、博厚、悠远,吾心之体本如是也。有欲则昏下,则浅狭,则局促耳。试于心平气和〔与〕(2)忿生欲发之时观之自可见。心平气和,万境皆春。忿生欲发,一物难容。”②

(1)“《研几录》”,《学案》作“《语录》”。按,在薛侃的原集中,《语录》《研几录》《云门录》《说》《辩》是并列关系的几种文献类型,黄宗羲选录了其中的《研几录》《义利辩》《儒释辩》等,总名之曰“语录”,即用一种文献类型总体上概称全部的选录文献类型,这是黄宗羲选录史料并进行二次文本呈现的一种方法,但若不留意原著,则有可能误读名称与内容。

(2)“与”,《学案》作“以”。③ 按,“心平气和”与“忿生欲发”在原文的含义是平行关系,改动后则变为递进关系。

105.《研几录》:“此〔在〕(1)性情用功,岂人不能也?不为耳。后世将王道〔把〕(2)作天上事看,讲来做去务求高出。”④

(1)“在”,《学案》作“其”。

(2)“把”,《学案》作“比”。⑤

106.《研几录》:“天下万事万物岂〔有能〕(1)外太虚者乎?生生化

---

① (1)(2)(3)(4)(5),(清)黄宗羲著,吴光主编:《黄宗羲全集》第7册,第755页。
② (明)薛侃撰,陈椰编校:《薛侃集》,上海:上海古籍出版社,2014年,第49页。
③ (1)(2),(清)黄宗羲著,吴光主编:《黄宗羲全集》第7册,第768页。
④ (明)薛侃撰,陈椰编校:《薛侃集》,第53页。
⑤ (1)(2),(清)黄宗羲著,吴光主编:《黄宗羲全集》第7册,第771页。

化，皆从此出。……不离人伦日用而〔至虚至无〕(2)者，吾儒之学也。”①

（1）“有能”，《学案》乙作“能有”。

（2）“至虚至无”，《学案》简化为“虚无”。②

107.《研几录》：“杀身成仁，舍生取义，是忘躯求道之意，后人不省，指为〔伏节〕(1)死义之事，则疏矣。……重生是〔养〕(2)口体者也，成仁取义是养大体者也。”③

（1）“伏节”，《学案》作“仗节”。按，《汉书·刑法志》：“无伏节死难之谊。”④“伏节”一般指为维护某种事物或追求理想而死的殉节。《后汉书·吴汉传》：“非有仗节死义者也。”⑤“仗节”原指手执符节，亦代指坚守节操。二者辞源及词意略有不同，若非形近而误，实无改“伏节死义”为“仗节死义”之必要。

（2）“养”，《学案》作“重”。⑥

108.《研几录》：“未发谓中，中节〔谓〕(1)和，一齐见在，分〔拆〕(2)不得。若以时地分得开，便是体用二源，形影为二物。”⑦

（1）“谓”，《学案》作“为”。

（2）“拆”，《学案》作“析”。⑧ 按，“分拆”自有其义。

109.《研几录》：“程子谓‘求经义皆栽培之意’……释卷则茫然，〔谓均〕(1)亡羊，皆非栽培之意也。”⑨

---

① （明）薛侃撰，陈椰编校：《薛侃集》，第56页。
② （1）（2），（清）黄宗羲著，吴光主编：《黄宗羲全集》第7册，第769页。
③ （明）薛侃撰，陈椰编校：《薛侃集》，第56页。
④ （汉）班固撰，（唐）颜师古注：《汉书》卷二三《刑法志》，第1084页。
⑤ （南朝宋）范晔撰，（唐）李贤等注：《后汉书》卷一八《吴盖陈臧列传第八》，北京：中华书局，1965年，第679页。
⑥ （1）（2），（清）黄宗羲著，吴光主编：《黄宗羲全集》第7册，第767—768页。
⑦ （明）薛侃撰，陈椰编校：《薛侃集》，第58页。
⑧ （1）（2），（清）黄宗羲著，吴光主编：《黄宗羲全集》第7册，第773页。
⑨ （明）薛侃撰，陈椰编校：《薛侃集》，第68页。

(1)“谓均”,《学案》改为“均为”。① 按,此或为改正倒文。

110.《研几录》:“统言之曰天地,分〔言〕(1)之曰万物。……五伦本〔于〕(2)一身,庶征应乎五事。〔一感即为一物,〕(3)故曰万物皆备于我。”②

(1)“言”,《学案》删。按,“统言”与“分言”为对文。

(2)“于”,《学案》作“乎”。

(3)“一感即为一物”,《学案》删。③

111.〔《论说·义利辩》〕(1):“夫自可见可闻而〔辩〕(2)之,则其所是者似是也,非天下之〔真〕(3)是也;其所非者似非也,非天下之真非也。”④

(1)“《论说·义利辩》”,《学案》作“《语录》”。按,此段出自薛侃《论说》中的“《义利辩》”,而非其“《语录》”。

(2)“辩”,《学案》作“辨”。

(3)“真”,《学案》作“似”。⑤ 按,由下文“非天下之真非也”可内证此处应作“真”。

112.〔《论说·儒释辩》〕(1):“〔圣人〕(2)之异于禅者亦有三焉:以言夫静,无弗具也;以言乎动,无弗体也;以言夫用之天下,无弗能也。”⑥

(1)“《论说·儒释辩》”,《学案》作“《语录》”。按,此段出自薛侃《论说·儒释辩》,而非薛侃《语录》。

(2)“圣人”,《学案》作“圣学”。⑦ 按,此处或应作“圣学”。

---

① (清)黄宗羲著,吴光主编:《黄宗羲全集》第7册,第772页。
② (明)薛侃撰,陈椰编校:《薛侃集》,第75页。
③ (1)(2)(3),(清)黄宗羲著,吴光主编:《黄宗羲全集》第7册,第769页。
④ (明)薛侃撰,陈椰编校:《薛侃集》,第231页。
⑤ (1)(2)(3),(清)黄宗羲著,吴光主编:《黄宗羲全集》第7册,第774页。
⑥ (明)薛侃撰,陈椰编校:《薛侃集》,第223页。
⑦ (1)(2),(清)黄宗羲著,吴光主编:《黄宗羲全集》第7册,第775页。

（四）《止修学案》李材《道性善编》《论学书》与原著文本差异

113.《道性善编·孟子四端说》："〔今人乍见孺子将入于井，皆有怵惕恻隐之心云云。〕(1)〔如何说〕(2)入井，〔如何又说〕(3)孺子入井，〔如何又要说〕(4)是乍见入井。〔以最无冤亲之人而有入井可怜之事，又忽然得于乍见，〕(5)不知不觉发出怵惕恻隐苦口苦心。"①

（1）"今人……云云"，《学案》删。按，李材《道性善编·孟子四端说》的体例是先引《孟子》原文，然后进行阐释，黄宗羲在选录时删《孟子》原文，直接取李材的阐释部分。

（2）（3）（4），《学案》均改为"又说个"。

（5）"以最无冤……得于乍见"，《学案》删省。②

114.《道性善编·求其放心说》："〔有〕(1)指体而言者，孰为之体？性其体也。指用而言者，孰为之用？……求放心，人只漫说，必竟向〔何处〕(2)求？"③

（1）"有"上，《学案》增"有指体而言者，有指用而言者"。按，黄宗羲增句意在统领下文。

（2）"何处"，《学案》作"何方"。④

115.《道性善编·生之谓性说》："指两极而即谓之〔曰〕(1)太极亦未可。故《中庸》〔只说隐、只说微〕(2)、只说未发……正告子之所谓〔正〕(3)者也。若不〔本〕(4)其生之所由而惟据其迹之可见，则知礼知义者，固知觉也噫！〔知〕(5)孟子之不以生之谓性，则知孟子之以利求，故而必本其善之所〔由来〕(8)矣。"⑤

---

① （明）李材：《见罗先生全书》卷二，《四库全书存目丛书·子部儒家类》第11册，济南：齐鲁书社，1995年，叶三背、四正、四背。
② （1）（2）（3）（4）（5），（清）黄宗羲著，吴光主编：《黄宗羲全集》第7册，第803页。
③ （明）李材：《见罗先生全书》卷二，叶六背、七正。
④ （1）（2），（清）黄宗羲著，吴光主编：《黄宗羲全集》第7册，第802—803页。
⑤ （明）李材：《见罗先生全书》卷二，叶十正、十背。

(1)“曰”,《学案》删省。

(2)“只说隐、只说微”,《学案》并为“只说隐微”。

(3)“正”,《学案》作“生”。按,《孟子·告子上》:“告子曰:‘生之谓性。’孟子曰:‘生之谓性也,犹白之与白与?’曰:‘然。’”①故“生”或为正确。

(4)“本”,《学案》作“失”。按,此改有失原文义。

(5)“知”,《学案》删。

(6)“由来”,《学案》作“自来”。②

116.《答弟孟乾》:“将一幅当精神,尽力〔倒入〕(1)自己,凝然〔若有所持〕(2),屹然如有〔所〕(3)立,恍然常若有见,翼翼小心,昭事上帝。上帝临〔尔〕(4),毋贰尔心,视听言动之间,时切〔检照〕(5)提撕,管归〔天〕(6)则,自然嗜欲不得干……常止常修,〔渐就〕(7)道理,切不可将本之一字,又作悬空之想。……〔书中〕(8)所云月在澄潭,花存明镜,急切捞摸不着者,正坐〔此〕(9)。”③

(1)“倒入”,《学案》作“倒归”。

(2)“若有所持”,《学案》改为“如有持”。

(3)“所”,《学案》删。按,此删对应了上文“如有持”。

(4)“尔”,《学案》作“汝”。

(5)“检照”,《学案》作“检点”。

(6)“天”,《学案》作“于”。按,“于”或为“天”之形近而误。

(7)“渐就”,《学案》作“渐近”。

(8)“书中”,《学案》删省。

(9)“此”下,《学案》增“病也”。④

---

① (汉)赵岐注,(宋)孙奭疏:《孟子注疏》,(清)阮元校刻:《十三经注疏》,第2748页。
② (1)(2)(3)(4)(5)(6),(清)黄宗羲著,吴光主编:《黄宗羲全集》第7册,第804页。
③ (明)李材:《见罗先生全书》卷八,叶一背、二正、二背。
④ (1)(2)(3)(4)(5)(6)(7)(8)(9),(清)黄宗羲著,吴光主编:《黄宗羲全集》第7册,第781页。

117.《答李汝潜》:“未有无主意而可落笔,亦未有非落笔修词,〔成章顺理〕(1),而可以了却主意者也。”①

(1)“成章顺理”,《学案》乙作“顺理成章”。②

118.《答李汝潜》:“丁巳秋,侍东廓老师于〔清原〕(1)会上时,〔有论若夫为〕(2)不善非才之罪者。〔廓翁命有以发,潜答曰〕(3):‘世间事但属伎俩知解者,信乎有能有不能。’”③

(1)“清原”,《学案》作“青原”。

(2)“有论若夫为”,《学案》删为“讲”。

(3)“廓翁命有以发,潜答曰”,《学案》作“廓翁命材,材曰”。④

119.《答董容山》:“从〔上〕(1)立教,未有以知为体者。〔鄙人言之,友朋疑之而翁丈解之曰:‘见罗子有为言之也。’感翁之意矣。〕(2)……〔文公〕(3)先生曰:‘仁者必觉,而觉不可以名仁。’”⑤

(1)“上”,《学案》作“古”。按,“上”“古”义通。

(2)“鄙人……意矣”,《学案》删。

(3)“文公”,《学案》作“晦庵”。⑥

(五)《泰州学案》王艮《心斋语录》《明哲保身论》《勉仁方》与原著文本差异

120.《心斋语录》:“知〔修〕(1)身是天下国家之本,则以天地万物依于己,不以己依于天地万物。”⑦

(1)“修”,《学案》作“得”。⑧ 按,“修身”与王艮宗旨一致,《学案》

---

① (明)李材:《见罗先生全书》卷九,叶十一正。
② (清)黄宗羲著,吴光主编:《黄宗羲全集》第7册,第789页。
③ (明)李材:《见罗先生全书》卷九,叶十一背、十二正。
④ (1)(2)(3),(清)黄宗羲著,吴光主编:《黄宗羲全集》第7册,第789页。
⑤ (明)李材:《见罗先生全书》卷一二,叶六正、六背。
⑥ (1)(2)(3),(清)黄宗羲著,吴光主编:《黄宗羲全集》第7册,第787页。
⑦ (明)王艮著,陈寒鸣编校:《王艮全集》,上海:上海古籍出版社,2022年,第4页。
⑧ (清)黄宗羲著,吴光主编:《黄宗羲全集》第7册,第834页。

改“修”作“得”则只能从前文断句“知得身是……”。

121.《心斋语录》:“圣人虽时乘六龙〔以御天〕(1),然必当以见龙为家舍。”①

(1)“以御天”,《学案》删。②

122.《次先师〔答人问良知〕(1)》:“知得良知却是谁? 良知原有不须知。”③

(1)“答人问良知”,《学案》删。④

123.《明哲保身论》:“知保身者则必爱身〔如宝〕(1),能爱身则不敢不爱人……能爱身,则必敬身〔如宝〕(2)。”⑤

(1)(2)“如宝”,《学案》删省。⑥

124.《勉仁方书壁示诸生》:“夫仁者爱人,信者信人,此合内外之道也。于此观之,不爱人,〔不仁〕(1)可知矣;不信人,〔不信〕(2)可知矣。”⑦

(1)“不仁”上,《学案》增“己”。

(2)“不信”上,《学案》增“己”。⑧ 按,两处增“己”畅明文义。

(六)《泰州学案》陶望龄《论学书》《勋贤祠记》与原著文本差异

125.《与徐鲁源》:“学求自知而已,儒〔释〕(1)皆津筏边事,到则舍矣。”⑨

(1)“释”,《学案》脱漏。⑩

126.《〔与我明弟〕(1)》:“知而不及禁,非心体本来如是,盖缘〔无

---

① (明)王艮著,陈寒鸣编校:《王艮全集》,第2页。
② (清)黄宗羲著,吴光主编:《黄宗羲全集》第7册,第834页。
③ (明)王艮著,陈寒鸣编校:《王艮全集》,第57页。
④ (清)黄宗羲著,吴光主编:《黄宗羲全集》第7册,第840页。
⑤ (明)王艮著,陈寒鸣编校:《王艮全集》,第63页。
⑥ (1)(2),(清)黄宗羲著,吴光主编:《黄宗羲全集》第7册,第837页。
⑦ (明)王艮著,陈寒鸣编校:《王艮全集》,第66页。
⑧ (1)(2),(清)黄宗羲著,吴光主编:《黄宗羲全集》第7册,第837页。
⑨ (明)陶望龄撰,李会富编校:《陶望龄全集》,第898页。
⑩ (清)黄宗羲著,吴光主编:《黄宗羲全集》第8册,第132页。

始时来,〕(2)此路行得太熟耳。”①

(1)“与我明弟”,《学案》作“与弟我明”。

(2)“无时始来”,《学案》删。②

127.《与谢开美》:“〔承于玉蟠处〕(1)得个入处,山河大地悉尔〔消〕(2)陨,而习气未忘……于大地上重安大地,〔是谤玉蟠也,〕(3)是〔谤自〕(4)也。”③

(1)“承于玉蟠处”,《学案》改为“承喻”。

(2)“消”,《学案》作“销”。

(3)“是谤玉蟠也”,《学案》删。

(4)“谤自”,《学案》改为“自谤”。④

128.《〔重修勋贤祠碑记〕(1)》:“道之不明于天下也,事事而道道也。事事则道妨事,道道则事妨道。〔于是有去有就,有伸有绌,宾实摈虚,交愈而迭胜。〕(2)不知事者道之事,道者事之道,道之外必无事,事之外必无道……不可二也。”⑤

(1)“《重修勋贤祠碑记》”,《学案》简化为“《勋贤祠记》”。

(2)“于是有……而迭胜。”,《学案》删。⑥

(七)《泰州学案》耿定向《论学书》与原著文本差异

129.《与胡庐山书一》:“如孔子云‘泛爱众〔而亲仁’,如〕(1)颜子若虚若无,犯而不校,如此方是无一物。”⑦

---

① (明)陶望龄撰,李会富编校:《陶望龄全集》,第919页。
② (1)(2),(清)黄宗羲著,吴光主编:《黄宗羲全集》第8册,第133页。
③ (明)陶望龄撰,李会富编校:《陶望龄全集》,第887—888页。
④ (1)(2)(3)(4),(清)黄宗羲著,吴光主编:《黄宗羲全集》第8册,第132页。
⑤ (明)陶望龄撰,李会富编校:《陶望龄全集》,第364页。
⑥ (1)(2),(清)黄宗羲著,吴光主编:《黄宗羲全集》第8册,第133页。
⑦ (明)耿定向著,傅秋涛点校:《耿定向集》,上海:华东师范大学出版社,2015年,第83页。

(1)“而亲仁,如”,《学案》删。①

130.《与胡庐山书九》:“兄之文似输却阳明〔先生〕(1)一着,〔何也? 大约〕(2)阳明把笔时,却〔似〕(3)不曾要好,〔而〕(4)兄〔临文时,似〕(5)尚有要好心在也。〔就是〕(6)迁史之文〔所以独称高品者〕(7),似〔亦〕(8)无意要好。”②

(1)“先生”,《学案》删。

(2)“何也? 大约”,《学案》删。

(3)“似”,《学案》作“是”。

(4)“而”,《学案》删。

(5)“临文时,似”,《学案》删。

(6)“就是”,《学案》删。

(7)“所以独称高品者”,《学案》删。按,从此段的删述中可以清晰地理解黄宗羲“纂要勾玄”的思路,对不影响文义的字、词、句以及连接性、描述性的文字都尽量删省,使得选录后的文本更加简捷,直取传主观点。

(8)“亦”,《学案》作“是”。③

131.《与焦弱侯三》:“区区〔于相知者,拳拳以〕(1)择术〔效爱助〕(2),非能有效于百姓日用之外也。”④

(1)“于相知者,拳拳以”,《学案》作“所谓”。

(2)“效爱助”,《学案》删。⑤

132.《与李卓吾书三》:“是则〔浅肤〕(1)之纲领,惟〔求〕(2)不失本

---

① (清)黄宗羲著,吴光主编:《黄宗羲全集》第8册,第69页。
② (明)耿定向著,傅秋涛点校:《耿定向集》,第92页。
③ (1)(2)(3)(4)(5)(6)(7)(8),(清)黄宗羲著,吴光主编:《黄宗羲全集》第8册,第69页。
④ (明)耿定向著,傅秋涛点校:《耿定向集》,第100页。
⑤ (1)(2),(清)黄宗羲著,吴光主编:《黄宗羲全集》第8册,第69页。

心而已。”①

(1)“浅肤”,《学案》乙作“肤浅”。

(2)“求”下,《学案》增“其”。②

133.《与周少鲁二》:“盖只〔是〕(1)肯求,便〔就〕(2)是道了。”③

(1)“是”,《学案》作“此”。

(2)“就”,《学案》删。④

134.《复乔户部》:“〔无怪夫〕(1)谈说在一处,行事在一处,本体工夫在一处,天下国家民物〔又〕(2)在一处……非实是撑天〔柱〕(3)地,拚身忘家。”⑤

(1)“无怪夫”,《学案》删省。

(2)“又”,《学案》删。

(3)“柱”,《学案》作“拄”。⑥

135.《与同志四》:“指示诸同志曰:‘试观此〔千〕(1)万人者……个个分分明明,未见〔确擅〕(2),性体如此广大。’一友曰:‘此情识也!’〔友〕(3)述以问余曰:‘此论何如?’余曰:‘外视听言动以求仁,非吾孔子〔一贯之指〕(4)。’”⑦

(1)“千”下,《学案》增“百”。

(2)“确擅”,《学案》作“跌擅”。按,“跌擅”或正确。

(3)“友”,《学案》作“有”。

(4)“一贯之指”,《学案》作“一贯之旨”。⑧

---

① (明)耿定向著,傅秋涛点校:《耿定向集》,第163页。
② (1)(2),(清)黄宗羲著,吴光主编:《黄宗羲全集》第8册,第72页。
③ (明)耿定向著,傅秋涛点校:《耿定向集》,第180页。
④ (1)(2),(清)黄宗羲著,吴光主编:《黄宗羲全集》第8册,第72页。
⑤ (明)耿定向著,傅秋涛点校:《耿定向集》,第181—182页。
⑥ (1)(2)(3),(清)黄宗羲著,吴光主编:《黄宗羲全集》第8册,第72页。
⑦ (明)耿定向著,傅秋涛点校:《耿定向集》,第251—252页。
⑧ (1)(2)(3)(4),(清)黄宗羲著,吴光主编:《黄宗羲全集》第8册,第73—74页。

四、甘泉、诸儒、东林、蕺山学案

(一)《甘泉学案》湛若水《心性图说》《论学书》与原著文本差异

136.《心性图》:“性者,天地万物一体者也,浑然宇宙,其气同也。〔心也者,体天地万物而不遗者也。〕(2) 性也者,心之生理也,心性非二也。……心也者,包乎天地万物之外而〔贯乎〕(3) 天地万物之中者也,中外非二也。”①

(1) 图 3－1 是湛若水《心性图》的原图,图中的“中节之和”四个字在《学案》中作“已发之中”(见图 3－2)。

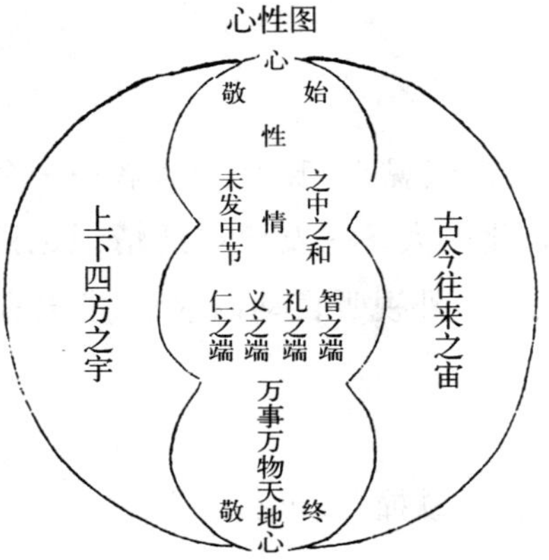

图 3－1

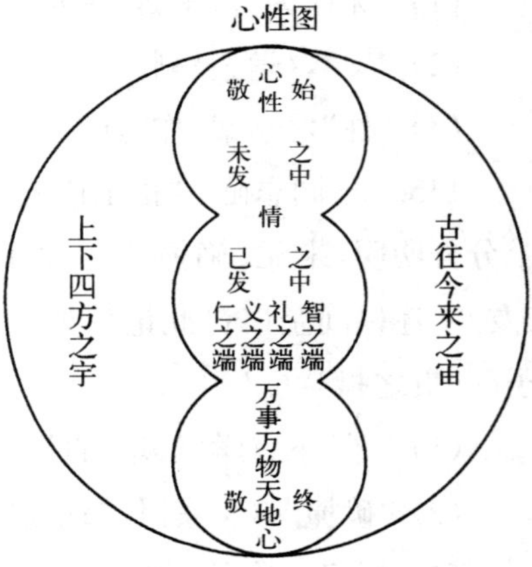

图 3－2

(2) 湛若水《心性图》原图中“我之端”的“我”,《学案》作“义”。按,“义之端”或改正了原图之误。

(3) 湛若水《心性图》原图中“古今往来之宙”中的“古今往来”,《学案》作“古往今来”。

① (明) 湛若水:《湛甘泉先生文集》,桂林:广西师范大学出版社,2014 年,第 1192—1193 页。

(4)“心也者,体天地万物而不遗者也”,《学案》改为“心也而不遗者,体天地万物者也”。

(5)“贯乎”,《学案》作“贯夫”。①

137.《与阳明鸿胪》:“格物非在外也,格之致之〔之〕(1)心又非在外也。”②

(1)“之”,《学案》删。③

138.《答余督学》:“孔门之教皆欲事上求仁,动〔时〕(1)着力,何者? 静不可以致力,才致力即已非静矣。”④

(1)“时”,《学案》作“静”。⑤ 按,此或为误改。

139.《答太常博士陈惟浚》:“心有主,则书册山水〔酬酢〕(1)皆吾致力涵养之地。涵养〔进学〕(2)岂容有二?”⑥

(1)“酬酢”,《学案》作“酬应”。

(2)“进学”,《学案》作“静学”。⑦ 按,(宋)程颐曰“涵养须用敬,进学则在致知”⑧,“静”之于“进”音近而误。

140.《答方西樵》:“〔明道〕(1)存久自明,何待穷索〔最简切,但〕(2)须知所存者何事,乃有实地。”⑨

(1)“明道”下,《学案》增“所言”。

(2)“最简切,但”,《学案》删。⑩

---

① (1)(2)(3)(4)(5),(清)黄宗羲著,吴光主编:《黄宗羲全集》第8册,第141—142页。
② (明)湛若水:《湛甘泉先生文集》,第217页。
③ (清)黄宗羲著,吴光主编:《黄宗羲全集》第8册,第143—144页。
④ (明)湛若水:《湛甘泉先生文集》,第228页。
⑤ (清)黄宗羲著,吴光主编:《黄宗羲全集》第8册,第144页。
⑥ (明)湛若水:《湛甘泉先生文集》,第232—233页。
⑦ (1)(2),(清)黄宗羲著,吴光主编:《黄宗羲全集》第8册,第145页。
⑧ (宋)程颐:《河南程氏遗书》卷一八《伊川先生语・四》,(宋)程颢、(宋)程颐著,王孝鱼点校:《二程集》,第188页。
⑨ (明)湛若水:《湛甘泉先生文集》,第239页。
⑩ (1)(2),(清)黄宗羲著,吴光主编:《黄宗羲全集》第8册,第146页。

141.《答阳明》:“格者,至也。格于文祖、有苗〔格〕(1)之格。……格物者,即造道也,〔知行并造〕(2),〔博学、审问、慎思、明辨、笃行〕(3)皆所以造道也,故读书、亲师友、酬应,随时随处皆〔随〕(4)体认天理而涵养之,无非造道之功。”①

(1)“格”,《学案》删。按,《尚书·舜典》:“月正元日,舜格于文祖。”②《尚书·大禹谟》:“帝乃诞敷文德,舞干羽于两阶,七旬有苗格。”③按,黄宗羲删“格”后于文义较为优长。

(2)“知行并造”,《学案》作“知行并进”。

(3)“博学审问慎思明辨笃行”,《学案》简化为“学问思辨行”。

(4)“随”,《学案》作“求”。④ 按,此改优化了原文义。

142.《答阳明王都宪论格物》:“正心之正即格也,于〔文义〕(1)不亦重复矣乎?……兄之格物〔训〕(2)云正念头也,则念头之正否亦未可据。……五者可信,而吾兄〔一〕(3)不省焉,岂兄之明有不及此?”⑤

(1)“文义”,《学案》作“义文”。按,此处或为倒文致误。

(2)“训”,《学案》删。按,“训”与“云”,应删其一。

(3)“一”,《学案》作“亦”。⑥ 按,“一”是对上文“五”而言,改成“亦”有失原文义,“亦”或为“一”之音近而误。

(二)《诸儒学案上》曹端《语录》《〈太极图说〉辨戾》与原著文本差异

143.《六经》《四书》,〔圣心〕(1)之糟粕也,始当靠之以寻道。⑦

---

① (明)湛若水:《湛甘泉先生文集》,第252页。
② (汉)孔安国传,(唐)孔颖达等正义:《尚书正义》,(清)阮元校刻:《十三经注疏》,第130页。
③ (汉)孔安国传,(唐)孔颖达等正义:《尚书正义》,(清)阮元校刻:《十三经注疏》,第137页。
④ (1)(2)(3)(4),(清)黄宗羲著,吴光主编:《黄宗羲全集》第8册,第147页。
⑤ (明)湛若水:《湛甘泉先生文集》,第265—268页。
⑥ (1)(2)(3),(清)黄宗羲著,吴光主编:《黄宗羲全集》第8册,第151—152页。
⑦ (明)曹端著,王秉伦点校:《曹端集》,北京:中华书局,2003年,第246页。

(1)“圣心”,《学案》作“圣人”。①

144.〔为人〕(1)之功,用力特在勿与不勿之间而已。②

(1)“为人”,《学案》作“为仁”。③

145. 能真知其义理之味〔之〕(1)无穷,则穷达自不足以动念。④

(1)“之”,《学案》删省。⑤

(三)《诸儒学案中》何瑭《阴阳管见》与原著文本差异

146. 造化之道,一阴一阳而已矣。阳动阴静,阳明阴晦;阳有知,阴无知;〔阳〕(1)有形,〔阴〕(2)无形。阳无体以阴为体,阴无用待阳而用。⑥

(1)“阳”,《学案》作“阴”。

(2)“阴”,《学案》作“阳”。⑦

147. 天,阳之阳也,故神而无形;地,阴之〔阳〕(1)也,故形而不神。火,阳之阴也,故可见,然〔终〕(2)无形也。水,阴之阳也,故能化,然终无知也。⑧

(1)“阳”,《学案》作“阴”。

(2)“终”,《学案》作“初”。⑨

148. 天行有常,故日月〔星辰〕(1),万古不易。……〔知此〕(2),则谓天有定形者,其惑可解。⑩

---

① (清)黄宗羲著,吴光主编:《黄宗羲全集》第8册,第359页。
② (明)曹端著,王秉伦点校:《曹端集》,第245页。
③ (清)黄宗羲著,吴光主编:《黄宗羲全集》第8册,第359页。
④ (明)曹端著,王秉伦点校:《曹端集》,第241页。
⑤ (清)黄宗羲著,吴光主编:《黄宗羲全集》第8册,第357页。
⑥ (明)何瑭著,王永宽校注:《何瑭集》,郑州:中州古籍出版社,1999年,第394页。
⑦ (1)(2),(清)黄宗羲著,吴光主编:《黄宗羲全集》第8册,第477页。
⑧ (明)何瑭著,王永宽校注:《何瑭集》,第394页。
⑨ (1)(2),(清)黄宗羲著,吴光主编:《黄宗羲全集》第8册,第477页。
⑩ (明)何瑭著,王永宽校注:《何瑭集》,第395页。

(1)“星辰”,《学案》作“星宿”。

(2)“知此”,《学案》作“如此”。①

149. 乾有时而不交坤,故谓之静,然其本体之动者自若也。坤有时而〔不〕(1)受乾之交,故谓之动,然其本体之静者亦自若也。②

(1)“不”,《学案》删。③ 按,以“受”与“不受”论乾坤关系在本句中的意思完全相反。

150. 自今观之,暑寒昼夜,皆主于〔日〕(1)星辰〔而〕(2)有焉。④

(1)“日”下,《学案》增“月”。

(2)“而”,《学案》作“何”。⑤

151.乾兑坎巽相远,无乃以〔乾〕(1)为阳,可下行于地之分,坎为阴之阳。⑥

(1)“乾”,《学案》作“震”。⑦ 按,此处涉及《周易》的卦序问题,与原著有明显的差异。

(四)《诸儒学案下》吕坤《呻吟语》与原著文本差异

152.《内篇·〔谈道〕(1)》:“或问:‘中之道,尧、舜传心,必有至玄至妙之理?’余叹曰:‘……不至过醉,这就是〔饮酒〕(2)之中。……不疾不徐,这就是作揖跪拜之中。〔一事得中,〕(3)就是一事底尧、舜,推之万事皆然。’”⑧

(1)“谈道”,《学案》作“道体”。

(2)“饮酒”,《学案》作“饮食”。

---

① (1)(2),(清)黄宗羲著,吴光主编:《黄宗羲全集》第8册,第478页。
② (明)何瑭著,王永宽校注:《何瑭集》,第396页。
③ (清)黄宗羲著,吴光主编:《黄宗羲全集》第8册,第479页。
④ (明)何瑭著,王永宽校注:《何瑭集》,第398页。
⑤ (1)(2),(清)黄宗羲著,吴光主编:《黄宗羲全集》第8册,第480页。
⑥ (明)何瑭著,王永宽校注:《何瑭集》,第398页。
⑦ (清)黄宗羲著,吴光主编:《黄宗羲全集》第8册,第481页。
⑧ (明)吕坤撰,王国轩、王秀梅整理:《吕坤全集》,北京:中华书局,2008年,第643页。

(3)“一事得中”,《学案》删。① 按,此处之删使下文由“一事”而推“万事”无法连贯。

153.《内篇·谈道》:“形神一息不相离,道器一息不相无,故道无粗精,言粗精者妄也。〔因与一客共酌,指案上罗列者谓之曰:这安排必有停妥处,是天然自有底道理。那童仆见一豆上案,将满案尊俎东移西动,莫知措手。那熟底入眼便有定位,未来便有安排,新者近前,旧者退后,饮食居左,匙箸居右,重积不相掩,参错不相乱,布置得宜,楚楚齐齐。这个是粗底〕(1),若说深化性命不在此,却在何处?”②

(1)“因与一客……是粗底”,《学案》删改为“因指案上樽俎言,其位置恰好处,皆是天然自有的道理”。③ 按,从全段来看,黄宗羲将童仆摆豆的事进行提炼,删改后的文本并未失原作之意,反而简化了文字。黄宗羲很注意被删减句子自身结构的独立性、完整性以及删减后文本上下的连接,部分地提炼传主原文然后进行文本重构是黄宗羲史料选编运用的重要方法之一。

154.《〈呻吟语〉卷一·内篇·谈道》:“无万,则一何处着落?无一,则万谁为〔张主〕(1)?此二字一时离不得。〔一只在万中走〕(2),〔故〕(3)有正一无邪万,有治一无乱万,有中一无偏万,有活一无死万。”④

(1)“张主”,《学案》乙作“主张”。

(2)“一只在万中走”,《学案》改为“得一只在万中”。

(3)“故”,《学案》作“是故”。⑤

---

① (1)(2)(3),(清)黄宗羲著,吴光主编:《黄宗羲全集》第8册,第634页。
② (明)吕坤撰,王国轩、王秀梅整理:《吕坤全集》,第643—644页。
③ (清)黄宗羲著,吴光主编:《黄宗羲全集》第8册,第634页。
④ (明)吕坤撰,王国轩、王秀梅整理:《吕坤全集》,第645页。
⑤ (1)(2)(3),(清)黄宗羲著,吴光主编:《黄宗羲全集》第8册,第634页。

（五）《东林学案》顾宪成《小心斋札记》与原著文本差异

155.盖迦叶以上有〔人伦〕(1)，释迦〔去〕(2)人伦矣。至达磨再变，盖释迦之教圆，达磨之教主顿〔而客渐〕(3)矣。至五宗三变，〔盖〕(4)黄〔梅〕(5)以前犹有含蓄，〔黄梅〕(6)以后〔法席云兴〕(7)，机锋百出，倾囊倒箧，不留一钱看矣。……或曰："何为尔尔?"〔曰〕(8)："他们毕竟呈出个伎俩来，便不免落〔窠巢〕(9)。"①

(1)"人伦"，《学案》不增"矣"。

(2)"去"，《学案》作"无"。

(3)"而客渐"，《学案》删。按，"客渐"反述"主顿"，故删。

(4)"盖"，《学案》删。

(5)"梅"，《学案》作"悔"。按，"悔"形近而误。

(6)"黄梅"，《学案》删省。

(7)"法席云兴"，《学案》删省。

(8)"曰"，《学案》误作"由"。

(9)"窠巢"：《学案》作"窠臼"。②

156. 或问："鲁斋、草庐之〔仕元〕(1)，何如?"曰："在鲁斋则可，在草庐则不可。"曰："得非以鲁斋生于〔元〕(2)地，而草庐〔故宋〕(3)人，尝〔试乡较〕(4)举进士欤?"曰："固是，亦尚有说。"……此分明表〔仕元〕(5)之非得已，又分明认〔仕元〕(6)为非，愧恨之意溢于言表，绝不一毫文饰也。③

(1)"仕元"，《学案》作"出仕"。

(2)"元"，《学案》作"其"。

---

① (明)顾宪成著，李可心点校：《小心斋札记》，北京：中国社会科学出版社，2020年，第67页。

② (1)(2)(3)(4)(5)(6)(7)(8)(9)，(清)黄宗羲著，吴光主编：《黄宗羲全集》第8册，第738—739页。

③ (明)顾宪成著，李可心点校：《小心斋札记》，第63—64页。

(3) “故宋”,《学案》作“故国”。

(4) “试乡较”,《学案》删。

(5)(6)“仕元”,《学案》作“所仕”。①

157. 有主而活,其活也,天下之至神也〔,是谓众妙之门〕(1)。无主而活,其活也,天下之至险也〔,是谓众祸之门〕(2)。②

(1) “是谓众妙之门”,《学案》删。

(2) “是谓众祸之门”,《学案》删。③

158. 我疆问曰:“唐〔仁卿〕(1)何如人也?”余曰:“君子也。”……“文成恐人认识为知,便走入支离去,故就中点出一个‘良’字。独其揭无善无恶四字为性宗,愚不能释然耳。”〔因为细析其所以,〕(2)仁卿曰:“善!”④

(1) “仁卿”下,《学案》增“伯元”。

(2) “因为细析其所以”,《学案》删省。⑤

159. 告子却曰“不得于言,勿求于〔心〕(1);不得于心,勿求于气”,便是要将这“求”字打破。〔将这〕(2)“善”字打破,本体只是一个空;〔将这〕(3)“求”字打破,工夫也只是一个空,故曰“告子禅宗也”。⑥

(1) “心”,《学案》误作“言”。按,“言→心→气”在本句中是一种递进性的连续表达,若依《明儒学案》之改,则其逻辑结构变为“言→言→气”,与原文义明显不符。

---

① (1)(2)(3)(4)(5)(6),(清)黄宗羲著,吴光主编:《黄宗羲全集》第8册,第738页。

② (明)顾宪成著,李可心点校:《小心斋札记》,第60页。

③ (1)(2),(清)黄宗羲著,吴光主编:《黄宗羲全集》第8册,第738页。

④ (明)顾宪成著,李可心点校:《小心斋札记》,第43页。

⑤ (1)(2),(清)黄宗羲著,吴光主编:《黄宗羲全集》第8册,第736—737页。

⑥ (明)顾宪成著,李可心点校:《小心斋札记》,第28页。

(2)(3)“将这”,《学案》删。①

160.〔或问:〕(1)“许行何如?”曰:“其并耕也,所以齐天下之人,将〔尊卑〕(2)上下,一切扫去。”〔曰:“如此,许行也〕(3)与告子一般意思?”〔曰:“然。〕(4)〔只是〕(5)告子〔较〕(6)深,许行〔较〕(7)浅。”②

(1)“或问”,《学案》删。

(2)“尊卑”,《学案》作“高卑”。

(3)“曰:如此,许行也”,《学案》删省。

(4)“曰:然”,《学案》删。

(5)“只是”,《学案》作“但”。按,同义替换。

(6)(7)“较”,《学案》删省。③

161. 程子每见人静坐,便叹其善学。……三言皆有至理,须〔合而参之〕(1)始得。④

(1)“合而参之”,《学案》作“参合之”。⑤

(六)《蕺山学案》刘宗周《论语学案》《读易图说》《圣学吃紧三关》与原著文本差异

162.〔为政以德,只是笃恭而天下平气象。〕(1)君子学以慎独,直从声臭外立根基。……凝然不动些子,只有一个〔渊默〕(2)之象。……〔即〕(3)不动处是天心,这便是“道心惟微”,其运旋处便是“人心惟危”,其常运而常静处,便是“惟精惟一,允执厥中”,天人之学〔一〕(4)也。⑥

---

① (1)(2)(3),(清)黄宗羲著,吴光主编:《黄宗羲全集》第8册,第735页。
② (明)顾宪成著,李可心点校:《小心斋札记》,第28页。
③ (1)(2)(3)(4)(5)(6)(7),(清)黄宗羲著,吴光主编:《黄宗羲全集》第8册,第735页。
④ (明)顾宪成著,李可心点校:《小心斋札记》,第2页。
⑤ (清)黄宗羲著,吴光主编:《黄宗羲全集》第8册,第733—734页。
⑥ 吴光主编:《刘宗周全集》第1册,杭州:浙江古籍出版社,2007年,第277—278页。

（1）“为政……气象”，《学案》删省。

（2）“渊默”，《学案》作“渊然”。

（3）“即”，《学案》作“其”。

（4）“一”，《学案》删。① 按，刘宗周强调的是“天学”与“人学”在秩序原理上的一致性，是“合二而一”的思路，最终是为了用“众星环北辰”来譬喻德政的重要性，删了“一”，与原文义不符。

163. 思本无邪，其卒流于邪者，〔弗思耳〕(1)。以为思欲〔其〕(2)无邪，非也。《诗》以理性情，人心之〔邪，只在性情流动处生来。若乐而不淫，哀而不伤，各得其性情之正〕(3)，何邪之有！②

（1）“弗思耳”，《学案》作“勿思耳”。

（2）“其”，《学案》删。

（3）“邪，只在……性情之正”，《学案》删改为“情本正”。③

164. 知则全体皆知，不知则全体皆不知。……〔但此弊有去来〕(1)，则有时而知，有时而不知耳。……人能知己之不知，正是无所不知的本体呈露时，〔如〕(2)金针一拨，宿障全消。④

（1）“但此弊有去来”，《学案》改为“但私意蔽固，亦有去来”。

（2）“如”，《学案》删省。⑤

165. 信是本之真心而见之然诺之际者，是身世作合处〔关捩子〕(1)，犹车之〔有〕(2)輗軏。⑥

（1）“关捩子”，《学案》作“关键”。

（2）“有”，《学案》删省。⑦

---

① (1)(2)(3)(4)，(清) 黄宗羲著，吴光主编：《黄宗羲全集》第8册，第983—984页。
② 吴光主编：《刘宗周全集》第1册，第278页。
③ (1)(2)(3)，(清) 黄宗羲著，吴光主编：《黄宗羲全集》第8册，第984页。
④ 吴光主编：《刘宗周全集》第1册，第285页。
⑤ (1)(2)，(清) 黄宗羲著，吴光主编：《黄宗羲全集》第8册，第984页。
⑥ 吴光主编：《刘宗周全集》第1册，第287页。
⑦ (1)(2)，(清) 黄宗羲著，吴光主编：《黄宗羲全集》第8册，第984页。

166. 〔至是而〕(1)君子所以炼此心之仁,〔更无〕(2)躲闪,〔更无〕(3)方便,〔所称〕(4)中心安仁,〔天下一人,不虚矣。〕(5)……孔子〔围匡〕(6),子路曰:"吾闻仁者必容,智者必用。"①

(1)"至是而",《学案》删。

(2)(3)"更无",《学案》作"不容"。

(4)"所称",《学案》作"才是"。

(5)"天下一人,不虚矣",《学案》删省。

(6)"围匡"下,《学案》增"七日"。②《史记·孔子世家》:"孔子状类阳虎,拘焉五日。……匡人拘孔子益急,弟子惧。……孔子使从者为宁武子臣于卫,然后得去。"③

167. 盈天地间,万事万物各有条理,而其〔血脉〕(1)贯通处,浑无内外人己感应之迹。④

(1)"血脉",《学案》作"条理"。⑤

168. 自"默"字讹解,而学者遂以〔语言〕(1)道断当之,谓圣学入手,只在妙悟,学〔诲〕(2)都从悟中来,不知圣学〔是〕(3)下学,〔只是反躬鞭辟〕(4),〔不堕于〕(5)杳冥玄默之见。⑥

(1)"语言",《学案》乙作"言语"。

(2)"诲",《学案》删。按,"诲"不可删。

(3)"是",《学案》作"自"。

(4)"只是反躬鞭辟",《学案》改为"则自反躬体验"。

---

① 吴光主编:《刘宗周全集》第1册,第307—308页。
② (1)(2)(3)(4)(5)(6),(清)黄宗羲著,吴光主编:《黄宗羲全集》第8册,第985页。
③ (汉)司马迁:《史记》卷四七《孔子世家》,北京:中华书局,1959年,第1919页。
④ 吴光主编:《刘宗周全集》第1册,第313页。
⑤ (清)黄宗羲著,吴光主编:《黄宗羲全集》第8册,第985页。
⑥ 吴光主编:《刘宗周全集》第1册,第358页。

（5）“不堕于”,《学案》改为“岂有堕于”。①

169. 世谓闻见之知与德性之知有二，予谓聪明睿知非〔性〕(1)乎？……〔亦性〕(2)闻见也。……张子曰：“非天聪明，不成其为人。〔圣而天聪明，其尽者耳〕(3)。”……〔知之次也〕(4)者，〔得之于学，姑逊于天，〕(5)以见天非人不尽也。②

（1）“性”,《学案》误作“恃”。

（2）“亦性”,《学案》作“性亦”。

（3）“圣而天聪明，其尽者耳”,《学案》作“圣则天聪明之尽者耳”。

（4）“知之次也”,《学案》删省为“知次”。

（5）“得之于学，姑逊于天”,《学案》改为“人次于天”。③

170. 气质不失之高明则失之卑暗，而气质之性终不锢其〔义理之性〕(1)。④

（1）“义理之性”,《学案》作“理义之性”。⑤ 按，此应依原文作“义理之性”。

171. 颜子之学，〔才发轫便诣极〕(1)，只为从文、礼处得力来，便当一日千里。〔后〕(2)人欲一齐放过……微者堕于空寂，放者入于猖狂。⑥

（1）“才发轫便诣极”,《学案》改为“才动轫便可到头”。

（2）“后”,《学案》误作“从”。⑦

172. 〔金仁山〕(1)曰：“吾儒之学，理一而分殊。理不患其不一，所

---

① (1)(2)(3)(4)(5),(清) 黄宗羲著，吴光主编：《黄宗羲全集》第 8 册，第 986 页。
② 吴光主编：《刘宗周全集》第 1 册，第 373 页。
③ (1)(2)(3)(4)(5),(清) 黄宗羲著，吴光主编：《黄宗羲全集》第 8 册，第 986 页。
④ 吴光主编：《刘宗周全集》第 1 册，第 391 页。
⑤ (清) 黄宗羲著，吴光主编：《黄宗羲全集》第 8 册，第 987 页。
⑥ 吴光主编：《刘宗周全集》第 1 册，第 402 页。
⑦ (1)(2),(清) 黄宗羲著，吴光主编：《黄宗羲全集》第 8 册，第 987 页。

难者分之殊也。"最有味。分殊，所以理一也。圣人〔论仁、〕(2)四克己之目、居处恭，三言皆是也。①

(1)"金仁山"，《学案》改为"延平"。按，朱子《宋嘉定姑塾刻本〈延平答问〉跋》："盖延平之言曰：'吾儒之学，所以异于异端者，理一分殊也。理不患其不一，所难者分殊耳。'此其要也。"②可见，"理一分殊"这段话出自李侗而非金履祥，《明儒学案》反而纠正了原著引文之误。

(2)"论仁"，《学案》删。③ 按，"三言"指"论仁""四克己""居处恭"，删"论仁"而谈"三者"是缺失内容。

173. 不行之心犹然人伪而已，于〔仁体〕(1)何当？④

(1)"仁体"，《学案》误作"人体"。⑤

174. 嗣后〔士大夫〕(1)往往以佛氏之说文老氏之奸……而杨、墨、申、韩、苏、张之〔意〕(2)时时出没其间。⑥

(1)"士大夫"，《学案》删作"士夫"。

(2)"意"，《学案》作"学"。⑦

175. 心，一也。形而下者谓之〔器〕(1)，形而上者谓之道。……道器原不相离，危者合于微而危，〔两物一件〕(2)。……所以〔更〕(3)圣贤千言万语……其要只在精与一。……两心〔杂揉〕(4)处，〔正〕(5)患不精。⑧

(1)"器"，《学案》作"人"。按，《易·系辞上》："形而上者谓之

① 吴光主编：《刘宗周全集》第1册，第453页。
② (宋)朱熹撰，朱杰人、严佐之、刘永翔主编：《朱子全书》第13册，上海：上海古籍出版社；合肥：安徽教育出版社，2002年，第354页。
③ (1)(2)，(清)黄宗羲著，吴光主编：《黄宗羲全集》第8册，第989页。
④ 吴光主编：《刘宗周全集》第1册，第460页。
⑤ (清)黄宗羲著，吴光主编：《黄宗羲全集》第8册，第990页。
⑥ 吴光主编：《刘宗周全集》第1册，第482页。
⑦ (1)(2)，(清)黄宗羲著，吴光主编：《黄宗羲全集》第8册，第991页。
⑧ 吴光主编：《刘宗周全集》第1册，第551页。

道，形而下者谓之器。”①故黄宗羲此改或有失原意。

（2）“两物一件”，《学案》作“两物一体”。

（3）“更”，《学案》删省。

（4）“杂揉”，《学案》作“糅杂”。

（5）“正”，《学案》作“止”。②

176.〔⊗此人心四气之象：〕(1)“天有四时，春夏为阳，秋冬为阴，中气行焉；地有四方，南北为经，东西为纬，中央建焉；人有四气，喜怒哀乐，中和出焉。”③

（1）“⊗此人心四气之象”，《学案》删。④ 按，这是刘宗周《读易图说》第八图。黄宗羲删了“图”和“图名”，只选取“说”的部分。“图说”是中国传统文化中一种特殊的文献类型，包括“图”和“说”两部分，如《太极图说》《坤舆图说》《学宫图说》等，删“图”留“说”优点是可以直取传主观点，缺点是解释和被解释的部分在选录后无法对应。

177.〔●此人心六十四卦、三百八十四爻之象：〕(1)“如草木之荣枯，昆虫之〔起蛰〕(2)，日月之晦明，四时之盛衰，气运〔南北〕(3)之往来，陵谷之迁徙，莫不皆然。人囿于大化之中，与万物同体。自一日以往，〔而〕(4)少而壮而老而死，无不变也。有之，其惟〔人之〕(5)积气、积习乎！……孰知〔去人滋远〕(6)，反常滋甚乎？”⑤

（1）“●此人心六十四卦、三百八十四爻之象”，《学案》删。按，这是刘宗周《读易图说》第十二图。同图八一样，黄宗羲删“图”和“图

① （魏）王弼、（晋）韩康伯注，（唐）孔颖达疏：《周易正义》，（清）阮元校刻：《十三经注疏》，第83页。

② （1）（2）（3）（4）（5），（清）黄宗羲著，吴光主编：《黄宗羲全集》第8册，第991—992页。

③ 吴光主编：《刘宗周全集》第2册，第132页。

④ （清）黄宗羲著，吴光主编：《黄宗羲全集》第8册，第976页。

⑤ 吴光主编：《刘宗周全集》第2册，第134—135页。

名”，只保留“说”的内容。

(2)“起蛰”，《学案》作“启蛰”。

(3)“南北”，《学案》删省。按，删后与上下文相应。

(4)“而”，《学案》作“自”。

(5)“人之”，《学案》删省。

(6)“去人滋远”，《学案》改为“去故滋远”。①

178.〔易衍·七：〕(1)“是故君子〔戒慎乎其所不睹，恐惧乎其所不闻〕(2)，此慎独之说也。至哉独乎！〔隐〕(3)乎！微乎！穆穆乎不已者乎！”②

(1)“易衍·七”，《学案》删。按，刘宗周原著《读易图说》包含《图说》和《易衍》两部分。《易衍》共四十二章，黄宗羲删除“《易衍》”二字，直接取其第七章、第八章的内容。

(2)“戒慎乎其所不睹，恐惧乎其所不闻”，《学案》删并为“戒惧于所不睹闻”。

(3)“隐”，《学案》作“微”。③ 按，《中庸》：“莫见乎隐，莫显乎微。”④改“隐”为“微”或失去了一层原文义。

179.《圣学吃紧三关·人己关》：“学莫先于问途，则人己辨焉。此处不差，后来方有进步可〔规〕(1)。不然，只是终身扰扰而已。”⑤

(1)“规”，《学案》作“观”。⑥ 按，《圣学吃紧三关》包含“人己关、

---

① (1)(2)(3)(4)(5)(6)，(清)黄宗羲著，吴光主编：《黄宗羲全集》第8册，第976—977页。

② 吴光主编：《刘宗周全集》第2册，第138页。

③ (1)(2)(3)，(清)黄宗羲著，吴光主编：《黄宗羲全集》第8册，第977页。

④ (汉)郑玄注，(唐)孔颖达疏：《礼记正义》，(清)阮元校刻：《十三经注疏》，第1625页。

⑤ 吴光主编：《刘宗周全集》第2册，第192页。

⑥ (清)黄宗羲著，吴光主编：《黄宗羲全集》第8册，第978页。

敬肆关、迷误关”，是刘宗周对为学次序与为学阶段的观点，每一部分均有前面的引言与末尾的小结。黄宗羲在《明儒学案》中只是选取了这三部分的引言和小结，并未选编其中的内容。

180.《圣学吃紧三关·敬肆关》：“学以为己，己以内又有己焉。只此方寸之中，作得主者是，此所谓真己也。〔必也主敬乎〕(1)？”①

（1）“必也主敬乎”，《学案》删省为“敬乎”。②

以上基于史源学的角度将《明儒学案》17个学案群中24位传主36种学术史史料选编与传主原著进行了文本比较，包括《崇仁学案》胡居仁《居业录》，《白沙学案》陈献章《论学书》，《河东学案》吕楠《语录》，《三原学案》王恕《石渠意见》，《姚江学案》王阳明《论学书》，《浙中王门》徐爱《论学书》、钱德洪《语录》《论学书》以及董沄《日省录》《求心录》，《江右王门》王时槐《论学书》，《南中王门》唐顺之《荆川论学语》《论学书》，《楚中王门》蒋信《桃冈日录》，《北方王门》尤时熙《拟学小记》、孟化鲤《论学书》，《粤闽王门》薛侃《研几录》《中说》，《止修学案》李材《道性善编》《论学书》，《泰州学案》王艮《心斋语录》《明哲保身论》《勉仁方》、陶望龄《论学书》《勋贤祠记》、耿定向《论学书》，《甘泉学案》湛若水《心性图说》《论学书》，《诸儒学案上》曹端《语录》《〈太极图说〉辨戾》，《诸儒学案中》何瑭《阴阳管见》，《诸儒学案下》吕坤《呻吟语》，《东林学案》顾宪成《小心斋札记》，《蕺山学案》刘宗周《论语学案》《读易图说》《圣学吃紧三关》等。虽然这仅仅是一种提纲式的覆盖，却在一定程度上起到了三种作用：一是初步较系统地贯彻了从史源学的角度运用文献学的方法解决学术史的问题这一思路；二是从内容上进一步较客观地呈现了《明儒学案》与部分传主原著的文本差异；三是为探究

---

① 吴光主编：《刘宗周全集》第2册，第200页。

② （清）黄宗羲著，吴光主编：《黄宗羲全集》第8册，第978页。

黄宗羲在编纂学术史的过程中处理学术史史料之原则和方法提供了依据。

第三节　学术史史料选编的基本原则与具体方法

一、“增”的方法——增字不碍词、增词不碍句

《明儒学案》增字、增词的情况是少量的，主要是“删”和“改”。黄宗羲增字的前提是不影响词义，其目的是优化词义，使词与词更加连贯流畅；增词的前提是不影响句意，其目的是优化句意，使句与句更加连贯流畅，即“增字不碍词、增词不碍句”，这是一个总的前提。如“仍多静方有入处”中“静”上增“著”、“对症药也”中“症”下增“之”、“终日乾乾只是收拾此而已”中“此”下增“理”、“孔子围匡”下增“七日”、“百姓不知”中“姓”下增“日用而”、“盖性何处寻”中“性”下增“字”、“只于开门应酬时”下增“寻讨”、“心才喜容色便喜，才怒容色便怒”中“才怒”上增“心”、“认得只是居敬一件”中“敬”下增“穷理”、“不自知其然也”中“然”下增“而然”、“惟求不失本心而已矣”中“求”下增“其”、“试观此千万人”中“千”下增“百”、“明道存久自明”中“道”下增“所言”、“然末流涉旷”下增“达”、“皆主日星辰而有焉”中“日”下增“月”、“唐仁卿何如人也”中“卿”下增“伯元”。尤时熙《拟学小记·杂著·风水说》：葬埋之礼，起于其□有，此则祸福之说，疑其为无□者设信。佛氏之怖令，盖权教也。然彼之怖令，虽若近诬，由能□人于善，而此之□□□无理据，乃至陷人于恶。黄宗羲根据《孟子·滕文公上》等文献分别补为“颡、泚、惧、权教茫”。总体来看，黄宗羲

在增字、增词时基本上并未改变原文义，反而意在优化文本。同时还补了一些传主原著缺失的内容，这种文献互著体现了《明儒学案》重要的史料价值。

二、“删”的方法——删字不碍词、删词不碍句、删句不碍段

（一）删字

黄宗羲删字的前提是不影响词义，其目的是优化词义，使词义更加简明，即“删字不碍词”。如删“自不消磨刮”中“自”、“兄之格物训云正念头”中“训”、“而人之心则即浩然之气”中“则”、“读之可以兴起其好善恶恶之心”中“起”、“所以更圣贤千言万语”中“更”、“见男女载于道”中“于”、“此圣学所以滋晦”中“滋”、“谓姑略去之不为害耳”中“之”、“仆又安敢与之强辩”中“又”、“则凡责仆以不仕者”中“则”、“乞人残羹剩汁以自活者也”中“者”、“渠四十几年前盖滥俗人也”中“几”、“天下国家民物又在一处”中“又”、“睹诸过往来续者”中“诸”、“有苗格之格物者”中“有苗格”之“格”、“上则为夷惠伊尹是也”中“是”、“能真知其义理之味之无穷”中“之无穷”的“之”、“神无聚散之迹，故终亦不可见”中“亦”、“只是告子较深许行较浅”中两处“较”、“以为思欲其无邪”中“其”、“如金针一拨宿障全消”中“如”、“犹车之有輗軏”中“有”、“虽颠沛仁也”中“虽”、“则工夫更无歇手时”中“时”、“指两极而即谓之曰太极亦未可”中“曰”、“一以贯之便还他天地自然本色”中“便”、“而所谓复性之功”中“而”、“为人君止于仁、为人臣止于敬、为人父止于慈、为人子止于孝、与国人交止于信”中五处“于”。以上删字基本上在未改变原文义的基础上优化了文本，但也有一些删字后有碍于原文义理解的情况，如删“天人之学一也”中“一”、删“如何前一段是存天理之本，然后一段是遏人欲之将萌”中“存”等，故应辩证地看。

（二）删词

黄宗羲删词的前提是不影响句义，其目的是优化句义，使句子与句子更加通顺，即“删词不碍句”。如删“始是能有得力处”中“能有”、“兄之文似输却阳明先生一着”中“先生”、“就是迁史之文所以独称高品者”中“就是”、“而彼固自谓一村汉”中“彼固”、“盖黄梅以前犹有含蓄黄梅以后法席云兴机锋百出”中后一处“黄梅”、“日月之晦明，四时之盛衰，气运南北之往来，陵谷之迁徙”中“气运”、“东西两洞门”中“东西”、“数年惟循迹而行”中“数年”、“默体良知广大高明”中“默体”、“将这善字打破将这求字打破”中两处“将这”、“夫子《春秋》是直笔奸雄真迹实情而破其曲说”中“《春秋》”、“赤子匍匐将入井”中“匍匐”、“至于豫章延平二先生”中“二先生”、“所谓‘去念守心’四字，俱未佳，念不可去，心不可守”中“俱未佳”、“无怪夫谈说在一处，行事在一处”中“无怪夫”、“明道存久自明何待穷索最简切”中“最简切”、“随处体认天理而涵养之者，若然则知行并进矣”中“若然则”、“尝试乡较举进士欤”中“试乡较”、“孔子云泛爱众而亲仁”中“而亲仁”、“非吾孔子一贯之指矣”中“吾孔子”、“至是而君子所以炼此心之仁”中“至是而”、“故充塞宇宙皆心也，充塞宇宙皆事也，皆物也”中后一处“充塞宇宙”、“亦漫谓一切皆是，浑然无别，此则默识之未真也”中“浑然无别”、“故宋儒往往不喜顿悟之说，良然！良然！”中“良然！良然！”、“下文慎独，独字即道字，慎字即常睹常闻”中“下文慎独”、“乃或者知气塞乎天地而不求诸心，知求诸心而不本诸集义”中“知求诸心”。以上删词的情况大体上是可通、可行的，基本上在没有改变传主原意的基础上优化了文本。但也有一些因删词而导致句义不明的情况，如删“先儒所谓‘志道恳切，固是诚意，然急迫求之，则反为私己’，不可不察也”中“先儒所谓”、“圣人论仁、四克己之目、居处恭，三言皆是也”中“论仁”，故应辩证地看。

（三）删句

黄宗羲删句的前提是不影响段意，其目的是优化段意，使段落的主旨更加扼要突出，并特别注意保持被删减句子结构和意义的完整，即“删句不碍段”。其删分段首、段中、段尾三种情况，如删“汪景颜近亦出宰大名，临行请益，某告以变化气质，居常无所见”中“某告以”之前的部分，因为“某告以”之后才是传主的观点。又如删“此皆近世友朋不肯痛下苦功真修实证，而徒剽掠禅家现成语句，正所谓拾人余唾，乞人残羹剩汁以自活者也”中“而徒剽掠禅家现成语句，正所谓拾人余唾”。“剽掠禅语、拾人余唾”是反着说“不肯痛下苦功”，故黄宗羲删反留正，未失原意且更加简洁。又如删“一以贯之，便还他天地自然本色。故曰：天地无心而成化，圣人有心而无为”中“故曰”以后的部分，“故曰”是对前文的总结，因前文已述，故黄宗羲删之。

三、“改”的方法——改字不碍词、改词不碍句、改句不碍段

（一）改字

黄宗羲改字的前提是不影响词义，其目的是优化词义，即“改字不碍词”。如改“随倩流转之病”中“倩”为“情”、“撑天柱地”中“柱”为“拄”、“皆随体认天理”中“随”为“求”、“此正以其不识理只将气之近似者言也”中“似”为“理”、“儒者心存而有理禅家心存而无主”中“理”为“主”、“圣贤处事无所偏任惟亲义何如”中“亲”为“视”、“气象好时百事自当”中“自”为“是”、“能是四者可以言学矣”中“是”为“此”、“所云静坐事”中“云”为“谓”、“兄临文时似尚有要好心”中“似”为“是”、“今使活人乘马”中“乘”为“骑”、“日月星辰”中“辰”为“宿”、“杨墨申韩苏张之意”中“意”为“学”、“而少而壮而

老而死”中第一处“而”为“自”、“常人逐万”中“逐”为“遂”、“此在性情用功”中“在”为“其”、“将王道把作天上事看”中“把”为“比”、“须究透全体”中“须”为“在”、“五伦本于一身”中“于”为“乎”、“圣人之异于禅者”中“人”为“学”、“速肖者七十二人”中“速”为“克”、“达诸政事”中“诸”为“之”、“资禀造谐”中“谐”为“诣”、“先后知止致知起”中“后”为“从”、“亦可做得”中“亦”为“就”、“质诸鬼神无疑”中“诸”为“之”、“蕲夜醒来”中“蕲”为“某”、“本相近”中“本”为“便”、“止可均一年”中“年”为“次”、“比理殊可玩”中“比”为“此”、“田必瘦矣”中“瘦”为“瘠”、“求个气象”中“求”为“有”。以上改字的情况基本上是可通、可行的，大体上在没有改变传主原意的基础上优化了文本。但也有一些误改字的情况，如改“答族生永卿中“永”为“水”、“五者可信而吾兄一不省焉”中“一”为“亦”、“圣心之糟粕也”中“心”为“人”、“曰：便不免落窠巢”中“曰”为“由”、“黄梅以后法席云兴”中“梅”为“悔”、“予谓聪明睿知非性乎”中“性”为“恃”、“于仁体何当”中“仁”为“人”，故应辩证地看。

（二）改词

黄宗羲改词的前提是不影响句义，其目的是使句义更加连贯完整，即“改词不碍句”。如改“陈之”为“言之”、“晦庵”为“晦翁”、“着力”为“得力”、“友朋”为“交朋”、“确撞”为“跌撞”、“所谓”为“所为”、“贯乎”为“贯夫”、“酬酢”为“酬应”、“并造”为“并进”、“仕元”为“出仕”、“饮酒”为“饮食”、“渊默”为“默然”、“关折子”为“关键”、“更无”为“不容”、“血脉”为“条理”、“起蛰”为“启蛰”、“如何说”为“又说个”、“吾之适”为“夫子适”、“甚害事”为“是害事”、“拔去得”为“拔得去”、“公羊穀梁传”为“公穀传”、“自有先后”为“自有次第”、“去人滋远”为“去故滋远”、“隐显穷达”为“隐显穷通”、“牵意妄语”为“率意妄语”、“无欲种子”为“无欲为静”、“虚灵之障”为“太虚之碍”、“常聚一堂”为“相聚一堂”、“阁楼森耸”

为“阁楼高明”、“中节之和”为“已发之中”、“倒入自己”为“倒归自己”、“上帝临尔”为“上帝临汝”、“检照提撕”为“检点提撕”、“渐就道理”为“渐近道理”、“答王遵岩书”为“王道思”、“先加讲求之功”为“皆知讲求之功”。以上改词的情况大体上是可通、可行的,基本上在没有改变传主原意的基础上优化了文本。但也有一些误改原词的情况,如改“天理愈穷”为“天理愈见”,故应辩证地看。

（三）改句

黄宗羲改句的前提是不影响段意,其目的是优化段意,尤其是要适应改动后文本形态的变化,即“改句不碍段”。如改“一只在万中走”为“得一只在万中”、“只是反躬鞭辟”为“则自反躬体验”、“得之于学姑逊于天”为“人次于天”、“心也者,体天地万物而不遗者也”为“心也而不遗者,体天地万物者也”、“才发轫便诣极”为“才动轫便可到头”、“一日,近溪偕白下诸同志游,立大中桥上”为“近溪一日立白下大中桥”、“用过工夫来”为“用工夫过来”、“故老言周先生自幼日游其间,玩而乐之,因明暗之半而得阴阳之分,圆得太极”为“濂溪自幼日游其间,因悟太极之理”、“正如天然,或为明星朗月,或为和风甘雨,或为祥云瑞日,或为严霜重露”为“正如风雨露雷”、“不必去思而求寂静”为“不必去思,思者,吾心之变化也”、“君子食无求饱,居无求安,敏于事而慎于言”为“食无求饱章”、“盖言君子饮食不暇求饱,居处不暇求安者”为“无求饱求安者”、“志于敏于事而慎于言也”为“志在敏事慎言也”、“吾之与人也,谁毁谁誉？如有所誉者,其有所试矣。斯民也,三代之所以直道而行也”为“毁誉章”、“二三子以我为隐乎？吾无隐乎尔。吾无行而不与二三子者,是丘也”为“无隐章”、“中也者,天下之大本也;和也者,天下之达道也”并为“中和”。黄宗羲对于传主的原著进行改句的情况大体上是可通、可行的,基本上在没有改变传主原意的基础上优化了文本。

四、"易"的方法——易字不碍词、易词不碍句

黄宗羲在《明儒学案》中对传主的原著进行了一些字、词的同义替换，这种无词义变化的同义替换总体上使得改动后的文本更加流畅，是一种值得注意的方法。如"某"作"仆"、"挂"作"停"、"于"作"乎"、"而后"作"乃"、"浅肤"作"肤浅"、"量度"作"度量"、"张主"作"主张"、"语言"作"言语"、"轻重"作"重轻"、"杂揉"作"糅杂"、"春阳"作"阳春"、"秋肃"作"秋杀"、"穷格"作"穷极"、"何如"作"如何"、"工夫"作"功夫"、"处去"作"去处"、"迷却"作"迷了"、"文义"作"义文"、"必竟"作"毕竟"、"由来"作"自来"、"伏节"作"仗节"、"若有"作"如有"、"合而参之"作"参合之"、"尊卑上下"作"高卑上下"、"愈流愈远"作"逾流逾远"、"岂有能"作"岂能有"、"分拆不得"作"分析不得"、"成章顺理"作"顺理成章"、"从上立教"作"从古立教"、"初非二物"作"初无二物"、"任情佚宕"作"任情宕佚"、"说有说无"作"说无说有"、"人之枝流"作"人之枝叶"、"终身可矣"作"可以终身矣"。黄宗羲对于传主的原著进行易字易词的情况大体上是可通、可行的，基本上在没有改变传主原意的基础上优化了文本。

表 3-5 《明儒学案》与部分传主原著文本对勘表①

增			
仍多□静方有入处	著	皆主日□星辰而有	月
对症□药也	之	只是收拾此□而已	理
盖性□何处寻	字	□才怒容色便怒	心

① 按，本表来源于以上对《明儒学案》与部分传主原著的史源对校，其中"增字增词"16 条、"删字"30 条、"删词"26 条、"改字"39 条、"改词"36 条、"易字易词"33 条、"补"4 条，总计 184 条。

续 表

增			
惟求□不失本心而已矣	其	试观此千□万人	百
然末流涉旷□	达	孔子围匡□□	七日
只于开门应酬时□□	寻讨	不自知其然□□也	而然
明道□□存久自明	所言	唐仁卿□□何如人	伯元
认得只是居敬□□一件	穷理	百姓□□□不知	日用而
删字			
[自]不消磨刮	自	兄之格物[训]云正念头也	训
而人之心[则]即浩然之气	则	可以兴[起]其好善恶恶之心	起
所以[更]圣贤千言万语	更	见男女载[于]道	于
此圣学所以[滋]晦也	滋	谓姑略去[之]不为害耳	之
仆[又]安敢与之强辩	又	[则]凡责仆以不仕者	则
乞人残羹剩汁以自活[者]也	者	渠四十[几]年前盖滥俗人也	几
天下国家民物[又]在一处	又	睹[诸]过往来续者	诸
则工夫更无歇手[时]	时	上则为夷惠伊尹[是]也	是
能真知其义理之味[之]无穷	之	故终[亦]不可见	亦
与国人交止[于]信	于	[存]天理之本 遏人欲之将萌	存
士大夫	大	天人之学[一]也	一

续 表

删字			
为人君止于仁	于	而所谓复性之功	而
便还他天地自然本色	便	有苗格之格物者	格
犹车之有輗軏	有	如金针一拨宿障全消	如
只是告子较深许行较浅	较	以为思欲其无邪	其
删词			
始是能有得力处	能有	东西两洞门	东西
数年惟循迹而行	数年	默体良知广大高明	默体
将这求字打破	将这	子曰父母惟其疾之忧	子曰
夫子《春秋》是直笔奸雄真迹实情	《春秋》	赤子匍匐将入井	匍匐
而彼固自谓一村汉	彼固	黄梅以后法席云兴机锋百出	黄梅
就是迁史之文所以独称高品者	就是	气运南北之往来	气运
若然则知行并进矣	若然则	尝试乡较举进士欤	试乡较
孔子云泛爱众而亲仁	而亲仁	非吾孔子一贯之指矣	吾孔子
至是而君子所以练此心之仁	至是而	至于豫章延平二先生	二先生
所谓去念守心四字俱未佳	俱未佳	无怪夫谈说在一处行事在一处	无怪夫

续 表

删词			
何待穷索最简切	最简切	知求诸心而不本诸集义	知求诸心
先儒所谓志道恳切不可不察也	先儒所谓	充塞宇宙皆事也皆物也	充塞宇宙
亦漫谓一切皆是浑然无别	浑然无别	下文慎独独字即道字	下文慎独
改字			
随倩流转之病	情	撑天柱地	拄
儒者心存而有理	主	无所偏任惟亲义何如	视
气象好时百事自当	是	能是四者可以言学矣	此
所云静坐事	谓	兄临文时似尚有要好心	是
今使活人乘马	骑	日月星辰	宿
杨墨申韩苏张之意	学	而少而壮而老而死	自
常人逐万	遂	此在性情用功	其
后世将王道把作天上事看	比	须究透全体	在
五伦本于一身	乎	圣人之异于禅者	学
速肖者七十二人	克	达诸政事	之
资禀造诣	诣	先后知止致知起	从
亦可做得	就	质诸鬼神无疑	之
蕲夜醒来	某	本相近	便
止可均一年	次	比理殊可玩	此

续　表

改字			
田必[瘦]矣	瘠	[求]个气象	有
答族生[永]卿	水	五者可信而吾兄[一]不省焉	亦
圣[心]之糟粕也	人	[曰]便不免落窠巢	由
黄[梅]以后法席云兴	悔	聪明睿知非[性]乎	恃
于[仁]体何当	人	皆[随]体认天理	求
只将气之近[似]者言也	理		
改词			
陈之	言之	晦庵	晦翁
着力	得力	友朋	交朋
确撞	跌撞	酬酢	酬应
并造	并进	仕元	出仕
饮酒	饮食	渊默	默然
关折子	关键	更无	不容
血脉	条理	起蛰	启蛰
所谓	所为	贯乎	贯夫
甚害事	是害事	拔去得	拔得去
吾之适	夫子适	如何说	又说个
《公羊》《穀梁》传	《公》《穀传》	答王遵岩书	王道思
牵意妄语	率意妄语	无欲种子	无欲为静

续 表

改词			
虚灵之障	太虚之碍	常聚一堂	相聚一堂
阁楼森耸	阁楼高明	中节之和	已发之中
倒入自己	倒归自己	上帝临尔	上帝临汝
检照提撕	检点提撕	渐就道理	渐近道理
自有先后	自有次第	先加讲求	皆知讲求
去人滋远	去故滋远	隐显穷达	隐显穷通
易			
某	仆	挂	停
于	乎	而后	乃
语言	言语	轻重	重轻
杂揉	糅杂	春阳	阳春
秋肃	秋杀	穷格	穷极
何如	如何	工夫	功夫
处去	去处	迷却	迷了
文义	义文	必竟	毕竟
由来	自来	伏节	仗节
若有	如有	浅肤	肤浅
量度	度量	张主	主张
岂有能	岂能有	合而参之	参合之
尊卑上下	高卑上下	愈流愈远	逾流逾远

续 表

易			
分拆不得	分析不得	成章顺理	顺理成章
从上立教	从古立教	初非二物	初无二物
任情佚宕	任情宕佚	说有说无	说无说有
人之枝流	人之枝叶		
补			
起于其□有	颡	疑其为无□者设信	泚
由能□人于善	惧	此之□□□无理据	权教茫

五、纂要勾玄——学术史史料选编的原则

黄宗羲在史料选编的过程中所运用的“增、删、改、易、移、补、并”等具体方法均集中地体现了“纂要勾玄”的基本原则，二者内部逻辑一致。黄宗羲增字、增词的目的是使词与词之间、句与句之间更加连贯流畅；删字、删词、删图、删句的前提是不影响词义、句意、段意，包括删除具有重复性、描述性、连接性、感叹性的字词以及删问留答、删述留答、删图留说等，尤其注意保持被删减句子在结构和意义上的完整性，但也有删原文导致文义不明、原著与学案文本错位的情况，故应辩证地看；改字、改词、改句、易字、替词、移句、并文亦是为了适应文献二次选择前后文本样态的变化，但也存在误改字词的情况。总体来看，增补最少，删改最多，易替移并较常见。

毋庸讳言，黄宗羲的选编确实有一些字词错误并且存在一定程度的刻意裁剪。但从总体上看，黄宗羲的选录绝大部分还是比较忠实于原著，其所删所改基本上并未改变传主原著内容的主体结构，这

是经过上述初步较系统地运用文献学的方法将《明儒学案》17 个学案群中 24 位传主 36 种学术史史料选编与原著进行史源比较后得出的主要结论。

进一步说，既然是“学案体”，那么就是要对原著进行“选录”和“选编”，它定会与原著有所不同，这是“学案体”史籍在体例方面固有的基本属性。我们固然决不能忽视黄宗羲所选编学术史史料的准确性问题，但亦不能完全从此出发，因为黄宗羲对史料的取舍、选编、裁剪、呈现有其深层次的理学史意识驱动和非常充分的学术史思考，《明儒学案》的文本结构与思想结构是适配的、平衡的。一般来说，“学案体”史书都具有比较鲜明的“学术史意图”，在史料的甄别和选择上有其特定的价值取向，这是我们观察“学案体”史籍史料选编问题不容忽视的方面，正如有学者指出，我们应该充分考虑到“黄氏书写方式所展现的思想史洞见、脉络预设与价值诉求”①。探讨明代学术是多维、多向、多途的，一本而万殊，《明儒学案》只是明末清初时期黄宗羲对于明代学术思想史的一种观察，其文本只是我们认识和了解明代学术的一种“津筏”和“门径”，但这种观察应该还是比较深刻的。仅从《明儒学案》的文本看，黄宗羲对其学术史史料选编作了慎重的取舍和精心的建构，并且特别注意由于文献的二次选择所产生的文本形态的二次变化，而伴随这种文本演变过程发生的“增、删、改、易、移、补、并”的具体方法和“纂要勾玄”的基本原则，大体上应该是我们今天从“学术史系统”的角度观察《明儒学案》学术史史料问题的重心所在。

---

① 陈畅：《方学渐心学的理论特质及其困境——兼论黄宗羲〈明儒学案·泰州学案〉的思想主旨》，《同济大学学报》2022 年第 1 期，第 97 页。

第四章 《明儒学案》的学术史编纂体例

“体例”的重要价值之一在于如何有效地表达内容，进而在结构上保证主旨的呈现。学术史的编纂体例要与学术史的内容相适，在《明儒学案》中，“序—传—录”从结构上保证了《明儒学案》的学术史观、学术史史料选编、学术史方法论之间系统性的有效发生，而“同源同向异体异用”则是“序—传—录”体式的核心要义，由之而产生的“立体、动态、平衡”是《明儒学案》体例关系系统发生的关键。“序—传—录”结构不仅是中国传统学术史编纂体例发展到明清时期日趋成熟的典型代表，也是“学案体”史籍体例的核心构成。

第一节 学 案 体

一、学案体的起源

关于学案体的起源大体上有三种说法：一种以两宋时期儒佛关系为背景，认为学案起于禅宗；一种以宋明理学的学术形态为参照，认为学案起于儒学；一种基于对中国史学史的观察，认为学案起于传统史学。

（一）学案起于禅宗说

陈垣认为:“自灯录盛行,影响及于儒家,朱子之《伊洛渊源录》,黄梨洲之《明儒学案》,万季野之《儒林宗派》等,皆仿此体而作也。”①梁启超提出:“唐宋以还,佛教大昌,于是有《佛祖通载》《传灯录》等书,谓为宗教史也可,谓为学术史也可。其后儒家渐渐仿效,于是有朱晦翁《伊洛渊源录》一类书。”②陈垣与梁启超认为学案“仿效”了佛禅,而钱穆则直接指出:“语录起于禅宗,‘学案’也是起于禅宗。”③这些是较早的关于学案体起源问题的讨论,之后陆续有学者阐发此说,如黄进兴认为:“宋以来的学案体学术史以思想传承来争取正统地位,有可能间接受佛教宗派传承的启示。”④卢钟锋认为:“《伊洛渊源录》是学案体学术史的开山之作,这种新体裁的出现还明显地受到宋代佛教史书,尤其是‘灯录’之类的禅宗史书的影响。”⑤陈祖武提出:“谈中国学案史而推祖于朱熹《伊洛渊源录》,今日已成史学界共识。”⑥“《伊洛渊源录》既立足纪传体史籍的传统,又博采佛家诸僧传之所长,尤其是禅宗灯录体史籍假记禅师言论,以明禅法师承的编纂形式,使记行之与记言相辅相成。”⑦以上学者基本上认同《伊洛渊源录》是“学案体”的起源,故结合两宋时期儒佛关系主张学案起源于禅宗。

（二）学案起于儒学说

(清)阮元认为:“两汉学行醇实,尚近于春秋列国之时。汉末气

① 陈垣:《中国佛教史籍概论》,第73页。
② 梁启超:《中国近三百年学术史》(新校本),第353页。
③ 钱穆:《中国史学名著》,第319页。
④ 黄进兴:《“学案”体裁产生的思想背景:从李绂的〈陆子学谱〉谈起》,《优入圣域:权力、信仰与正当性》,西安:陕西师范大学出版社,1998年,第445页。
⑤ 卢钟锋:《中国传统学术史》,第93页。
⑥ 陈祖武:《中国学案史》,第25页。
⑦ 陈祖武:《中国学案史》,第43页。

节甚高，党祸横决，激而为放达，流而为老、庄，为禅、释。宋儒救之，取学术中最尊者为性理。至明儒，学案纷纷矣。”[①]阮元所说的“学案”与“学派”的意义相近，“纷纷矣”大体上是指各学派间的碰撞、交锋乃至门户之争，而“至明儒”则至少说明阮元是在“儒学”的范围内涉及“学案”问题的，这有助于我们从另一种角度认识学案体史籍。刘述先提出：“学案体裁之产生虽可能受佛家公案的影响，但黄君(进兴)告以在梨洲之前，蕺山即有《论语学案》，耿定向弟子刘元卿曾著《诸儒学案》，更为梨洲之直接渊源，非必远绍公案也。”[②]这是比较早地对清末民初学案起于禅宗说提出的商榷。之后朱鸿林提出：“‘学案’的‘学’指的都是儒学，在历史语境中专指新儒学(理学)。”[③]舒大刚指出：“‘学’，即学者、学术，主要指儒学人物之生平事迹、学术活动、学术贡献。”[④]“道统”是儒家学说中由圣人构成的承载和传续道的系统[⑤]，“道统传”和“道统录”均是史书的一种体式，如清代张伯行曾鉴于仇熙《道统传》之疏而专撰《道统录》两卷。(明)刘宗周作《皇明道统录》意在梳理明代道统，而该著与《明儒学案》的成书极其密切[⑥]，姚名达说：“其后门人黄宗羲撰《明儒学案》当有所感发于此书

---

① (清)阮元：《揅经室一集》卷一一《诂经精舍策问》，(清)阮元撰，邓经元点校：《揅经室集》，北京：中华书局，1993年，第237页。

② 刘述先：《黄宗羲心学的定位》，杭州：浙江古籍出版社，2006年，第41页。

③ 朱鸿林：《儒家“为学方案”：学案著作体裁》，《〈明儒学案〉研究及论学杂著》，第58页。

④ 《历代学案小序》，舒大刚、杨世文主编：《儒藏·史部·历代学案》第1册，第1页。

⑤ 梁韦弦：《儒家学说中的道和道统》，《福建师范大学学报》2009年第2期，第22页。

⑥ 刘述先指出：“《明儒学案》根本不是一部由王学的观点所写的思想史。梨洲是根据蕺山思想的纲领来简择阳明以及王门各派，故充其量只是一广义的王派，绝非阳明之嫡派也。梨洲撰《明儒学案》，首引《师说》，而殿之以《蕺山学案》，在蕺山传记的收尾竟说：‘五星聚张，子刘子之道通，岂非天哉！岂非天哉！’简直是情见乎辞了。”(载氏著《黄宗羲心学的定位》，第104—105页)

而扩充之。"[①]总之,持学案体起源于儒学说的基本思考是宋明理学与学案体史籍的关系,抓住了学案体裁诞生的时代性。

(三)学案起于传统史学说

有学者并不同意"学案体"起源于禅宗的说法。谢国桢提出:"'学案'之名,实即今之学术史,其体制亦实由梨洲所创获。……《史记》中之《儒林传》《孔子世家》《仲尼弟子列传》,《汉书》中之《儒林传》,以及《宋史》之《道学传》,实即寓学术史之意……要不可谓非学案之嚆矢。"[②]张舜徽也提出:"过去编写'学案'的人,重在阐述各学派的统系和师说渊源,所以名之为'案',黄宗羲首创此体。"[③]仓修良从中国史学史发展历程的视角对此问题作了较系统的论述:"作为历史学家的黄宗羲,曾创立了一种史体——学案体。……在黄宗羲之前,也绝无学案体可言。"[④]"唐初所修的《隋书·经籍志》,每类前皆有小序,宋郑樵《通志·二十略》,每篇前面亦均冠以小序,马端临的《文献通考》,每考之前也有小序,这些都旨在起到提纲挈领的作用。谈到人物传记,实由司马迁所首创。清历史学家赵翼在《廿二史札记》和《陔余丛考》中已有详尽考证,我们无论从任何角度来谈论人物传记,都不能离开《史记》而去奢谈《高僧传》之类,否则就找不到真正的源头。至于专门节录每个人的著作言行而汇编成书,这种做法亦盛行于宋代,所以后人批评那些不认真读书的人是袭宋人语录习气。"[⑤]李学勤进一步指出:"有的学者认为,学案体的出现系受佛教禅宗灯录的影响,这恐怕不真实,或者至少是不确切的。司马迁作《史记》,已经在《孔子世家》之外,专设《仲尼弟子列传》,根据孔壁古

① 姚名达:《刘宗周年谱·天启七年》,吴光主编:《刘宗周全集》第6册,第307页。
② 谢国桢:《黄梨洲学谱》,第34—35页。
③ 张舜徽:《清儒学记·自序》,武汉:华中师范大学出版社,2012年,第2页。
④ 仓修良:《黄宗羲和学案体》,《浙江学刊》1995年第5期,第24—25页。
⑤ 仓修良:《黄宗羲的史学贡献》,吴光主编:《黄宗羲论》,第400—401页。

文‘弟子籍’，记述孔门的传承事迹。《史》《汉》的《儒林列传》，也突出了学者的师承关系。作为学案体发轫的朱子《伊洛渊源录》，特点不过是专题单行而已。其后类似作品很多，到黄宗羲的两部‘学案’，将这一体裁的优长发挥到极致，于是成为传统学术史著作的典范。”①此说大体上可以理解为：若从时代性来看，学案体的出现或许曾受到过灯录僧传一定程度的影响，但这种影响绝不是学案体出现的主因。《伊洛渊源录》毕竟是“录”，《明儒学案》《宋元学案》毕竟是“学案”，这是二者在体例属性方面最根本而又非常明显的区别。从撰述意图看，朱子本人追溯的是“伊、洛”的渊源，黄宗羲是在“志七百年儒苑门户”②，他们从未离开儒学的根本。历史地看，《伊洛渊源录》成书在前，它固然对后世“学案体”史籍的出现有先导之功，但真正赋予“学案体”以规范的体例属性和严谨的体式内涵的则是《明儒学案》和《宋元学案》。以上学者基本上认为论“学案体”应以《明儒学案》为准，“学案体”的根源还是中国传统史学。

二、学案体的发展过程

阮芝生说：“学案的创作乃是本于中国古代讲学术史的传统，其体裁的起源，可以说是远祖《高僧传》，中法《伊洛渊源录》，近取《理学宗传》及《圣学宗传》等书，但至《明儒学案》才成为一种有规模、有组织、有编纂方法和宗旨的成熟的体裁。自此，学案的体裁自成格局，后继者纷纷而起。其中以《明儒学案》为最精，《宋元学案》及补遗为

---

① 李学勤：《〈金景芳师传学者文库〉总序》，谢维扬：《周代家庭形态》，哈尔滨：黑龙江人民出版社，2005 年，第 1—2 页。

② （清）全祖望：《鲒埼亭集》卷一一《梨洲先生神道碑文》，（清）全祖望撰，朱铸禹汇校集注：《全祖望集汇校集注》，第 223 页。

最备,《清儒学案》为最巨。”[①]此说可从,故大体以此论为纲简略梳理学案发展的经过。

“学案体”史籍的根在传统史学。我国注重编纂梳理学术史的传统起源很早,一般可追溯至《礼记·儒行》《庄子·天下》等,另外《〈尚书〉序》《〈诗经〉大小序》《〈周易〉序卦传》《〈春秋〉序》《新序》与学案体中的“序”,《史记》之《儒林列传》《仲尼弟子列传》《汉书·儒林传》与学案体中“传”,《论语》《国语》与学案体中的“录”也不能说完全没有关系,故可尝试从“序起诸经、传源《史记》、录从诸子”的角度追溯学案体微观结构的起源。将学案体的源头追溯到先秦,不是说先秦学术史的编纂一定对后世学案体史籍的编纂有何决定性的影响,而是要确定一种范围,这就是我们决不能离开中国传统史学的发展而讨论学案体的形成之因。

古典“学案体”史籍的编纂与理学的发展过程关系始终十分密切,这一点首先表现在《伊洛渊源录》上,(清)莫伯骥说:“远西诸邦有学史,朱子之书,实为吾国学史之先道。”[②]亦有学者认为“明清之际黄宗羲编纂《宋元学案》《明儒学案》,无不受其启发”[③]。作为一部早期的梳理理学流变之作,《伊洛渊源录》确实在编纂思想、编纂体例、编纂方法等方面对学案体史籍的形成与发展起到过重要的推动作用。

明清时期学案定体。明代耿定向《陆杨二先生学案》、冯从吾《元儒考略》、刘元卿《诸儒学案》、刘宗周《论语学案》、王珪《学案》等对于

① 阮芝生:《学案体裁源流初探》,杜维运、黄进兴编:《中国史学史论文选集》,台北:华世出版社,1976年,第591页。

② (清)莫伯骥:《五十万卷楼群书跋文史二·〈伊洛渊源录〉》,朱杰人等主编:《朱子全书》第12册,第1128页。

③ 戴扬本:《(〈伊洛渊源录〉)校点说明》,朱杰人等主编:《朱子全书》第12册,第909页。

学案的定体均有先导之益，《圣学宗传》《理学宗传》则以"宗传"的形式延续着学术史的思考，而作为对宋元明三代七百年儒学流变的通史之论，《明儒学案》和《宋元学案》基本上从属性和内涵上正式定义了"学案体"。之后《两汉三国学案》分经立纲，以人附经，对学案体式有所创新，成书于民国时期而在内容上属于清代的《清儒学案》则代表着古典学案体时代的终结。

三、学案体的定义

陈金生提出："什么叫'学案'？未见有人论定。我想大概是介绍各家学术而分别为之立案，且加以按断之意（案、按字通）。按断就是考查论定。因此，'学案'含有现在所谓学术史的意思。"①这是较早地专门对学案之定义进行的讨论。

朱鸿林提出："'学案'是儒家'为学'的方案，是给学习儒学的学者作进一步学习的材料，这些材料本身便是先儒不同为学方案的表现，是用来指导学者如何找到自己思想上与实践上的门径。"②这是较独到的关于学案之定义的讨论。

陈祖武提出："学案体史籍以学者论学资料的辑录为主体，合其生平传略及学术总评为一堂，据以反映一个学者、一个学派，乃至一个时代的学术风貌，从而具备了晚近所谓学术史的意义。"③这是相对完备的学案定义④。

---

① 陈金生：《〈宋元学案〉编纂的原则与体例》，《书品》1987年第3期，第29页。

② 朱鸿林：《儒家"为学方案"：学案著作体裁》，《〈明儒学案〉研究及论学杂著》，第50页。

③ 陈祖武：《中国学案史》，第259页。

④ 此说的可贵之处在于其"方向"。一般给学案下定义都按"序—传—录"的正面顺序，而此说则反过来按照"录—传—序"的顺序下定义，从反面叙述剖析正向问题，正是这种思路和方向的转换使得其对学案体的定义能够有相对精当的阐释。

第二节 序

"序"的主要作用在于"指示、引起、提纲挈领",尤其要有助于理解具体的文本内容。《明儒学案》在宏观结构上是由以学派为基础的学案群构成,在微观结构上是由学派前的小序(序)、传主的小传(传)、传主的学术资料选编(录)三部分构成,"小序"对我们从宏观上理解把握该学派的起源、特点、构成及发展演变过程有着不可替代的重要作用,如果将《明儒学案》十七个小序连起来看,甚至可以作为一部明代学术思想简史的参照,简洁、准确且连贯,"小序"实则使作为"学案体"的《明儒学案》更具"学术史"的属性。《明儒学案》的序传录之间有着深层次的逻辑关系,"录"和"传"是"序"的基础,"序"是"传"和"录"的高度凝练,"小序"对于"传"和"录"的理解具有纲领性的重要作用。前人有对于"小序"起源的追溯:"唐初所修的《隋书・经籍志》,每类前皆有小序。宋郑樵《通志・二十略》,每篇前面亦均冠以小序。马端临的《文献通考》,每考之前也有小序,这些都旨在起到提纲挈领的作用。"①有对"小序"内容的讨论:"卷首总论,文字或短或长,短者数十、百余字,长者不过数百、近千字,或述学术师承,或谈论学宗旨,意在说明案主学术在一代理学史上的地位。"②这里初步尝试提出"小序"的三种基本功能:追溯学派起源、概括学派特点、梳理学派结构。

一、追溯学派起源

"小序"以《明儒学案》各学案群的内容为基础追溯了该学派的起

① 仓修良:《黄宗羲的史学贡献》,吴光主编:《黄宗羲论》,第400—401页。
② 陈祖武:《中国学案史》,第119—120页。

源。如关于崇仁学派的起源，黄宗羲在《崇仁学案》的案前“小序”中说：“康斋倡道小陂。”①吴与弼所倡之“道”的一般意义是道统论框架内儒家的圣贤之道，特别意义是明代儒学的逻辑起点。黄宗羲以《崇仁学案》开篇有诸多方面的考量，首先是理学在总体趋势上由“理本”向“心本”的转化，其次是吴与弼的弟子及其再传弟子对这种趋势的推进，如陈献章对早期明代心学的发端之功、湛若水及其甘泉学派的延续、娄谅对王阳明的学术启示等，所以黄宗羲说：“椎轮为大辂之始，增冰为积水所成，微康斋，焉得有后时之盛哉！”②对崇仁学派起源问题的追溯也关涉到探讨明代学术的缘起。关于三原学派，黄宗羲说：“关学大概宗薛氏，三原又其别派也。”③可见三原立派与河东直接相关。对于姚江学派产生的思想背景，黄宗羲说：“有明学术，从前习熟先儒之成说，未尝反身理会，推见至隐。所谓‘此亦一述朱，彼亦一述朱’耳！”④“述朱”是姚江学派兴起的重要思想背景。黄宗羲进一步指出：“自姚江指点出‘良知人人现在，一反观而自得’，便人人有个作圣之路。”⑤“自得”与“述朱”的强烈反差是认识明代学术特征的重要切入点。对于楚中王门，黄宗羲说：“楚学之盛，惟耿天台一派，自泰州流入。”⑥泰州学派虽有类禅之迹，但“其学本王守仁”⑦，黄宗羲强调的是楚中王门学派的传入路径问题。关于粤中王门的起源，黄宗羲说：“岭海之士学于文成者，自方西樵始。”⑧关于止修学派

---

① 《崇仁学案·小序》，(清) 黄宗羲著，吴光主编：《黄宗羲全集》第7册，第1页。
② 《崇仁学案·小序》，(清) 黄宗羲著，吴光主编：《黄宗羲全集》第7册，第1页。
③ 《三原学案·小序》，(清) 黄宗羲著，吴光主编：《黄宗羲全集》第7册，第172页。
④ 《姚江学案·小序》，(清) 黄宗羲著，吴光主编：《黄宗羲全集》第7册，第197页。
⑤ 《姚江学案·小序》，(清) 黄宗羲著，吴光主编：《黄宗羲全集》第7册，第197页。
⑥ 《楚中王门学案·小序》，(清) 黄宗羲著，吴光主编：《黄宗羲全集》第7册，第728页。
⑦ (清) 张廷玉等：《明史》卷二二一《耿定向列传》，北京：中华书局，1974年，第5817页。
⑧ 《粤闽王门学案·小序》，(清) 黄宗羲著，吴光主编：《黄宗羲全集》第7册，第762页。

的缘起，黄宗羲说："见罗从学于邹东廓，固亦王门以下一人也。"①李材师承江右王门邹守益。对于《诸儒学案》传主的学术起源，黄宗羲认为"或无所师承，得之于遗经""或朋友夹持之力""或当时有所兴起，而后之学者无传者"②，传统儒家经典、学友砥砺、独立兴起是《诸儒学案》中传主的学术来源。"追溯学派起源"是"小序"首先要完成的任务。

二、概括学派特点

"小序"以该学案群的内容为基础对《明儒学案》各学派的特征、宗旨或核心观点等进行了高度凝练的概括。如黄宗羲认为崇仁学派的特征是"禀宋人成说"③；白沙学派的特征是"精微""清苦自立"④，如贺钦淡然于富贵、史桂芳苦行修持、名利之事纤毫不能入谢祐；河东学派的特点是"悃愊无华，恪守宋人矩矱"⑤，如薛瑄一本程朱、周蕙以程朱自任、薛敬之学近于伊洛。三原学派则"以气节著"⑥，如马理爱道甚于爱官、杨爵刚大之气百折不回、王之士蒿床粝食尚友千古。姚江之学接续了"古来之学脉"⑦，使得人人有个作圣之路。江右王门则对师门之学能够补偏救弊，黄宗羲说："是时越中流弊错出，挟师说以杜学者之口，而江右独能破之。"⑧楚中王门"实得阳明之

---

① （清）黄宗羲：《明儒学案》卷三一《止修学案·小序》，（清）康熙三十二年紫筠斋刻本，叶一正。按，二老阁本无《止修学案》的序言。
② 《诸儒学案·小序》，（清）黄宗羲著，吴光主编：《黄宗羲全集》第8册，第331页。
③ 《崇仁学案·小序》，（清）黄宗羲著，吴光主编：《黄宗羲全集》第7册，第1页。
④ 《白沙学案·小序》，（清）黄宗羲著，吴光主编：《黄宗羲全集》第7册，第78页。
⑤ 《河东学案·小序》，（清）黄宗羲著，吴光主编：《黄宗羲全集》第7册，第117页。
⑥ 《三原学案·小序》，（清）黄宗羲著，吴光主编：《黄宗羲全集》第7册，第172页。
⑦ 《姚江学案·小序》，（清）黄宗羲著，吴光主编：《黄宗羲全集》第7册，第197页。
⑧ 《江右王门学案·小序》，（清）黄宗羲著，吴光主编：《黄宗羲全集》第7册，第377页。

传"[1],(明)正德五年(1510)二月,王阳明讲学于武陵潮音阁,蒋信、冀元亨等皆来受学[2],他们较早地接触到了龙场悟道前后王阳明思想发生的重要变化。止修学派可以在一定程度上"救良知之弊"[3]。对于泰州学派的特点,黄宗羲慨叹:"阳明先生之学,有泰州、龙溪而风行天下,亦因泰州、龙溪而渐失其传。"[4]诸儒学案上卷的特点是"宋人规范犹在"[5],如罗伦守宋人之途辙、章懋墨守宋儒、张吉穷宋儒之书。诸儒学案中卷的特点之一是对阳明学有所辩难而"足以发明阳明之学"[6],如崔铣诋阳明不遗余力、张岳往往攻击良知、汪俊以阳明言性不分理气著说非之。诸儒学案下卷的特点是"半归忠义"[7],如孙奇逢尚节侠、吕维祺认为名义至重、金声论圣门之学但见一义字。对于东林学派的特点,黄宗羲说:"忠义之盛,度越前代。"[8]"概括学派特点"是"小序"的核心功能。

三、梳理学派结构

"小序"以该学案群的内容为基础梳理了《明儒学案》各学派发展的脉络、阶段、结构以及分衍流变。关于崇仁学派的分衍,黄宗羲说:"其相传一派,虽一斋、庄渠稍为转手,终不敢离此矩矱也。白沙出其门,然自叙所得,不关聘君,当为别派。"[9]娄谅之"收放心"、魏校的

---

① 《楚中王门学案·小序》,(清)黄宗羲著,吴光主编:《黄宗羲全集》第7册,第728页。
② 束景南:《王阳明年谱长编·正德五年》,上海:上海古籍出版社,2017年,第557页。
③ 《止修学案·小序》,(清)黄宗羲著,吴光主编:《黄宗羲全集》第7册,第778页。
④ 《泰州学案·小序》,(清)黄宗羲著,吴光主编:《黄宗羲全集》第7册,第821页。
⑤ 《诸儒学案·小序》,(清)黄宗羲著,吴光主编:《黄宗羲全集》第8册,第331页。
⑥ 《诸儒学案·小序》,(清)黄宗羲著,吴光主编:《黄宗羲全集》第8册,第331页。
⑦ 《诸儒学案·小序》,(清)黄宗羲著,吴光主编:《黄宗羲全集》第8册,第331页。
⑧ 《东林学案·小序》,(清)黄宗羲著,吴光主编:《黄宗羲全集》第8册,第727页。
⑨ 《崇仁学案·小序》,(清)黄宗羲著,吴光主编:《黄宗羲全集》第7册,第1页。

“天根之学”与吴与弼“秉宋人成说”的为学路径稍有一定的不同，故黄宗羲仅谓之“转手”，而陈献章之“静中养出端倪”①则与吴与弼的为学宗旨有质性区别，故黄宗羲论其当为“别派”。南中王门的发展分为两个阶段，黄宗羲说：“阳明在时，王心斋、黄五岳、朱得之、戚南玄、周道通、冯南江其著也。”②之后的特点是讲会兴盛：“阳明殁后……泾县有水西会，宁国有同善会，江阴有君山会，贵池有光岳会，太平有九龙会，广德有复初会，江北有南谯精舍，新安有程氏世庙会，泰州复有心斋讲堂，几乎比户可封矣。”③关于北方王门，黄宗羲说：“北方之为王氏学者独少。”④但孟秋和孟化鲤是为数不多的代表。对于甘泉学派的发展，黄宗羲说：“湛氏门人，虽不及王氏之盛，然当时学于湛者或卒业于王，学于王者或卒业于湛，亦犹朱、陆门下，递相出入也。”⑤明代中后期甘泉后学与阳明后学彼此之间有师承和学术上相对比较频繁的互动和比较深层次的联系属于甘泉学派和阳明学派共同的阶段性特点。“梳理学派结构”是小序的必要功能。

第三节 传

“小传”是系统地了解传主生平事迹、学术渊源、师承变化、为学宗旨、学术衍进、学术得失的主要材料。从编纂体例看，“小传”上承

① （清）张廷玉等：《明史》卷二八三《陈献章列传》，第7262页。
② 《南中王门学案·小序》，（清）黄宗羲著，吴光主编：《黄宗羲全集》第7册，第672页。
③ 《南中王门学案·小序》，（清）黄宗羲著，吴光主编：《黄宗羲全集》第7册，第672页。
④ 《北方王门学案·小序》，（清）黄宗羲著，吴光主编：《黄宗羲全集》第7册，第739页。
⑤ 《甘泉学案·小序》，（清）黄宗羲著，吴光主编：《黄宗羲全集》第8册，第138页。

"小序",下接学术资料选编,使"序—传—录"的结构联为一体。前人有对"小传"起源的追溯:"无论从任何角度来谈论人物传记,都不能离开《史记》而去奢谈《高僧传》之类,否则就找不到真正的源头。"①有对"小传"内容的讨论:"先述传主生平行履,后论学术风貌,行履之与论学,一般各占一半篇幅。"②有对"小传"特点的概括:"令读者能把这个人的人格捉摸到手。"③这里初步提出"小传"四方面的基本功能:以修德实迹为重点的生平行履、以师友渊源为目标的缘起追溯、以提炼宗旨为核心的价值凝聚、以学术批评为手段的格局塑造。

一、以修德实迹为重点的生平行履

"小传"叙传主生平,"修德"是重点。这首先与黄宗羲对阳明学学术形态与明代社会现实之间关系的认识有关,有研究指出:"王守仁所生活的时期,社会矛盾尖锐,大规模的农民起义不断发生,统治阶级内部矛盾也日益剧烈,宦官专权,政治黑暗,地方藩王接连反叛,明王朝出现了严重的政治危机。"④对于这些社会问题,王阳明进行了学术层面的思考:"天下之不治,由于士风之衰薄,而士风之衰薄,由于学术之不明。"⑤阳明后学邹元标也认为:"天下治乱,系于人心;人心邪正,系于学术。"⑥而有学者则进一步明确指出:"王守仁认为政治、经济的动荡是由于道德沦丧,道德沦丧是由于学术不明,而学

① 仓修良:《黄宗羲的史学贡献》,吴光主编:《黄宗羲论》,第401页。
② 陈祖武:《中国学案史》,第120页。
③ 梁启超:《中国近三百年学术史》(新校本),第64页。
④ 南炳文、汤纲:《明史》,上海:上海人民出版社,2014年,第1320页。
⑤ (明)王守仁:《送别省吾林都宪序》,吴光等编校:《王阳明全集》卷二二,第975页。
⑥ 《江右王门学案·忠介邹南皋先生元标》,(清)黄宗羲著,吴光主编:《黄宗羲全集》第7册,第618页。

术不明是由于朱学的流弊所造成的。”[①]这种“流弊”的外在表现之一是道德行为与道德认知的二分，故王阳明提“知行合一”，而阳明后学经过一段时间的发展反而又出现了一定的“空疏”之弊，清初黄宗羲著《明儒学案》，意旨之一便是用学术史的方式说明并重新规范理学秩序，补偏救弊，故而明确提出“修德而后可讲学”[②]。这项工作分两个步骤：一是从学理的角度提出“工夫所至即其本体”[③]；二是在“小传”生平部分以修德实迹为重，力主节义与理学为一。

（一）忠君臣之义

“忠义”与“气节”乃修德之先。方孝孺被誉为“天下读书种子”[④]、“有明之学祖也”[⑤]，《师说》以方孝孺开篇，《诸儒学案》以方孝孺开卷，其实更在于他的“气节”：“君（建文帝）臣之间，同于师友。金川失守，先生斩衰，哭不绝声。文皇（明成祖）……欲令先生草诏，以塞天下之人心。……先生怒骂不已，磔之聚宝门外，年四十六。坐死者凡八百四十七人。”[⑥]方孝孺是明初忠君的代表。刘宗周是明末清初儒家士大夫群体中决绝之士的典型代表：“君臣之义，本以情决，舍情而言义，非义也。……绝食二十日而卒。”[⑦]他身处明清之交这个急剧变化的社会转型期，一是王朝更替，故国已去；二是清兵入关，夷

---

① 侯外庐等主编：《宋明理学史》下，第 201 页。

② （清）黄宗羲：《明儒学案序》，（清）黄宗羲著，陈乃乾编：《黄梨洲文集》，第 379 页。

③ （清）黄宗羲：《黄梨洲先生原序》，（清）黄宗羲：《明儒学案》，（清）康熙三十二年紫筠斋刻本，叶一正。

④ （明）姚广孝说：“孝孺必不降，不可杀之，杀之天下读书种子绝矣。”《诸儒学案上・文正方正学先生孝孺》，（清）黄宗羲著，吴光主编：《黄宗羲全集》第 8 册，第 333 页。

⑤ 《诸儒学案上・文正方正学先生孝孺》，（清）黄宗羲著，吴光主编：《黄宗羲全集》第 8 册，第 334 页。

⑥ 《诸儒学案上・文正方正学先生孝孺》，（清）黄宗羲著，吴光主编：《黄宗羲全集》第 8 册，第 333 页。

⑦ 《蕺山学案・忠端刘念台先生宗周》，（清）黄宗羲著，吴光主编：《黄宗羲全集》第 8 册，第 890 页。

夏破防；三是学术不明，亟需匡正，故以一己之死节践其忠君之深德。同样以死节对国变的还有吴钟峦："'吾友马君常死国难，吾为远臣，不得从死；闽事之坏，吾已辞行，不得骤死。'……辛卯八月末，于圣庙右庑设高座，积薪其下，城破，捧夫子神位，登座危坐，举火而卒。"①有学者指出："《明儒学案》自始至终，有一个首尾相联的宗旨贯穿其间，那就是恪守'成仁取义'古训，倡导将节义与理学合为一体。惟其如此，从明初死节的方孝孺，到晚明沉水殉国的高攀龙，迄于明亡从容赴死的刘宗周、黄道周、金铉、金声、吴钟峦、华允诚，等等，皆在《明儒学案》中永垂史册。"②对这些抗节死义之士和孤忠守节之民，黄宗羲重点叙说了他们的修德实迹，感人至深。

（二）孝父子之亲

"孝"是儒家士大夫修德的基本路径，也是理学家践行理学思想的一种基本方式，《孝经》："夫孝，德之本也。"③有学者释"孝"曰："孝是伴随人类自身再生产而自然产生的亲亲之情，在阶级社会中，它是表现纵向血缘关系中晚辈对长辈的行为规范的观念体系的总和。"④儒家历来主张忠孝一本，传统社会中"孝"与"学""政"关系均极密切，黄宗羲在"小传"中极重传主孝行，如潘府"性至孝"⑤、陆澄"执父丧，哀毁失明"⑥、罗洪先"丁父艰，苫块蔬食"⑦、胡居仁执亲之

---

① 《东林学案·宗伯吴霞舟先生钟峦》，（清）黄宗羲著，吴光主编：《黄宗羲全集》第8册，第869页。

② 陈祖武：《〈明儒学案〉发微》，《中国史研究》2009年第4期，第138页。

③ （唐）李隆基注，（宋）邢昺疏：《孝经注疏·开宗明义章第一》，（清）阮元校刻：《十三经注疏》，第2545页。

④ 康学伟：《先秦孝道研究》，长春：吉林人民出版社，2000年，第17页。

⑤ 《诸儒学案上·太常潘南山先生府》，（清）黄宗羲著，吴光主编：《黄宗羲全集》第8册，第401页。

⑥ 《浙中王门学案·主事陆原静先生澄》，（清）黄宗羲著，吴光主编：《黄宗羲全集》第7册，第336页。

⑦ 《江右王门学案·文恭罗念庵先生洪先》，（清）黄宗羲著，吴光主编：《黄宗羲全集》第7册，第445页。

丧时“水浆不入口，柴毁骨立”①。叙黄润玉：“诏徙江南富民实北京，其父当行，先生年十三，请代父往。”②叙王艮：“其父受役，天寒起，盥冷水，先生见之，痛哭曰：‘为人子而令亲如此，尚得为人乎！’于是有事则身代之。”③传主“孝”行的修德实迹乃是由其“心德”所发。

（三）守正气之节

首先，传主为官清廉刚正，如叙陈选：“督学南畿，一以德行为主，试卷列诸生姓名，不为弥封，曰：‘吾且不自信，何以信于人邪？’”④克庵得其“清”。记罗洪先：“有富人坐死，行贿万金，待先生一言，先生辞之而去。”⑤念庵得其“廉”。述徐樾：“（嘉靖三十一年）沅江府土舍那鉴弑其知府那宪，攻劫州县，朝议讨之。……那鉴遣经历张惟至监军佥事王养浩所伪降，养浩疑不敢往。先生以督饷至军，慨然请行。”⑥波石得其“刚”。论韩邦奇：“考察都御使袖私帙视之，先生夺去，曰：‘考核公事，有公籍在。’”⑦苑洛得其“正”。其次，传主为人清贫守道，如杨爵“幼贫苦，挟册躬耕”⑧、黄道周“家贫，时时挟策远游”⑨、黄润玉“卖菜

① 《崇仁学案·文敬胡敬斋先生居仁》，（清）黄宗羲著，吴光主编：《黄宗羲全集》第7册，第21—22页。

② 《诸儒学案上·督学黄南山先生润玉》，（清）黄宗羲著，吴光主编：《黄宗羲全集》第8册，第362页。

③ 《泰州学案·处士王心斋先生艮》，（清）黄宗羲著，吴光主编：《黄宗羲全集》第7册，第829页。

④ 《诸儒学案上·布政陈克庵先生选》，（清）黄宗羲著，吴光主编：《黄宗羲全集》第8册，第382页。

⑤ 《江右王门学案·文恭罗念庵先生洪先》，（清）黄宗羲著，吴光主编：《黄宗羲全集》第7册，第447页。

⑥ 《泰州学案·布政徐波石先生樾》，（清）黄宗羲著，吴光主编：《黄宗羲全集》第7册，第847页。

⑦ 《三原学案·恭简韩苑洛先生邦奇》，（清）黄宗羲著，吴光主编：《黄宗羲全集》第7册，第182页。

⑧ 《三原学案·忠介杨斛山先生爵》，（清）黄宗羲著，吴光主编：《黄宗羲全集》第7册，第184页。

⑨ 《诸儒学案下·忠烈黄石斋先生道周》，（清）黄宗羲著，吴光主编：《黄宗羲全集》第8册，第674页。

以为生……读书不辍”[①]、陈选“安贫守道之意，彻乎表里”[②]，刘阳去赣州问学，一路泊舟野水，风雪清苦，却不以为恶，阳明见之曰：“苟不能甘至贫至贱，不可以为圣人。”[③]最后，传主为学弃举从圣。科举制极大地提升了传统社会的人才选拔效能，对稳定儒家文化的发展也有结构性的重大贡献，但亦不能说完全无弊。《明史·儒林传序》：“科举盛而儒术微。”[④]黄宗羲亦曾感叹：“举业盛而圣学亡。”[⑤]《中国科举制度通史·总论》说：“君主把科举当成笼络读书人的工具，啖以利禄。读书人把科举当成了干禄的途径，所谓圣贤之书只是敲门砖而已。”[⑥]一个基本的逻辑是“科举考《四书》《五经》，却检验不出考生的道德水准，修德与科举常相悖离”[⑦]。有明一代确实延续着一种“科举业妨圣贤学”的思潮，如刘元卿“以科举妨学”[⑧]、刘邦采认为“科举非吾事”[⑨]、吴与弼“弃去举子业”[⑩]、胡居仁“绝意科举”[⑪]、陈献

① 《诸儒学案上·督学黄南山先生润玉》，(清) 黄宗羲著，吴光主编：《黄宗羲全集》第8册，第362页。
② 《诸儒学案上·布政陈克庵先生选》，(清) 黄宗羲著，吴光主编：《黄宗羲全集》第8册，第383页。
③ 《江右王门学案·御史刘三五先生阳》，(清) 黄宗羲著，吴光主编：《黄宗羲全集》第7册，第511页。
④ (清) 张廷玉等：《明史》卷二八二《儒林列传序》，第7222页。
⑤ (清) 黄宗羲：《〈恽仲升文集〉序》，(清) 黄宗羲著，吴光主编：《黄宗羲全集》第10册，第4页。
⑥ 张希清等主编：《中国科举制度通史》，上海：上海人民出版社，2017年，第41页。
⑦ 张实龙：《修德而后可讲学——论〈明儒学案〉的精神》，《浙江学刊》2007年第1期，第87页。
⑧ 《江右王门学案·征君刘泸潇先生元卿》，(清) 黄宗羲著，吴光主编：《黄宗羲全集》第7册，第576页。
⑨ 《江右王门学案·同知刘师泉先生邦采》，(清) 黄宗羲著，吴光主编：《黄宗羲全集》第7册，第504页。
⑩ 《崇仁学案·聘君吴康斋先生与弼》，(清) 黄宗羲著，吴光主编：《黄宗羲全集》第7册，第3页。
⑪ 《崇仁学案·文敬胡敬斋先生居仁》，(清) 黄宗羲著，吴光主编：《黄宗羲全集》第7册，第21页。

章“绝意科举”[①]、何廷矩“弃举子业”[②]、贺钦“少习举子业，辄鄙之”[③]、邓元锡“欲弃举子业”[④]、陈真晟“不复以科举为事”[⑤]，这种判断在一定程度上反映了明儒对“科举业”与“圣贤学”之间关系的一种认知。

（四）为侠义之行

“义”之气于“修德”最足，如孙奇逢“尚节侠”[⑥]、颜钧“好急人之难”[⑦]、东林学派“忠义之盛度越前代”[⑧]，金声认为：“义当生自生，义当死自死。”[⑨]顾允成见义必为：“假节义乃血气也，真节义即义理也。血气之怒不可有，义理之怒不可无。义理之气节，不可亢之而使骄，亦不可抑之而使绥。以义理而误认为血气，则浩然之气，且无事养矣。”[⑩]

《明儒学案》的“小传”主要分生平和学术两部分，“生平小传”包括传主的姓、名、字、号、籍贯、生卒年、科举出身、为官履历和修德实

---

① 《白沙学案·文恭陈白沙先生献章》，（清）黄宗羲著，吴光主编：《黄宗羲全集》第7册，第80页。
② 《白沙学案·文学何时振先生廷矩》，（清）黄宗羲著，吴光主编：《黄宗羲全集》第7册，第115页。
③ 《白沙学案·给事贺医闾先生钦》，（清）黄宗羲著，吴光主编：《黄宗羲全集》第7册，第105页。
④ 《江右王门学案·征君邓潜谷先生元锡》，（清）黄宗羲著，吴光主编：《黄宗羲全集》第7册，第653页。
⑤ 《诸儒学案上·布衣陈剩夫先生真晟》，（清）黄宗羲著，吴光主编：《黄宗羲全集》第8册，第384页。
⑥ 《诸儒学案下·征君孙钟元先生奇逢》，（清）黄宗羲著，吴光主编：《黄宗羲全集》第8册，第721页。
⑦ 《泰州学案·序·颜钧小传》，（清）黄宗羲著，吴光主编：《黄宗羲全集》第7册，第822页。
⑧ 《东林学案·小序》，（清）黄宗羲著，吴光主编：《黄宗羲全集》第8册，第727页。
⑨ 《诸儒学案下·中丞金正希先生声》，（清）黄宗羲著，吴光主编：《黄宗羲全集》第8册，第706页。
⑩ 《东林学案·主事顾泾凡先生允成》，（清）黄宗羲著，吴光主编：《黄宗羲全集》第8册，第838页。

迹，而“修德之实迹”是黄宗羲叙述的重点。黄宗羲认为：“修德而后可讲学，今讲学而不修德，又何怪其举一而废百乎！”[①]有学者指出：古人修德与讲学本是相通，黄宗羲创《明儒学案》，正是为了后人修德，《明儒学案》的人物传记、学术评论和语录摘抄，无一不指向修德，《明儒学案》的精神即是“修德而后可讲学”。[②] 修德与讲学是一个问题（成圣）的两个面，逻辑上“一而二”，过程上“二而一”，“忠、孝、节、义”是修德，亦是为学。黄宗羲重点阐述传主“修德之实迹”正是对明末清初儒学内部道德理论与道德实践发展结构性失衡的修正。

二、以师友渊源为目标的缘起追溯

“家学”重源流，“师学”重传承，“学友”重范围，黄宗羲从历史、纵向、横向三个剖面系统、立体、动态地追溯了传主的师承渊源。

（一）家学

“家学”一般指“家族世代相传之学”[③]，我国古代的“家学”最初与经学密切相关，理学思潮兴起后，“家学”的内容与形式均发生了一定的变化，这里的“家学”仅是指一般性意义上家族范围内的学术传承。“家学”是《明儒学案》部分传主重要的学术来源，有父子相传者，如崇仁娄谅与娄性、娄忱，三原王恕与王承裕，泰州王艮与王襞，南中王门唐顺之与唐鹤征，浙中王门董沄与董谷，江右王门邹守益、子邹善及孙邹德涵、邹德溥、邹德泳等。有兄弟相传者，如江右王门魏良弼、魏良政、魏良器，泰州耿定向与耿定理，东林顾宪成与顾允成等。《明儒学案》多以“附传”的形式记叙传主间“家学”的传承。

---

① （清）黄宗羲：《明儒学案序》，（清）黄宗羲著，陈乃乾编：《黄梨洲文集》，第379页。

② 张实龙：《修德而后可讲学——论〈明儒学案〉的精神》，《浙江学刊》2007年第1期，第86页。

③ 何九盈等主编：《辞源》第3版，第1131页。

（二）师学

黄宗羲说："此编以有所授受者分为各案。"[1]所谓"有所授受"即明确的师承关系。首先，《明儒学案》中传主的"师承"方式是多元的，包括师、师事、往师、委贽、纳贽、执贽、亲贽、入室、禀学、受学、受业、卒业、往听、往见、往游、往从、从游、游处、游学、问学、从归、从学、私淑、北面、及门、收之门下、出其门下、往拜其门、称门弟子、游某之门、及某之门、登某之门、引入门下等。其次，二老阁版《明儒学案》195 名正案传主中 155 人有明确的师承关系，分师承一人和师承多人，以承一师为主，如余祐"师胡敬斋"[2]、何廷矩"师白沙"[3]、吕楠"师事薛思庵"[4]、马理"师事王康僖"[5]、季本"师事阳明"[6]、陈九川"师阳明"[7]、贡安国"师南野"[8]、蒋信"师甘泉"[9]、尤时熙"师事刘晴川"[10]、林春"师心斋"[11]、蔡汝楠"师甘

---

① （清）黄宗羲：《〈明儒学案〉发凡》，（清）黄宗羲著，吴光主编：《黄宗羲全集》第 7 册，第 6 页。

② 《崇仁学案·侍郎余讱斋先生祐》，（清）黄宗羲著，吴光主编：《黄宗羲全集》第 7 册，第 61 页。

③ 《白沙学案·文学何时振先生廷矩》，（清）黄宗羲著，吴光主编：《黄宗羲全集》第 7 册，第 115 页。

④ 《河东学案·文简吕泾野先生楠》，（清）黄宗羲著，吴光主编：《黄宗羲全集》第 7 册，第 151 页。

⑤ 《三原学案·光禄马溪田先生理》，（清）黄宗羲著，吴光主编：《黄宗羲全集》第 7 册，第 182 页。

⑥ 《浙中王门学案·知府季彭山先生本》，（清）黄宗羲著，吴光主编：《黄宗羲全集》第 7 册，第 307 页。

⑦ 《江右王门学案·郎中陈明水先生九川》，（清）黄宗羲著，吴光主编：《黄宗羲全集》第 7 册，第 527 页。

⑧ 《南中王门学案·序·贡安国小传》，（清）黄宗羲著，吴光主编：《黄宗羲全集》第 7 册，第 672 页。

⑨ 《楚中王门学案·佥宪蒋道林先生信》，（清）黄宗羲著，吴光主编：《黄宗羲全集》第 7 册，第 729 页。

⑩ 《北方王门学案·主事尤西川先生时熙》，（清）黄宗羲著，吴光主编：《黄宗羲全集》第 7 册，第 743 页。

⑪ 《泰州学案·文选林东城先生春》，（清）黄宗羲著，吴光主编：《黄宗羲全集》第 7 册，第 870 页。

泉"[①]、史孟麟"师事泾阳"[②]。亦有师承多人的情况,如刘阳"少受业于彭石屋、刘梅源"[③]、邓元锡"就学于邹东廓、刘三五"[④]、查铎"学于龙溪、绪山"[⑤]、沈宠"师南野、龙溪"[⑥]、萧良干"师绪山、龙溪"[⑦]、戚衮"初及东廓、南野之门"[⑧]、张棨"从东廓、绪山、龙溪"[⑨]、周怡"师事东廓、龙溪"[⑩]、张后觉"受业于颜中溪、徐波石"[⑪]、焦竑"师事耿天台、罗近溪"[⑫]、潘士藻"学于天台、卓吾"[⑬]、方学渐"学于张甑山、耿楚倥"[⑭]、曹端"师事宜阳马子才、太原彭宗古"[⑮]、陈龙正"师事吴志远、

① 《甘泉学案·侍郎蔡白石先生汝楠》,(清)黄宗羲著,吴光主编:《黄宗羲全集》第8册,第249页。
② 《东林学案·太常史玉池先生孟麟》,(清)黄宗羲著,吴光主编:《黄宗羲全集》第8册,第843页。
③ 《江右王门学案·御史刘三五先生阳》,(清)黄宗羲著,吴光主编:《黄宗羲全集》第7册,第510页。
④ 《江右王门学案·征君邓潜谷先生元锡》,(清)黄宗羲著,吴光主编:《黄宗羲全集》第7册,第653页。
⑤ 《南中王门学案·序·查铎小传》,(清)黄宗羲著,吴光主编:《黄宗羲全集》第7册,第672页。
⑥ 《南中王门学案·序·沈宠小传》,(清)黄宗羲著,吴光主编:《黄宗羲全集》第7册,第672页。
⑦ 《南中王门学案·序·萧良干小传》,(清)黄宗羲著,吴光主编:《黄宗羲全集》第7册,第673页。
⑧ 《南中王门学案·序·戚衮小传》,(清)黄宗羲著,吴光主编:《黄宗羲全集》第7册,第673页。
⑨ 《南中王门学案·序·张棨小传》,(清)黄宗羲著,吴光主编:《黄宗羲全集》第7册,第674页。
⑩ 《南中王门学案·序·周怡小传》,(清)黄宗羲著,吴光主编:《黄宗羲全集》第7册,第687页。
⑪ 《北方王门学案·教谕张弘山先生后觉》,(清)黄宗羲著,吴光主编:《黄宗羲全集》第7册,第740页。
⑫ 《泰州学案·文端焦澹园先生竑》,(清)黄宗羲著,吴光主编:《黄宗羲全集》第8册,第83页。
⑬ 《泰州学案·尚宝潘雪松先生士藻》,(清)黄宗羲著,吴光主编:《黄宗羲全集》第8册,第90页。
⑭ 《泰州学案·明经方本庵先生学渐》,(清)黄宗羲著,吴光主编:《黄宗羲全集》第8册,第94页。
⑮ 《诸儒学案上·学正曹月川先生端》,(清)黄宗羲著,吴光主编:《黄宗羲全集》第8册,第354页。

高忠宪"①。"师承"是"学派"形成最重要的基础,这种纵向的递进性传承从根本上推动了该学派的发展与衍进。而"学派"乃是"学案"的主体,由各个"学案"构成的"学案群"又是《明儒学案》的基本架构,依次来看,"师承→学派→学案→学案群→学案体→学术史系统"的思想序列是以"师承"为逻辑起点的。

（三）学友

广义的"学友"一般是指基于"学术、学问、为学"而形成的具有相对稳定关系的行为共同体②。相较而言,如果说"师学"是纵向立体的传授,那么"学友"则可视为横向平行的修习,二者互为补充,相得益彰。首先,《明儒学案》一些传主之间有明确的"同门"和"同学"关系,如郭郛"与吕愧轩同学"③、刘文敏"与师泉共学"④、章潢与万廷言"同举业同问学"⑤、蒋信与冀元亨"同师事(阳明)焉"⑥。其次,《明儒学案》一些传主之间在为学过程中有明确的学友关系,如林春"友龙溪"⑦、曹于汴"与

① 《东林学案·中书陈几亭先生龙正》,(清)黄宗羲著,吴光主编:《黄宗羲全集》第8册,第876页。

② 《宋元学案》在学案体史籍中以体例完备著称,传主的每一学案除本传外,还附有讲友、学侣、同调、家学、门人、私淑、续传、别传等目。其中关于"讲友""学侣""同调"概念的界定对理解《明儒学案》中的"学友"有借鉴意义,有学者指出:"曾与案主共同讲论学术者,其社会地位或学术地位高者,多称'讲友',反之多称'学侣',曾与案主同事一师者,也以'学侣'相称。'同调'指与案主学术观点相同或相近而其学非同出于一源者。"(侯外庐等主编:《宋明理学史》下,第777页)

③ 《河东学案·郡守郭蒙泉先生郛》,(清)黄宗羲著,吴光主编:《黄宗羲全集》第7册,第170页。

④ 《江右王门学案·处士刘两峰先生文敏》,(清)黄宗羲著,吴光主编:《黄宗羲全集》第7册,第496页。

⑤ 《江右王门学案·征君章本清先生潢》,(清)黄宗羲著,吴光主编:《黄宗羲全集》第7册,第662页。

⑥ 《楚中王门学案·佥宪蒋道林先生信》,(清)黄宗羲著,吴光主编:《黄宗羲全集》第7册,第729页。

⑦ 《泰州学案·文选林东城先生春》,(清)黄宗羲著,吴光主编:《黄宗羲全集》第7册,第870页。

冯应京为友"[1]、马理"得泾野、后渠以为之友"[2]、黄润玉"友为李文毅、薛文清"[3]、蔡汝楠"友皆阳明之门下"[4]。最后,《明儒学案》有诸多传主在为学过程中从学与行两方面互相砥砺,如孟化鲤"在都下与孟我疆相砥砺"[5],刘静之、丁长孺、周宁宇、魏中节、黄尊素、高忠宪与刘宗周为"砥砺性命之友"[6]。

三、以提炼宗旨为核心的价值凝聚

提炼"宗旨"是《明儒学案》标志性的特点之一。黄宗羲认为:"讲学而无宗旨,即有嘉言,是无头绪之乱丝也。"[7]后来钱穆曾说:"《明儒学案》的有价值所在,就在他能在每一家的集子里提出他一家的一个讲学宗旨来,这是极见精神的。"[8]"小传"相对比较精当地揭示了传主的"宗旨",有一字之宗旨:如夏尚朴主"敬"[9]之学、邹守益之学得力于"敬"[10]、胡居

---

① 《诸儒学案下·总宪曹贞予先生于汴》,(清)黄宗羲著,吴光主编:《黄宗羲全集》第8册,第645页。
② 《三原学案·光禄马溪田先生理》,(清)黄宗羲著,吴光主编:《黄宗羲全集》第7册,第182页。
③ 《诸儒学案上·督学黄南山先生润玉》,(清)黄宗羲著,吴光主编:《黄宗羲全集》第8册,第363页。
④ 《甘泉学案·侍郎蔡白石先生汝楠》,(清)黄宗羲著,吴光主编:《黄宗羲全集》第8册,第249页。
⑤ 《北方王门学案·文选孟云浦先生化鲤》,(清)黄宗羲著,吴光主编:《黄宗羲全集》第7册,第754页。
⑥ 《蕺山学案·忠端刘念台先生宗周》,(清)黄宗羲著,吴光主编:《黄宗羲全集》第8册,第890页。
⑦ (清)黄宗羲:《〈明儒学案〉发凡》,(清)黄宗羲著,吴光主编:《黄宗羲全集》第7册,第5页。
⑧ 钱穆:《中国史学名著》,第320页。
⑨ 《崇仁学案·太仆夏东岩先生尚朴》,(清)黄宗羲著,吴光主编:《黄宗羲全集》第7册,第63页。
⑩ 《江右王门学案·文庄邹东廓先生守益》,(清)黄宗羲著,吴光主编:《黄宗羲全集》第7册,第381页。

仁一生得力于“敬”[①]、赵谦力学主“敬”[②]、吕坤在“思”[③]上做工夫、洪垣工夫全在“几”[④]上用、刘文敏以“虚”[⑤]为宗。有二字之宗旨：如魏校以“天根”[⑥]为宗、黄佐以“博约”[⑦]为宗、薛瑄以“复性”[⑧]为宗、杜惟熙以“复性”[⑨]为宗、刘宗周以“慎独”[⑩]为宗、唐顺之以“天机”[⑪]为宗、颜鲸以“求仁”[⑫]为宗、张诩以“自然”[⑬]为宗、吴执御以“立诚”[⑭]为本、许孚远以“克己”[⑮]为要、何迁以“知

---

① 《崇仁学案·文敬胡敬斋先生居仁》,(清)黄宗羲著,吴光主编:《黄宗羲全集》第7册,第22页。
② 《诸儒学案上·琼山赵考古先生谦》,(清)黄宗羲著,吴光主编:《黄宗羲全集》第8册,第342页。
③ 《诸儒学案下·侍郎吕心吾先生坤》,(清)黄宗羲著,吴光主编:《黄宗羲全集》第8册,第633页。
④ 《甘泉学案·郡守洪觉山先生垣》,(清)黄宗羲著,吴光主编:《黄宗羲全集》第8册,第200页。
⑤ 《江右王门学案·处士刘两峰先生文敏》,(清)黄宗羲著,吴光主编:《黄宗羲全集》第7册,第497页。
⑥ 《崇仁学案·恭简魏庄渠先生校》,(清)黄宗羲著,吴光主编:《黄宗羲全集》第7册,第41页。
⑦ 《诸儒学案中·文裕黄泰泉先生佐》,(清)黄宗羲著,吴光主编:《黄宗羲全集》第8册,第516页。
⑧ 《河东学案·文清薛敬轩先生瑄》,(清)黄宗羲著,吴光主编:《黄宗羲全集》第7册,第121页。
⑨ 《附案·杜子光先生惟熙》,(清)黄宗羲著,吴光主编:《黄宗羲全集》第8册,第996页。
⑩ 《蕺山学案·忠端刘念台先生宗周》,(清)黄宗羲著,吴光主编:《黄宗羲全集》第8册,第890页。
⑪ 《南中王门学案·襄文唐荆川先生顺之》,(清)黄宗羲著,吴光主编:《黄宗羲全集》第7册,第693页。
⑫ 《附案·副使颜冲宇先生鲸》,(清)黄宗羲著,吴光主编:《黄宗羲全集》第8册,第997页。
⑬ 《白沙学案·通政张东所先生诩》,(清)黄宗羲著,吴光主编:《黄宗羲全集》第7册,第100页。
⑭ 《诸儒学案下·谏议吴朗公先生执御》,(清)黄宗羲著,吴光主编:《黄宗羲全集》第8册,第672页。
⑮ 《甘泉学案·侍郎许敬庵先生孚远》,(清)黄宗羲著,吴光主编:《黄宗羲全集》第8册,第256页。

止"[①]为要、刘魁论"立诚"[②]是为学之要、黄绾立"艮止"[③]为学的、张元冲以"戒惧"[④]为入门、徐用检以"志学"[⑤]为要、黄润玉以"知行"[⑥]为两轮、李经纶之学旨在"穷理"[⑦]、史桂芳以"知耻"[⑧]为端、查铎认为"良知"[⑨]简易直截。有三字及以上之宗旨：如邹德泳守"致良知"[⑩]之宗、唐枢标"讨真心"[⑪]为的、王襞以"不犯手"[⑫]为妙、耿定向以"不容已"[⑬]为宗、娄谅以"收放心"[⑭]为居敬之门、湛若水论阳明宗旨"致良知"[⑮]、

---

① 《甘泉学案·侍郎何吉阳先生迁》,(清)黄宗羲著,吴光主编:《黄宗羲全集》第8册,第193页。

② 《江右王门学案·员外刘晴川先生魁》,(清)黄宗羲著,吴光主编:《黄宗羲全集》第7册,第516页。

③ 《浙中王门学案·尚书黄久庵先生绾》,(清)黄宗羲著,吴光主编:《黄宗羲全集》第7册,第318页。

④ 《浙中王门学案·中丞张浮峰先生元冲》,(清)黄宗羲著,吴光主编:《黄宗羲全集》第7册,第342页。

⑤ 《浙中王门学案·太常徐鲁源先生用检》,(清)黄宗羲著,吴光主编:《黄宗羲全集》第7册,第345页。

⑥ 《诸儒学案上·督学黄南山先生润玉》,(清)黄宗羲著,吴光主编:《黄宗羲全集》第8册,第363页。

⑦ 《诸儒学案中·诸生李大经先生经纶》,(清)黄宗羲著,吴光主编:《黄宗羲全集》第8册,第582页。

⑧ 《白沙学案·运使史惺堂先生桂芳》,(清)黄宗羲著,吴光主编:《黄宗羲全集》第7册,第116页。

⑨ 《南中王门学案·序·查铎小传》,(清)黄宗羲著,吴光主编:《黄宗羲全集》第7册,第672页。

⑩ 《江右王门学案·文庄邹东廓先生守益小传·附邹德泳》,(清)黄宗羲著,吴光主编:《黄宗羲全集》第7册,第383页。

⑪ 《甘泉学案·主政唐一庵先生枢》,(清)黄宗羲著,吴光主编:《黄宗羲全集》第8册,第226页。

⑫ 《泰州学案·处士王东崖先生襞》,(清)黄宗羲著,吴光主编:《黄宗羲全集》第7册,第839页。

⑬ 《泰州学案·恭简耿天台先生定向》,(清)黄宗羲著,吴光主编:《黄宗羲全集》第8册,第67页。

⑭ 《崇仁学案·教谕娄一斋先生谅》,(清)黄宗羲著,吴光主编:《黄宗羲全集》第7册,第38页。

⑮ 《甘泉学案·文简湛甘泉先生若水》,(清)黄宗羲著,吴光主编:《黄宗羲全集》第8册,第140页。

陈选以"克己求仁"[①]为进修之要、罗洪先以濂溪"无欲故静"[②]之旨为圣学的传、张棨以"收敛精神"[③]为切要、罗汝芳以"赤子良心"[④]为的、庄昶以"无言自得"[⑤]为宗、陈龙正以"万物一体"[⑥]为宗、朱节平生于"爱众亲仁"[⑦]二语得力、湛若水以"随处体认天理"[⑧]为宗。"宗旨"凝聚了传主为学的核心价值,"小传"对传主宗旨的提炼具有重要的学术史意义。

四、以学术批评为手段的格局塑造

黄宗羲对传主的学术批评是《明儒学案》的精华之一,至少包括"学术衍化、学术问答、学术考辨、学术引证、学人互评、学术辩论、学术评论"七种范式,"是非互见,得失两存"是《明儒学案》学术批评最鲜明的特点。

(一)学术衍化

黄宗羲认为传主某一种稳定的学术特点一定是在一个动态变化

---

① 《诸儒学案上·布政陈克庵先生选》,(清)黄宗羲著,吴光主编:《黄宗羲全集》第8册,第383页。

② 《江右王门学案·文恭罗念庵先生洪先》,(清)黄宗羲著,吴光主编:《黄宗羲全集》第7册,第447页。

③ 《南中王门学案·序·张棨小传》,(清)黄宗羲著,吴光主编:《黄宗羲全集》第7册,第674页。

④ 《泰州学案·参政罗近溪先生汝芳》,(清)黄宗羲著,吴光主编:《黄宗羲全集》第8册,第3页。

⑤ 《诸儒学案上·郎中庄定山先生昶》,(清)黄宗羲著,吴光主编:《黄宗羲全集》第8册,第375页。

⑥ 《东林学案·中书陈几亭先生龙正》,(清)黄宗羲著,吴光主编:《黄宗羲全集》第8册,第876页。

⑦ 《浙中王门学案·员外钱绪山先生德洪》,(清)黄宗羲著,吴光主编:《黄宗羲全集》第7册,第253页。

⑧ 《甘泉学案·文简湛甘泉先生若水》,(清)黄宗羲著,吴光主编:《黄宗羲全集》第8册,第140页。

的历史过程中逐渐形成的，即其所谓“终身学术每久之而一变”①，并在“小传”中详细记述了传主学术前后变化的经过，如陈献章自叙其为学第一阶段：“年二十七始发愤从吴聘君学，其于古圣贤垂训之书盖无所不讲，然未知入处。”②第二阶段：“比归白沙，杜门不出，专求所以用力之方，既无师友指引，日靠书册寻之，忘寐忘食，如是者累年，而卒未有得。所谓未得，谓吾此心与此理未有凑泊吻合处也。”③这一阶段的主要问题是“心”与“理”的隔碍。第三阶段：“于是舍彼之繁，求吾之约，惟在静坐。久之，然后见吾此心之体隐然呈露。”④经过三个阶段的两次变化，陈献章之学才得以逐渐形成。又如黄宗羲认为“泛滥词章→格物穷理→出入佛老→龙场悟道”是王阳明为学四个阶段的三次变化，即其所谓“其学凡三变而始得其门”⑤。《明儒学案》始终是以一种动态过程的思路观察传主学术的衍化，这是一种历史主义的方法。

（二）学术问答

围绕传主的学术而展开的师生之间和学友之间的问答是黄宗羲在《明儒学案》中塑造传主学术格局的另一种形式。《谢复小传》：“叶畏斋问‘知’，曰：‘行。’陈寒谷问‘行’，曰：‘知。’未达，曰：‘知至至之，知终终之，非行乎？未之能行，惟恐有闻，非知乎？知行合一，学之要也。”⑥一问

---

① （清）黄宗羲：《改本明儒学案序》，（清）黄宗羲著，陈乃乾编：《黄梨洲文集》，第380页。

② 《白沙学案·文恭陈白沙先生献章》，（清）黄宗羲著，吴光主编：《黄宗羲全集》第7册，第81页。

③ 《白沙学案·文恭陈白沙先生献章》，（清）黄宗羲著，吴光主编：《黄宗羲全集》第7册，第81页。

④ 《白沙学案·文恭陈白沙先生献章》，（清）黄宗羲著，吴光主编：《黄宗羲全集》第7册，第81—82页。

⑤ 《姚江学案·文成王阳明先生守仁》，（清）黄宗羲著，吴光主编：《黄宗羲全集》第7册，第201页。

⑥ 《崇仁学案·谢西山先生复》，（清）黄宗羲著，吴光主编：《黄宗羲全集》第7册，第39页。

一答，再问再答，往复讨论。钱德洪和王畿对“四句教”的理解有分歧，同问于阳明，阳明答曰：“吾教法原有此两种：四无之说为上根人立教，四有之说为中根以下人立教。”①老师回答了学生的共同提问。泰州学派王栋有答董标《心意十问》以及答史孝复《商疑》②，这是由问答而形成文献的情况。单独体式的“学术问答”或“学术答问”起源很早，如在《论语》中就很常见，后来又有《朱子语类》，到明代更加普遍，但黄宗羲确是将其作为一种学术史编纂的方法和体式运用到《明儒学案》中的。“小传”中有大量的学术问答，这种问答能够比较原始地、直观地呈现当时的学术场景和学术情境。

（三）学术考辨

“学术考辨”是黄宗羲学术史批评格式的重要组成部分，顾宪成《小心斋札记》云：“《传习录》中一段云：苏秦、张仪，也窥见良知妙用，但用之于不善耳。”③黄宗羲则认为：“仪、秦一段，系记者之误。”④黄宗羲认为徐爱受学于王阳明的时间很早，他说：“阳明出狱而归，先生即北面称弟子，及门莫有先之者。”⑤王阳明上《乞宥言官去权奸以章圣德疏》是在（明）正德元年（1506）十一月，被下锦衣狱也是在十一月，出狱是在十二月二十一日，并被贬谪为贵州龙场驿丞。在赴谪的途中，（明）正德二年（1507）三月至钱塘，徐爱“以家君命执

① 《浙中王门学案·郎中王龙溪先生畿》，（清）黄宗羲著，吴光主编：《黄宗羲全集》第7册，第269页。

② 《泰州学案·教谕王一庵先生栋》，（清）黄宗羲著，吴光主编：《黄宗羲全集》第7册，第855页。

③ 《东林学案·端文顾泾阳先生宪成·〈小心斋札记〉》，（清）黄宗羲著，吴光主编：《黄宗羲全集》第8册，第743页。

④ 《东林学案·端文顾泾阳先生宪成·〈小心斋札记〉》，（清）黄宗羲著，吴光主编：《黄宗羲全集》第8册，第743页。

⑤ 《浙中王门学案·郎中徐横山先生爱》，（清）黄宗羲著，吴光主编：《黄宗羲全集》第7册，第248页。

弟子礼”[①]，十二月徐爱等“纳贽北面”[②]，这至少是在“龙场悟道”之前，故黄宗羲辨曰：“邓元锡《皇明书》云：‘自龙场归，受学。’非。”[③]夏尚朴说：“尧之学，以‘钦’为主，以‘执中’为用，此万古心学之源也。近世论学，直欲取足吾心之良知，而谓诵习讲说为支离，率意径行，指凡发于粗心浮气者，皆为良知之本然。”[④]对于夏尚朴批评良知，黄宗羲则认为：“‘执中’从事上说，故以为用，谬甚。”[⑤]耿定向说：“良知随事皆然，须用在欲明明德于天下上，则知乃光大。”[⑥]黄宗羲则认为“此误认知识为良知也”[⑦]。由“非、谬甚、误认、系记者之误”等均可见黄宗羲的考辨。

（四）学术引证

黄宗羲引用学友、时人、后人对传主某一点学术的评论来辅证自己的观点，意在说明自己对传主学术的评论有根据且不为孤证。如关于“心即理”，黄宗羲论汪俊：“先生既知圣人之学，不失其本心，便是复性，则阳明之以‘心即理’若合符契矣。”[⑧]论张元桢：“其言‘是心

---

① （明）徐爱：《横山遗集·〈同志考叙〉》，钱明编校：《徐爱·钱德洪·董沄集》，第56页。

② （明）钱德洪：《阳明先生年谱·正德二年》，吴光等编校：《王阳明全集》卷三三，第1354页。

③ 《浙中王门学案·郎中徐横山先生爱》，（清）黄宗羲著，吴光主编：《黄宗羲全集》第7册，第248页。

④ 《崇仁学案·太仆夏东岩先生尚朴·〈夏东岩文集〉》，（清）黄宗羲著，吴光主编：《黄宗羲全集》第7册，第68页。

⑤ 《崇仁学案·太仆夏东岩先生尚朴·〈夏东岩文集〉案语》，（清）黄宗羲著，吴光主编：《黄宗羲全集》第7册，第68页。

⑥ 《泰州学案·恭简耿天台先生定向·〈天台论学语〉》，（清）黄宗羲著，吴光主编：《黄宗羲全集》第8册，第79页。

⑦ 《泰州学案·恭简耿天台先生定向·〈天台论学语〉》，（清）黄宗羲著，吴光主编：《黄宗羲全集》第8册，第79页。

⑧ 《诸儒学案中·文庄汪石潭先生俊》，（清）黄宗羲著，吴光主编：《黄宗羲全集》第8册，第449页。

也天理也’，已先发明阳明‘心即理也’之蕴也。”①关于“致良知”，王时槐曰：“知者，先天之发窍也。谓之发窍，则已属后天矣。虽属后天，而形气不足以干之。”②黄宗羲评价道：“言良知者未有如此谛当。”③高攀龙曰：“人心明即是天理，穷至无妄处方是理。”④黄宗羲论此“深有助于阳明致良知之说”⑤。关于“四句教”，黄宗羲曰：“先生（邹守益）《青原赠处》，记阳明赴两广，钱、王二子各言所学。绪山曰‘至善无恶者心’；龙溪曰‘心无善而无恶’。此与龙溪《天泉证道记》同一事，而言之不同如此。”⑥黄宗羲曾怀疑“四句教”并非出自王阳明本人⑦，这里又引邹守益《青原赠处》来证其观点。学术引证是一种重要的学术史编纂方法。

（五）学人互评

同时代的学人之间进行学术互评的史料能够比较鲜活地还原当时的学术情境，黄宗羲在小传中较多地运用了学人互评的编纂方法。其中有肯定性的正向评述，如顾宪成评吴与弼：“先生一团元气，可追太古之朴。”⑧

① 《诸儒学案上·侍郎张东白先生元桢》，（清）黄宗羲著，吴光主编：《黄宗羲全集》第8册，第380页。

② 《江右王门学案·太常王塘南先生时槐》，（清）黄宗羲著，吴光主编：《黄宗羲全集》第7册，第540页。

③ 《江右王门学案·太常王塘南先生时槐》，（清）黄宗羲著，吴光主编：《黄宗羲全集》第7册，第540页。

④ 《东林学案·忠宪高景逸先生攀龙》，（清）黄宗羲著，吴光主编：《黄宗羲全集》第8册，第759页。

⑤ 《东林学案·忠宪高景逸先生攀龙》，（清）黄宗羲著，吴光主编：《黄宗羲全集》第8册，第759页。

⑥ 《江右王门学案·文庄邹东廓先生守益》，（清）黄宗羲著，吴光主编：《黄宗羲全集》第7册，第381—382页。

⑦ 《粤闽王门学案·行人薛中离先生侃》：“独《天泉证道记》有‘无善无恶者心之体，有善有恶者意之动’之语。……就先生去草之言证之，则知天泉之言未必出自阳明也。”（清）黄宗羲著，吴光主编：《黄宗羲全集》第7册，第766页。

⑧ 《崇仁学案·聘君吴康斋先生与弼》，（清）黄宗羲著，吴光主编：《黄宗羲全集》第7册，第5页。

崔铣评马理:"爱道甚于爱官。"[①]章懋评罗伦:"先生方可谓之正君善俗,如我辈只修政立事而已。"[②]沈继山评顾允成:"义理中之镇恶,文章中之辟邪。"[③]王阳明评黄宗明:"诚甫自当一日千里,任重道远。"[④]耿定理评赵贞吉、何祥:"大洲法语危言,砭人沉痼;先生温辞粹论,辅人参苓。"[⑤]也有否定性的反向批评,如唐伯元评王阳明:"守仁言良知新学,惑世诬民。"[⑥]黄宗羲记顾宪成论王阳明:"于阳明'无善无恶'一语辩难不遗余力,以为坏天下之法自斯言始。"[⑦]记崔铣评王阳明:"诋阳明不遗余力,称之为'霸儒'。孙钟元曰:文敏议象山、阳明为禅学,为异说。"[⑧]还有肯定与否定的辩证评述,如罗钦顺评陈献章:"近世学道之昌,白沙不为无力,而学术之误,亦恐自白沙始。"[⑨]这些学术互评或正或反,有得有失,但均是重要的学术"史"资料,由于这些学人大体上处于同一种学术思潮和学术背景下,所以其互评的"时代性"与我们"后人观前史"的角度并不相同,反而更显珍贵。

---

① 《三原学案·光禄马溪田先生理》,(清)黄宗羲著,吴光主编:《黄宗羲全集》第7册,第182页。

② 《诸儒学案上·文毅罗一峰先生伦》,(清)黄宗羲著,吴光主编:《黄宗羲全集》第8册,第368页。

③ 《东林学案·主事顾泾凡先生允成》,(清)黄宗羲著,吴光主编:《黄宗羲全集》第8册,第839页。

④ 《浙中王门学案·侍郎黄致斋先生宗明》,(清)黄宗羲著,吴光主编:《黄宗羲全集》第7册,第339页。

⑤ 《泰州学案·郎中何克斋先生祥》,(清)黄宗羲著,吴光主编:《黄宗羲全集》第8册,第101页。

⑥ 《甘泉学案·文选唐曙台先生伯元》,(清)黄宗羲著,吴光主编:《黄宗羲全集》第8册,第291页。

⑦ 《东林学案·端文顾泾阳先生宪成》,(清)黄宗羲著,吴光主编:《黄宗羲全集》第8册,第732页。

⑧ 《诸儒学案中·文敏崔后渠先生铣》,(清)黄宗羲著,吴光主编:《黄宗羲全集》第8册,第464页。

⑨ 《白沙学案·文恭陈白沙先生献章》,(清)黄宗羲著,吴光主编:《黄宗羲全集》第7册,第81页。

（六）学术辩论

学术辩论是学术交流的重要方式。《何瑭小传》："与王浚川、许函谷辩论阳明数千言，为浚川所破者不一，其大指之差，在以神为无，以形为有。"[①]黄宗羲选录了何瑭《阴阳管见》十三章、《阴阳管见后语》八章以及王廷相《阴阳管见辩》。《周汝登小传》："南都讲会，先生拈《天泉证道》一篇相发明。许敬庵言'无善无恶不可为宗'，做《九谛》以难之。先生作《九解》以伸其说，以为善且无，恶更从何容？无病不须疑病，本体着不得纤毫。"[②]关于"四句教"，《王畿小传》云："绪山以为定本，先生谓之权论。"[③]关于"致知"，黄宗羲在王畿学案中选录《致知议辩》九则，详细记载了聂豹与王畿的"致知"之辩。一般来说，黄宗羲对这些学术辩论都会有进一步的分析、梳理和评价，并给出递进性的学术判断。

（七）学术评论

学术评论是学术史书写的重要方式，有对传主个人学术的评点，如评陈真晟"与康斋近似，与白沙差远"[④]、评蔡清"极重白沙，亦未能真知白沙"[⑤]，评吕怀："横渠之失混气质于性，先生之失离性于气质。"[⑥]评林春："未必为泰州之入室，亦无泰州之流弊。"[⑦]评章潢："论

---

① 《诸儒学案中·文定何柏斋先生瑭》，（清）黄宗羲著，吴光主编：《黄宗羲全集》第8册，第473页。

② 《泰州学案·尚宝周海门先生汝登》，（清）黄宗羲著，吴光主编：《黄宗羲全集》第8册，第112—113页。

③ 《浙中王门学案·郎中王龙溪先生畿》，（清）黄宗羲著，吴光主编：《黄宗羲全集》第7册，第269页。

④ 《诸儒学案上·布衣陈剩夫先生真晟》，（清）黄宗羲著，吴光主编：《黄宗羲全集》第8册，第386页。

⑤ 《诸儒学案上·司成蔡虚斋先生清》，（清）黄宗羲著，吴光主编：《黄宗羲全集》第8册，第394页。

⑥ 《甘泉学案·太仆吕巾石先生怀》，（清）黄宗羲著，吴光主编：《黄宗羲全集》第8册，第182页。

⑦ 《泰州学案·文选林东城先生春》，（清）黄宗羲著，吴光主编：《黄宗羲全集》第7册，第870页。

止修近于李见罗，论归寂近于聂双江。”[1]有对学人间学术的评点，如评钱德洪与王畿：“先生之彻悟不如龙溪，龙溪之修持不如先生。”[2]评胡居仁与陈献章：“先生近于狷，白沙近于狂。”[3]评聂豹与欧阳德：“双江之归寂，何尝枯槁；先生之格物，不坠支离。”[4]评罗伦与陈献章：“白沙超悟神知，先生守宋人之途辙。”[5]有对学术问题的评点，如：“佛氏之流行，一往不返，有一本而无万殊；儒者之流行，脉络分明，一本而万殊。”[6]“双向”和“辩证”是黄宗羲进行学术评论的突出特点。

第四节 录

学术资料选编（录）是学案体史书构成的基本要素，是《明儒学案》的文本基础，也是使“学案体”区别于“纪传、编年、典志”等史书体裁的主要标志。“录”至少在四个方面起了重要作用：保存理学资料、支撑起“传”和“序”、使“学案”区别于“传记”和“全集”、提供治学门径。

---

① 《江右王门学案·征君章本清先生潢》，（清）黄宗羲著，吴光主编：《黄宗羲全集》第7册，第663页。

② 《浙中王门学案·员外钱绪山先生德洪》，（清）黄宗羲著，吴光主编：《黄宗羲全集》第7册，第254页。

③ 《崇仁学案·文敬胡敬斋先生居仁》，（清）黄宗羲著，吴光主编：《黄宗羲全集》第7册，第22页。

④ 《江右王门学案·文庄欧阳南野先生德》，（清）黄宗羲著，吴光主编：《黄宗羲全集》第7册，第414页。

⑤ 《诸儒学案上·文毅罗一峰先生伦》，（清）黄宗羲著，吴光主编：《黄宗羲全集》第8册，第368页。

⑥ 《南中王门学案·襄文唐荆川先生顺之》，（清）黄宗羲著，吴光主编：《黄宗羲全集》第7册，第694页。

一、保存理学资料

"学案体"的形成与理学的关系极其密切,古典学案体史书的编纂基本上与理学的发展相始终。《伊洛渊源录》保存的理学资料至少有47种,其中"状"12篇,包括行状(3)、行状略(3)、书行状后(1)、书行状略(1)、奏状(1)、奏状节略(1)、事状(1)、逸士状(1);"志、表、书、文"26篇,包括祭文(7)、遗书(6)、墓志铭(5)、墓志略(2)、墓志(1)、墓表(1)、墓表铭(1)、志铭辨(1)、论谥书(1)、答书(1);"遗事"159条以及"友述、哀词、赞、年谱、哭诗、家传略、录、记事"等。有研究指出:"《宋元学案》……的思想资料部分,从卷1《安定学案》中胡瑗《春秋说》与《论语说》开始至卷100《屏山鸣道集说略》中赵秉文《滏水文集》为止,一共辑录了174位学者的323种著作、文章或语录等资料。"①《清儒学案》保存的资料多达390种,包括传记、文集、方志、年谱、实录、书目、日记、笔记、碑传墓志、手札尺牍等②,《明儒学案》则收录了149位传主53类共274种学术资料。

二、支撑起"传"和"序"

"序—传—录"是《明儒学案》基本的体例结构,"序"是在每一个学案群前对学派整体面貌的概述,"传"是对案主生平及其学术的梳理,"录"是对传主学术资料进行的选编,从文本呈现的顺序看是"序→传→录",即每一部学案先是"序",然后是"传",最后是"录"。如果具体分析每个部分的成因则能清晰地发现其相反的逻辑顺序。"序"从何而来?它是对某一学派内各位传主学术的归纳与综合,进

① 连凡:《〈宋元学案〉的资料编纂及其学术价值》,《唐都学刊》2017年第6期,第67页。
② 刘凤强:《〈清儒学案〉研究》,北京:光明日报出版社,2013年,第136页。

而概括出该学派的整体特点。“传”又从何而来？它是通过对传主学术资料的纂要勾玄，进而提炼出该传主的核心学术宗旨。这种“录→传→序”的逻辑顺序反映了“录”是《明儒学案》的基础。具体来说，“序→传→录”是《明儒学案》的文本顺序，而“录→传→序”则是《明儒学案》的逻辑顺序。概言之，学术资料选编在《明儒学案》的体例构成中起了支撑起“传”和“序”的基础性作用。

三、使“学案”区别于“传记”和“全集”

如果我们追问究竟是什么使“学案”区别于“纪传、编年、传记、全集”等体例？那么“学术资料选编”一定是核心的比较点之一。以王阳明为例，我们现在得见《姚江学案》《明史·王阳明传》《王阳明全集》等，这些都是我们研究阳明学术思想的基本文献，但三者有明显的区别：《全集》尽搜阳明著述，类型丰富，分类清晰，大方便于学界，文献价值大，但它是原始材料，这也是“集”类文献的基本属性。《王阳明传》则以“传记”的形式叙载王阳明，没有也无必要选编其学术资料，这也是“传”类文献的基本属性。而《姚江学案》首有“小序”阐述王阳明与明代学术史的基本关系；中有“小传”系统梳理其生平学术，末有“录”选编其学术资料。其“小传”简于《明史》，其“录”略于《全集》，但其所呈现出的阳明学术面貌却独树一帜，这就是“学案”的特别之处。进一步看，黄宗羲继承了其师刘宗周的文本选择并进一步对阳明学术资料“纂要勾玄”，即精当地选出那些能反映阳明核心宗旨的资料而不是全收。如果全收，与“全集”又有何区别？如果全不收，与“传记”又有何区别？关键是学案有取有舍，兼备了二者的精华，它介于“传记”与“全集”之间，通过结构的调整达到了内容的平衡。质言之，这种“纂要勾玄”最终使得“学案”与“传记”“全集”在体例上初步区别开来，《明儒学案》的学术资料选编发挥了使“学案”区别于“传记”和“全集”的标识性作用。

四、提供治学门径

关于《明儒学案》在引示学者治学门径方面的作用，黄宗羲说：“分其宗旨，别其源流，撮其大要，以著于篇，听学者从而自择。”①这是他对《明儒学案》一书作用的重要论述，亦是不断有学者阐发《明儒学案》“理学之书、子书”的深意。理学家的目标亦是圣贤，但对成圣的途径、方法之理解历来不同，黄宗羲说：“有明文章事功皆不及前代，独于理学，前代之所不及也，牛毛茧丝，无不辨析。”②我们想了解明代学术，不可能逐个翻遍每一位明人的集子，而且即使翻阅了，对于传主学术的理解也不一定足够全面、系统、明晰，更难从学术史发展的宏观视角去衡量和观察传主个人的学术，因为毕竟我们离那个时代很远，而黄宗羲则较好地初步解决了这两方面的问题。《明儒学案》的编纂有一个基本的意图，即为后来的学者成圣为贤提供例子、借鉴、参考，使后学能借鉴前人为学的经验和教训，这也是“学术”之“史”的重要作用。（清）于准论《明儒学案》：“备后学讨论，循斯道之宝山，而学人之津筏也。”③“历史”是客观的，而“史学”一定要能够起到经验教训范式的基本作用，“学术”与“学术史”的区别之一正在于其“史”的意涵。故黄宗羲勾勒明学概况、提炼传主宗旨、纂要勾玄史料，以供后人参资，为学者治学提供了极佳的“津筏”和“门径”。

---

① （清）黄宗羲：《改本明儒学案序》，（清）黄宗羲著，陈乃乾编：《黄梨洲文集》，第381页。

② （清）黄宗羲：《〈明儒学案〉发凡》，（清）黄宗羲著，吴光主编：《黄宗羲全集》第7册，第5页。

③ （清）于准：《明儒学案序》，（清）黄宗羲：《明儒学案》，《海王邨古籍丛刊》影印（清）雍正十三年紫筠斋本，第4页。

第五节 “序—传—录”的关系

《明儒学案》编纂体例的经典性不仅在于其存有“序、传、录”的体式，更重要的是“序、传、录”之间的“关系”，这种关系的核心要义是“同源同向异体异用”。从内容看，序、传、录同源；从意旨看，序、传、录同向；从结构看，序、传、录异体；从功能看，序、传、录异用。“同源同向”体现了“序—传—录”内部逻辑的一致性，“异体异用”体现了“序—传—录”外部结构的差异性，它们是一个问题的两个方面，其特点是立体、动态、平衡，《明儒学案》的“序—传—录”是一个具有完整意义的体例系统。我们今天对学案体编纂体例的深入研究与应用，“同源同向异体异用”应该作为重要的关系性思考。

一、同源同向——内部逻辑的一致性

《明儒学案》序、传、录总的体例目的是一致的，即更完善地表达学术史的内容，这是《明儒学案》体例思想总的原则。前文对序、传、录分别做了横向的剖面研究，但《明儒学案》的文本则是以纵向的、立体的学案群形式呈现出来的，每一个学案群由序、传、录的基本结构组成，而每一位传主的学案则由传和录或单独的小传构成。我们首先应该追问《明儒学案》各学派前的“小序”是怎么来的？它一定是对该学派内部各个传主的学术特质进行深入研究后对其最精华之处的提炼和概括，所以说“小传”是“小序”的前提和基础，二者是同源的。进而我们要追问《明儒学案》各传主的小传是怎么来的？它一定是对传主的学术资料进行充分地搜集、整理、阅读、选择、编排、分析、纂要、勾玄后对其最精华之处的提炼和概括，进而规范、系统、全面地呈

现传主的学术，所以说“录”又是“小传”的前提和基础，二者也是同源的。概言之：“序”的基础在“传”，“传”的基础在“录”，分而言之是“序、传、录”，合而言之三者本旨相同，它是在“宏观—序、中观—传、微观—录”三个不同的层面对明代学术史同源同向的表达，“序、传、录”的内部逻辑具有高度的一致性。

（一）“序”与“传”的同源同向

“小传”是“小序”的材料基础，也是“小序”的思想来源，“小序”是“小传”的进一步凝练，它们在内容上是“同源”的，在意旨上是“同向”的，“序”与“传”之间“同源同向”的体例关系在崇仁、白沙、江右王门、甘泉学案中体现得相对比较突出。

1.《崇仁学案·小序》：“其相传一派，一斋、庄渠稍为转手。”①此处“转手”是指为学路径的改变，而小序中论及的“转手”在小传中有明确的体现，娄谅“以收放心为居敬之门”②，“收放心”与吴与弼“秉宋人成说”有一定的不同。魏校“天根之学”的特点是“贯动静而一之”③，而吴与弼“言工夫则静时存养、动时省察”④，动与静是二分的，可见魏校的“动静一之”是对师门“动静二分”工夫论之“转手”。

2.《白沙学案·小序》：“出其门者多清苦自立，不以富贵为意。”⑤这种特点在“小传”中有明确的对应，如贺钦“淡然于富贵”⑥、

① 《崇仁学案·小序》，(清) 黄宗羲著，吴光主编：《黄宗羲全集》第7册，第1页。
② 《崇仁学案·教谕娄一斋先生谅》，(清) 黄宗羲著，吴光主编：《黄宗羲全集》第7册，第38页。
③ 《崇仁学案·恭简魏庄渠先生校》，(清) 黄宗羲著，吴光主编：《黄宗羲全集》第7册，第41页。
④ 《崇仁学案·小序》，(清) 黄宗羲著，吴光主编：《黄宗羲全集》第7册，第1页。
⑤ 《白沙学案·小序》，(清) 黄宗羲著，吴光主编：《黄宗羲全集》第7册，第78页。
⑥ 《白沙学案·给事贺医闾先生钦》，(清) 黄宗羲著，吴光主编：《黄宗羲全集》第7册，第105页。

谢祐“名利之事纤毫不能入”①、周茂烈“匡床敝席不办一帷，日坐斗室体验身心”②。

3.《江右王门学案·小序》：“是时越中流弊错出，挟师说以杜学者之口，而江右独能破之。”③“小传”则详述如何“补偏救弊”，如黄宗羲论陈九川：“阳明以致良知为宗旨，门人渐失其传，总以未发之中，认作已发之和，先生则合寂感为一。”④论聂豹与罗洪先：“举未发以救其弊，中流一壶，王学赖以不坠。”⑤论刘邦采：“阳明亡后，学者浸失其真。先生谓：性妙于无为，命杂于有质，故必兼修而后可以为学。”⑥论邹守益：“阳明之没，不失其传者，不得不以先生为宗子也。”⑦

4.《甘泉学案·小序》：“学于湛者或卒业于王，学于王者或卒业于湛。”⑧“小传”则详述这种师门互变，如黄宗羲论蔡汝楠：“师则甘泉，而友则皆阳明之门下也。”⑨论洪垣：“调停王、湛两家之学。”⑩论

① 《白沙学案·谢天锡先生祐》，(清) 黄宗羲著，吴光主编：《黄宗羲全集》第 7 册，第 115 页。
② 《白沙学案·御史陈时周先生茂烈》，(清) 黄宗羲著，吴光主编：《黄宗羲全集》第 7 册，第 111 页。
③ 《江右王门学案·小序》，(清) 黄宗羲著，吴光主编：《黄宗羲全集》第 7 册，第 377 页。
④ 《江右王门学案·郎中陈明水先生九川》，(清) 黄宗羲著，吴光主编：《黄宗羲全集》第 7 册，第 528 页。
⑤ 《江右王门学案·太常王塘南先生时槐》，(清) 黄宗羲著，吴光主编：《黄宗羲全集》第 7 册，第 539—540 页。
⑥ 《江右王门学案·同知刘师泉先生邦采》，(清) 黄宗羲著，吴光主编：《黄宗羲全集》第 7 册，第 505 页。
⑦ 《江右王门学案·文庄邹东廓先生守益》，(清) 黄宗羲著，吴光主编：《黄宗羲全集》第 7 册，第 381 页。
⑧ 《甘泉学案·小序》，(清) 黄宗羲著，吴光主编：《黄宗羲全集》第 8 册，第 138 页。
⑨ 《甘泉学案·侍郎蔡白石先生汝楠》，(清) 黄宗羲著，吴光主编：《黄宗羲全集》第 8 册，第 249 页。
⑩ 《甘泉学案·郡守洪觉山先生垣》，(清) 黄宗羲著，吴光主编：《黄宗羲全集》第 8 册，第 201 页。

唐枢："于甘泉之随处体认天理，阳明之致良知，两存而精究之。"①论何迁："从学于甘泉，疏通阳明之学。"②

（二）"传"与"录"的同源同向

"学术资料选编"是"小传"的材料基础，也是"小传"的思想来源，"小传"是"学术资料选编"的系统性提炼，它们在内容上是"同源"的，在意旨上是"同向"的，"传"与"录"之间"同源同向"的体例关系在胡居仁、王畿、王艮、湛若水、方孝孺、刘宗周等学案中相对有比较明显的体现。

1.《崇仁学案·文敬胡敬斋先生居仁》："先生一生得力于敬。"③其学术资料选编多处体现了"敬"之宗旨，如"敬其本欤""敬则中有主""敬是心自敬耳""一是诚，主一是敬""敬该动静""敬兼内外""真能主敬，自无杂虑""敬为存养之道，贯彻始终""人庄敬……大本即在""敬之所以贯乎动静""孔子只教人去忠信笃敬上做"④。

2.《浙中王门学案·郎中王龙溪先生畿》："先生之论大抵归于四无。"⑤"四无"是王畿对于"四句教"的一种理解："若悟得心是无善无恶之心，则意知物俱是无善无恶。"⑥其学术资料选编有多处体现了其为学重本体、重悟的特点，如"良知原无一物""良知不学不虑""良知本体原是无动无静""良知知是知非原是无是无非""若能在先天心

---

① 《甘泉学案·主政唐一庵先生枢》，（清）黄宗羲著，吴光主编：《黄宗羲全集》第8册，第226页。

② 《甘泉学案·侍郎何吉阳先生迁》，（清）黄宗羲著，吴光主编：《黄宗羲全集》第8册，第193页。

③ 《崇仁学案·文敬胡敬斋先生居仁》，（清）黄宗羲著，吴光主编：《黄宗羲全集》第7册，第22页。

④ 《崇仁学案·文敬胡敬斋先生居仁·〈居业录〉》，（清）黄宗羲著，吴光主编：《黄宗羲全集》第7册，第24—35页。

⑤ 《浙中王门学案·郎中王龙溪先生畿》，（清）黄宗羲著，吴光主编：《黄宗羲全集》第7册，第269页。

⑥ 《浙中王门学案·郎中王龙溪先生畿》，（清）黄宗羲著，吴光主编：《黄宗羲全集》第7册，第269页。

体上立根，则意所动自无不善”“不涉安排……方是天然真规矩”“良知即是独知”“独知之体，本是无声无臭，提无所知识，提无所粘带拣择”①等。

3.《甘泉学案·文简湛甘泉先生若水》：“先生宗旨随处体认天理。”②其学术资料选编中多处体现了这个宗旨，如“所谓随处体认天理者，随未发已发，随动随静”“天理二字，圣贤大头脑处，若能随处体认，真见得，则日用间参前倚衡，无非此体”“圣贤非有二事，自意心身至家国天下，无非随处体认天理。……盖自一念之微，以至事为之著，无非用力处也”③。

4.《诸儒学案上·文正方正学先生孝孺》：“持守之严，刚大之气，与紫阳真相伯仲，固为有明之学祖也。”④黄宗羲对方孝孺的学问人格评价极高，尤其是其志、其行，学术资料中更是选编了相关的资料，如“不怍于心合乎天”“适己而弃民，耻也”“仕之道三：诚以相君，正以持身，仁以恤民，而不以利禄扰其中”⑤。

5.《蕺山学案·忠端刘念台先生宗周》：“先生之学以慎独为宗。”⑥其学术资料选编选录了一系列的“慎独”之论，如“独不离中和”“无极而太极，独之体也”“未发以前气象即是独中真消息”“离独一步便是人伪”“人心藏于独觉”“不慎独又如何识得天命之性”“独体

---

① 《浙中王门学案·郎中王龙溪先生畿·〈语录〉〈论学书〉》，(清) 黄宗羲著，吴光主编：《黄宗羲全集》第7册，第271—294页。

② 《甘泉学案·文简湛甘泉先生若水》，(清) 黄宗羲著，吴光主编：《黄宗羲全集》第8册，第140页。

③ 《甘泉学案·文简湛甘泉先生若水·〈论学书〉》，(清) 黄宗羲著，吴光主编：《黄宗羲全集》第8册，第149—151页。

④ 《诸儒学案上·文正方正学先生孝孺》，(清) 黄宗羲著，吴光主编：《黄宗羲全集》第8册，第334页。

⑤ 《诸儒学案上·文正方正学先生孝孺·〈侯城杂诫〉》，(清) 黄宗羲著，吴光主编：《黄宗羲全集》第8册，第335—340页。

⑥ 《蕺山学案·忠端刘念台先生宗周》，(清) 黄宗羲著，吴光主编：《黄宗羲全集》第8册，第890页。

之妙，所以即微即显、即隐即见"[1]等。

6.《河东学案·文清薛敬轩先生瑄》："先生谓'水清则见毫毛，心清则见天理。'羲窃谓，心清而见，则犹二之也。"[2]学术资料选编收录了《读书录》部分内容，黄宗羲于"心清则见天理"条下有案语："心清即是天理，云'见'则二之也。"[3]可见学术资料选编中的"案语"与"小传"的意旨也有一致性。

二、异体异用——外部结构的差异性

"序、传、录"在外部结构的表现上存在明显的差异，"录"是在微观层面尽可能详细、翔实、全面、择要地对传主的学术资料进行选编，进而在最基础、最基本的层面保存和记载传主的学术，"录"是"传"和"序"的来源和微观基础；"传"是在中观层面尽可能系统、规范、准确、鲜明地对传主的学行人格、师承渊源、为学宗旨、学术衍化、学友交往、学术辩论、学术批评等学术要素进行归纳，这可以清晰完整地呈现传主的学术面貌，"传"以"录"为基础，同时又是"序"的基础，承上启下；"序"是在宏观层面从学术史发展脉络的角度对学派的起源、发展、结构、特征、流变进行总结，"序"是对"传"和"录"的特质凝练和高度概括。序、传、录体式不同，作用相异，"序"侧重宏观，"传"侧重中观，"录"侧重微观，它们是在不同维度上进行的学术史书写，"序—传—录"之间不仅有一个递进、延伸、展开的过程，还有一个反向的收束、提炼、升华的过程，此即"序—传—录"编纂体例外部结构的"异体

---

① 《蕺山学案·忠端刘念台先生宗周·〈语录〉》，(清) 黄宗羲著，吴光主编：《黄宗羲全集》第 8 册，第 897—904 页。

② 《河东学案·文清薛敬轩先生瑄》，(清) 黄宗羲著，吴光主编：《黄宗羲全集》第 7 册，第 121 页。

③ 《河东学案·文清薛敬轩先生瑄·〈读书录〉案语》，(清) 黄宗羲著，吴光主编：《黄宗羲全集》第 7 册，第 126 页。

异用”。

（一）“序”与“传”的异体异用

“序”与“传”体式有别，所起的作用也不尽相同，“序”与“传”之间“异体异用”的基本关系在河东、泰州、诸儒学案中有比较明显的体现。

1.《河东学案》中传主为学路径各异，有追溯濂洛之学的传主，如薛瑄“以濂、洛为鹄”①、阎禹锡“讲明《太极图说》《通书》”②、段坚“与人士讲习濂洛之书”③、薛敬之“学近于伊洛”④；有遵循朱子为学路径的传主，如李锦“以主敬穷理为学”⑤、吕楠“以格物为穷理”⑥、郭郛“学以持敬为主”⑦、张杰以“涵养需用敬，进学在致知”⑧为的；有恪守师说的传主，如张鼎“终身恪守师说”⑨、张节“守道不回”⑩、吕潜师事吕泾野“一言一动咸以为法”⑪。但无论是追溯濂洛之学，还是以朱

① 《河东学案·文清薛敬轩先生瑄》，（清）黄宗羲著，吴光主编：《黄宗羲全集》第7册，第121页。
② 《河东学案·御史阎子与先生禹锡》，（清）黄宗羲著，吴光主编：《黄宗羲全集》第7册，第136页。
③ 《河东学案·郡守段容思先生坚》，（清）黄宗羲著，吴光主编：《黄宗羲全集》第7册，第138页。
④ 《河东学案·同知薛思庵先生敬之》，（清）黄宗羲著，吴光主编：《黄宗羲全集》第7册，第145页。
⑤ 《河东学案·郡丞李介庵先生锦》，（清）黄宗羲著，吴光主编：《黄宗羲全集》第7册，第149页。
⑥ 《河东学案·文简吕泾野先生楠》，（清）黄宗羲著，吴光主编：《黄宗羲全集》第7册，第151页。
⑦ 《河东学案·郡守郭蒙泉先生郛》，（清）黄宗羲著，吴光主编：《黄宗羲全集》第7册，第170页。
⑧ 《河东学案·广文张默斋先生杰》，（清）黄宗羲著，吴光主编：《黄宗羲全集》第7册，第138页。
⑨ 《河东学案·侍郎张自在先生鼎》，（清）黄宗羲著，吴光主编：《黄宗羲全集》第7册，第137页。
⑩ 《河东学案·张石谷先生节》，（清）黄宗羲著，吴光主编：《黄宗羲全集》第7册，第170页。
⑪ 《河东学案·司务吕愧轩先生潜》，（清）黄宗羲著，吴光主编：《黄宗羲全集》第7册，第169页。

子路径为主，亦或是恪守师说，都会产生一个共同的问题，即以这些学术特点为基础的传主如何在整体上被定义为一个“学派”？这个问题在“小传”中是无法回答的，因为“小传”重在从中观层面梳理传主的学术，其体式本来如此。而如果要回答“河东学派之内涵”这个问题，则须依据《河东学案·小序》：“河东之学，悃愊无华，恪守宋人矩矱，故数传之后，其议论设施，不问而可知其出于河东也。”①“小序”高度凝练地概括了“小传”中三方面的特点：追溯濂洛关闽、遵循程朱路径、恪守宋学传承，从理学史的层面宏观地概括了河东学派的内涵。换言之，如果需要从宏观层面了解《河东学案》的整体特征，应观其“小序”；需要从中观层面具体地了解河东学派各学人的学术，则需进一步观其“小传”。

2.《泰州学案》的“小序”和“小传”同样存在“异体异用”的体例关系。其“小传”中均有与佛禅相关的内容，如耿定向“于佛学半信不信”②、赵贞吉“宛然宗门作用”③、陶望龄“泛滥于方外，湛然澄、密云悟④皆先生引而进之”⑤、邓豁渠“入青城山参禅十年”⑥、管志道“鸠

① 《河东学案·小序》，（清）黄宗羲著，吴光主编：《黄宗羲全集》第7册，第117页。

② 《泰州学案·恭简耿天台先生定向》，（清）黄宗羲著，吴光主编：《黄宗羲全集》第8册，第67页。

③ 《泰州学案·文肃赵大洲先生贞吉》，（清）黄宗羲著，吴光主编：《黄宗羲全集》第7册，第873页。

④ 有学者考证：“‘湛然澄’指圆澄（1561—1626），字湛然，别号散木道人，明末高僧。‘密云悟’指圆悟（1566—1642），字觉初，自号密云，明末临济宗高僧。标点误作三位高僧，殊谬。当标为‘其时湛然澄、密云悟皆先生引而进之’。”见吴兆丰：《〈明儒学案〉（中华书局修订版）点校辨误举隅》，《明史研究论丛》第十六辑，第208页。按，不仅是中华书局2008年修订版，原1985年中华书局点校本（第869页）、1992年《黄宗羲全集》本（第8册，第130页）、2005年四川大学《儒藏》本（第26册，第45页）、2016年北京大学《儒藏》本（第964页）以及诸多现代节选本等皆断作“湛然、澄密、云悟”。

⑤ 《泰州学案·文简陶石篑先生望龄》，（清）黄宗羲著，吴光主编：《黄宗羲全集》第8册，第130页。

⑥ 《泰州学案·序·邓豁渠》，（清）黄宗羲著，吴光主编：《黄宗羲全集》第7册，第824页。

合儒释”[①]、周汝登“指点如此甚多，皆宗门作略”[②]，但这些带有佛禅为学特点的传主何以在“学派”构成的层面上成为一种“特征”？《泰州学案·小序》言：“阳明先生之学，有泰州、龙溪而风行天下，亦因泰州、龙溪而渐失其传。”[③]黄宗羲此处强调的重点实是“渐失其传”。“小序”从总体上概括了泰州学派与佛禅之间深层次的复杂关系，“小传”则具体地叙述了这种特点。

3.《诸儒学案》的“小序”与其中卷的“小传”也存在明显的“异体异用”。有部分传主对阳明及其学说有一些不同意见，如崔铣：“诋阳明不遗余力，称之为霸儒，议阳明为禅学、为异说。”[④]徐问《读书札记》第二册“单辟阳明”[⑤]。汪俊认为：“阳明学不从穷事物之理，守吾此心，未有能中于理者，阳明言性不分理气。”[⑥]张邦奇说：“今之为异论者，直欲糟粕六经，屏程、朱诸子之说，置而不用，犹欲其通而窒其窍也。”[⑦]“异论者”指王阳明。张岳曾在绍兴与阳明相会，语多不契，小传载：“阳明谓公只为旧说缠绕，非全放下，终难凑泊。先生终执先入之言，往往攻击良知。”[⑧]但这些传主围绕着阳明学的种种批评总的特点是什么呢？《诸儒学案·小序》言：“中卷则皆骤闻阳明之学而

---

① 《泰州学案·序·管志道》，(清) 黄宗羲著，吴光主编：《黄宗羲全集》第7册，第826页。
② 《泰州学案·尚宝周海门先生汝登》，(清) 黄宗羲著，吴光主编：《黄宗羲全集》第8册，第113页。
③ 《泰州学案·小序》，(清) 黄宗羲著，吴光主编：《黄宗羲全集》第7册，第821页。
④ 《诸儒学案中·文敏崔后渠先生铣》，(清) 黄宗羲著，吴光主编：《黄宗羲全集》第8册，第464页。
⑤ 《诸儒学案中·庄裕徐养斋先生问》，(清) 黄宗羲著，吴光主编：《黄宗羲全集》第8册，第566页。
⑥ 《诸儒学案中·文庄汪石潭先生俊》，(清) 黄宗羲著，吴光主编：《黄宗羲全集》第8册，第449页。
⑦ 《诸儒学案中·文定张甬川先生邦奇》，(清) 黄宗羲著，吴光主编：《黄宗羲全集》第8册，第545页。
⑧ 《诸儒学案中·襄惠张净峰先生岳》，(清) 黄宗羲著，吴光主编：《黄宗羲全集》第8册，第550页。

骇之，有此辨难，愈足以发明阳明之学，所谓他山之石，可以攻玉也。”①“小序”从宏观层面概括了此一时期有学者与阳明学互相辩难的总体特点，“小传”则从中观层面具体地呈现了这种特点。

（二）“传”与“录”的异体异用

“传”与“录”体式有别，起到的作用也不尽相同，“传”与“录”之间“异体异用”的基本关系在李材、罗汝芳、刘宗周学案中有比较突出的体现。

1.《止修学案》的“小传”记述了李材的各种学术要素，包括师承于江右王门邹守益，以“止修”为宗旨，初学致良知，而后变为性觉之说，终以“止修”为归，许孚远论其主张太过，高攀龙论其平铺放在，黄宗羲批评其止修两挈，东瞻西顾。而这些学术要素的微观基础和材料来源却是在李材的学术资料选编中，黄宗羲选录了《论学书》《大学约言》《道性善编》《兴古疑问》《崇闻录》《井天萃测》《日新蠡测》《敬学录》《明宗录》《证学记》《崇行录》《天中习课》《时习录》等 13 种李材的学术资料。“小传”主要从中观层面比较全面系统地呈现了李材的整体学术风貌，而他的 13 种学术资料选编则是从微观层面进一步深入地、具体地了解李材学术意旨的基础性材料，这是一种延伸和展开，也是一种提炼和升华，其“双向性”的特点比较突出。

2.《泰州学案》罗汝芳的“小传”系统地记述了罗汝芳的各种学术要素，包括师承颜钧，以赤子之心为宗，定志于张洵水，证学于颜钧，悟《易》于胡生，证道于泰山丈人，问心于武夷先生，“志—学—悟—心”层层递进，许孚远评价其学大而无统、王塘南论其不知取长弃短、杨止庵谓其单传直指、黄宗羲则论其儒学本色，这些材料对我们了解罗汝芳学术的基本面貌很有帮助，但罗汝芳诸多学术要素的材料基

① 《诸儒学案·小序》，（清）黄宗羲著，吴光主编：《黄宗羲全集》第 8 册，第 331 页。

础和思想来源却在其学术资料选编中,黄宗羲选录了罗汝芳的《语录》五十余条,体例是"学术问答","小传"有助于系统完整地了解罗汝芳学术的基本面貌,"录"便于我们从微观层面更深入了解罗汝芳学术的原始意旨,这是一种"递进",也是一种"收束"。

3.《蕺山学案》刘宗周的"小传"系统介绍了其师友渊源、为学宗旨、儒释观、学术评价等学术要素,包括刘宗周始从学于其外祖父章颖,有家学渊源,长师许孚远,学友有刘静之、丁长孺、周宁宇、魏中节、黄尊素、高忠宪,以"慎独"为宗,为醇儒之学。黄宗羲曰:"五星聚张,子刘子之道通。"①这对我们了解刘宗周的学术面貌直观且具体,容易把握。但进一步深入了解其学术则须达至其学术资料选编,黄宗羲选录了《原》《说》《语录》《会语》《易箦语》《来学问答》《证学杂解》《读易图说》《大学杂辨》《论语学案》《圣学吃紧三关》共11种学术资料,这些资料详细记录了刘宗周关于理学基本问题和理学史的观点论述。在"案语"中黄宗羲更进一步地阐释了他对于刘宗周诸多学术思想的理解,如关于儒释关系,黄宗羲曰:"先生有诗云:'只卷圆相形容似,才点些儿面目肥。'即此可以辨儒、释。"②释"中和"曰:"后人解中和,误认是七情,故经旨晦至今。"③释"性命"曰:"羲以为性命之辨莫明于此。"④释"心象"曰:"觉有主,是先生创见。"⑤释"心体"曰:"先

---

① 《蕺山学案·忠端刘念台先生宗周》,(清)黄宗羲著,吴光主编:《黄宗羲全集》第8册,第891页。

② 《蕺山学案·忠端刘念台先生宗周·〈语录〉案语》,(清)黄宗羲著,吴光主编:《黄宗羲全集》第8册,第898页。

③ 《蕺山学案·忠端刘念台先生宗周·〈语录〉案语》,(清)黄宗羲著,吴光主编:《黄宗羲全集》第8册,第899页。

④ 《蕺山学案·忠端刘念台先生宗周·〈语录〉案语》,(清)黄宗羲著,吴光主编:《黄宗羲全集》第8册,第919页。

⑤ 《蕺山学案·忠端刘念台先生宗周·〈语录〉案语》,(清)黄宗羲著,吴光主编:《黄宗羲全集》第8册,第900页。

生从至善看到无善，善为主也。”①“录”及其“案语”更注重微观分析，“传”主要是中观叙述。

三、同源同向异体异用——序、传、录关系的核心要义

在中国史学史的发展过程中，“学案体”作为一种重要的史书体例，在记载、保存、传播传统学术以及近现代学术的过程中均发挥了重要的作用，时至今日仍然是各类学术史编纂所运用的重要体例之一，所以对“学案体”体例内涵的研究自有其重要性，《明儒学案》是特别突出的典型代表。《明儒学案》的编纂体例由“序—传—录”的基本体式构成，它至少有七种最基本的关系范畴：

第一，系统。“录”是从微观层面选录传主的学术资料，“传”是从中观层面梳理传主的学术要素，“序”是在宏观层面概括学派的学术特质，“微观—中观—宏观”是理解《明儒学案》编纂体例的逻辑前提，“序—传—录”是一种具有严密逻辑结构关系的体式，这种体式有固定的内涵和属性。

第二，同源同向。“序、传、录”在内容上是同源的，在意旨上是同向的，“录”是“传”的基础来源和递进延伸，“传”是“录”的提炼与概括；“传”是“序”的基础来源和递进延伸，“序”是“传”的收束与升华。这里面有一个清晰的“一本”散向“万殊”和“万殊”归于“一本”的双向过程。“同源同向”是《明儒学案》“序、传、录”之间的基本关系，三者内部逻辑一致。

第三，异体异用。“序、传、录”的体式又是相异的，所起作用也各不相同。“录”旨在对传主的学术资料进行全面、翔实、择要地选编，重在辨析；“传”旨在对传主的学术要素进行系统、规范、准确地梳理，

---

① 《蕺山学案·忠端刘念台先生宗周·〈会语〉案语》，(清) 黄宗羲著，吴光主编：《黄宗羲全集》第8册，第925页。

重在归纳;"序"旨在对学派的学术特质进行清晰、鲜明、历史性地概括,重在总结。"异体异用"是《明儒学案》"序、传、录"之间的另一种基本关系,三者在外部结构上呈现出明显的差异性。

第四,辩证统一。"辩证统一"是《明儒学案》"序—传—录"内部逻辑之"同源同向"与外部结构之"异体异用"相互关系的要旨。分而言之谓之内外,合而言之内外为一,主要体现在"序—传—录"之间不仅有一个递进、延伸、展开的过程,还有一个反向的收束、提炼、升华的过程。

第五,严格的界限。《明儒学案》的"序、传、录"各有其特定的内涵、功能、作用范围、发生方式,"序—传—录"之间有严格的界限和明确的分工,能够精准地起到各自体式范围内应具有的作用。体式间的相异、不同和区别是《明儒学案》"序—传—录"结构系统成立的前提和基础,只有在这种明确的"体例边界意识"下,《明儒学案》的编纂体例才是立体的。换言之,编纂一部学术史,体例内部体式的确定性、独立性、特殊性是它们之间能够连接起来进而构成一种意义系统的前提。

第六,距离性结构张力。《明儒学案》的"序、传、录"之间有着合理的距离,即宏观概述、中观梳理与微观分析,由这种"距离"产生的结构性的张力之作用表现在其收放过程中的可调整性。即无论我们在哪个层面和维度去表达明代学术史的内容,都有相对应的体式以及体式间调整的控制力和灵活性,正是因为有了这种合理的、恰当的"距离性张力",《明儒学案》的编纂体例才能够动态地趋向平衡。

第七,一贯的时间轴。《明儒学案》的"序、传、录"之间有一条隐性的却至为重要的时间轴,即明代学术发展的逻辑"历史","序—传—录"的体式始终照应着明代学术发展的历史进程,这种体式背后的时间意识充分地保证了《明儒学案》编纂体例"动态性"的特点。

第五章　《明儒学案》的学术史方法

《明儒学案》的学术史方法是其“一本万殊”学术史观具体而集中的展开，并且比较典型地具有基于史学并超越史学的泛学科价值。大体来说，《明儒学案》的学术史方法至少包括“价值取向、四维结构、编纂范式、主题引领、要素提炼、批评格式、叙述层次”七种范畴。这些方法以“一本万殊”为统领，层层递进、相互补充、叠复交叉，与经过“纂要勾玄”的史料选编和“序—传—录”的学案体例深度融合，多维、立体、动态地运用于《明儒学案》的学术史系统之中。黄宗羲在编纂《明儒学案》的过程中所运用的一系列学术史方法也是中国传统学术史方法论的重要组成部分。

第一节　学术史价值取向

一部学术史的编撰必然有其明确的价值取向，这种价值取向内在地规定了其编撰行为的发生以及编纂完成后的学术史样态，“历史思考、现实关怀、忧患意识”是黄宗羲通过《明儒学案》的编纂留给后人的重要思考。

一、理性的历史思考

作为“史家”的黄宗羲。黄宗羲“生平长于史学”①,梁启超也认为“梨洲学问影响后来最大者在他的史学”②,并称其为“清代史学开山之祖”③。黄宗羲早年熟读史书,“自明十三朝《实录》,上溯二十一史,靡不究心”④。著有诸多史学著作,文集中的墓志铭、碑铭、圹志、行述、事略、哀辞、传记、寿序也都是重要的明史史料⑤。作为浙东史学的开创者,传其学者有万斯同、邵廷采、全祖望、邵晋涵、章学诚等,他们都为清代史学的发展作出了重要贡献。黄宗羲是一位具有鲜明史学属性的史学家,这种特点也自然地体现在他对学术史的编纂过程中。

作为一部“史书”的《明儒学案》。《四库全书》《越缦堂读书记》《八千卷楼书目》《持敬斋书目》《中国古籍善本书目》等均著录《明儒学案》于“史部”。钱穆视《明儒学案》为一部中国“史学”名著⑥,冯友兰、冯契认为《明儒学案》是一部哲学“史”,金毓黻、白寿彝从“史学史”的角度探讨《明儒学案》,侯外庐认为《明儒学案》是一部理学“史”,梁启超认为《明儒学案》是一部学术“史”,由上可见《明儒学案》具有明确的“史书” 属性。

黄宗羲首先是一名“史学家”,他著《明儒学案》包含着浓重的历

---

① 黄嗣艾:《南雷公本传》,(清) 黄宗羲著,吴光主编:《黄宗羲全集》第 12 册,第 99 页。

② 梁启超:《中国近三百年学术史》(新校本),第 62 页。

③ 梁启超:《中国近三百年学术史》(新校本),第 108 页。

④ (清) 全祖望:《鲒埼亭集》卷一一《梨洲先生神道碑文》,(清) 全祖望撰,朱铸禹汇校集注:《全祖望集汇校集注》,第 214 页。

⑤ 庞天佑:《论明清之际三大学者治学经世致用的特点》,《史学月刊》1999 年第 4 期,第 36—37 页。

⑥ 钱穆:“我们讲明代,我想特别只举出一部书,即是黄梨洲(宗羲)的《明儒学案》。”(《中国史学名著》,第 316 页)

史情怀、鲜明的历史意识、深刻的历史思维，有学者指出："黄宗羲的《明儒学案》具有历史反思的学术批判精神。"①可见"理性的历史思考"大体上可以理解为黄宗羲学术史价值取向的首要思考。

1. 历史情怀。黄宗羲本人对明代故国一直怀有深厚的感情："尧、舜相传之统，至元而绝，高皇帝驱毡裘之属，还衣裳之旧，是百王之嫡嗣也。"②这也是他晚年用很大的心血和精力系统整理明代文献的源动力，如《明史案》《明史条例》《明诗案》《明文案》《明文海》《明文授读》《明季灾异录》等，黄宗羲怀着强烈的史学信念为故国存史、著史、修史，这是其"国可灭，史不可灭"③之史学理念的体现，也是编纂《明儒学案》的重要思想背景。

2. 历史意识。黄宗羲搜辑、整理、编纂明代历史文献的另一种思考是为后世从"学术与社会关系"的角度探究明代盛衰提供一些材料。他说："仆生尘冥之中，治乱之故，观之也熟。"④有学者认为："他（黄宗羲）治史的根本目的是在于总结'天下兴亡'的经验教训。"⑤黄宗羲认为："学必原本于经术，而后不为蹈虚；必证明于史籍，而后足以应务。"⑥"史实·经验·教训·规律"范式是黄宗羲史学意识的基本构成。仅就《明儒学案》而言，黄宗羲这种历史意识的支撑点是"学术与社会"，即明代儒学的发展流变与明代社会变迁的相互关系，有学者认为："黄宗羲感到有责任整理和保存宋元以来特别是明代的历

---

① 卢钟锋：《中国传统学术史·导论》，第 19 页。

② （清）黄宗羲：《留书·史》，（清）黄宗羲著，吴光主编：《黄宗羲全集》第 11 册，第 12 页。

③ （清）黄宗羲：《旌表节孝冯母郑太安人墓志铭》，（清）黄宗羲著，陈乃乾编：《黄梨洲文集》，第 269 页。

④ （清）黄宗羲：《留书·自序》，（清）黄宗羲著，吴光主编：《黄宗羲全集》第 11 册，第 1 页。

⑤ 赵向东：《略论黄宗羲的史学思想》，《兰州大学学报》1990 年第 3 期，第 77 页。

⑥ （清）全祖望：《鲒埼亭集外编》卷一六《甬上证人书院记》，（清）全祖望撰，朱铸禹汇校集注：《全祖望集汇校集注》，第 1061 页。

史文献资料，以总结历史经验，为统治者的借鉴。”[①]黄宗羲还认为史学应发挥其惩恶扬善的基本社会功能：“为史而使乱臣贼子得志于天下，其不如无史之为愈也。”[②]作史亦应“通知一代盛衰之始终”[③]，这些都体现了一名史学家的历史意识。

3. 历史思维。基于时间性的变化与比较是黄宗羲历史思维的重要向度，如在宏观层面关于理学内部的形态，黄宗羲比较了明初、明中叶、明末三个时期“理本”与“心本”在认识论方面的变化；在中观层面比较了晚期的泰州学派与中期的江右王门以及早期的浙中王门之间对于“良知”学说不同理解的变化；在微观层面分析了王阳明学术“泛滥辞章→循序格物→出入佛老→龙场悟道→默坐澄心→致良知”这种“学成前三变”和“学成后三变”的情况，等等。

二、强烈的现实关怀

1. 修德。黄宗羲强烈地批判只空谈道德理论而无修德实迹的情况，他明确地提出：“修德而后可讲学，今讲学而不修德，又何怪其举一而废百乎！”[④]空讲学而不修德危害巨大，在现实社会中严重影响着人们对儒学的基本认知和价值判断，也危害着一定范围内的学风、政风。在《明儒学案》传主的“生平小传”部分，黄宗羲着重地记叙了传主修德的实迹，包括“忠、孝、节、义”等，这些都是关于传主的人格精神方面，梁启超说：“我们读《明儒学案》，每读完一案，便觉这个人

---

① 白寿彝主编：《中国通史》第十卷《中古时代·清时期》，第1032页。

② （清）黄宗羲：《留书·史》，（清）黄宗羲著，吴光主编：《黄宗羲全集》第11册，第13页。

③ （清）黄宗羲：《谈孺木墓表》，（清）黄宗羲著，陈乃乾编：《黄梨洲文集》，第118页。

④ （清）黄宗羲：《明儒学案序》，（清）黄宗羲著，陈乃乾编：《黄梨洲文集》，第379页。

的面目活现纸上,(小传)令读者能把这个人的人格捉摸到手。”[①]《明儒学案》对传主人格部分撰写的重点就是“德”,有学者提出:“黄宗羲的创作宗旨在于修德,《明儒学案》的精神是‘修德而后可讲学’。……一是修德贵在自得,学术要在自家身心上生根。二是修德深浅关乎学术深浅。……三是修德具有效果,可以使人坦然面对贫穷、危险、死亡,可以‘所过者化’。”[②]

2. 经世。黄宗羲认为“经术所以经世”[③],立足现实的“经世”思想一直以来都是儒学的传统。先秦时期孔子作《春秋》意在“补敝起废”[④],宋明时期理学家倡导理学也有“治国平天下而昌明内圣外王之学”[⑤]的指向,明末清初的社会转型也为儒学的发展提出了新的时代任务。此时以顾炎武、黄宗羲、王夫之为代表的一批思想家尽管学术领域各异,主张各不相同,但均表现出了强烈的现实关怀,他们继承儒家“经邦济世”的思想传统,均鲜明地主张学术要能经世,有学者认为:“经世应务,是黄宗羲治史的根本目的和为学宗旨。”[⑥]还有学者认为:“黄宗羲从著述学术史的角度寻求‘经世’之‘道’的意图明显。”[⑦]黄宗羲说:“二十一史所载,凡经世之业,亦无不备矣。”[⑧]可见,黄宗羲不仅认为经学要经世,史学也应经世,具体到其编纂学术史,他说:“有明文章事功,皆不及前代,独于理学,前代之

---

① 梁启超:《中国近三百年学术史》(新校本),第64页。
② 张实龙:《修德而后可讲学——论〈明儒学案〉的精神》,《浙江学刊》2007年第1期,第86页。
③ (清)全祖望:《鲒埼亭集》卷一一《梨洲先生神道碑文》,(清)全祖望撰,朱铸禹汇校集注:《全祖望集汇校集注》,第219页。
④ (汉)司马迁:《史记》卷一三〇《太史公自序》,第3297页。
⑤ 卢钟锋:《中国传统学术史·导论》,第15页。
⑥ 吴光:《天下为主:黄宗羲传》,杭州:浙江人民出版社,2008年,第200页。
⑦ 林久贵、周春健:《中国学术史研究·导论》,武汉:崇文书局,2008年,第16页。
⑧ (清)黄宗羲:《〈补历代史表〉·序》,(清)黄宗羲著,陈乃乾编:《黄梨洲文集》,第316页。

所不及也。”[①]这是黄宗羲对明代理学地位的评价，而作为系统总结明代理学流变的《明儒学案》之功用，黄宗羲说：“此犹中衢之罇，后人但持瓦瓯樿杓，无有不满腹者矣。”[②]作为一部系统的、规范的、有明确学术史意图的明代理学之书，《明儒学案》可以为当时和后来的学者们在为学路径方面提供诸多有益的参考，不同的人可以从中获得不同的、有经验教训范式意义的、有价值的启示和借鉴，这也是“史学”的基本功能之一。

3. 致用。首先，黄宗羲著《明儒学案》可以正学风。他说：“明人讲学，袭语录之糟粕，不以六经为根柢，束书而从事于游谈。”[③]黄宗羲强烈地批判这种空疏的学风，故在编纂《明儒学案》的过程中对先儒的“语录”精心地选择，他说：“每见抄先儒之语录者，荟撮数条，不知去取之意谓何。其人一生之精神尚未透露，如何见其学术？”[④]对前贤的语录不能仅是堆列，更应有效地甄别，钻研其精义之所在。其次，可以砥砺士风。如黄宗羲在《东林学案》的小序中说：“熹宗之时，龟鼎将移，其以血肉撑拒，没虞渊而取坠日者，东林也。毅宗之变，攀龙髯而蓐蝼蚁者，属之东林乎？属之攻东林者乎？数十年来，勇者燔妻子，弱者理土室，忠义之盛，度越前代，犹是东林之流风余韵也。一堂师友吟风[⑤]，热血洗涤乾坤，无智之徒，窃窃然从而议之，可悲也

---

① （清）黄宗羲：《〈明儒学案〉发凡》，（清）黄宗羲著，吴光主编：《黄宗羲全集》第7册，第5页。

② （清）黄宗羲：《明儒学案序》，（清）黄宗羲著，陈乃乾编：《黄梨洲文集》，第380页。

③ （清）全祖望：《鲒埼亭集》卷一一《梨洲先生神道碑文》，（清）全祖望撰，朱铸禹汇校集注：《全祖望集汇校集注》，第219页。

④ （清）黄宗羲：《〈明儒学案〉发凡》，（清）黄宗羲著，吴光主编：《黄宗羲全集》第7册，第6页。

⑤ 据朱文杰《是“吟风”而非“冷风”考述——点校本〈明儒学案〉勘误一则》（《第十二届明史国际学术研讨会论文集》，第534—537页）一文考证“冷风”乃“吟风”之误。按，（清）康熙三十二年紫筠斋本、（清）乾隆四年二老阁本、《四库 （转下页）

夫!”[1]这段话有血有肉,今天读起来仍然激荡人心,《明儒学案》的价值不仅在于其学术性,还在于其笔尖常带的深情。最后,可以进一步厘清儒释关系。理学从其产生之初就带有一定的辟佛印记,这一点到了明代也不例外。纵观《明儒学案》全书,辟佛是一条重要线索,黄宗羲说:“二氏之学,程、朱辟之,未必廓如,而明儒身入其中,轩豁呈露。”[2]身入其中是明儒辟佛的特点之一,这与宋儒辟佛的路径有一定不同。他还说:“程、朱之辟释氏,其说虽繁,总是只在迹上,其弥近理而乱真者,终是指他不出。明儒于毫厘之际,使无遁影。”[3]这体现了明儒辟佛的细致。为了在明末清初现实的文化格局中提升儒学地位,黄宗羲在《明儒学案》中进一步厘清了儒释关系。

三、深刻的忧患意识

1. 忧国。作为明代遗民,黄宗羲早年以武抗清廷,晚年则以文思

(接上页) 全书》本、(清)雍正十一年《东林书院志》卷一六所收录黄宗羲《东林学案序》、(清)雍正十三年紫筠斋重刻本、(清)光绪七年《东林书院志》重刊本、(清)光绪八年冯全垓补修二老阁本、(清)光绪十二年紫筠斋重刻本、(清)光绪二十八年上海文澜书局本、(清)光绪三十一年杭州群学社石印本、(清)光绪三十一年上海涵芬楼排印节录本等均明确作“吟风”。误改“吟风”为“冷风”始于(清)道光元年莫晋所刻之教忠堂本(《明儒学案》卷五八叶“前一”,中国国家图书馆藏善本书号 01155),之后民国时期《四部备要》本、《四朝学案》本,中华人民共和国成立后 1985 年中华书局点校本、1992 年《黄宗羲全集》本、2005 年四川大学《儒藏》本、2008 年中华书局修订本等仍作“冷”,只有 2016 年北京大学《儒藏》本作“吟风”。“吟风”是一种特有的文化形式和特殊的文化意象,与明代的书院与会讲活动密切相关,含义深邃,“吟风”所含有的师友间进行“学术文化交流、精神思想激荡、意志毅力磨砺、心性道德修养”之含义正是这种文化意象的体现,而“冷风”则根本不具备以上诸义。“一堂师友吟风”与下文“热血洗涤乾坤”完全对合,若改成“冷风”,则只能改变后边的断句,作“一堂师友,冷风热血,洗涤乾坤”,以便于“冷”和“热”相对文,这样就完全消解了“吟风”特殊的文化意义。因此,从文献和义理两方面看,“冷风”或应为“吟风”之误。

① 北京大学《儒藏》编纂与研究中心编:《儒藏·精华编》(第一五六册),第 1473 页。

② (清)黄宗羲:《改本明儒学案序》,(清)黄宗羲著,陈乃乾编:《黄梨洲文集》,第 380—381 页。

③ (清)黄宗羲:《〈明儒学案〉发凡》,(清)黄宗羲著,吴光主编:《黄宗羲全集》第 7 册,第 5—6 页。

故国，目的是“整理故国文献，抢救前明史迹”[①]。《明儒学案》的编纂一方面是要保存明代文化，“为师门传学术，为故国存信史，为天地保元气”[②]，另一方面则是要从学术史的角度尝试探索明代兴亡的经验教训。《明儒学案》包含着诸多国家层面的宏观学术思考，如“有明之学，至白沙始入精微”[③]“有明学术从前习熟先儒之成说”[④]“（方孝孺）固为有明之学祖也”[⑤]“有明文章事功皆不及前代”[⑥]“有明事功文章未必能越前代”[⑦]等，这些都是黄宗羲站在宏观的国家层面从学术史的角度进行的深刻反思，晚年的黄宗羲所忧的“国”包含有“天下”之义，即整体的中华民族，《明儒学案》不仅是黄宗羲对明代国家与学术关系的反思，也包含着他对明末清初诸多社会问题的关注，如明清易代、夷夏破防、学风疏实、儒释之辨等，这些问题在《明儒学案》中均有不同程度的映射。

2. 忧民。黄宗羲具有强烈的学术民主意识，他认为“学术之不同正以见道体之无尽”[⑧]，并主张各人为学应以“自得”为主，进而感叹道：“奈何今之君子，必欲出于一途，剿其成说，以衡量古今，稍有异同，即诋之为离经叛道。”[⑨]对于压抑学术民主的学风，黄宗羲深表忧

---

① 方祖猷：《黄宗羲长传》，第 266 页。
② 陈祖武：《〈明儒学案〉发微》，《中国史研究》2009 年第 4 期，第 138 页。
③ 《白沙学案·小序》，(清) 黄宗羲著，吴光主编：《黄宗羲全集》第 7 册，第 78 页。
④ 《姚江学案·小序》，(清) 黄宗羲著，吴光主编：《黄宗羲全集》第 7 册，第 197 页。
⑤ 《诸儒学案上·文正方正学先生孝孺》，(清) 黄宗羲著，吴光主编：《黄宗羲全集》第 8 册，第 334 页。
⑥ (清) 黄宗羲：《〈明儒学案〉发凡》，(清) 黄宗羲著，吴光主编：《黄宗羲全集》第 7 册，第 5 页。
⑦ (清) 黄宗羲：《改本明儒学案序》，(清) 黄宗羲著，陈乃乾编：《黄梨洲文集》，第 380 页。
⑧ (清) 黄宗羲：《改本明儒学案序》，(清) 黄宗羲著，陈乃乾编：《黄梨洲文集》，第 380 页。
⑨ (清) 黄宗羲：《改本明儒学案序》，(清) 黄宗羲著，陈乃乾编：《黄梨洲文集》，第 380 页。

虑,他提出:“学问之道,以各人自用得着者为真。凡倚门傍户、依样葫芦者,非流俗之士,则经生之业也。此编所列,有一偏之见,有相反之论,学者于其不同处,正宜着眼理会,所谓一本而万殊也。以水济水,岂是学问!”①其意有三:第一,学问之道最终要以自己是否真得到、真受用为衡量标准,而不是表面看上去和别人像不像。第二,黄宗羲重视学者的“一偏之见,相反之论”,实际上是要问为什么不能从反面、侧面去看待同一个问题?第三,“以水济水”怎么能纵向地促进学术的递进性发展?《明儒学案》自始至终都贯穿着强烈的学术民主意识。

3. 忧学。黄宗羲在《明儒学案》中表现出对明代学术有几种比较突出的忧虑:一、阳明醇儒不类禅;二、区分阳明与阳明后学;三、“无善无恶心之体”有患无错。首先,“严儒释之辨,为王学正名”是黄宗羲编著《明儒学案》的意图之一,明末清初关于王学类禅的争论愈发激烈,黄宗羲意在从学术史的角度在儒家道统范畴内对阳明学的正统地位给出自己的解释,如他说:“阳明于虚灵知觉中辨出天理,此正儒释界限,而以禅宗归之,不几为佛氏所笑乎?”②“先生点出心之所以为心不在明觉,而在天理,遂使儒释疆界渺若山河。”③主张阳明醇儒而不类禅是黄宗羲通过编纂《明儒学案》要达到的重要学术史目的之一。其次,黄宗羲在《明儒学案》中对阳明学本旨与阳明后学的学术关系做了严格的区分,如在学案的划分上,尽管王艮与王阳明有明确的师承源流关系,但由于泰州学派的后期发展方向与良知

① (清)黄宗羲:《〈明儒学案〉发凡》,(清)黄宗羲著,吴光主编:《黄宗羲全集》第7册,第6页。

② 《甘泉学案·端洁杨止庵先生时乔》,(清)黄宗羲著,吴光主编:《黄宗羲全集》第8册,第317页。

③ 《姚江学案·文成王阳明先生守仁》,(清)黄宗羲著,吴光主编:《黄宗羲全集》第7册,第202页。

学说的本旨有异，故黄宗羲将泰州单独立案，并未像“浙中、江右、南中、楚中、北方、粤闽”一样编入王门诸学案之中。最后，关于四句教中的“无善无恶心之体”，黄宗羲认为其并未违背儒家的性善论，只是人们的理解有偏差，但也承认在客观上造成了流弊并产生了遗患。

第二节　学术史四维结构

大体上可以从“时间观念—空间意识—人物核心—问题主线”的角度理解《明儒学案》的四维学术史结构，它们在逻辑上是分析的，在具体的历史进程中则是综合的、一体的，同时进行、同时发生、同时有效，互相补充、互相支撑、互相作用，故而在一定程度上体现着“立体、动态、平衡”的特点，这种结构系统内部的良性互动对《明儒学案》的编纂起到了重要的结构性支撑作用。

一、时间观念

“时”是史学方法论的核心关注之一，通过“时间性”来观察事物形态前后发生的变化可以更好地理解该事物存在的本身，“学术史”的编纂更是如此①。我们读《明儒学案》能够比较清晰地切身感受到有明一代基于“时间性”的学术流变，这是黄宗羲撰史的重要特点。

从宏观层面看，黄宗羲对明代前期、中后期、末期学术形态的变化有明确的过程性梳理。如其论：“有明学术，从前习熟先儒之成说，

---

① 按，学术史的编纂与著者所处的时代有很微妙的关系，离之太远则无切身感受，离之太近或无法看清，身在其中难免主观，置于局外则无法下笔，黄宗羲本人的学术结构及其所处的时代与《明儒学案》成书之间的关系值得留意，这种时间节点的恰当性是历史学尤其学术史编纂的重要参照。

未尝反身理会,推见至隐。所谓'此亦一述朱,彼亦一述朱'耳!"①《诸儒学案·小序》云:"上卷则国初为多,宋人规范犹在。"②这是黄宗羲对明初学者以程朱路径为主这种总体学术状态的概述。但这种状态在明代中期发生了一些变化,黄宗羲说:"自姚江指点出'良知人人见在,一反观而自得',便人人有个作圣之路。故无姚江,则古来之学脉绝矣。"③此时以程朱为代表的客体性伦理道德体系开始向以王阳明为代表的主体性伦理道德体系发生转变,这种"变化"是明代理学学术形态的重要转折。明代中后期,王门学开六派,趋至隆盛,但随之亦有"骤闻阳明之学而骇之"④进而辩难者。明末儒学学术形态的主要特点是反思、批判和修正,如顾宪成以"性善"斥"无善无恶",高攀龙以"一本程朱"正"空谈心性",《东林学案》记载了诸多传主的"忠义之盛"和"气节之著",《蕺山学案》记刘宗周以"慎独"为宗,黄宗羲基本上认为刘宗周集明末儒学反思之大成,甚至有"五星聚张子刘子之道通"⑤之说。"述朱→致良知→慎独"大体上是黄宗羲在《明儒学案》中以时间关系为线索对明初、明中叶、明末三个历史时期学术形态变化的概括。

从中观的学派层面看,黄宗羲说:"有明之学,至白沙始入精微,至阳明而后大。"⑥他认为明代学术由陈献章(1428—1500)之白沙学派开始走向"精微",到了明代中期由王阳明(1472—1529)之姚江学

① 《姚江学案·小序》,(清)黄宗羲著,吴光主编:《黄宗羲全集》第7册,第197页。
② 《诸儒学案·小序》,(清)黄宗羲著,吴光主编:《黄宗羲全集》第8册,第331页。
③ 《姚江学案·小序》,(清)黄宗羲著,吴光主编:《黄宗羲全集》第7册,第197页。
④ 《诸儒学案·小序》,(清)黄宗羲著,吴光主编:《黄宗羲全集》第8册,第331页。按,《明儒学案·诸儒学案》上中下三卷大体上对应着明初、明中后期和明末三个时期。
⑤ 《蕺山学案·忠端刘念台先生宗周》,(清)黄宗羲著,吴光主编:《黄宗羲全集》第8册,第891页。
⑥ 《白沙学案·小序》,(清)黄宗羲著,吴光主编:《黄宗羲全集》第7册,第78页。

派而推至“广大”。论河东学派：“故数传之后，其议论设施，不问而可知其出于河东也。”①如薛瑄→段坚→周蕙→薛敬之→吕柟→吕潜，这一师承传授谱系经历了五传，吕潜生于明武宗正德十二年(1517)，薛瑄生于明太祖洪武二十二年(1389)，前后相差128年，而百年后观察吕潜的为学仍可见其与薛瑄的路径密切相关。

从微观层面看，黄宗羲注意把握学者学术各个发展阶段的演变情况，如论罗汝芳的学术：“十有五而定志于张洵水，二十六而证学于颜山农，三十四而悟《易》于胡生，四十六而证道于泰山丈人，七十而问心于武夷先生。”②“十五→二十六→三十四→四十六→七十”的归纳体现了黄宗羲清晰的学术史时间意识。又如记高攀龙自序其为学过程：“二十有五，始志于学。壬辰，自觅本体。甲午秋，自省胸中理欲交战。乙未春，取释、老二家参之。戊戌，为静坐。甲辰，澄神默坐。丙午，方实信孟子性善之旨。丁未，方实信程子之旨。辛亥，方实信《大学》之旨。壬子，方实信《中庸》之旨。甲寅，涵养愈粹。”③“壬辰→甲午→乙未→戊戌→甲辰→丙午→丁未→辛亥→壬子→甲寅”是其学术演变的时间线索。

二、空间意识

作为一部学术史，《明儒学案》有着鲜明的地域学术格局建构理念，从宏观的明代学术发展大势到中观的学派内部衍化再到理学家个人的为学过程，我们可以清晰地感受到黄宗羲编撰学术史的空间意识，这使得我们在研读这部著作时能够很方便地从地域的维度去

---

① 《河东学案·小序》，(清)黄宗羲著，吴光主编：《黄宗羲全集》第7册，第117页。
② 《泰州学案·参政罗近溪先生汝芳》，(清)黄宗羲著，吴光主编：《黄宗羲全集》第8册，第3页。
③ 《东林学案·忠宪高景逸先生攀龙》，(清)黄宗羲著，吴光主编：《黄宗羲全集》第8册，第756—759页。

把握明代学术发展的线索和脉络。

从明代宏观的地域学术格局来看,《明儒学案》17 个学案群中有 12 个是以地域来划分的。如吴与弼乃“抚州之崇仁人”①,《崇仁学案》中的“崇仁”即是指崇仁学派创始人吴与弼的地籍。陈献章乃“新会之白沙里人”②,《白沙学案》中的“白沙”指白沙学派创始人陈献章的地籍。薛瑄乃“山西河津人”③,《河东学案》中的“河东”④指河东学派创始人薛瑄的地籍。王恕是“陕之三原人”⑤,《三原学案》中的“三原”指三原学派创始人王恕的地籍。王阳明是浙江“余姚人”⑥,《姚江学案》中的“姚江”代指王阳明的地籍。《浙中王门学案》中的“浙中”主要指浙江地区。《江右王门学案》中的“江右”以江西地区为中心。《南中王门学案》中的“南中”以南直隶为中心,与江苏、安徽、上海相关。《楚中王门学案》中的“楚中”涵盖湖广,与今湖南、湖北相关。《北方王门学案》中的“北方”以河南、山东为中心。《粤闽王门学案》中的“粤闽”以广东、福建为中心。王艮是“泰州之安丰场人”⑦,“泰州”属南直隶扬州府,《泰州学案》中的“泰州”是泰州学派创始人王艮的地籍。《东林学案》中的“东林”也与东林书院这一地点有关。

---

① 《崇仁学案·聘君吴康斋先生与弼》,(清)黄宗羲著,吴光主编:《黄宗羲全集》第 7 册,第 3 页。

② 《白沙学案·文恭陈白沙先生献章》,(清)黄宗羲著,吴光主编:《黄宗羲全集》第 7 册,第 80 页。

③ 《河东学案·文清薛敬轩先生瑄》,(清)黄宗羲著,吴光主编:《黄宗羲全集》第 7 册,第 119 页。

④ 《明史》卷四一《地理志二·山西》:“蒲州,元河中府。洪武二年改为蒲州,以州治河东县省入。”(《明史》,第 935 页)按,薛瑄是河津县人,河津在明代属山西平阳府蒲州。

⑤ 《三原学案·端毅王石渠先生恕》,(清)黄宗羲著,吴光主编:《黄宗羲全集》第 7 册,第 173 页。

⑥ 《姚江学案·文成王阳明先生守仁》,(清)黄宗羲著,吴光主编:《黄宗羲全集》第 7 册,第 200 页。

⑦ 《泰州学案·处士王心斋先生艮》,(清)黄宗羲著,吴光主编:《黄宗羲全集》第 7 册,第 829 页。

刘宗周是“越之山阴人”①,《蕺山学案》中的“蕺山”代指刘宗周的地籍。从历史地理学的角度看,这种命名和划分的方式可以令人比较直观地看出有明一代的地域学术格局以及明代学术的地理空间分布情况,也是作为“学术史”的《明儒学案》比较鲜明的特色。

从中观的学派层面看,黄宗羲论浙中王门:“姚江之教自近而远,其最初学者,不过郡邑之士耳。龙场而后,四方弟子始益进焉。”②有学者认为:“浙中是阳明思想的发源地,也是最早自立门户的地方。”③ “自近而远”是浙中王门初期学术传播的地理性特点。论粤闽王门:“岭海之士,学于文成者,自方西樵始。及文成开府赣州,从学者甚众。文成言潮在南海之涯,有薛氏之兄弟子侄。”④从岭海到赣州,再到南海及潮州,有地域学术格局的变化。论北方王门:“北方之为王氏学者独少。”⑤论楚中王门:“楚学之盛惟耿天台一派,自泰州流入。”⑥介绍了楚中与泰州的地域学术关系。论南中王门:“阳明殁后,绪山、龙溪所在讲学,于是泾西有水西会,宁国有同善会,江阴有君山会,贵池有光岳会,太平有九龙会,广德有复初会,江北有南谯精

---

① 《蕺山学案·忠端刘念台先生宗周》,(清)黄宗羲著,吴光主编:《黄宗羲全集》第8册,第885页。

② 《浙中王门学案·小序》,(清)黄宗羲著,吴光主编:《黄宗羲全集》第7册,第245页。

③ 钱明:《浙中王学研究》,北京:中国人民大学出版社,2009年,第63页。

④ 《粤闽王门学案·小序》,(清)黄宗羲著,吴光主编:《黄宗羲全集》第7册,第761页。按,容肇祖在二十世纪三十年代撰《补明儒〈东莞学案〉——林光与陈建》(国立北京大学出版社1936年);关于闽中王门的研究可参见钱明《闽中王门考略》(《福建论坛》2007年第1期)、郑礼矩《〈明儒学案·粤闽相传学案〉王守仁福建门人考》(《中国典籍与文化》2015年第1期)以及张山梁《闽中王学研究》(厦门大学出版社2022年)等。

⑤ 《北方王门学案·小序》,(清)黄宗羲著,吴光主编:《黄宗羲全集》第7册,第738页。按,杨朝亮《北方王门学案研究》(商务印书馆2021年)以《明儒学案·北方王门学案》为逻辑起点,推进了北方地区王学相关问题的研究。

⑥ 《楚中王门学案·小序》,(清)黄宗羲著,吴光主编:《黄宗羲全集》第7册,第727页。

舍，新安有程氏世庙会，泰州复有心斋讲堂，几乎比户可封矣。”①南中王门地区的特点之一是以讲会带动学术，泾西、宁国、江阴、贵池、太平、广德、江北、新安、泰州地区尤为兴盛。

从微观的传主个人为学层面看，黄宗羲论王阳明之学：“及至居夷处困，动心忍性，忽悟圣人之道，吾性自足，不假外求。”②“居夷”指(明)正德元年(1506)王阳明谪至贵州修文龙场驿反而龙场悟道的地点。之后论阳明之学：“江右以后专提致良知三字。”③此处之“江右”指(明)正德四年(1509)王阳明谪戍期满赴江西庐陵任知县以及在江西的学术活动区域。再论阳明之学：“居越以后，所操益熟所得益化。”④“居越”指(明)正德十六年(1521)八月王阳明返回故乡。“居夷→江右→居越”是黄宗羲从地域变化的角度对王阳明学术的梳理。黄宗羲论王畿：“先生林下四十余年，无日不讲学，自两都及吴、楚、闽、越、江、浙皆有讲舍。”⑤可见王畿讲学地域范围之广。论北方王门张后觉：“南结会于香山，西结会于丁块，北结会于大云，东结会于王遇，齐鲁间遂多学者。”⑥张后觉是山东堂邑人，他对齐鲁地区王学的传播有贡献。论江右王门刘阳：“东至岱宗，南至祝融，于师门之旨身体精研。”⑦刘阳的学术活动区域到达了山东和湖广地区。论三原

---

① 《南中王门学案·小序》，(清)黄宗羲著，吴光主编：《黄宗羲全集》第7册，第671页。
② 《姚江学案·文成王阳明先生守仁》，(清)黄宗羲著，吴光主编：《黄宗羲全集》第7册，第201页。
③ 《姚江学案·文成王阳明先生守仁》，(清)黄宗羲著，吴光主编：《黄宗羲全集》第7册，第201页。
④ 《姚江学案·文成王阳明先生守仁》，(清)黄宗羲著，吴光主编：《黄宗羲全集》第7册，第201页。
⑤ 《浙中王门学案·郎中王龙溪先生畿》，(清)黄宗羲著，吴光主编：《黄宗羲全集》第7册，第269页。
⑥ 《北方王门学案·教谕张弘山先生后觉》，(清)黄宗羲著，吴光主编：《黄宗羲全集》第7册，第740页。
⑦ 《江右王门学案·御史刘三五先生阳》，(清)黄宗羲著，吴光主编：《黄宗羲全集》第7册，第511页。

学派王之士："赴都门讲会，上阙里谒先师庙墓，南行入江右，浮浙水而下，至吴兴，问许敬庵。"①"都门→阙里→江右→吴兴"，黄宗羲梳理出了王之士学术地域变化的线索。论粤闽王门薛侃："十五年，远游江、浙，会念庵于青原书院。已入罗浮，讲学于永福寺。二十四年，始还家。"②薛侃于（明）嘉靖十五年（1536）五十一岁时游学江浙地区，（明）嘉靖二十一年（1542）"游罗浮朱明洞"③，（明）嘉靖二十二年（1543）"迁丰山永福寺"④，（明）嘉靖二十四年（1545）"秋七月返揭阳"⑤，其游学的路线比较清楚。论楚中王门蒋信："阳明在龙场……先生与闇斋师事焉。已应贡入京师，师事甘泉，及甘泉在南雍，令先生分教之。甘泉游南岳，先生从之。后四年，入广东，省甘泉。又八年，甘泉再游南岳，先生又从之。"⑥龙场→京师→南雍→南岳→广东→南岳，蒋信的学术活动有明确的地理变化。

三、人物核心

作为一部学术史，《明儒学案》有着清晰的"以人物为核心"的思想，包含着作为个体意义上的理学家和作为群体意义上的理学家。这使得我们在研读这部著作时能够很方便地从作为"个体"或"群体"意义上的"人"（主要指理学家）的角度去把握明代学术发展的线索和脉络。

---

① 《三原学案·征君王秦关先生之士》，（清）黄宗羲著，吴光主编：《黄宗羲全集》第7册，第196页。

② 《粤闽王门学案·行人薛中离先生侃》，（清）黄宗羲著，吴光主编：《黄宗羲全集》第7册，第765页。

③ 饶宗颐编：《薛中离年谱·嘉靖二十一年》，（明）薛侃撰，陈椰编校：《薛侃集》，第542页。

④ 饶宗颐编：《薛中离年谱·嘉靖二十二年》，（明）薛侃撰，陈椰编校：《薛侃集》，第543页。

⑤ 饶宗颐编：《薛中离年谱·嘉靖二十四年》，（明）薛侃撰，陈椰编校：《薛侃集》，第547页。

⑥ 《楚中王门学案·佥宪蒋道林先生信》，（清）黄宗羲著，吴光主编：《黄宗羲全集》第7册，第729页。

（一）关于《明儒学案》传主的数量、地域分布及科举出身等基本问题

对传主的数量、地域分布、科举出身进行统计之目的是观察整个明代学术活动的主体构成，虽然《明儒学案》中记载的传主仅两百余位，与明代276年的儒学发展实际参与人数相比甚少，但相对来说他们应该是主要的。对《明儒学案》传主基本情况进行梳理有助于我们深入了解作为整体意义上的明代学术史。关于《明儒学案》传主具体的数量，学界说法不一。辛冠洁①、董玉整②认为是187人。阮芝生认为是200人③，同持此观点的还有石倬英④、方克立⑤、吴光⑥、白寿彝⑦、张学智⑧、瞿林东⑨、傅玉璋⑩、陈正夫⑪、徐定宝⑫。侯外庐认为是202人⑬，同持此观点的还有冯契⑭、张岱年⑮、吴怀祺⑯、曾春

① 《中国大百科全书》总编辑委员会《哲学》编纂委员会：《中国大百科全书·哲学·〈明儒学案〉》，北京：中国大百科全书出版社，1987年，第624页。

② 董玉整主编：《中国理学大辞典》，广州：暨南大学出版社，1995年，第354页。

③ 阮芝生：《学案体裁源流初探》，杜维运、黄进兴编：《中国史学史论文选集》，第579页。

④ 商聚德、石倬英等主编：《中国哲学名著简介·〈明儒学案〉》，石家庄：河北人民出版社，1985年，第436页。

⑤ 方克立主编：《中国哲学大辞典·〈明儒学案〉》，北京：中国社会科学出版社，1994年，第423页。

⑥ 吴光：《〈明儒学案〉考》，(清) 黄宗羲著，吴光主编：《黄宗羲全集》第8册，第1001页。

⑦ 白寿彝主编：《中国史学史》第五卷，第190页。

⑧ 张学智：《明代哲学史》，第480页。

⑨ 瞿林东：《中国史学史纲》，第600页。

⑩ 傅玉璋、傅正：《明清史学史》，合肥：安徽大学出版社，2003年，第84页。

⑪ 陈正夫：《试论〈明儒学案〉》，吴光主编：《黄宗羲论》，第552页。

⑫ 徐定宝：《黄宗羲与浙东学术》，北京：海洋出版社，2010年，第387页。

⑬ 侯外庐等主编：《宋明理学史》下，第782页。

⑭ 冯契主编：《中国哲学大辞典·〈明儒学案〉》，上海：上海辞书出版社，1992年，第996页。

⑮ 张岱年主编：《中国哲学大辞典·〈明儒学案〉》，上海：上海辞书出版社，2014年，第624页。

⑯ 吴怀祺：《中国史学思想通论·历史编纂学思想卷》，福州：福建人民出版社，2011年，第269页。

海[①]、冯达文[②]、潘富恩[③]、谢保成[④]、张林川[⑤]、胡啸[⑥]、赵宗正[⑦]。韩学宏认为是205人[⑧]，同持此观点的还有邹振环[⑨]。李明友认为是208人[⑩]，同持此观点的还有朱义禄[⑪]、何忠礼[⑫]、雷绍锋[⑬]。李似珍认为是209人[⑭]。朱鸿林认为是210人[⑮]。张岂之认为是214人[⑯]，同持此观点的还有仓修良[⑰]、蔡克娇[⑱]。王国轩认为是216人[⑲]。谢贵安认为是241人[⑳]。朱仲玉认为是250人[㉑]。尹达认为是308人[㉒]。学界说法不一的主要原因是判断标准不同，其次是版本差异，下表仅作为对这一问题继续研究的参考。

---

① 转引自韩学宏：《黄宗羲〈明儒学案〉之研究》，潘美月、杜洁祥主编：《古典文献研究辑刊》五编第十九册，台北：花木兰文化出版社，2007年，第36页。

② 冯达文、郭齐勇主编：《新编中国哲学史》下册，北京：人民出版社，2004年，第202页。

③ 潘富恩、徐洪兴：《中国理学》，上海：东方出版中心，2002年，第269页。

④ 谢保成：《中国史学史》，北京：商务印书馆，2006年，第1196页。

⑤ 张林川、周春健：《中国学术史著作提要》，武汉：崇文书局，2005年，第56页。

⑥ 胡啸：《〈明儒学案〉提要》，周谷城、潘富恩主编：《中国学术名著提要・哲学卷》，上海：复旦大学出版社，1992年，第784页。

⑦ 赵宗正主编：《儒学大辞典・〈明儒学案〉》，济南：山东友谊出版社，1995年，第381页。

⑧ 韩学宏：《黄宗羲〈明儒学案〉之研究》，第36页。

⑨ 转引自韩学宏：《黄宗羲〈明儒学案〉之研究》，第36页。

⑩ 李明友：《一本万殊——黄宗羲的哲学与哲学史观》，第144页。

⑪ 朱义禄：《黄宗羲与中国文化》，贵阳：贵州人民出版社，2001年，第261页。

⑫ 何忠礼：《中国古代史史料学》，上海：上海古籍出版社，2004年，第212页。

⑬ 雷绍锋编著：《中国学术流变史》，武汉：湖北人民出版社，2000年，第243页。

⑭ 转引自韩学宏：《黄宗羲〈明儒学案〉之研究》，第36页。

⑮ 朱鸿林：《〈明儒学案〉选讲》，第21页。

⑯ 张岂之主编：《中国学术思想编年・明清卷》，西安：陕西师范大学出版社，2005年，第335页。

⑰ 仓修良：《黄宗羲的史学贡献》，吴光主编：《黄宗羲论》，第398页。

⑱ 蔡克骄、夏诗荷：《浙东史学研究》，北京：知识产权出版社，2009年，第232页。

⑲ 王国轩、王秀梅：《〈明儒学案〉校点说明》，北京大学《儒藏》编纂与研究中心编：《儒藏・精华编》(第一五五册)，第13页。

⑳ 谢贵安：《中国史学史》，武汉：武汉大学出版社，2012年，第407页。

㉑ 朱仲玉：《试论黄宗羲〈明儒学案〉》，吴光主编：《黄宗羲论》，第566页。

㉒ 尹达主编：《中国史学发展史》，郑州：中州古籍出版社，1985年，第317页。

表 5－1 《明儒学案》传主数量统计表①

	正 传	附 传	附 案	序中案	传中案	录中案
二老阁版	195	10	5	50	70	27
紫筠斋版	202	12	0	50	70	27
教忠堂版	203	10	0	50	70	27

表 5－2 《明儒学案》传主地域分布表②

地区	江西	南直隶	浙江	陕西	广东	河南	福建	湖广	山东	四川	京师	山西	辽东
人数	56	45	44	19	15	11	7	6	4	4	3	2	1

表 5－3 《明儒学案》传主进士表③

诸儒学案	33	罗伦 章懋 庄昶 张元桢 陈选 张吉 周瑛 蔡清 潘府 罗侨 罗钦顺 汪俊 崔铣 何瑭 王廷相 黄佐 韩邦奇 张岳 徐问 李中 霍韬 薛蕙 舒芬 吕坤 鹿善继 曹于汴 吕维祺 郝敬 吴执御 黄道周 金铉 金声 朱天麟

① 本表据中国国家图书馆藏《明儒学案》二老阁版（善本书号：54564）、紫筠斋版（善本书号：19570）、教忠堂版（善本书号：01155）。“正传”指列于《明儒学案》传目中的传主，“附传”指由于家学渊源附于传主之后，“附案”指《明儒学案》六十二卷末之后附的部分，“序中案”指虽列于学派卷首“小序”却无学术资料选编未立学案的学者，“传中案”指小传中传主的师、学友、弟子而并未单独立传的学者，“录中案”指传主学术资料选编及黄宗羲按语中的明代学者。“序中”“传中”“录中”涉及的明代学者是一个数量较大的群体，之所以单列出来是由于这部分人虽未被单独立传，却也关乎着明代学术的整体面貌和明代学术发展总体的历史进程。

② 本表以中华书局 1985 年《明儒学案》所载 217 位传主为分析对象，以《明史·地理志》作为划分地理区域的基本参考。

③ 本表以黄宗羲在《明儒学案》中的记叙为依据，以中华书局 1985 年版《明儒学案》所载 217 位传主为分析对象，以《明史·选举志》作为传主科举出身情况的基本参考，其中有 143 名进士、33 名举人。

续 表

江右王门学案	20	邹守益 邹善 邹德涵 邹德溥 邹德泳 欧阳德 聂豹 罗洪先 刘印山 陈九川 魏良弼 王时槐 邓以赞 陈嘉谟 万廷言 胡直 邹元标 罗大纮 宋仪望 冯应京
浙中王门学案	16	徐爱 蔡宗兖 朱节 钱德洪 王畿 季本 董谷 陆澄 顾应祥 黄宗明 张元冲 程文德 徐用检 万表 王宗沐 张元忭
东林学案	15	顾宪成 高攀龙 钱一本 孙慎行 顾允成 史孟麟 刘永澄 薛敷教 叶茂才 刘元珍 黄尊素 吴钟峦 华允诚 陈龙正 耿橘
甘泉学案	11	湛若水 吕怀 何迁 洪垣 唐枢 蔡汝楠 许孚远 冯从吾 唐伯元 杨时乔 王道
泰州学案	11	徐樾 林春 赵贞吉 罗汝芳 杨起元 耿定向 焦竑 潘士藻 祝世禄 周汝登 陶望龄
南中王门学案	7	周怡 薛应旂 薛甲 唐顺之 唐鹤征 徐阶 杨豫孙
白沙学案	5	张诩 贺钦 邹智 陈茂烈 史桂芳
河东学案	5	薛瑄 张鼎 段坚 王鸿儒 吕楠
北方王门学案	5	穆孔晖 孟秋 孟化鲤 杨东明 南大吉
三原学案	5	王恕 王承裕 马理 韩邦奇 杨爵
崇仁学案	3	魏校 余祐 夏尚朴
附案	2	应典 颜鲸
蕺山学案	1	刘宗周
楚中王门学案	1	蒋信
止修学案	1	李材

续表

粤闽王门学案	1	薛侃
姚江学案	1	王阳明
总计	143	

（二）注意对明代学术发展产生重大影响的历史人物

黄宗羲注意从整体的、宏观的理学史高度、视角去观察对明代学术发展走向产生重大影响的一些历史人物。如论吴与弼："椎轮为大辂之始，增冰为积水所成，微康斋，焉得有后时之盛哉！"[①]黄宗羲认为吴与弼大体上是明代学术的逻辑起点，虽然他的为学路径仍以宋学为主，但其门下娄谅与姚江之学发端关系密切，陈献章开白沙一宗，湛若水立甘泉一派，这些都是明代学术极重要的组成部分。论陈献章："有明之学至白沙始入精微。"[②]黄宗羲进一步说："有明儒者不失其矩矱者亦多有之，而作圣之功，至先生而始明，至文成而后大。向使先生与文成不作，则濂、洛之精蕴，同之者固推见其至隐，异之者亦疏通其流别，未能如今日也。"[③]关于王阳明，黄宗羲直接说："无姚江则古来之学脉绝矣。"[④]关于湛若水，黄宗羲说："学于湛者或卒业于王，学于王者或卒业于湛，亦犹朱、陆门下，递相出入也。"[⑤]在明代学术格局中，甘泉学派与姚江学派有着长时段、多维度、深层次的互动。黄宗羲论方孝孺："持守之严，刚大之气，与紫阳真相伯仲，固为

① 《崇仁学案・聘君吴康斋先生与弼》，(清)黄宗羲著，吴光主编：《黄宗羲全集》第7册，第1页。
② 《白沙学案・小序》，(清)黄宗羲著，吴光主编：《黄宗羲全集》第7册，第78页。
③ 《白沙学案・文恭陈白沙先生献章》，(清)黄宗羲著，吴光主编：《黄宗羲全集》第7册，第81页。
④ 《姚江学案・小序》，(清)黄宗羲著，吴光主编：《黄宗羲全集》第7册，第197页。
⑤ 《甘泉学案・小序》，(清)黄宗羲著，吴光主编：《黄宗羲全集》第8册，第138页。

有明之学祖也。”[①]论顾宪成：“先生论学与世为体。”[②]黄宗羲认为顾宪成之学始终保持着对明代社会现实的关注。关于刘宗周，黄宗羲说：“五星聚奎，濂洛关闽出焉；五星聚室，阳明子之说昌；五星聚张，子刘子之道通。”[③]将刘宗周与“周、程、朱、张、王”放在同一个意义序列里并论。

（三）注意对学派发展起关键作用的传主

以学派作为基本单位的学案群是《明儒学案》编纂体例的基本构成，黄宗羲特别注意对学派的发展演变起关键作用、转折作用的学者。关于崇仁学派，黄宗羲说：“康斋之门最著者，陈石斋、胡敬斋与先生三人而已。”[④]胡居仁以“敬”为宗旨，力辨儒释，持守可观，陈献章开白沙一派，娄谅则有启于姚江之学[⑤]，他们是推动崇仁学派发展的关键人物。关于河东学派，（明）陈祥赞段坚“文清之统惟公是

---

① 《诸儒学案上·文正方正学先生孝孺》，（清）黄宗羲著，吴光主编：《黄宗羲全集》第8册，第334页。按，余劲东《略论黄宗羲〈明儒学案〉传记镕裁的旨趣——以〈文正方正学先生孝孺〉为中心》（《明史研究论丛》第十九辑，中国社会科学出版社2021年）一文对《明儒学案》中方孝孺的问题有专论。

② 《东林学案·端文顾泾阳先生宪成》，（清）黄宗羲著，吴光主编：《黄宗羲全集》第8册，第731页。

③ 《蕺山学案·忠端刘念台先生宗周》，（清）黄宗羲著，吴光主编：《黄宗羲全集》第8册，第891页。按，对于这种合“人事”于“天象”之论，全祖望曾说：“阎征君百诗曰：‘嘉靖初年，五星聚室，司天占曰主兵谋，而先生归为阳明之祥。天启时，四星聚张，先生以为五星，而归之蕺山之祥。似当将此等语删去，弗予后人口实，则爱先生者也。’愚按百诗之言是也。其后先生之子百家作《行略》，又谓‘五星聚箕，而先生之《学案》成’，愚亦尝语黄氏，当删去之。阳明五星聚室之瑞，出于董布衣石甫。”[（清）全祖望：《鲒埼亭集外编》卷四四《与郑南溪论〈明儒学案〉事目·阳明子之道昌而五星聚室子刘子之道明而五星聚张》，（清）全祖望撰，朱铸禹汇校集注：《全祖望集汇校集注》，第1695页]

④ 《崇仁学案·教谕娄一斋先生谅》，（清）黄宗羲著，吴光主编：《黄宗羲全集》第7册，第38页。

⑤ 《崇仁学案·教谕娄一斋先生谅》：“文成年十七，亲迎过信，从先生问学，深想契也，则姚江之学，先生为发端也。”[（清）黄宗羲著，吴光主编：《黄宗羲全集》第7册，第38页]

廓”①，黄宗羲赞阎禹锡：“使文清之学不失其传者，先生之力也。”②叙吕柟：“九载南都，与湛甘泉、邹东廓共主讲席，东南学者尽出其门。朝鲜国闻先生名，奏请其文为式国中。”③段坚、阎禹锡、吕柟都对河东学派的发展起到过重要的推动作用。关于姚江学派，黄宗羲说：“先生（钱德洪）与龙溪（王畿）亲炙阳明最久，习闻其过重之言。”④“先生（王畿）亲承阳明末命，其微言往往而在。象山之后不能无慈湖，文成之后不能无龙溪。”⑤钱德洪与王畿虽然对师学的理解有异，但都对王学的发展与传播起到过特别重要的基础性推动作用。关于江右王门，黄宗羲论邹守益：“阳明之殁，不失其传者，不得不以先生为宗子也。”⑥关于泰州学派，黄宗羲论王艮：“阳明而下，唯先生于眉睫之间省觉人最多。”⑦关于东林学派，黄宗羲论孙慎行：“东林之学，泾阳导其源，景逸始入细，至先生而集其成矣。”⑧黄宗羲特别注意叙述传主各自的学术对其所在学派产生的影响，如胡居仁、陈献章、娄谅之于崇仁学派，段坚、阎禹锡、吕柟之于河东学派，钱德洪、王畿之于姚江学派，邹守益之于江右王门，王艮之于泰州学派，孙慎行之于

---

① 《河东学案·郡守段容思先生坚》，（清）黄宗羲著，吴光主编：《黄宗羲全集》第7册，第138页。
② 《河东学案·御史阎子与先生禹锡》，（清）黄宗羲著，吴光主编：《黄宗羲全集》第7册，第136页。
③ 《河东学案·文简吕泾野先生柟》，（清）黄宗羲著，吴光主编：《黄宗羲全集》第7册，第151页。
④ 《浙中王门学案·员外钱绪山先生德洪》，（清）黄宗羲著，吴光主编：《黄宗羲全集》第7册，第254页。
⑤ 《浙中王门学案·郎中王龙溪先生畿》，（清）黄宗羲著，吴光主编：《黄宗羲全集》第7册，第270页。
⑥ 《江右王门学案·文庄邹东廓先生守益》，（清）黄宗羲著，吴光主编：《黄宗羲全集》第7册，第381页。
⑦ 《泰州学案·处士王心斋先生艮》，（清）黄宗羲著，吴光主编：《黄宗羲全集》第7册，第829页。
⑧ 《东林学案·文介孙淇澳先生慎行》，（清）黄宗羲著，吴光主编：《黄宗羲全集》第8册，第814页。

东林学派等，即从宏观的视角考察微观的问题。

（四）注意对平民学者精神的历史书写

黄宗羲在编纂《明儒学案》的过程中有着强烈的平民主义思想和学术民主意识，这也是其“一本万殊”学术史观的重要体现。首先，从收录传主的出身来看，不仅有143名进士，还有诸多平民出身的学者，如泰州学派朱恕是樵夫、韩贞是陶匠、夏廷美是田夫、王艮身处盐丁灶户；诸儒学案赵谦曾为农家；姚江学案许璋为处士；河东学派周蕙为兰州戍卒；白沙学派李孔修虽居街巷却有高品。其次，关于《诸儒学案》的编纂，黄宗羲说：“或无所师承，得之于遗经者；或朋友夹持之力，不令放倒，而又不可系之于朋友之下者；或当时有所兴起，而后之学者无传者。”①这些学者大体上是独立于当时的主流学术体系方式之外的，但黄宗羲均予学案。最后，黄宗羲记载了诸多普通学者的声音，如崔铣“议阳明为禅学”②，徐问《读书札记》册二“单辟阳明”③。无论是平民之出身，还是有别于主流学术体系方式，亦或是对名学者的质疑都体现了黄宗羲编纂学术史的平民主义精神和学术民主意识，鲜明地体现着其“一本万殊”的学术史观。

四、问题主线

一部学术史应该有鲜明的“问题意识”，用问题来带动整部学术史的编纂，这样才能让人们更加清晰地理解该学术史的内容、价值和意义。明清之际，黄宗羲对理学史的编纂、辟佛、阳明学阐释方向、明代学术格局、理学工夫论等问题都有自己的理解与思考，这些问题虽

---

① 《诸儒学案·小序》，（清）黄宗羲著，吴光主编：《黄宗羲全集》第8册，第331页。
② 《诸儒学案中·文敏崔后渠先生铣》，（清）黄宗羲著，吴光主编：《黄宗羲全集》第8册，第464页。
③ 《诸儒学案中·庄裕徐养斋先生问》，（清）黄宗羲著，吴光主编：《黄宗羲全集》第8册，第566页。

然只是《明儒学案》诸多学术思考的一部分，但大体上应该是主要的。作者以问题为线索去编纂一部学术史，观者以问题为线索去了解一部学术史，这种“双向性”更有利于学术史价值发生方式的良性互动与有效展开。

（一）关于理学之书的编纂问题

理学之书的编纂是《明儒学案》重要的缘起性问题。从两宋到明清，理学史著作的编纂基本上与理学的发展相随而生，相伴而行，南宋时期有《伊洛渊源录》，元代有《道统图》及《宋史·道学传》，明代有《圣学宗传》《元儒考略》[①]，清代有《理学宗传》《明儒学案》《宋元学案》[②]，民国时期有《清儒学案》等。这些著作从不同角度、不同范围、不同层面记载了理学的发展过程，在体例上包括传记体、书志体、类传体、编年体、学案体等。一般来讲，学术史的体式是逐渐发展成熟的，它有一个对前人学术史编纂体式不断反思的过程，黄宗羲著《明

① 明代的理学史著述还有殷奎《道学统绪图》、谢铎《伊洛渊源续录》、宋端仪（薛应旂重修）《考亭渊源录》、林稹《续朱子伊洛渊源录》、朱衡《道南源委录》、薛甲《心学渊源录》、陈阶《道教渊源录》、邬良佐《道学统宗内外两传》、江尚和《紫阳道脉录》、金贲亨《道南录》《台学源流》、刘元卿《诸儒学案》《儒宗考辑略》、王之士《道学考源录》、杨范《道统言行集》、陈云渠《浙学谱》、刘长卿《浙学心传》、王圻《道统考》、冯从吾《关学编》、徐奋鹏《古今道脉》、魏显国《儒林全传》、杨应诏《闽学源流》、刘鳞长《浙学宗传》、辛全《理学名臣录》、赵仲全《道学正宗》、刘宗周《圣学宗要》《明道统录》、程瞳《新安学系录》等，详见徐公喜：《〈理学渊源考辨丛刊〉·总序》，（明）周汝登撰，曹义昆点校：《圣学宗传》，南京：凤凰出版社，2015 年，第 2 页。

② 清代的理学史著作还有熊赐履《学统》、万斯同《儒林宗派》、张伯行《伊洛渊源续录》《道统录》、魏裔介《圣学知统录》《圣学知统翼录》、魏一鳌《北学编》、汤斌《洛学编》、范镐鼎《理学备考》《广理学备考》《国朝理学备考》、张夏《洛闽渊源录》、窦克勤《理学正宗》、钱肃润《道南正学编》、朱搴《尊道集》、汪佑《明儒通考》、王维戊《关学续编本传》、王心敬《关学编》、朱显祖《希贤录》、耿介《中州道学编》、王植《道学渊源录》、张恒《明儒林录》、唐晏《两汉三国学案》、江藩《国朝汉学师承记》《国朝宋学渊源记》、唐鉴《清学案小识》、刘廷诏《理学宗传辨正》、罗泽南《姚江学辨》、黄嗣东《道学渊源录》、成孺《国朝学案备忘录》、何桂珍《续理学正宗》、王检心《圣学渊源录》等，详见徐公喜：《〈理学渊源考辨丛刊〉·总序》，（明）周汝登撰，曹义昆点校：《圣学宗传》，第 2—3 页。

儒学案》的体式亦与其对《圣学宗传》《理学宗传》等理学之书的直接性反思密切相关：第一，文献搜辑范围有限；第二，史料胪列缺乏甄别；第三，宗旨提炼难合原意；第四，学术批评未得要领。（清）莫伯骥曾说："周氏汝登之《圣学宗传》、孙氏钟元之《理学宗传》，又与黄梨洲《明儒学案》并有名，然而梨洲宏博矣。"[①]理学史的编纂是一个历史性的延续过程，周汝登、孙奇逢对理学史的梳理自有其特定的时代价值，黄宗羲的批评有其客观性，也有其局限性，因为毕竟《圣学宗传》《理学宗传》成书在前。黄宗羲对二书的批评本质上是一种史学史意义上的反思，这种反思在客观上反而促进了明清时期理学史总体编纂水平的进一步提升。

（二）关于辟佛问题

"辟佛"是《明儒学案》一条极其重要的问题线索，梁启超说："宋明儒者，以辨佛为一大事，成为习气，即梨洲亦不免。"[②]但黄宗羲认为与宋代相比，明代理学家辟佛有自己的特点："二氏之学，程、朱辟之，未必廓如，而明儒身入其中，轩豁呈露，用医家倒仓之法，二氏之葛藤，无乃为焦芽乎？"[③]"身入其中"是特点，另一种特点是细致和深入："程、朱之辟释氏，其说虽繁，总是只在迹上；其弥近理而乱真者，终是指他不出。明儒于毫厘之际，使无遁影。"[④]"辟佛"始终贯穿着黄宗羲编纂《明儒学案》的全过程，如其赞明初胡居仁"辨释氏尤

---

① （清）莫伯骥：《五十万卷楼群书跋文史二·〈伊洛渊源录〉》，朱杰人等主编：《朱子全书》第12册，第1128页。

② 梁启超：《〈节本明儒学案〉例言》，梁启超著，汤志钧、汤仁泽编：《梁启超全集》第五集《论著五》，第179页。

③ （清）黄宗羲：《改本明儒学案序》，（清）黄宗羲：《明儒学案》，《海王邨古籍丛刊》影印（清）雍正十三年紫筠斋本，第6页。

④ （清）黄宗羲：《〈明儒学案〉发凡》，（清）黄宗羲著，吴光主编：《黄宗羲全集》第7册，第5—6页。

力”①、批评明中期万表“究竟于禅学”②、指出明末高攀龙“不能不出入其（佛禅）间”③。《明儒学案》诸多内容与“辟佛”都有直接或间接的关系。

（三）关于阳明学阐释方向问题

第一，阳明学与释、道的关系。此问题的要紧之处在于《明儒学案》的道统观。“道统”之说源出于孔子作《春秋》以华夏文化为中心的一统思想，至唐代韩愈提出一条“尧→舜→禹→汤→文→武→周公→孔→孟”的线索后，此问题愈发受到重视，到了宋明时期成为理学家“辨儒释、辟邪说、黜异端、立正宗”④的依据，有学者提出：“中国传统学术史的道统意识是一种以‘道’为‘体’，以‘史’为‘用’的道统历史观。”⑤宋明理学家在理学史的编纂过程中就有意识地把道统作为撰述的意图之一，黄宗羲编纂《明儒学案》同样如此。那么问题的重点就在于王阳明是否能接续这个道统？因为一直以来就有人认为阳明学混杂释、道。黄宗羲则在《明儒学案》中极力为阳明学正名，他说：“无姚江，则古来之学脉绝矣。”⑥这里的“学脉”含有深刻的“道统”意涵。另外，黄宗羲论其师刘宗周：“五星聚奎，濂洛关闽出焉；五星聚室，阳明子之说昌；五星聚张，子刘子之道通。岂非天哉！岂非天哉！”⑦此说的价值并不完全在于对刘宗周学术地位的评价，相反主要是他将刘宗周、王阳明与周敦颐、程颢、程颐、张载、朱熹

① 《崇仁学案·文敬胡敬斋先生居仁》，（清）黄宗羲著，吴光主编：《黄宗羲全集》第7册，第22页。
② 《浙中王门学案·都督万鹿园先生表》，（清）黄宗羲著，吴光主编：《黄宗羲全集》第7册，第355页。
③ 《蕺山学案·小序》，（清）黄宗羲著，吴光主编：《黄宗羲全集》第8册，第884页。
④ 卢钟锋：《中国传统学术史·导论》，第16页。
⑤ 卢钟锋：《中国传统学术史·导论》，第17页。
⑥ 《姚江学案·小序》，（清）黄宗羲著，吴光主编：《黄宗羲全集》第7册，第197页。
⑦ 《蕺山学案·忠端刘念台先生宗周》，（清）黄宗羲著，吴光主编：《黄宗羲全集》第8册，第891页。

放在了同一个意义序列中，这个“意义序列”可以理解为儒家“道统”的延续，故黄宗羲认为王阳明的学术从未脱离儒学的基本框架。

第二，黄宗羲对阳明学一些核心思想方向性的阐释贯穿着《明儒学案》全书，其中批评“心理二分”肯定“心理合一”是阐释“心即理”的主要方向，论“致字即是行字”①是阐释“致良知”的主要方向，批评“知行二分”肯定“知行合一”是阐释知行关系的主要方向。

第三，关于“无善无恶心之体”。“性善论”是儒家伦理学说的基础，儒家讲“善”，四句教却讲“无善”，甚至“恶”也是“无”，这必然引起争议。黄宗羲在《明儒学案》中为这件事反复进行了说明。首先，“无善无恶”指心体不指性体，黄宗羲说：“先生（杨东明）云：‘阳明以之言心，不以之言性也。’此真阳明之肯綮也。”②其次，“无善无恶”指念头，黄宗羲说：“所谓无善无恶者，无善念恶念耳，非谓性无善无恶也。”③即“心理行为（念）的不在场，而非指人性的没有善恶”④。再次，“无善无恶”以“动—静”言，黄宗羲说：“阳明言‘无善无恶者理之静，有善有恶者气之动’，盖言静为无善无恶，不言理为无善无恶，理即是善也。”⑤最后，“四句教”出处有疑。黄宗羲说：“《天泉》之言，未必出自阳明也。”⑥从文献出处到义理阐发，“四句教”的问题伴随着

---

① 《姚江学案·小序》，（清）黄宗羲著，吴光主编：《黄宗羲全集》第7册，第197页。

② 《北方王门学案·侍郎杨晋庵先生东明》，（清）黄宗羲著，吴光主编：《黄宗羲全集》第7册，第756页。

③ 《东林学案·端文顾泾阳先生宪成》，（清）黄宗羲著，吴光主编：《黄宗羲全集》第8册，第732—733页。

④ 〔瑞士〕耿宁：《人生第一等事：王阳明及其后学论“致良知”》，北京：商务印书馆，2014年，第1117页。

⑤ 《粤闽王门学案·行人薛中离先生侃》，（清）黄宗羲著，吴光主编：《黄宗羲全集》第7册，第766页。

⑥ 《粤闽王门学案·行人薛中离先生侃》，（清）黄宗羲著，吴光主编：《黄宗羲全集》第7册，第766页。

《明儒学案》全书始终①。

（四）关于明代学术格局问题

对明代学术格局的观察可以有很多种面向，黄宗羲的理解也仅仅是其中一种而已，而若从整体的明代学术发展历程看，“阳明学”在学术史梳理的过程中大体上可能更具有线索性的价值，正如梁启超在《〈节本明儒学案〉例言》中所言：“前夫子王子之学者，皆王学之先河；后夫子王子者，皆王学之余裔；其并时者，或相发明，如甘泉之类。或相非难，如整庵之类。而其中心点则王学也。”②若仅依此而论，大体上可以尝试从这个角度理解：《崇仁学案》《白沙学案》《河东学案》《三原学案》及《诸儒学案》上卷在总体上是明代学术重心由“朱子学”向“阳明学”的过渡；《姚江学案》《浙中王门学案》《江右王门学案》《南中王门学案》《楚中王门学案》《北方王门学案》《粤闽王门学案》是阳明学的勃兴与发展；《止修学案》《泰州学案》是阳明学的调整；《甘泉学案》及《诸儒学案》中卷与阳明学互证，《诸儒学案》下卷及《东林学案》《蕺山学案》是阳明学的反思与修正。王阳明之于明代学术的重要性自不待言，但真正从学术史结构奠定其历史地位的大体上应该是在明末清初通过《明儒学案》而完成，这是黄宗羲对于阳明学史和明代学术的重要贡献。

（五）关于理学“二分支离”与“一元易简”思维模式的关系问题

黄宗羲在《明儒学案》中集中地批评“理气二分、心性二分、心理二分、体用二分、寂感二分、形神二分、动静二分、本体工夫二分”，反

① 陈来认为：“‘无善无恶心之体’的意义不是否定伦理的善恶之分，它所讨论的是一个与社会道德伦理不同面向（dimension）的问题，指心本来具有纯粹的无执着性，指心的这种对任何东西都不执着的本然状态是人实现理想的自在境界的内在根据。”（《有无之境——王阳明哲学的精神》，北京：人民出版社，1991 年，第 212 页）秦峰《〈明儒学案〉对“四句教”的诠释和批评》（《哲学动态》2014 年第 11 期）和姚才刚《黄宗羲对王门“四句教”的理解》（《湖北大学学报》2016 年第 2 期）对此问题亦有专论。

② 梁启超著，汤志钧、汤仁泽编：《梁启超全集》第五集《论著五》，第 180 页。

之充分地肯定“理气合一、心性合一、心理合一、本体工夫合一”，在对传主的学术进行评价的过程中，黄宗羲对于“二分”的思维与主张基本上都是批评，而对于“合一”的思维与主张基本上都予以肯定，这种思想痕迹非常突出，在一定程度上反映了理学工夫论思维模式由“二元”向“一元”的转变，冯友兰认为：“或可谓理学为二元论的，心学为一元论的。”①批评“二分支离”肯定“一元易简”是黄宗羲在《明儒学案》中进行理学史批评的主基调。

第三节　学术史编纂范式

作为一部比较规范成熟的学术史，编纂范式是我们探索《明儒学案》历史价值与当代价值的首要结合点。从收录的学派和学人看，黄宗羲力求对明代各主要儒学流派进行全面收录，尤其注意对持不同学术观点学者的兼收。对于传主的学术资料选编，黄宗羲本着“博求文献→不袭旧本→纂要勾玄→考订辨析→存疑付阙”的递进性原则进行。在“学脉”的把握上，黄宗羲以明代“朱子学”与“阳明学”的动态关系作为宏观学脉，以各学派的起源、发展、分衍作为中观学脉，以传主为学的次第演变作为微观学脉。内容上以“学派”为体，编纂上以“学案”为例。《明儒学案》的编纂范式还有其他很多重要的方面有待深论，这里只是尝试进行初步探讨。

一、网罗学派，兼综百家

一部断代学术史的覆盖范围应该与其最初的编纂意图相匹配，

---

① 冯友兰：《中国哲学史》，北京：中华书局，2014年，第841页。

《明儒学案》毕竟是“明代”儒学之案，所以黄宗羲首先力求对明代儒学范围内主要学派和学人做到比较全面的收录，这也是断代学术史的基本要求，“网罗学派”主要解决的是学术史的覆盖范围问题，“兼综百家”主要解决的是学术史的价值取向问题。

（一）网罗学派——对明代主要儒学流派力求全面收录

“学派”是明代儒学发展史上具有突出特点的学术形式载体，这种地域性的学术文化群体与书院、会讲有机融合共同有效推动了明代儒学的发展。“学派”是黄宗羲梳理明代学术流变的重要方式，包括明初的崇仁学派，由崇仁分出去的白沙学派、河东学派，由河东分出去的三原学派；明代中期的姚江学派，由姚江分出来的浙中、江右、南中、楚中、北方、粤闽王门六派，作为王门别派的止修学派和泰州学派、和阳明学双向互动的甘泉学派；明代后期的东林学派和蕺山学派。对于不能以地域和师承关系划分却学有自得的重要学者，黄宗羲大体上按照明初、明中期、明末三个时期单独列入《诸儒学案》的上卷、中卷、下卷三部分。这些学派从时间跨度上看自明初的河东学派（薛瑄，1389—1464）到明末的蕺山学派（刘宗周，1578—1645），前后相距二百余年；从地域跨度上讲北起辽东、南抵广东、东至浙江、西达兰州，还包括江西、南直隶、河南、福建、湖广、山东、四川、京师、山西等地；从学派类型上讲有宗朱的、非朱的、宗王的、非王的、理学派、气学派、心学派等。虽然梁启超曾提出：“然所叙限于理学一部分，例如王弇州、杨升庵……辈之学术，在《明儒学案》中即不得见。而又特详于王学，盖‘以史昌学’之成见仍未能尽脱。”①黄宗羲著《明儒学案》究竟是“为学作史”②、“以史昌学”③抑或是“以史明道”④均可讨论，

① 梁启超：《中国近三百年学术史》（新校本），第353页。
② 梁启超：《中国近三百年学术史》（新校本），第353页。
③ 梁启超：《中国近三百年学术史》（新校本），第353页。
④ 王记录：《以史明道：清初的学术反思与学术史编纂》，《四川大学学报》2020年第5期，第130页。

但从总体上看，虽然或有缺失①，但《明儒学案》收录的学派学人大体上还是覆盖了明代儒学发展的全过程。

（二）兼综百家——对收录学派、学人间关系的兼容并包

所谓“兼综百家”是指“凡属儒家内部各派，不论其学术倾向，均兼容并包，分别立案，力求反映明代理学史的全貌。其论学旨，既有宗朱、宗王或非朱、非王者，也有近禅或非禅者，还有以忠义、气节而扬名者等，充分体现了宗羲编纂《明儒学案》确实本着兼综百家的精神”②，我们按照这个思路结合《明儒学案》的文本展开具体的分析。

第一，宗朱与非朱。“宗朱”者如均“以程、朱为的”汪俊③和崔铣④、“墨守宋儒”⑤的章懋、“守宋人途辙”⑥的罗伦等；非朱者如认宋儒主敬穷理之学为“悬空着想”⑦的郝敬、批评朱子理气观

① 关于“补编”问题，黄宗羲在《明儒学案》成书后即在《发凡》中说：“即羲所见而复失去者，如朱布衣《语录》、韩苑洛、南瑞泉、穆玄庵、范栗斋诸公集，皆不曾采入。”这是黄宗羲本人最早的补编意愿。之后全祖望《与郑南溪论〈明儒学案〉事目》认为至少应补入“慈湖四传弟子、镜川学案、渭厓学案、史运使桂芳集、阳明永嘉弟子、阳明山左弟子”。民国时期梁启超认为应补入王世贞、杨慎，容肇祖撰《补明儒〈东莞学案〉——林光与陈建》。中华人民共和国成立后有学者认为应补入李贽学案、黔中王门学案等，姚文永《〈明儒学案〉补编编著刍议》（《佳木斯大学学报》2012 年第 6 期）提出补入 88 人。与黄宗羲本人学术思想结构的适配性应是“补编”首要的考量。

② 侯外庐等主编：《宋明理学史》下，第 785 页。按，“网罗学派”“兼综百家”的概括最早由侯外庐等在其所主编的《宋明理学史》下卷第二十八章《〈明儒学案〉及其对明代理学的总结》中提出。

③ 《诸儒学案中・文庄汪石潭先生俊》，（清）黄宗羲著，吴光主编：《黄宗羲全集》第 8 册，第 448 页。

④ 《诸儒学案中・文敏崔后渠先生铣》，（清）黄宗羲著，吴光主编：《黄宗羲全集》第 8 册，第 464 页。

⑤ 《诸儒学案上・文懿章枫山先生懋》，（清）黄宗羲著，吴光主编：《黄宗羲全集》第 8 册，第 371 页。

⑥ 《诸儒学案上・文毅罗一峰先生伦》，（清）黄宗羲著，吴光主编：《黄宗羲全集》第 8 册，第 368 页。

⑦ 《诸儒学案下・给事中郝楚望先生敬》，（清）黄宗羲著，吴光主编：《黄宗羲全集》第 8 册，第 654 页。

的曹端[1]等，这里所说的“宗”与“非”只是讲对同一问题的不同观察角度。仅从《明儒学案》的文本内容来看，明代一般学者并未表现出对于朱子学强烈的批判态度，反而都将学术重心放在阐释自己的为学宗旨方面，这是《明儒学案》所记载的传主对于朱子学之态度的一种基本倾向。

第二，宗王与非王。宗王者如浙中、江右、南中、楚中、北方、粤闽王门六派；非王者如“往往攻击良知”[2]的张岳、作《读书札记》“单辟阳明”[3]的徐问、“议阳明为禅学为异说”[4]的崔铣、认为阳明学“直欲糟粕六经，屏程、朱诸子之说置而不用，犹欲其通而窒之窍也”[5]的张邦奇等。可见有明一代“宗王”与“非王”两股思潮一直并存，黄宗羲则兼而收之。

第三，近禅与非禅。近禅者如“类人宗门”[6]的黄端伯、蔡懋德、马世奇、金声、钱启忠、“青城山参禅十年”[7]的邓豁渠、“于佛学半信不信”[8]的耿定向，又如焦竑“以佛学即为圣学”[9]，陶望龄不仅泛滥于

---

① 《诸儒学案上・学正曹月川先生端》：“朱子谓理之乘气，犹人之乘马，马之一出一入，而人亦与之一出一入。若然，则人为死人，而不足以为万物之灵；理为死理，而不足以为万物之原。今使活人骑马，则其出入行止疾徐，亦由乎人驭之如何耳，活理亦然。”[（清）黄宗羲著，吴光主编：《黄宗羲全集》第8册，第355页]

② 《诸儒学案中・襄惠张净峰先生岳》，（清）黄宗羲著，吴光主编：《黄宗羲全集》第8册，第550页。

③ 《诸儒学案中・庄裕徐养斋先生问》，（清）黄宗羲著，吴光主编：《黄宗羲全集》第8册，第566页。

④ 《诸儒学案下・崔铣》，（清）黄宗羲著，吴光主编：《黄宗羲全集》第8册，第464页。

⑤ 《诸儒学案中・文定张甬川先生邦奇》，（清）黄宗羲著，吴光主编：《黄宗羲全集》第8册，第545页。

⑥ 《诸儒学案下・辅臣朱震青先生天麟》，（清）黄宗羲著，吴光主编：《黄宗羲全集》第8册，第718页。

⑦ 《泰州学案・邓豁渠》，（清）黄宗羲著，吴光主编：《黄宗羲全集》第7册，第824页。

⑧ 《泰州学案・恭简耿天台先生定向》，（清）黄宗羲著，吴光主编：《黄宗羲全集》第8册，第67页。

⑨ 《泰州学案・文端焦澹园先生竑》，（清）黄宗羲著，吴光主编：《黄宗羲全集》第8册，第83页。

方外使“宗风盛于东浙”①，而且其门人“皆学佛流于因果”②。非禅者如胡直：“释氏虽知天地万物不外乎心，而主在出世，而终归于无有。”③冯从吾说：“佛氏所见之性，在知觉运动之灵明处，是气质之性。”④黄宗羲对明代儒家士大夫“近禅”与“非禅”的关系有着辩证的认识，儒释关系也始终是《明儒学案》讨论的重点内容。

二、博求文献，纂要勾玄

黄宗羲本着“网罗学派、兼综百家”的原则对有明一代的学派和学人进行了广泛的收录，这大体上确定了断代学术史基本的讨论范围，而下一步则是对这些传主的学术资料进行搜辑、分类、考订、编排、别择，力求所选编的学术史史料能够真正反映出传主为学的核心宗旨。他基本上本着“博求文献→不袭旧本→纂要勾玄→考订辨析→存疑付阙”的过程性原则选编史料，这种递进的步骤体现着其学术史史料观内在的严密逻辑。

（一）博求文献

“博求文献”的思想与黄宗羲认为《圣学宗传》《理学宗传》等理学之书在文献资料方面收录不足有关：“海门（周汝登）意谓身居深山泽，见闻狭陋……而其（孙奇逢）闻见亦犹之海门也。”⑤《明儒学案》共收录了有明一代149位传主53种类型共274种学术资料，最多的

---

① 《泰州学案·文简陶石篑先生望龄》，（清）黄宗羲著，吴光主编：《黄宗羲全集》第8册，第130页。

② 《蕺山学案·忠端刘念台先生宗周》，（清）黄宗羲著，吴光主编：《黄宗羲全集》第8册，第890页。

③ 《江右王门学案·宪使胡庐山先生直》，（清）黄宗羲著，吴光主编：《黄宗羲全集》第7册，第593页。

④ 《甘泉学案·恭定冯少墟先生从吾》，（清）黄宗羲著，吴光主编：《黄宗羲全集》第8册，第266页。

⑤ （清）黄宗羲：《〈明儒学案〉发凡》，（清）黄宗羲著，吴光主编：《黄宗羲全集》第7册，第5页。

如止修李材达13种，包括《论学书》《大学约言》《道性善编》《兴古疑问》《崇闻录》《井天萃测》《日新蠡测》《敬学录》《明宗录》《证学记》《崇行录》《天中习课》《时习录》。与《圣学宗传》《理学宗传》相比，《明儒学案》搜辑文献资料的范围确实更加广泛，种类也更丰富些，这些文献保存了大量珍贵的明代理学史史料，是《明儒学案》的文本基础。正如（清）冯全垓所论之“博采兼收”①，钱穆亦谓黄宗羲“在材料方面搜罗极广”②。

（二）不袭旧本

“版本”是学案体史书选录文献首先要面对的基础性问题，黄宗羲对有明一代儒家学者的语录、文集、论学书信进行二次选编，而他不可能全部见到并使用这些文集语录最原始的版本，但黄宗羲非常清楚版本的重要性：“是编皆从全集中纂要钩玄，未尝袭前人之旧本也。”③理学文献很容易在转述、传抄、传刻的过程中发生文本意义和文本内容的微观形态变化，这种情况在明代文献学史中同样存在，所以求其原本很重要。《粤闽王门学案·行人薛中离先生侃》学术资料选编《语录》底本中的一部分《研几录》，是由薛侃门人郑三极辑录并于（明）嘉靖十四年首刻的④，《江右王门学案·太常王塘南先生时槐》学术资料选编《语录》《论学书》的底本来源于王时槐（明）万历三十八年《友庆堂存稿》刻本和《塘南先生友庆堂合稿》刻本⑤，《三原学案·端毅王石渠先生恕》学术资料选编《石渠意见》的底本依据是

① （清）冯全垓：《明儒学案跋》，（清）黄宗羲著，沈芝盈点校：《明儒学案》，第3页。
② 钱穆：《中国史学名著》，第320页。
③ （清）黄宗羲：《〈明儒学案〉发凡》，（清）黄宗羲著，吴光主编：《黄宗羲全集》第7册，第6页。
④ 陈椰：《编校说明》，（明）薛侃撰，陈椰编校：《薛侃集》，第2—3页。
⑤ 钱明：《编校说明》，（明）王时槐撰，钱明、程海霞编校：《王时槐集》，第15—16页。

(明)嘉靖三十一年三原乔氏刊嘉庆中补刻本[①],《河东学案·吕楠》学术资料选编《语录》的底本依据一部分是(明)万历十五年编的《门人录》[②],《甘泉学案·恭定冯少墟先生从吾》学术资料选编《辨学录》《疑思录》《语录》《论学书》的底本依据是(明)万历四十年《冯少墟集》二十二卷刻本[③],《浙中王门学案·郎中徐横山先生爱》学术资料选编《文集》的底本是(明)嘉靖十三年汶上路氏浙江刻本《横山遗集》[④]。但是黄宗羲也有不取原本的情况,如《姚江学案》中王阳明的《传习录》就是取自其师刘宗周的《阳明传信录》。“不袭旧本”一是说原版旧刻更接近传主学术原貌,更利于黄宗羲对传主的思想进行总结和提炼;二是说传抄或转刻的版本或有不足,尤其是抄录者的思想痕迹。平心而论,仅凭黄宗羲一人之力,又怎可能遍求原本?这里的“不袭旧本”主要说的是要尽量靠近和趋向这个目标,而这种“不袭旧本”的“思想”和“原则”才是后世编纂学术史应主要借鉴的地方。

（三）纂要勾玄

“学案体”史书在体裁上“选录”的性质内在地规定了编纂者“选”的水平与该学案的质量密切相关。因为传主的学术资料很多,而作为“选录”性质的学案体史书不可能全收,所以关键和重点就是编纂者的眼光和能力。应该大致可以这样说,对传主学术资料进行“纂要勾玄”的精华式提炼是作为学术史的《明儒学案》走向经典化的开始。黄宗羲说:“每见钞先儒语录者,荟撮数条,不知去取之意谓何。其人一生之精神未尝透露,如何见其学术?”[⑤]可见“纂要勾玄”首先针对

---

① 《点校说明》,(明)王恕著,张建辉、黄芸珠点校整理:《王恕集》,第2页。
② 《点校说明》,(明)吕楠著,赵瑞民点校整理:《吕楠集·泾野子内篇》,第1页。
③ 《点校说明》,(明)冯从吾著,刘学智、孙学功点校整理:《冯从吾集》,第2页。
④ 《编校说明》,钱明编校整理:《徐爱·钱德洪·董沄集》,第10页。
⑤ (清)黄宗羲:《〈明儒学案〉发凡》,(清)黄宗羲著,吴光主编:《黄宗羲全集》第7册,第6页。

的就是“荟撮数条”。(清)莫晋认为“纂要勾玄”的结果是“择精语详”[①],梁启超说:“我们所尤佩服者,在他有眼光能纂钩得出。”[②]谢国桢的评价是“抉择至精”[③]。“纂要勾玄”体现的是对史料的驾驭和把握能力,虽然各人有各自选录的观点、标准、原则和价值取向,并且也有学者对黄宗羲的选录提出过商榷,但总体来看黄宗羲的选录大体上还是符合传主原意的。更重要的是黄宗羲以这种“纂要勾玄”式的学术资料选编为基础在“小传”中进一步提炼出了传主的学术宗旨、学术路径、学术特质,进而在“小序”中从宏观上概述学派,“录→传→序”之间有着清晰的逻辑递进。

(四)考订辨析

在对传主的学术资料进行纂要勾玄式的提炼后,黄宗羲并不只是将这些材料简单排列,而是有一个考订辨析的过程。第一,《河东学案·文清薛敬轩先生瑄》:“闻魏、范二先生深于理学,魏纯,字希文,山东高密人。范,俟考。”[④]黄宗羲考证“魏先生”为魏希文。但后来全祖望又考证“范”为“纯”之形近而误,“魏范”字“希文”,实乃一人,进而怀疑黄宗羲之考或有误。[⑤] 第二,《泰州学案·参政罗近溪先生汝芳》:

---

① (清)莫晋:《重刻明儒学案序》,(清)黄宗羲:《明儒学案》,(清)道光元年教忠堂刻本,叶二正。

② 梁启超:《中国近三百年学术史》(新校本),第64页。

③ 谢国桢:《黄梨洲学谱》,第36页。

④ 《河东学案·文清薛敬轩先生瑄》,(清)黄宗羲著,吴光主编:《黄宗羲全集》第7册,第119页。按,《黄宗羲全集》版《明儒学案》卷七末校勘记云:“查《明史》卷二八二《薛瑄传》,‘范’为海宁范汝舟。”[(清)黄宗羲著,吴光主编:《黄宗羲全集》第7册,第149页]可见《明史》与《明儒学案》在一些问题上可相互参证。

⑤ 全祖望说:“文清受理学于高密魏范,盖‘魏’姓而‘范’名,故字‘希文’,诸书皆同。先生以为魏纯字‘希文’,别有一范姓者,恐误也。‘纯’字与‘范’字,其形相近而讹,此虽偶失考据,亦不可不改正也。”[(清)全祖望:《鲒埼亭集外编》卷四四《与郑南溪论〈明儒学案〉事目·河汾学案》,(清)全祖望撰,朱铸禹汇校集注:《全祖望集汇校集注》,第1694页]

“杨止庵《上士习疏》云：‘罗汝芳师事胡清虚即宗正谈烧炼。’”[①]“即宗正”是黄宗羲考“胡清虚”，但后来全祖望又考证“胡宗正”是诸生，胡清虚是门子，黄宗羲之考或有误。[②] 第三，《诸儒学案中·文庄汪石潭先生俊》：“阳明过弋阳，寄四绝以示绝交。按，阳明所寄二绝，非四绝也。”[③]黄宗羲考证了文献种类与数量。第四，《江右王门学案·给谏罗匡湖先生大纮》：“野史言吴门（徐有贞）殁，其子求南皋（邹元标）立传，南皋为之作传，先生大怒，欲具揭告海内。南皋嘱申氏弗刻，乃止。按，吴门墓表，见刻南皋《存真集》，野史之非可勿辨矣。”[④]黄宗羲考证出邹元标《存真集》中有此墓表，野史记载有误。第五，《诸儒学案下·文节舒梓溪先生芬》：“周海门遂言，庚辰，先生（舒芬）见文成于南昌，与论乐之元声，跃然起拜称弟子。”[⑤]黄宗羲考证舒芬在（明）正德十五年（1520）未与阳明相见于南昌：“先生（舒芬）以己卯（正德十四年）入闽，至次年九月以父忧始归，计庚辰（正德十五年）卒，岁在哀毁之中，无见文成之理，庚辰之见，真为乌有。”[⑥]而且黄宗羲还考证舒芬不是王阳明的弟子，他说：“丁亥（嘉靖六年）九月，文成

① 《泰州学案·参政罗近溪先生汝芳》，（清）黄宗羲著，吴光主编：《黄宗羲全集》第8册，第4页。

② 全祖望说：“胡宗正是诸生，学举业于近溪，近溪与之谈《易》，以为大有所得，反从而师之。其人后亦无所见。胡清虚是门子，以有恶疾被逐，遂学道，近溪与之为友。谓‘宗正’即‘清虚’，误也。”[（清）全祖望：《鲒埼亭集外编》卷四四《与郑南溪论〈明儒学案〉事目·近溪学案》，（清）全祖望撰，朱铸禹汇校集注：《全祖望集汇校集注》，第1696页]

③ 《诸儒学案中·文庄汪石潭先生俊》，（清）黄宗羲著，吴光主编：《黄宗羲全集》第8册，第449页。

④ 《江右王门学案·给谏罗匡湖先生大纮》，（清）黄宗羲著，吴光主编：《黄宗羲全集》第7册，第635页。

⑤ 《诸儒学案下·文节舒梓溪先生芬》，（清）黄宗羲著，吴光主编：《黄宗羲全集》第8册，第615页。

⑥ 《诸儒学案下·文节舒梓溪先生芬》，（清）黄宗羲著，吴光主编：《黄宗羲全集》第8册，第615页。

出山，而先生已于三月不禄矣，其非弟子可知。”[①]第六，《粤闽王门学案·行人薛中离先生侃》：“周海门《圣学宗传》云：先生释归，南过会稽，见阳明。阳明曰：‘当是时，吾子如何？’先生曰：‘侃惟一良知而已，炯然无物也。’阳明首肯之。按，先生释归在十年，阳明之卒在七年，安得归而复见也？”[②]《圣学宗传》记载薛侃下廷狱后被释放回归的途中与阳明在会稽相见并进行了学术交流[③]，黄宗羲提出薛侃被释放回归是在（明）嘉靖十年（1531），而王阳明则早在（明）嘉靖七年（1528）就已病逝，二人不可能见面，《圣学宗传》记载有误。考《薛中离年谱·嘉靖十年》：“上《复旧典以光圣德疏》，帝震怒，立下先生狱廷鞫。”[④]《薛中离年谱·嘉靖十一年》：“先生还乡。”[⑤]可见黄宗羲的考证是有根据的。第七，对于存疑的内容，黄宗羲也阙之待考，如在《白沙学案》李承箕的小传末，黄宗羲说：“唐伯元谓其晚节大败，不知何指，当俟细考。”[⑥]近有学者考证：“‘李晚节大败’是唐伯元所选录《与世卿闲谈·兼呈李宪副》一诗的旁批，黄宗羲将唐伯元对李士实的旁批误认为是指李承箕本人。”[⑦]第八，黄宗羲述徐爱生平：“正德三年进士。出知祈州，升南京兵部员外郎，转南京工部郎中。十一

---

① 《诸儒学案下·文节舒梓溪先生芬》，（清）黄宗羲著，吴光主编：《黄宗羲全集》第8册，第615页。

② 《粤闽王门学案·行人薛中离先生侃》，（清）黄宗羲著，吴光主编：《黄宗羲全集》第7册，第765页。

③ 《圣学宗传·薛侃》：“卒为贵幸倾构，诏下廷讯，备极惨毒，中离从容应对，之死不回。上察无他，释编氓以归。南过会稽，见阳明。阳明曰：‘当是时，吾子如何？’先生曰：‘侃惟一良知而已，炯然无物也。’阳明首肯之。”（明）周汝登撰，曹义昆点校：《圣学宗传》，第328页。

④ 饶宗颐编：《薛中离年谱》，（明）薛侃撰，陈椰编校：《薛侃集》，第534页。

⑤ 饶宗颐编：《薛中离年谱》，（明）薛侃撰，陈椰编校：《薛侃集》，第535页。

⑥ 《白沙学案·举人李大厓先生承箕》，（清）黄宗羲著，吴光主编：《黄宗羲全集》第7册，第99页。

⑦ 黎业明：《唐伯元编次之〈白沙先生文编〉略述——兼论黄宗羲〈明儒学案·白沙学案上〉之取材问题》，《儒家典籍与思想研究》第十三辑，北京：北京大学出版社，2021年，第235页。

年，归而省亲。明年五月十七日卒，年三十一。《绪山传》云“兵部”及“告病归”，皆非。”[①]这里的“《绪山传》”实际是钱德洪所编的王阳明“《年谱》”，据《阳明先生年谱·正德十三年八月》所记：“是年徐爱卒，先生哭之恸，爱及门独先，闻道亦早。尝游南岳，梦一瞿昙抚其背曰：‘尔与颜子同德，亦与颜子同寿。’自南京兵部郎中告病归，与陆澄谋耕霅水之田以俟师。年才三十一。先生每语辄伤之。”[②]徐爱于（明）正德十年（1515）升任南京“工部”都水司郎中而非“兵部”；另外（明）刘鳞长《浙学宗传·明曰仁先生徐爱》：“丁丑告病归。”[③]（明）周汝登《圣学宗传·徐爱》：“丁丑告病归。”[④]“丁丑”指（明）正德十二年，而有学者考证：“萧鸣凤《徐君墓志铭》云：‘丙子秋，考绩，便道归省。’徐爱在正德十一年秋考绩入京，至冬十一月归省回余姚，来为阳明饯别。刘鳞长《浙学宗传》、周汝登《圣学宗传》等谓徐爱‘丁丑告病归’，均误。”[⑤]徐爱归省余姚是在正德十一年而非十二年，黄宗羲论《绪山传》（实即《阳明先生年谱》）所记“告病归”之误自有其根据。

（五）存疑付阙

对于一些未能收录的学人及其学术资料，黄宗羲选择存疑付阙，对于有争议的学术问题只是将其提出而并不轻易下主观论断。黄宗羲说：“是书搜罗颇广，然一人之闻见有限，尚容陆续访求。即羲所见而复失去者，如朱布衣《语录》、韩苑洛、南瑞泉、穆玄庵、范栗斋诸公集，皆不曾采入。海内有斯文之责者，其不吝教我，此非末学一人之事也。”[⑥]

---

① 《浙中王门学案·郎中徐横山先生爱》，（清）黄宗羲著，吴光主编：《黄宗羲全集》第7册，第248页。

② （明）钱德洪：《阳明先生年谱·正德十三年》，吴光等编校：《王阳明全集》卷三三，第1385页。

③ 钱明编校：《徐爱·钱德洪·董沄集》，第385页。

④ （明）周汝登撰，曹义昆点校：《圣学宗传》，第286页。

⑤ 束景南：《王阳明年谱长编·正德十一年》，第919页。

⑥ （清）黄宗羲：《〈明儒学案〉发凡》，（清）黄宗羲著，吴光主编：《黄宗羲全集》第7册，第7页。

“朱布衣”是泰州学派朱恕，“韩苑洛”是三原学派韩邦奇，“穆玄庵”是南中王门穆孔晖，“南瑞泉”是北方王门南大吉，他们在《明儒学案》中均未能有学术资料选编，这也是黄宗羲的遗憾①。但他随后表达出了一种极重要的学术史编纂思想——“此非末学一人之事”，这是一种“学术公心”，充分体现了黄宗羲对作为整体意义结构上和全体发展过程中之明代儒学史编纂的关注。

三、梳理学脉，清晰组织

（一）朱子学与阳明学的动态关系——《明儒学案》的宏观学脉

“学脉”指学术的真传，也指学术发展的基本脉络，“学脉清晰”是《明儒学案》的重要特点之一。在《明儒学案》中，黄宗羲论“阳明学”基本上始终是对照着“朱子学”而来，这种或隐或显的痕迹在《明儒学案》的文本中非常清晰。“朱子学”与“阳明学”在明代学术发展过程中的动态“关系”是了解明代儒学发展过程非常重要的一条线索，这个过程大体上可分为三个基本阶段。

第一阶段：明初朱子学的强势。明代政治突出的特点是“专制主义皇权和中央集权的进一步强化”②，这种特点直接影响了明代文化政策的制定。(明)洪武十七年(1384)朱元璋令礼部颁科举成式：《四书》主朱子《集注》，《诗》主朱子《集传》，《易》主程传及朱子《本义》，《书》主朱熹弟子蔡沉的《书集传》及古注疏③，可见朱子学在明初学术领域的高度集中，明成祖又主持编撰和颁布了《五经大全》《四书大全》《性理大全》，有学者认为：“这三部《大全》的纂修，标志着明

① 按，《韩邦奇集》(西北大学出版社 2015 年)、穆孔晖《大学千虑》《玄庵晚稿》[(明)穆孔晖等撰，邹建锋等编校：《北方王门集》，上海古籍出版社 2017 年]、《南大吉集》(西北大学出版社 2014 年)现均已被整理出来。

② 张显清、林金树：《明代政治史》，桂林：广西师范大学出版社，2003 年，第 16 页。

③ (清) 张廷玉等：《明史》卷七〇《选举志二》，第 1694 页。

初朱学统治地位的确立，是宋明理学史上的大事。”[①]明初从政治层面对朱子学的推重在一定程度上影响了作为学术形态意义上的理学史之发展进程，行政权力支配学术形态是传统文化的重要特点之一，黄宗羲亦认为明初学术的基本特点是“述朱”。

第二阶段：明中叶心学的崛起。关于朱子学向心学的转向，《明史·儒林传序》云：“原夫明初诸儒，皆朱子门人之支流余裔，学术之分，自陈献章、王守仁始。”[②]陈献章、王守仁对于明代学术的转型发展有重要影响，这一点黄宗羲说得更为明确：“有明儒者不失其矩矱者有之，而作圣之功，至先生（陈献章）而始明，至文成（王阳明）而始大。”[③]这是一条清晰的明代学术重心由“朱子学”向“阳明学”转向的脉络，之后黄宗羲更是直接指出：“自姚江指点出‘良知人人现在，一反观而自得’，便人人有个作圣之路。故无姚江，则古来之学脉绝矣。”[④]黄宗羲认为王阳明接续了儒家的“学脉”。

第三阶段：明末儒学的修正。崛起于明中叶的阳明学经过不断的发展也出现了一些问题，《明史·儒林传序》：“姚江之学，别立宗旨，显与朱子背驰，门徒遍天下，流传逾百年，其教大行，其弊滋甚。”[⑤]部分阳明后学之不足大体上不出“玄虚而荡”与“情炽而肆”，而这与王畿、王艮对阳明学的理解方向不无关系，唐伯元曾对顾宪成说：“足下不见世之谈良知者乎？如鬼如蜮，还得为文成讳否？”[⑥]明末陆续有学者对这些流弊进行了反思、批评与修正，如顾宪成讲：“以

① 侯外庐等主编：《宋明理学史》下，第731页。
② （清）张廷玉等：《明史》卷二八二《儒林列传序》，第7222页。
③ 《白沙学案·文恭陈白沙先生献章》，（清）黄宗羲著，吴光主编：《黄宗羲全集》第7册，第81页。
④ 《姚江学案·小序》，（清）黄宗羲著，吴光主编：《黄宗羲全集》第7册，第197页。
⑤ （清）张廷玉等：《明史》卷二八二《儒林列传序》，第7222页。
⑥ 《甘泉学案·文选唐曙台先生伯元》，（清）黄宗羲著，吴光主编：《黄宗羲全集》第8册，第292页。

考亭为宗,其弊也拘;以姚江为宗,其弊也荡。"[①]他提出的补救措施是重新强调"性善"[②]。高攀龙上《崇正学辟异说疏》意在遏制王学末流之泛滥,救时之弊[③]。刘宗周以"慎独"为宗,补偏救弊,代表了当时第一流思想家对于朱子学与阳明学的融会与调和[④]。

（二）学派的起源、发展、衍化——《明儒学案》的中观学脉

对于学派的起源、发展衍化过程进行梳理是《明儒学案》的中观学脉。关于学脉,黄宗羲明确提出要"别其源流"[⑤]"分源别派"[⑥]。(清)贾润赞《明儒学案》"支分派别条理粲然"[⑦],(清)于准论其"见夫源流支派"[⑧],(清)仇兆鳌赞其:"寻源泝委,别统分支,秩乎有条而不紊。"[⑨](清)莫晋赞其:"支派各分,一代学术源流,了如指掌。"[⑩]关于崇仁学派的分衍,黄宗羲认为娄谅、魏校于师学仅有微变,而陈献章虽同出其门却当为"别派",三原是河东"别派",这就在大的轮廓上给人一个清晰的学派分衍发展概念。王门学开六派构建起了明代中期学术的主体规模,而与王门有直接学术渊源的止修与泰州则被黄宗羲定义为王

---

① (明)顾宪成著,李可心点校:《小心斋札记》,第33页。

② 顾宪成说:"语本体,只是性善二字。"[(明)顾宪成著,李可心点校:《小心斋札记》卷一八,第216页]有学者认为:"顾宪成平生用力最多的,是关于性善的论说,在《小心斋札记》中,在诸讲学语录中,在《当下绎》《还经录》《东林会约》诸书中,处处提掇性善之旨。还专门作《证性编》六卷,从各方面详论性善之旨。"(张学智:《中国儒学史·明代卷》,第533—534页)

③ 张学智:《中国儒学史·明代卷》,第545页。

④ 张学智:《中国儒学史·明代卷》,第563页。

⑤ (清)黄宗羲:《改本明儒学案序》,(清)黄宗羲著,陈乃乾编:《黄梨洲文集》,第381页。

⑥ (清)黄宗羲:《明儒学案序》,(清)黄宗羲著,陈乃乾编:《黄梨洲文集》,第379页。

⑦ (清)贾润:《〈明儒学案〉序》,(清)黄宗羲:《明儒学案》,(清)康熙三十二年紫筠斋刻本,叶二正。

⑧ (清)于准:《明儒学案序》,《海王邨古籍丛刊》影印(清)雍正十三年紫筠斋本,第4页。

⑨ (清)仇兆鳌:《明儒学案序》,(清)黄宗羲:《明儒学案》,(清)康熙三十二年紫筠斋刻本,叶三背。

⑩ (清)莫晋:《重刻明儒学案序》,(清)黄宗羲:《明儒学案》,(清)道光元年教忠堂刻本,叶二正。

门“别派”。湛若水师承陈献章，甘泉学派又是由白沙学派衍化而来。明末的东林、蕺山学派则是对明代中前期学术思潮比较集中的反思、批判、修正。《明儒学案》对于学派的起源分衍过程有着清晰的把握，正所谓“一代理学之传，如大禹导山导水，脉络分明”①。

（三）传主为学的次第与演变过程——《明儒学案》的微观学脉

《明儒学案》对传主个人微观“学脉”的梳理最显著的特点就是其“动态性”，即所谓“终身学术每久之而一变”②。传主的学术是在不断的动态变化发展过程中逐渐形成的，黄宗羲很注意这种历时性特点和历史性过程，如记邹元标自序其为学曰：“年少气盛时，妄从光影中窥瞷。又七年，流于狂路。阅三年，入计归山。十余年失之缪悠，又十余年过于调停。”③其学有“妄→狂→悠→调”之次第。又如论邹德涵：“以悟为入门，于家学又一转手矣。”④江右中坚邹守益以“敬”为宗，而邹德涵却以“悟”为入门，故谓其“转手”。再如蒋信早年以“诚敬”为宗，而后师承王阳明和湛若水，为学路径发生了很大的变化，于三十二岁时悟得“自身与万物平等看”⑤。黄宗羲很注意传主为学次第与演变的情况，这是《明儒学案》的微观学脉。

四、学派为体，学案为例

《明儒学案》在内容方面基本上是以“学派”作为其主要构成的，

---

① （清）汤斌：《汤子遗书》卷四《答黄太冲书》，（清）汤斌著，段自成等编校：《汤子遗书》，第223页。

② （清）黄宗羲：《改本明儒学案序》，（清）黄宗羲著，陈乃乾编：《黄梨洲文集》，第380页。

③ 《江右王门学案·忠介邹南皋先生元标》，（清）黄宗羲著，吴光主编：《黄宗羲全集》第7册，第620页。

④ 《江右王门学案·文庄邹东廓先生守益小传·附邹德涵》，（清）黄宗羲著，吴光主编：《黄宗羲全集》第7册，第382页。

⑤ 《楚中王门学案·佥宪蒋道林先生信》，（清）黄宗羲著，吴光主编：《黄宗羲全集》第7册，第729页。

而在具体的编排方式上则是以“学案”的形式呈现出来的,“学派”为《明儒学案》之“体”,“学案”为《明儒学案》之“例”,二者互为表里,共同完成了《明儒学案》“序—传—录”编纂体例的建构。

(一)学派为体

“学派”一般是指“一门学问中由于学说师承不同而形成的派别”①,有师承性学派、地域性学派、问题性学派等。先秦时期儒、墨、道、法、阴阳、纵横诸家均在不同程度上具有学派的属性,而宋明理学在发展史过程中形成的“理学学派”之内涵除了具有普遍性的“学派”属性外,还有其特殊性,《明儒学案》中的“学派”大体上是指以地域为基础,以师承关系为联结,在宏观上具有共同的学术特征,在微观上有共同的价值取向,内部交流机制相对成熟稳定的学术共同体。“学派”下面联结着学派内部各个传主,包括传主的传记和学术资料选编,上面承托着学派前宏观的小序,在整个《明儒学案》的体例结构中起着承上启下的重要作用。直至今天,我们对明代学术史关于学派方面的很多认识都与《明儒学案》密切相关,“学派”是理解《明儒学案》重要的切入点。具体来讲,《明儒学案》中“学派”具有以下几方面的特征:

第一,地域关系紧密。如河东学派是以薛瑄为核心构建起来的学派,依《明史·地理志》,“河东”在明代大体是指陕西、山西西南部,学派内的吕潜(泾阳)、张节(泾阳)、郭郛(泾阳)、李锦(咸宁)、李挺(咸宁)、张鼎(咸阳)、段坚(凤翔)、薛敬之(渭南)、吕楠(高陵)、周蕙(秦州)均属陕西。又如“浙中”王门学派内的蔡宗兖(山阴)、朱节(山阴)、王畿(山阴)、张元冲(山阴)、张元忭(山阴)、徐爱(余姚)、钱德洪(余姚)、季本(会稽)、黄绾(黄岩)、董沄(海盐)、董谷(海盐)、陆澄(湖

① 陈至立主编:《辞海》第7版(缩印本),上海:上海辞书出版社,2022年,第2583页。

州归安)、顾应祥(湖州长兴)、黄宗明(宁波)、程文德(婺州永康)、徐用检(金华兰溪)、万表(宁波卫)、王宗沐(台州临海)均属浙江,其他学派的学者也都具有比较紧密的地域学术关系。有学者提出:"黄宗羲《明儒学案》对阳明学的分派,以地域为轴把思想与师承结合起来,为近代以阳明学分派诸说定下了学术基调。"①《明儒学案》中的"学派"研究涉及明代的户籍、人口、科举、官制、讲会等诸多方面的内容,是一个比较综合的问题。

第二,师承关系明确。《明儒学案》中各学派一般都具有比较明确的师承授受关系,这种关系保证了该学派纵向的学术衍进,并且确立了一个基本的传播范围。虽然间或有变化师门的情况发生,但从总体看,"师承"关系仍然是保证学派向前发展最有效的途径。

第三,学术共性突出。"学派"一定有某些比较突出的共性,这种共同性的学术特征能够使得此学术共同体与彼学术共同体彼此相区别开来。换言之,学派内部的学术共性决定了学派外现的学术个性。如三原学派"多以气节著"、白沙学派"多清苦自立"、河东学派"悃愊无华"、东林学派"忠义之盛"、江右王门学派"皆能推原阳明未尽之旨"、泰州学派既使阳明之学"风行天下",又使得阳明之学"渐失其传",这些学派特色鲜明,各具特征。

第四,交流机制成熟。学派内部的交流机制是促进该学派发展的重要推力,《明儒学案》中学派内部交流机制的重点是讲会制度与书院文化的结合。有明一代,书院与讲会的关系极其密切,书院是讲学聚会活动的重要场所,讲会赋予书院以功能性的价值和文化意义,"书院"与"讲会"有着载体与功能的基本关系。"讲会"即讲学的聚会②,时间灵

---

① 汪学群:《〈明儒学案〉与阳明学的分派》,《贵阳学院学报》2020 年第 3 期,第 1 页。

② 有学者提出:"讲学主要体现了书院的教育教学功能,属于文化传播的范畴。"(邓洪波:《中国书院史》,上海:东方出版中心,2004 年,第 155 页)

活，方式多样，规模可大可小，明代中期阳明学兴起后，讲会制度日趋成熟，有学者专门对“阳明讲会”下了一个定义：“所谓的阳明讲会可以说是一种始于明代中期，由乡绅士子们结集而成，以阳明学为主导且兼具学术与道德修养目的的定期聚会。”①如南中地区王门弟子的讲会甚至“几乎比户可封矣”②。基于书院文化的讲会制度是明代学术史上一种重要的文化现象。

表 5-4 《明儒学案》所记载的部分讲会③

安徽	水西会 同善会 光岳会 九龙会 复初会 程氏世庙会 南谯精舍讲会 开元会
江西	惜阴会 青原会 文麓会 庐陵讲会
浙江	甬上证人之会 白马山分会
京师	灵济宫之会 首善之会
江苏	君山会 心斋讲堂之会
山东	丁块之会 王遇之会
陕西	十二会 都门之会
河南	孟云浦讲会
山西	大云讲会

① 吕妙芬：《阳明学士人社群：历史、思想与实践》，北京：北京师范大学出版社，2017 年，第 59 页。

② 《南中王门学案・小序》，（清）黄宗羲著，吴光主编：《黄宗羲全集》第 7 册，第 671 页。

③ 《明儒学案》涉及的讲会活动以南直隶的安徽地区最为频繁，其次是江西地区，在北方的京师、山西、陕西、河南、山东地区，南方的江苏、浙江地区均有讲会活动的发生，具体有“立讲会、结讲会、复讲会、参讲会”几种形式，本表依据中华书局 1985 年版《明儒学案》。

表 5－5 《明儒学案》所记载的部分书院①

江西	正学书院 怀玉书院 仁文书院 白鹿洞书院 首善书院 桐源书院 濂溪书院 青原书院
浙江	稽山书院 明道书院 崇正书院 五峰书院 天真书院 越中书院
江苏	东林书院 文学书院 虞山书院 安定书院
陕西	酒西书院 弘道书院 商山书院
山东	愿学书院 见大书院
贵州	正学书院 文明书院
安徽	复初书院 志学书院
河南	志学书院 芝泉书院
山西	解梁书院
福建	养正书院
湖北	蕲黄书院
京师	首善书院
广西	苍梧书院
湖南	石鼓书院

① 《明儒学案》涉及书院分布地域比较广泛，江西、浙江、江苏地区是书院分布的主要地区，另外在北方的京师、陕西、山西、河南、山东地区，华中的湖南、湖北地区，西南的广西、贵州地区，东南的福建地区，南直隶附近的安徽地区均有广泛的书院分布，主要有“建、辟、构、立、复、主、讲、教、会、隐”等形式，本表依据中华书局1985 年版《明儒学案》。

（二）以学案为例

“学派”的基本结构在编纂体例上是以“学案”的外在形式具体呈现出来的。《明儒学案》之所以被称为“学案体”史书的经典之作，重要的一点就是其“学案体”的编纂体例。在 17 个学案群前，黄宗羲均作了一篇总述，对该学派的起源、特点、分衍流变等作了大致的梳理，这种“总述”近于传统目录学意义范畴中的“录”，即“叙录”，重在提纲挈领。在“序”后，黄宗羲为二百余位传主均作了一篇翔实的“小传”，分为“生平”与“学术”两部分，生平小传尤其重视传主为学修德实迹和道德践履；学术小传是重点，包括传主的学术师承、学术宗旨、学术衍化、学术问答、学术考辨、学术引证、学人互评、学术辩论、学术批评等多个侧面。在“传”后，黄宗羲广泛搜辑传主的学术资料，纂要勾玄后有序地列于小传之后，间附“案语”①。中国史学史上单独的“序”起源很早，如《诗经》之大小序、《尚书序》等；单独的“传”体约略起于《史记》之《儒林传》，而后历代正史不断完善；单独的“录”起于《论

① 此处的“案语”是指黄宗羲在《明儒学案》中对传主部分学术资料的进一步解释、考证、批评、述论，以往学界对“录中案语”的关注并不多，专题性的研究仅可见蔡家和《从黄宗羲〈明儒学案〉的评语见其心学意涵》(2007 年 3 月 18 日第十届儒佛会通暨文化哲学学术研讨会《“中国哲学的心性论”论文集》，第 1—14 页)一文。另外王维和、张宏敏《〈明儒学案〉〈宋元学案〉之黄宗羲案语汇辑》(杭州出版社 2012 年)以《黄宗羲全集》为蓝本对黄宗羲的“录中案语”进行了专门的汇辑，从文献学的角度推进了此项研究。《明儒学案》的“录中案语”共 44 处，包括《诸儒学案上》曹端《语录》15 处、《蕺山学案》刘宗周《语录》5 处、《崇仁学案》夏尚朴《夏东岩文集》4 处、《江右王门学案》罗洪先《杂著》3 处、《东林学案》顾宪成《小心斋札记》3 处、《东林学案》孙慎行《困思抄》3 处、《泰州学案》耿定向《天台论学语》2 处、《诸儒学案下》吴执御《江庐独讲》2 处、《河东学案》薛瑄《读书录》1 处、《江右王门学案》刘邦采《刘师泉易蕴》1 处、《江右王门学案》何廷仁《善山语录》1 处、《江右王门学案》邹元标《会语》1 处、《江右王门学案》邹元标《讲义》1 处、《东林学案》高攀龙《论学书》1 处、《蕺山学案》刘宗周《会语》1 处，这些“案语”包括赞同、批评、考证、解释、引申、述师说、借传主之论而发己意等。“案语”属于“录”，它更加微观、灵活，并且有很强的延展性，是“学案体”之“序—传—录”结构体式中不可或缺的一部分。“录中案语”为后世编纂学术史提供了很好的思路和借鉴，学界对其应给予更多专门的关注。

语》，至宋明时期日臻成熟。大体上“小序”起于“六经”，“小传”起于《史记》，“语录”起于诸子。由上可见，单独体例意义上的“序”“传”“录”在中国史学史的发展过程中都已经很成熟，可为什么直到《明儒学案》成书，才使“学案体”这一编纂体例基本上与纪传体、编年体、典志体、国别体等传统史学体例处于平行或次平行的位置？这里初步提出：不是作为个体意义上的“序”“传”“录”，而是处于系统论意义中“序—传—录”之间的“关系”使《明儒学案》走向经典，这种“关系”的核心要义是“同源同向异体异用”。“学派”是“学案”的内容，“学案”是“学派”的形式，二者内外相通，互为表里，共同使《明儒学案》的编纂范式在结构与体例方面趋向规范合理。

第四节　学术史主题引领

一部学术史必有其主题，这种主题引领着该学术史中其他内容的展开，是认识和理解该学术史的重要切入点。作为一部系统总结明代学术思想史的专书，《明儒学案》的主题引领大体上包括三个方面：一、明代理学在外部与佛禅的“关系”；二、明代理学内部朱子学与阳明学的“关系”；三、明代理学认识论思维模式二元支离与一元易简的“关系”。这三种关系性的思考对理解《明儒学案》的思想主题有着重要的线索性价值。

一、理学与佛禅的关系

“理学”与“佛禅”的关系是贯穿《明儒学案》全书始终的一个学术史主题，这个主题引领着诸多相关内容的具体展开。仅由《明儒学案》所见，明代“理学”与“佛学”始终处于一种对抗和交融的变奏中，但主流是“对抗”。

（一）明代理学家为何要“辟佛”？

“理学”与“佛禅”性质不同，一为学说，一为宗教。有学者认为：“宋明理学奠基时的基本任务是批判佛老的虚无哲学，建立起儒家的宇宙论，以便从根本上确立儒家的一统地位。”①“理学最大的职志是排斥佛学，尤其是禅学，从而复兴孔孟之道的儒学。”②可见“辟佛”是自理学这种学术形态发生以来就一直存续的学理性任务之一，它涉及的儒释关系从宋代就已经开始，元明时期一直在持续，只不过各个阶段的具体呈现方式不一样，正如梁启超所说：“宋明儒者，以辨佛为一大事，成为习气。”③虽然也有研究指出：“明代后期三教合一的风气十分强劲。”④但仅就《明儒学案》所见，黄宗羲对明代儒佛关系理解的主要方向不是“融合”，而是“对抗”。明代理学家辟佛的核心原因同样是理学家意识深处的文化主体性和儒家文化的边界意识，因为“边界是自我品格构成的关键”⑤。

（二）由《明儒学案》所见明代理学家辟佛的理论与实践

1. 义理辟佛。明儒从理论上辟佛多是在与宋明理学的本体论、工夫论相对比的思路中进行的，方法是以理学概念为坐标。如关于“理”，高攀龙认为：“释典……弊病处……不出‘无理’二字。”⑥黄宗羲也认为释氏“以‘理’为障而去之”⑦、“释氏言无善无恶，

① 陈来：《朱子哲学研究·引言》，北京：生活·读书·新知三联书店，2010 年，第 5 页。
② 朱鸿林：《〈明儒学案〉选讲》，第 50 页。
③ 梁启超：《〈节本明儒学案〉例言》，梁启超著，汤志钧、汤仁泽编：《梁启超全集》第五集《论著五》，第 179 页。
④ 张学智：《中国儒学史·明代卷》，第 708 页。
⑤ 杨立华：《宋明理学十五讲》，北京：北京大学出版社，2015 年，第 10 页。
⑥ 《蕺山学案·小序》，（清）黄宗羲著，吴光主编：《黄宗羲全集》第 8 册，第 884 页。
⑦ 《江右王门学案·宪使胡庐山先生直》，（清）黄宗羲著，吴光主编：《黄宗羲全集》第 7 册，第 593 页。

正言'无理'也"[1];关于"已发未发",唐顺之曰:"佛者于喜怒哀乐之发,未尝不欲逆而销之。"[2]关于"天命与气质",冯从吾认为:"佛氏所见之性,在知觉运动之灵明处,是气质之性。"[3]关于"寂感",聂豹谓释氏:"以感应为尘烦,一切断除而寂灭之。"[4]关于"工夫",孙慎行认为"舍学问思辨行未有不流于禅学者也"[5];关于方法,胡居仁谓释氏"想象道理所见非真"[6],杨时乔认为"若单守其虚灵知觉"[7]则入于佛氏之窠臼,黄宗羲也认为"佛氏作用是性"[8];许孚远更是"恶夫援良知以入佛者"[9];邓元锡论禅学的范围:"只到止处,无用处;观其用处,便作两截。"[10]王宗沐则概述曰:"佛氏专于内,俗学驰于外,圣人则合内外而一之。"[11]

2. 践履辟佛。明儒从实践上辟佛多是在与宋明理学家修德之实迹相对比的过程中指出其危害、弊端。如罗汝芳认为:"禅家之说最

---

① 《粤闽王门学案·行人薛中离先生侃》,(清)黄宗羲著,吴光主编:《黄宗羲全集》第7册,第766页。
② 《南中王门学案·襄文唐荆川先生顺之》,(清)黄宗羲著,吴光主编:《黄宗羲全集》第7册,第693页。
③ 《甘泉学案·恭定冯少墟先生从吾》,(清)黄宗羲著,吴光主编:《黄宗羲全集》第8册,第266页。
④ 《江右王门学案·贞襄聂双江先生豹》,(清)黄宗羲著,吴光主编:《黄宗羲全集》第7册,第428页。
⑤ 《东林学案·文介孙淇澳先生慎行》,(清)黄宗羲著,吴光主编:《黄宗羲全集》第8册,第812页。
⑥ 《崇仁学案·文敬胡敬斋先生居仁》,(清)黄宗羲著,吴光主编:《黄宗羲全集》第7册,第22页。
⑦ 《甘泉学案·端洁杨止庵先生时乔》,(清)黄宗羲著,吴光主编:《黄宗羲全集》第8册,第317页。
⑧ 《江右王门学案·忠介邹南皋先生元标》,(清)黄宗羲著,吴光主编:《黄宗羲全集》第7册,第620页。
⑨ 《甘泉学案·侍郎许敬庵先生孚远》,(清)黄宗羲著,吴光主编:《黄宗羲全集》第8册,第256页。
⑩ 《江右王门学案·征君邓潜谷先生元锡》,(清)黄宗羲著,吴光主编:《黄宗羲全集》第7册,第654页。
⑪ 《浙中王门学案·侍郎王敬所先生宗沐》,(清)黄宗羲著,吴光主编:《黄宗羲全集》第7册,第359页。

令人躲闪，一入其中，如落陷阱。"[①]曹端从伦理学的角度认为："浮屠之教，拯其父母出于地狱，是不以亲为君子，而为积恶有罪之小人也，其待亲不亦刻薄乎？"[②]刘宗周说："佛者之言曰：'有物先天地，无形本寂寥。能为万象主，不逐四时凋。'此是其真脏实犯。"[③]王时槐说："佛家欲直悟未有天地之先，言语道断，心行处灭，此正邪说淫辞。"[④]黄宗羲从佛禅发展源流的角度提出："朱子云：'佛学至禅学大坏。'盖至于今，禅学至棒喝而又大坏，棒喝因付嘱源流而又大坏。"[⑤]"佛氏从死生起念，只是一个自为。"[⑥]还有一些对与佛禅有一定关系学者的批评，如黄宗羲批评王畿"竟入于禅"[⑦]、万表"究竟于禅学"[⑧]、穆孔晖"流于禅"[⑨]、耿定向"于佛学半信不信"[⑩]，"先生(刘元卿)恶释氏，即平生所最信服者天台、塘南，亦不轻相附和"[⑪]。另外高攀龙从儒佛关系发展史的角度单赞罗钦顺："自唐以来，排斥佛

① 《泰州学案·参政罗近溪先生汝芳》，(清) 黄宗羲著，吴光主编：《黄宗羲全集》第8册，第4页。

② 《诸儒学案上·学正曹月川先生端》，(清) 黄宗羲著，吴光主编：《黄宗羲全集》第8册，第355页。

③ 《蕺山学案·忠端刘念台先生宗周》，(清) 黄宗羲著，吴光主编：《黄宗羲全集》第8册，第891页。

④ 《江右王门学案·太常王塘南先生时槐》，(清) 黄宗羲著，吴光主编：《黄宗羲全集》第7册，第540页。

⑤ 《泰州学案·文肃赵大洲先生贞吉》，(清) 黄宗羲著，吴光主编：《黄宗羲全集》第7册，第874页。

⑥ 《诸儒学案下·给事中郝楚望先生敬》，(清) 黄宗羲著，吴光主编：《黄宗羲全集》第8册，第654页。

⑦ 《浙中王门学案·员外钱绪山先生德洪》，(清) 黄宗羲著，吴光主编：《黄宗羲全集》第7册，第254页。

⑧ 《浙中王门学案·都督万鹿园先生表》，(清) 黄宗羲著，吴光主编：《黄宗羲全集》第7册，第355页。

⑨ 《北方王门学案·文简穆玄庵先生孔晖》，(清) 黄宗羲著，吴光主编：《黄宗羲全集》第7册，第739页。

⑩ 《泰州学案·恭简耿天台先生定向》，(清) 黄宗羲著，吴光主编：《黄宗羲全集》第8册，第67页。

⑪ 《江右王门学案·征君刘泸潇先生元卿》，(清) 黄宗羲著，吴光主编：《黄宗羲全集》第7册，第576页。

氏，未有若是之明且悉者。”①

（三）由《明儒学案》所见明代理学家辟佛的特点

明儒辟佛的特点大体有二：一是反向深入，二是精微。黄宗羲说：“二氏之学，程、朱辟之，未必廓如，而明儒身入其中，轩豁呈露，用医家倒仓之法，二氏之葛藤，无乃为焦芽乎？”②“身入其中”对佛禅进行“反向批判”是明儒辟佛的特点之一。黄宗羲进一步指出：“程、朱之辟释氏，其说虽繁，总是只在迹上；其弥近理而乱真者，终是指他不出。明儒于毫厘之际，使无遁影。”③黄宗羲讲明儒辟佛始终是对应着宋儒，他认为在精微细致方面明儒自有其优长之处。

二、朱子学与阳明学的关系

明代理学内部朱子学与阳明学的“关系”是《明儒学案》另一个学术主题。一般认为《明儒学案》的主线是阳明学，但“主线”不是“主题”，《明儒学案》的“主题”不是朱子学，也不是阳明学，而是朱子学与阳明学的“关系”。纵观《明儒学案》全书，可见黄宗羲讲阳明学自始至终都在对照着朱子学讲，这种或隐或显的痕迹非常突出。在明代理学发展进程中，朱子学与阳明学固然有交融，但仅由《明儒学案》所载史料看，二者关系的主流还是“对抗”。

（一）由《明儒学案》所见明初朱子学之流弊与阳明学之酝酿

黄宗羲在《明儒学案》中对明代初期学术叙说的基本方向是朱子

---

① 《诸儒学案中・文庄罗整庵先生钦顺》，（清）黄宗羲著，吴光主编：《黄宗羲全集》第8册，第410页。

② （清）黄宗羲：《改本明儒学案序》，《海王邨古籍丛刊》影印（清）雍正十三年紫筠斋本，第6页。

③ （清）黄宗羲：《〈明儒学案〉发凡》，（清）黄宗羲著，吴光主编：《黄宗羲全集》第7册，第5—6页。

学的流弊与阳明学的酝酿。明初朱子学是主流，但亦有两方面比较显著的问题——述朱、支离，这两点也被黄宗羲认为是之后阳明学酝酿突起的重要原因。

1. 多“述朱”而少“自得”。在国家治理层面，明初科举主朱熹集注，成祖时又敕撰三部《大全》，明初官方对朱子学的推重在一定程度上也导致了朱子学说内生学术活力的部分受限，突出地体现在明初学界比较普遍的“述朱”状态中，黄宗羲说：“有明学术，从前习熟先儒之成说，未尝反身理会，推见至隐。所谓‘此亦一述朱，彼亦一述朱’耳！”[①]如郑伉“一切折衷于朱子”[②]、余祐“拳拳以诚敬为入门”[③]、吴与弼“一禀宋人成说”[④]、张元桢“一禀前人成法”[⑤]、河东学派“恪守宋人矩矱”[⑥]、章懋“墨守宋儒”[⑦]、胡居仁守“敬”[⑧]、郭郛“持敬”[⑨]、曹端“立基于敬”[⑩]、赵谦“力学主敬”[⑪]、马理“墨守主敬穷理之传”[⑫]、李锦

---

① 《姚江学案·小序》(清) 黄宗羲著，吴光主编：《黄宗羲全集》第 7 册，第 197 页。
② 《崇仁学案·郑孔明先生伉》，(清) 黄宗羲著，吴光主编：《黄宗羲全集》第 7 册，第 39 页。
③ 《崇仁学案·侍郎余讱斋先生祐》，(清) 黄宗羲著，吴光主编：《黄宗羲全集》第 7 册，第 61 页。
④ 《崇仁学案·小序》，(清) 黄宗羲著，吴光主编：《黄宗羲全集》第 7 册，第 1 页。
⑤ 《诸儒学案上·侍郎张东白先生元桢》，(清) 黄宗羲著，吴光主编：《黄宗羲全集》第 8 册，第 380 页。
⑥ 《河东学案·小序》，(清) 黄宗羲著，吴光主编：《黄宗羲全集》第 7 册，第 117 页。
⑦ 《诸儒学案上·文懿章枫山先生懋》，(清) 黄宗羲著，吴光主编：《黄宗羲全集》第 8 册，第 371 页。
⑧ 《崇仁学案·文敬胡敬斋先生居仁》，(清) 黄宗羲著，吴光主编：《黄宗羲全集》第 7 册，第 22 页。
⑨ 《河东学案·郡守郭蒙泉先生郛》，(清) 黄宗羲著，吴光主编：《黄宗羲全集》第 7 册，第 170 页。
⑩ 《诸儒学案上·学正曹月川先生端》，(清) 黄宗羲著，吴光主编：《黄宗羲全集》第 8 册，第 355 页。
⑪ 《诸儒学案上·琼山赵考古先生谦》，(清) 黄宗羲著，吴光主编：《黄宗羲全集》第 8 册，第 342 页。
⑫ 《三原学案·光禄马溪田先生理》，(清) 黄宗羲著，吴光主编：《黄宗羲全集》第 7 册，第 182 页。

以“主敬穷理”①为学、吕柟“以格物为穷理”②等。朱子学的理论体系结构在明代中前期已经非常稳定，但也正是这种稳定使得朱子学在学理的探索与反思方面有阶段性的部分受制，“守成说、墨守、一禀、恪守”均体现了这种趋势，“述朱”风气导致的一种客观结果是学者少“自得”，而黄宗羲则明确主张学问之道“以各人自用得着者为真”③。

2. 支离。有学者认为：“朱熹哲学逻辑结构的破绽和矛盾集中地表现为理性本体与感性实在、抽象的远离现实的先验范畴‘理’与具体的区格的一件一件的‘物’、伦常道德规范与人们践履行为之间。朱熹虽然也曾想修补这个过大的裂缝，做过通过烦琐和费神地格一事一物，以求‘穷理’的工夫，但‘理’与‘物’之间的统一，总是那样难于实现。到了王守仁之时，朱熹哲学逻辑结构的内在裂缝便愈来愈拉大了。”④黄宗羲认为明初学者为学并未减此“支离”之弊。如吴与弼“言心则以知觉，而与理为二，言工夫则静时存养，动时省察。故必敬义夹持，明诚两进”⑤，黄宗羲认为吴与弼分“心”与“理”为二、“动”与“静”为二、“存养”与“省察”为二、“敬”与“义”为二、“明”与“诚”为二。余祐“分理是理、气是气，截然为二”⑥、薛敬之“歧理气而二之”⑦、曹端

---

① 《河东学案·郡丞李介庵先生锦》，(清) 黄宗羲著，吴光主编：《黄宗羲全集》第7册，第149页。

② 《河东学案·文简吕泾野先生柟》，(清) 黄宗羲著，吴光主编：《黄宗羲全集》第7册，第151页。

③ (清) 黄宗羲：《〈明儒学案〉发凡》，(清) 黄宗羲著，吴光主编：《黄宗羲全集》第7册，第6页。

④ 张立文：《宋明理学研究》，北京：中国人民大学出版社，1985年，第530页。

⑤ 《崇仁学案·小序》，(清) 黄宗羲著，吴光主编：《黄宗羲全集》第7册，第1页。

⑥ 《崇仁学案·侍郎余讱斋先生祐》，(清) 黄宗羲著，吴光主编：《黄宗羲全集》第7册，第62页。

⑦ 《河东学案·同知薛思庵先生敬之》，(清) 黄宗羲著，吴光主编：《黄宗羲全集》第7册，第145页。

"以理驭气，仍为二之"①，三人论"理气关系"皆有支离之弊。张元桢"心理为二，动静交致"②，魏校"理也、气也、心也，歧而为三"③，二人论"心理关系"亦有支离之弊。

（二）由《明儒学案》所见明中期阳明学与朱子学的交锋

1. "心本"对"理本"的方向性对抗。明代中期阳明学的强势崛起是对明初朱子学的反向，二者的主要关系是"对抗"。明初，儒家士大夫多沿着程朱"理本"的路径修圣贤学。明中叶，阳明经龙场悟道倡立心学，有诸多学者转到了"心本"的路径，这一点集中而突出地体现在各家为学宗旨的转变，如程文德"以真心为学之要"④、邹德泳"守致良知之宗"⑤、欧阳德之时"士咸知诵'致良知'之说"⑥，"致良知"学说的提出深刻改变了明代儒家士大夫群体修圣贤学的理论认知，对他们的触动很大，进而直接影响了他们为学的实践历程，而这种实践历程反过来又促进了心学理论体系本身的不断反思，这种双向的过程促进了心学体系在哲学维度和历史维度上的辩证统一。大体上来说，阳明学以"心本"为论，在明中叶从方向上与朱子学之"理本"展开了强有力的对抗。

2. "自得"对"述朱"的方式性对抗。正是由于明代前期"此亦一述朱，彼亦一述朱"的情况比较严重，故阳明学反向提出重"自得"之

---

① 《诸儒学案上·学正曹月川先生端》，（清）黄宗羲著，吴光主编：《黄宗羲全集》第8册，第355页。

② 《诸儒学案上·侍郎张东白先生元桢》，（清）黄宗羲著，吴光主编：《黄宗羲全集》第8册，第380页。

③ 《崇仁学案·恭简魏庄渠先生校》，（清）黄宗羲著，吴光主编：《黄宗羲全集》第7册，第41—42页。

④ 《浙中王门学案·侍郎程松溪先生文德》，（清）黄宗羲著，吴光主编：《黄宗羲全集》第7册，第343页。

⑤ 《江右王门学案·文庄邹东廓先生守益小传·附邹德泳》，（清）黄宗羲著，吴光主编：《黄宗羲全集》第7册，第383页。

⑥ 《江右王门学案·文庄欧阳南野先生德》，（清）黄宗羲著，吴光主编：《黄宗羲全集》第7册，第412页。

学，这又与龙场悟道有关。（明）正德三年（1508）王阳明抵达贵州龙场驿，后悟得："圣人之道，吾性自足，向之求理于事物者，误也。"①正因为每一个个体性的普通人的自性中都包含着自足自具的圣人之道，故"人人有个作圣之路"②，所以说龙场悟道不是"述朱"的花朵，而是"自得"的果实。黄宗羲对"述朱"的一种解释是"未尝反身理会"③，所谓"自得"，就是学问要以自己真心受用为依归，验之身心，而不能仅停留在"述"别人之学的层面，黄宗羲批评那些只知"述朱"而无"自得"的部分学者乃"倚门傍户、依样葫芦"④。明中叶随着阳明学的崛起，理学家自身的主体意识迅速增强，其探究"自得"之学的意图也愈发强烈，各人多自有宗旨，如"敬、虚、思、静、天根、博约、艮止、真心、戒惧、志学、良知、爱众、亲仁、克己、知行、慎独、复性、求仁、知止、天机、格物、穷理、主敬、立诚、致良知、讨真心、不犯手、不容已、收放心、主敬穷理、无欲故静、克己求仁、无言自得、收敛精神、万物一体、随处体认天理、静中养出端倪、贵主宰而恶自然"等，且不论这些宗旨的醇疵得失，仅就这种趋势看，明中叶学者为学多"自得"是对明初"述朱"局面的反向对抗。

3. "易简"对"支离"的方法性对抗。"易简"与"支离"是宋明理学内部两种方法路径的外在表现形态，主要体现了二元论理学思维模式与一元论理学思维模式的不同。有学者认为："盖理学与心学的差别之一，即理学需要二世界，心学只需要一世界。或可谓理学为二元论的，心学为一元论的。"⑤在陆王学派看来，"二元"难免"支离"，如

---

① （明）钱德洪：《阳明先生年谱·正德三年》，吴光等编校：《王阳明全集》卷三三，第1354页。

② 《姚江学案·小序》，（清）黄宗羲著，吴光主编：《黄宗羲全集》第7册，第197页。

③ 《姚江学案·小序》，（清）黄宗羲著，吴光主编：《黄宗羲全集》第7册，第197页。

④ （清）黄宗羲：《〈明儒学案〉发凡》，（清）黄宗羲著，吴光主编：《黄宗羲全集》第7册，第6页。

⑤ 冯友兰：《中国哲学史》，第841页。

陆九渊曾说："易简工夫终久大，支离事业竟浮沉。"①王阳明提出"心即理"的背景之一是"心"与"理"的二分，人自身内部的精神运动、认知能力、情感意志、道德本体与外在世界事事物物之理的割裂感、距离感所呈现出僵化支离的样态，主要因"心"与"理"二分的思维所产生，"二分"在内，"支离"在外。有学者指出："阳明出而心学盛，即一元论的哲学盛。"②这个问题又要回到"龙场悟道"，有学者认为王阳明"龙场悟道前是透过工夫（方法）来证入本体，龙场悟道后是从本体开出工夫（方法）"③，这种变化集中地体现在王阳明对"格物"的理解上："圣人之道，吾性自足，向之求理于事物者，误也。"④"吾性自足"是一个方向性的维度，它并不是指某一个具体的概念，这个向度即是与程朱外求物理方向相反的内求本心，阳明的贡献即是将这个向度哲学本体化，从而在这个层面上开拓出了一种新的学术方向。此方向内含着一种重要的思想，即"破支离之弊，立易简之学"，如"知行合一"的提出就是源于"知"与"行"的二分，它直接对的就是朱子的"知先行后"说和"行重知轻"说，王阳明说："今人将知行分作两件去做，遂终身不行，亦遂终身不知。"⑤而"良知"学说的提出则是直奔"立大本"的易简之学，有学者认为："良知心学以良知为德性本体，以致良知为修养方法，以知行合一为实践工夫，以明德亲民为政治应用，是富有人文精神的道德哲学。"⑥总之，明中叶随着心学体系的不断成

---

① （宋）陆九渊：《鹅湖和教授兄韵》，（宋）陆九渊著，钟哲点校：《陆九渊集》卷二五，北京：中华书局，1980 年，第 301 页。

② 冯友兰：《中国哲学史》，第 841 页。

③ 张新民：《本体与方法：王阳明心学思想形成与发展的两个向度——以"龙场悟道"为中心》，《南京晓庄学院学报》2017 年第 4 期，第 63 页。

④ （明）钱德洪：《阳明先生年谱·正德三年》，吴光等编校：《王阳明全集》卷三三，第 1354 页。

⑤ （明）王守仁：《传习录上·语录一》，吴光等编校：《王阳明全集》卷一，第 5 页。

⑥ 吴光：《"浙学"与"阳明学"论纲》，《湖南大学学报》2020 年第 1 期，第 19 页。

熟，在理论形态上阳明学与朱子学发生了全面性的对抗。

（三）由《明儒学案》所见明末阳明学的流弊与朱子学的修正

本来阳明学的兴起是为了对朱子学补偏救弊，但随着心学的实践，却又逐渐暴露出了阳明学理论体系和实践效果本身的一些问题，如玄虚而荡以及情炽而肆等。王畿以“四无”之说立教，主“悟”重“本体”，偏“向上一机”，且不论王畿自己是不是“上根人”，仅就“四无”说对阳明后学所产生的价值导向和现实影响来看，一般资质禀赋的人若沿着“四无”说的方向去体认良知是存在走向“玄虚”而致“荡”的可能的。王艮出身平民，强调“百姓日用即道”，偏“向下一路”，泰州后学有着强烈的平民主义精神，但“满街都是圣人”的思想亦存在将阳明学推向庸俗化导致情炽无节而“肆”的可能。王畿与王艮固然对阳明学的发展有极大的贡献，但王畿过于向“上”，王艮过于向“下”，他们对“良知”学说内部结构“界限”的把握或均有一定程度的偏失，故黄宗羲认为：“阳明先生之学，有泰州、龙溪而风行天下，亦因泰州、龙溪而渐失其传。”[①]此说的重点并不是批评王畿与王艮本人，而是针对二人立论之后所产生的实践效果和实际影响而言，这种影响即是阳明末流与阳明本旨的相离和相反。明末朱子学与阳明学的对抗也集中体现在对“玄虚而荡，情炽而肆”的批判上，如钱一本“惩一时学者喜谈本体，故以工夫为主”[②]，孙慎行提出：“君子终日学问思辨行，便是终日戒惧慎独，何得更有虚闲求一漠然无心光景?”[③]钱一本和孙慎行重“工夫”、重具体的“学问思辨行”很能体现明末学者对阳明后学末流之流弊的反思。而顾宪成主“性善”、高攀龙以“格物”为要、刘宗周以“慎独”为宗均体现了一种批判、反思和修正。

---

① 《泰州学案·小序》，(清）黄宗羲著，吴光主编：《黄宗羲全集》第7册，第820页。

② 《东林学案·御史钱启新先生一本》，(清）黄宗羲著，吴光主编：《黄宗羲全集》第8册，第799页。

③ 《东林学案·文介孙淇澳先生慎行》，(清）黄宗羲著，吴光主编：《黄宗羲全集》第8册，第812页。

三、二元支离与一元易简的关系

黄宗羲通过《明儒学案》表达了一种学术史上的“变化”，这种“变化”就是由宋代儒学以朱熹为代表的客体性伦理道德体系向明代儒学以王阳明为代表的主体性伦理道德体系的转变，这是黄宗羲为了表彰明代学术凸显明代儒学的特质通过《明儒学案》的学术史系统所要表达出的核心理念之一。理学认识论思维模式由“二元”向“一元”的转变在《明儒学案》中是一个非常突出的主题。

（一）从“理气二分”到“理气合一”

理气关系是理学宇宙论的基本范畴。在朱子的哲学体系中，“理”的基本含义是“万物之‘所当然’与‘所以然’”①，“气”是“构成天地万物的物质材料”②。理，形而上；气，形而下，理先于气、决定着气。朱子明确提出：“所谓理与气，此决是二物。”③这种“理”与“气”的二分是后人批评朱子学“支离”的重要原因。《明儒学案》记载了部分理学家批评“理气二分”的情况，如王时槐说：“世儒分理气为二，而求理于气之先，遂堕佛氏障中。”④黄宗羲本人也反对“理气二分”的观点，如他批评薛敬之“歧理气而二之”⑤、刘邦采“认理气为二”⑥、余祐“分理是理、气是气，截然为二”⑦、魏校“理也、气也、心也，歧而

---

① 蒙培元：《理学范畴系统》，北京：人民出版社，1989 年，第 32—33 页。

② 蒙培元：《理学范畴系统》，第 18 页。

③ （宋）朱熹著，郭齐、尹波点校：《朱熹集・答刘叔文》，成都：四川教育出版社，1996 年，第 2243 页。

④ 《江右王门学案・太常王塘南先生时槐》，（清）黄宗羲著，吴光主编：《黄宗羲全集》第 7 册，第 540 页。

⑤ 《河东学案・同知薛思庵先生敬之》，（清）黄宗羲著，吴光主编：《黄宗羲全集》第 7 册，第 145 页。

⑥ 《江右王门学案・同知刘师泉先生邦采》，（清）黄宗羲著，吴光主编：《黄宗羲全集》第 7 册，第 505 页。

⑦ 《崇仁学案・侍郎余讱斋先生祐》，（清）黄宗羲著，吴光主编：《黄宗羲全集》第 7 册，第 62 页。

为三”[①]、曹端“详以理驭气，仍为二之”[②]。反之《明儒学案》记载了部分理学家肯定“理气合一”的情况，如蒋信认为：“六经具在，何尝言有个气，又有个理？”[③]罗钦顺认为：“气本一也，千条万绪而卒不克乱，莫知其所以然而然，是即所谓理也。”[④]黄宗羲本人也明确肯定“理气合一”，如其论“大化只此一气，是即理也”[⑤]、“天地间只有一气，其升降往来即理也”[⑥]、“理为气之理，无气则无理”[⑦]、“理者，气之流行而不失其则者”[⑧]、“理者，以气自有条理，故立此名耳”[⑨]、“理气之名，由人而造，自其浮沉升降者而言则谓之气，自其浮沉升降不失其则者而言则谓之理。盖一物而两名，非两物而一体也”[⑩]，并肯定杨东明“一洗理气为二之谬矣”[⑪]。仅由《明儒学案》之所载可见明代理学认识论思维模式发生着由“理气二分”向“理气合一”的变化。

---

① 《崇仁学案·恭简魏庄渠先生校》，(清) 黄宗羲著，吴光主编：《黄宗羲全集》第7册，第41—42页。

② 《诸儒学案上·学正曹月川先生端》，(清) 黄宗羲著，吴光主编：《黄宗羲全集》第8册，第355页。

③ 《楚中王门学案·佥宪蒋道林先生信》，(清) 黄宗羲著，吴光主编：《黄宗羲全集》第7册，第729页。

④ 《诸儒学案中·文庄罗整庵先生钦顺》，(清) 黄宗羲著，吴光主编：《黄宗羲全集》第8册，第408页。

⑤ 《浙中王门学案·知府季彭山先生本》，(清) 黄宗羲著，吴光主编：《黄宗羲全集》第7册，第308页。

⑥ 《崇仁学案·恭简魏庄渠先生校》，(清) 黄宗羲著，吴光主编：《黄宗羲全集》第7册，第42页。

⑦ 《河东学案·文清薛敬轩先生瑄》，(清) 黄宗羲著，吴光主编：《黄宗羲全集》第7册，第121页。

⑧ 《江右王门学案·宪使胡庐山先生直》，(清) 黄宗羲著，吴光主编：《黄宗羲全集》第7册，第593页。

⑨ 《诸儒学案中·肃敏王浚川先生廷相》，(清) 黄宗羲著，吴光主编：《黄宗羲全集》第8册，第487页。

⑩ 《诸儒学案上·学正曹月川先生端》，(清) 黄宗羲著，吴光主编：《黄宗羲全集》第8册，第355—356页。

⑪ 《北方王门学案·侍郎杨晋庵先生东明》，(清) 黄宗羲著，吴光主编：《黄宗羲全集》第7册，第755页。

（二）从“心性二分”到“心性合一”

心性关系是理学的核心范畴。朱子讲的“心”的主要含义是“认知与道德”①，“性”指“生之理”②，“心”与“性”是二分的。王阳明讲的“心”主要指“良知”，“性”则为“良知之本体”，“心”与“性”是合一的。黄宗羲反对“心性二分”，他批评汪俊“歧心性而二之”③、罗钦顺“终身认心性为二”④。反之《明儒学案》记载了部分理学家肯定“心性合一”的情况，如唐鹤征说：“心性之辨今古纷然，有谓义理之性、气质之性，有谓义理之心、血气之心，皆非也。”⑤蒋信说：“心是气，生生之心便是所言天命之性，岂有个心，又有个性？”⑥黄宗羲自己也明确提出“性者心之性”⑦。仅由《明儒学案》之所载可见明代理学认识论思维模式发生着从“心性二分”向“心性合一”的变化。

（三）从“心理二分”到“心理合一”

“心”与“理”的关系也是理学的基本问题。朱子论“心”重在“认知”，论“理”重在“本根”，“心”与“理”是二分的，王阳明则明确提出“心即理”。黄宗羲反对“心理二分”，他批评张元祯“心理为二，动静交致，别出一头地矣”⑧、吴与弼“言心则以知觉，而与理为二”⑨、夏尚

---

① 蒙培元：《理学范畴系统》，第 207 页。

② 蒙培元：《理学范畴系统》，第 208 页。

③ 《诸儒学案中·文庄汪石潭先生俊》，（清）黄宗羲著，吴光主编：《黄宗羲全集》第 8 册，第 449 页。

④ 《白沙学案·文恭陈白沙先生献章》，（清）黄宗羲著，吴光主编：《黄宗羲全集》第 7 册，第 81 页。

⑤ 《南中王门学案·太常唐凝庵先生鹤征》，（清）黄宗羲著，吴光主编：《黄宗羲全集》第 7 册，第 700 页。

⑥ 《楚中王门学案·佥宪蒋道林先生信》，（清）黄宗羲著，吴光主编：《黄宗羲全集》第 7 册，第 729 页。

⑦ 《诸儒学案中·文庄罗整庵先生钦顺》，（清）黄宗羲著，吴光主编：《黄宗羲全集》第 8 册，第 409 页。

⑧ 《诸儒学案上·侍郎张东白先生元桢》，（清）黄宗羲著，吴光主编：《黄宗羲全集》第 8 册，第 380 页。

⑨ 《崇仁学案·小序》，（清）黄宗羲著，吴光主编：《黄宗羲全集》第 7 册，第 1 页。

朴"认心理为二"[①]、杨时乔"一以为公共,一以为独得,析之为二"[②],薛瑄认为"心清则见天理"[③],黄宗羲批评曰:"心清即是天理,云'见'则二之也。"[④]反之《明儒学案》记载了部分理学家肯定"心理合一"的情况,如王阳明认为:"圣人之学心学也,心即理也。"[⑤]胡直认为:"人心之理即天地万物之理,非二也。"[⑥]黄宗羲本人也肯定"心理合一",他说:"儒者之道,从至变之中以得其不变者,而后心与理一。"[⑦]"阳明之理在乎心者,以天地万物之理具于一心。"[⑧]仅从《明儒学案》所载可见明代理学认识论思维模式发生着从"心理二分"向"心理合一"的变化。

(四)从"知行二分"到"知行合一"

"知行关系"是理学方法论的基本问题。理学家认为:"'知'主要是指对自身性理的认识,'行'是以自我完成、自我实现为宗旨的道德实践。"[⑨]朱子主张"知先行后","知"与"行"是二分的,王阳明则主张"知行合一"。黄宗羲在《明儒学案》中批评"知行二分",如

---

① 《崇仁学案·太仆夏东岩先生尚朴》,(清)黄宗羲著,吴光主编:《黄宗羲全集》第7册,第63页。
② 《甘泉学案·端洁杨止庵先生时乔》,(清)黄宗羲著,吴光主编:《黄宗羲全集》第8册,第317页。
③ 《河东学案·文清薛敬轩先生瑄·〈读书录〉》,(清)黄宗羲著,吴光主编:《黄宗羲全集》第7册,第126页。
④ 《河东学案·文清薛敬轩先生瑄·〈读书录〉案语》,(清)黄宗羲著,吴光主编:《黄宗羲全集》第7册,第126页。
⑤ 《姚江学案·文成王阳明先生守仁》,(清)黄宗羲著,吴光主编:《黄宗羲全集》第7册,第202页。
⑥ 《江右王门学案·宪使胡庐山先生直》,(清)黄宗羲著,吴光主编:《黄宗羲全集》第7册,第593页。
⑦ 《崇仁学案·文敬胡敬斋先生居仁》,(清)黄宗羲著,吴光主编:《黄宗羲全集》第7册,第22页。
⑧ 《粤闽王门学案·行人薛中离先生侃》,(清)黄宗羲著,吴光主编:《黄宗羲全集》第7册,第765页。
⑨ 蒙培元:《理学范畴系统》,第322页。

其论徐问："为旧论缠绕，故于知行，析之为二，所谓支离之学。"[①]论顾应祥："视知行终判两样。"[②]反之《明儒学案》记载了部分理学家肯定"知行合一"的情况，如谢复认为："知行合一，学之要也。"[③]黄宗羲本人也肯定"知行合一"，他说："致字即是行字，以救空空穷理，只在知上讨个分晓之非。乃后之学者测度想像，求见本体，只在知识上立家当，以为良知，则先生何不仍穷理格物之训，先知后行，而必欲自为一说邪！"[④]"知行二分"有可能导致"道德论说"与"道德践履"的二分，所以黄宗羲肯定"知行合一"也包含着对因学术理解不同而产生的社会现实结果导向问题之忧虑。仅从《明儒学案》所载可见明代理学认识论思维模式发生着从"知行二分"向"知行合一"的变化。

（五）从"体用二分"到"体用合一"

"体用关系"是理学讨论的基本范畴。宋明理学中"'体'的主要含义是指现象背后的本质存在，'用'指本质所表现的现象界"[⑤]。朱子主张"体"先"用"后，"用"是"体"发出来的，"体"与"用"是二分的，王阳明则以"良知"为根本，力主"体用一源"，基本的特点是"体用合一"。黄宗羲在《明儒学案》中批评"体用二分"，如其论何廷仁："分心意为二见，离用以求体，非合内外之道也。"[⑥]论方学渐："歧虚实而二之，岂心体之本然哉？"[⑦]论何瑭："以神为无，以形为有，有无岂能相

---

① 《诸儒学案中·庄裕徐养斋先生问》，(清) 黄宗羲著，吴光主编：《黄宗羲全集》第8册，第566页。
② 《浙中王门学案·尚书顾箬溪先生应祥》，(清) 黄宗羲著，吴光主编：《黄宗羲全集》第7册，第338页。
③ 《崇仁学案·谢西山先生复》，(清) 黄宗羲著，吴光主编：《黄宗羲全集》第7册，第39页。
④ 《姚江学案·小序》，(清) 黄宗羲著，吴光主编：《黄宗羲全集》第7册，第197页。
⑤ 蒙培元：《理学范畴系统》，第149页。
⑥ 《江右王门学案·主事何善山先生廷仁》，(清) 黄宗羲著，吴光主编：《黄宗羲全集》第7册，第522页。
⑦ 《泰州学案·明经方本庵先生学渐》，(清) 黄宗羲著，吴光主编：《黄宗羲全集》第8册，第94页。

合?”[①]论邓豁渠:“渠学之误,身之与性,截然分为二事。”[②]论吕怀:“身与心判然为二物矣。”[③]论舒芬:“歧阴阳为二之,所以有天之太极、人之太极、物之太极,盖不胜其支离矣。”[④]反之《明儒学案》记载了部分理学家肯定“体用合一”的情况,如陈九川认为:“寂感为一,寂在感中,即感知本体,感在寂中,即寂之妙用。”[⑤]王艮说:“身与道原是一件。”[⑥]黄宗羲本人也肯定“体用合一”,他说“在圣人体用一贯,在学者未免差误”[⑦]、“流行无可用功,体当其不失则者而已矣”[⑧]、“统体之神与各具之神一而已矣”[⑨]。仅从《明儒学案》所载可见明代理学认识论思维模式发生着从“体用二分”向“体用合一”的变化。

（六）从“本体工夫二分”到“本体工夫合一”

“本体工夫关系”是理学心性论的基本问题。从心性论的角度看,“朱子讲的‘本体’是理的内化,‘工夫’是理内化的过程”[⑩]。“本

① 《诸儒学案中·文定何柏斋先生瑭》,(清)黄宗羲著,吴光主编:《黄宗羲全集》第8册,第473页。

② 《泰州学案·邓豁渠》,(清)黄宗羲著,吴光主编:《黄宗羲全集》第7册,第824页。

③ 《甘泉学案·太仆吕巾石先生怀》,(清)黄宗羲著,吴光主编:《黄宗羲全集》第8册,第182页。

④ 《诸儒学案下·文节舒梓溪先生芬》,(清)黄宗羲著,吴光主编:《黄宗羲全集》第8册,第615页。

⑤ 《江右王门学案·郎中陈明水先生九川》,(清)黄宗羲著,吴光主编:《黄宗羲全集》第7册,第528页。

⑥ 《泰州学案·布政徐波石先生樾》,(清)黄宗羲著,吴光主编:《黄宗羲全集》第7册,第847页。

⑦ 《诸儒学案上·方伯周翠渠先生瑛》,(清)黄宗羲著,吴光主编:《黄宗羲全集》第8册,第393页。

⑧ 《江右王门学案·同知刘师泉先生邦采》,(清)黄宗羲著,吴光主编:《黄宗羲全集》第7册,第506页。

⑨ 《江右王门学案·征君刘泸潇先生元卿》,(清)黄宗羲著,吴光主编:《黄宗羲全集》第7册,第576页。

⑩ 张立文:《〈本体功夫论〉序》,屠承先:《本体工夫论》,杭州:杭州大学出版社,1997年,第3页。

体”与“工夫”是二分的;阳明讲的“本体”是“良知”,“工夫”是“致良知”,“本体”与“工夫”是合一的。《明儒学案》记载了部分理学家批评本体工夫二分的情况,如夏淳说:“若以静养天根,动察天机,是歧动静而二之。”①吴执御认为:“天无时不动,而天枢则不动。”②刘宗周批评其“是动静判然二物也”③。孙慎行说:“人心道心,非有两项心也。”④黄弘纲等皆主“已发未发非有二侯”⑤。刘文敏说:“发与未发,本无二致;戒惧慎独,本无二事。”⑥黄宗羲本人也批评徐问:“于存养省察、居敬穷理、直内方外、知行,无不析之为二。”⑦反之《明儒学案》记载了部分理学家肯定“本体工夫合一”的情况,如薛蕙说:“一者无欲,其非动静之静可知矣。”⑧刘文敏说:“涵养本原愈精愈一,愈一愈精,始是心事合一。”⑨李材认为:“知本之本与修身为本之本合而为一。”⑩王宗沐认为:“圣人合内外而一之。”⑪黄宗羲本人也肯定“本体工夫合

① 《浙中王门学案·小序》,(清)黄宗羲著,吴光主编:《黄宗羲全集》第7册,第246页。

② 《诸儒学案下·谏议吴朗公先生执御·〈江庐独讲〉》,(清)黄宗羲著,吴光主编:《黄宗羲全集》第8册,第673页。

③ 《诸儒学案下·谏议吴朗公先生执御·〈江庐独讲〉案语》,(清)黄宗羲著,吴光主编:《黄宗羲全集》第8册,第673页。

④ 《东林学案·文介孙淇澳先生慎行》,(清)黄宗羲著,吴光主编:《黄宗羲全集》第8册,第813页。

⑤ 《江右王门学案·文庄欧阳南野先生德》,(清)黄宗羲著,吴光主编:《黄宗羲全集》第7册,第413页。

⑥ 《江右王门学案·处士刘两峰先生文敏》,(清)黄宗羲著,吴光主编:《黄宗羲全集》第7册,第496页。

⑦ 《诸儒学案中·庄裕徐养斋先生问》,(清)黄宗羲著,吴光主编:《黄宗羲全集》第8册,第566页。

⑧ 《诸儒学案下·考功薛西原先生蕙》,(清)黄宗羲著,吴光主编:《黄宗羲全集》第8册,第610页。

⑨ 《江右王门学案·处士刘两峰先生文敏》,(清)黄宗羲著,吴光主编:《黄宗羲全集》第7册,第498页。

⑩ 《止修学案·中丞李见罗先生材》,(清)黄宗羲著,吴光主编:《黄宗羲全集》第7册,第779页。

⑪ 《浙中王门学案·侍郎王敬所先生宗沐》,(清)黄宗羲著,吴光主编:《黄宗羲全集》第7册,第359页。

一”,如其论魏校的“天根之学”乃“贯动静而一之”[①],并明确提出:“工夫所至即其本体。”[②]仅从《明儒学案》所载可见明代理学认识论思维模式发生了从“本体工夫二分”向“本体工夫合一”的变化。

第五节　学术史要素提炼

“学术史要素”是《明儒学案》学术史体系的基本构成,从传主个人为学的层面看,“师承、宗旨、自得”是比较突出的三种。“师承”是传主学术的根源,“宗旨”凝聚了传主一生为学的真精神,“自得”是传主学术得以形成的关键一环。三者相互区别又紧密联系,进而在中观结构层面有力地支撑了《明儒学案》的整个学术史系统。

一、师承——传主学术形成的基础要素

“师承”是传主学术形成的基础要素。明代学术的地域性比较强,以地域为基础形成的“学派”文化相对也比较发达,在学派的发展过程中,“师承”起到了至关重要的传承与维系作用。

(一)《明儒学案》中传主师承的基本特点

仅依黄宗羲所述,《明儒学案》202 位传主中,47 人无明确师承关系[③],

---

① 《崇仁学案·恭简魏庄渠先生校》,(清)黄宗羲著,吴光主编:《黄宗羲全集》第 7 册,第 41 页。

② (清)黄宗羲:《黄梨洲先生原序》,(清)黄宗羲:《明儒学案》,(清)康熙三十二年紫筠斋刻本,叶一正。

③ 这里所说的无明确师承关系仅完全依据黄宗羲在《明儒学案》中对传主师承的文本记载,包括吴与弼、王恕、韩邦奇、王守仁、邹元标、杨东明、南大吉、耿定向、黄润玉、罗伦、章懋、庄昶、张元祯、陈选、陈真升、张吉、周瑛、蔡清、潘府、罗钦顺、汪俊、崔铣、何瑭、王廷相、黄佐、张邦奇、张岳、李经纶、霍韬、薛蕙、舒芬、来知德、吕坤、曹于汴、吕维祺、郝敬、吴执御、黄道周、金声、朱天麟、孙慎行、刘永澄、叶茂才、许世卿、耿橘、刘元珍、黄尊素。

155 人有师承，其中 139 人的师承无变化，16 人的师承有变化，12 人的师承是在不同学派的学者之间发生的变化，4 人的师承是在同一学派的学者之间变化。[①]《明儒学案》传主师承的基本特点是师承方式多元、师承数量众多、师承变化明显。

1. 师承方式多元。《明儒学案》记载了关于传主师承关系发生的不同方式，包括"往听、往见、往游、往从、从游、游处、游学、游某某之门、问学、从归、从学、北面、往师、私淑、及门、及某某之门、登某某之门、引入某某门下、收之门下、出其门下、往拜其门、称门弟子、师、师事、委贽、纳贽、执贽、亲贽、入室、禀学、受学、受业、卒业"等，这些方式存在着微观含义的差别。有最普遍的当面拜师，有师卒后由弟子亲证，有通书受学，这些都在不同程度上体现了明代学者师承方式多元化的特点。

2. 师承数量众多。由《明儒学案》来看，传主师承多人的情况是比较普遍的。如刘阳"受业彭石屋、刘梅源"[②]、邓元锡"就学于邹东廓、刘三五"[③]、贡安国"师南野、龙溪"[④]、查铎"学于龙溪、绪山"[⑤]、萧良干"师绪山、龙溪"[⑥]、戚衮"及东廓、南野之门"[⑦]、周怡"师事东廓、龙

① 张节、邓元锡、刘元卿、黄绾、程文德、刘阳、刘魁、罗洪先、徐樾、罗汝芳、周冲、蒋信 12 人的师承变化于学派之间，周蕙、季本、胡直、耿定理 4 人的师承变化于学派之内。

② 《江右王门学案・御史刘三五先生阳》，(清) 黄宗羲著，吴光主编：《黄宗羲全集》第 7 册，第 510 页。

③ 《江右王门学案・征君邓潜谷先生元锡》，(清) 黄宗羲著，吴光主编：《黄宗羲全集》第 7 册，第 653 页。

④ 《南中王门学案・小序・贡安国小传》，(清) 黄宗羲著，吴光主编：《黄宗羲全集》第 7 册，第 672 页。

⑤ 《南中王门学案・小序・查铎小传》，(清) 黄宗羲著，吴光主编：《黄宗羲全集》第 7 册，第 672 页。

⑥ 《南中王门学案・小序・萧良干小传》，(清) 黄宗羲著，吴光主编：《黄宗羲全集》第 7 册，第 673 页。

⑦ 《南中王门学案・小序・戚衮小传》，(清) 黄宗羲著，吴光主编：《黄宗羲全集》第 7 册，第 673 页。

溪”①、张后觉“受业于颜中溪、徐波石”②、焦竑“师事耿天台、罗近溪”③、潘士藻“学于天台、卓吾”④、方学渐“学于张甑山、耿楚倥”⑤、曹端“师事马子才、彭宗古”⑥、陈龙正“师事吴子往、高忠宪”⑦、沈宠“师贡安国、南野、龙溪”⑧、张棨“从东廓、绪山、龙溪”⑨、万表“学多得之龙溪、念庵、绪山、荆川”⑩。传主师承多人的直接影响是在为学宗旨、本体认知、工夫路径等方面产生了“交融性”的变化。

3. 师承变化明显。传主师承变化的情况是明代学术史上一种很值得注意的文化现象，分为“学派内部”和“学派之间”两种情况。学派内师承之变如河东学派周蕙：“闻段容思讲学，时往听之。又受学于安邑李昶。李昶者，文清之门人也。”⑪段坚、李昶同属河东。泰州学派韩贞：“慕朱樵而从之学，后乃卒业于东崖。”⑫朱恕、王襞同属泰

① 《南中王门学案·恭节周讷溪先生怡》，(清) 黄宗羲著，吴光主编：《黄宗羲全集》第7册，第687页。

② 《北方王门学案·教谕张弘山先生后觉》，(清) 黄宗羲著，吴光主编：《黄宗羲全集》第7册，第740页。

③ 《泰州学案·文端焦澹园先生竑》，(清) 黄宗羲著，吴光主编：《黄宗羲全集》第8册，第83页。

④ 《泰州学案·尚宝潘雪松先生士藻》，(清) 黄宗羲著，吴光主编：《黄宗羲全集》第8册，第90页。

⑤ 《泰州学案·明经方本庵先生学渐》，(清) 黄宗羲著，吴光主编：《黄宗羲全集》第8册，第94页。

⑥ 《诸儒学案上·学正曹月川先生端》，(清) 黄宗羲著，吴光主编：《黄宗羲全集》第8册，第354页。

⑦ 《东林学案·中书陈几亭先生龙正》，(清) 黄宗羲著，吴光主编：《黄宗羲全集》第8册，第876页。

⑧ 《南中王门学案·小序·沈宠小传》，(清) 黄宗羲著，吴光主编：《黄宗羲全集》第7册，第672页。

⑨ 《南中王门学案·小序·张启小传》，(清) 黄宗羲著，吴光主编：《黄宗羲全集》第7册，第674页。

⑩ 《浙中王门学案·都督万鹿园先生表》，(清) 黄宗羲著，吴光主编：《黄宗羲全集》第7册，第355页。

⑪ 《河东学案·布衣周小泉先生蕙》，(清) 黄宗羲著，吴光主编：《黄宗羲全集》第7册，第144页。

⑫ 《泰州学案·处士王东堐先生襞小传·附韩贞》，(清) 黄宗羲著，吴光主编：《黄宗羲全集》第7册，第841页。

州。胡直、范瓘、季本、耿定理的师承也是变化于学派内部。学派间师承之变如颜钧:“师事刘师泉,无所得,乃从徐波石学,得泰州之传。”①由江右转为泰州。周冲:“阳明讲道于虔,先生往受业,继又从甘泉。”②由姚江转入甘泉。杨骥:“初从甘泉游,卒业于阳明。”③又由甘泉转回姚江。尤时熙、张节、邓元锡、刘元卿、黄绾、程文德、应典、周莹、刘阳、王钊、刘魁、罗洪先、邹德涵、沈宠、戚衮、张棨、徐樾、罗汝芳、蒋信、刘秉监的师承亦变化于学派之间。传主师承发生变化的原因大致有三:一是师承伦理观念的转型,即学变于多师与终身恪守一师获得了大体对等的价值认同;二是师门溯源的思想驱动,即学派二传、三传弟子拜师后想要追溯师承的源头;三是传主的地域迁徙。总体来看,传主师承之变的直接影响是改变为学路径,间接影响是沟通了不同地域间的学术形态,从而作为一种路径在整体意义上推动了明代学术的发展。

(二)《明儒学案》学术师承统系表

在“学案体”的体例结构中,“学案表”在呈现师承源流及时代学术关系方面特色鲜明。(清)王梓材说:“宋、元儒异于明儒。明儒诸家派别尚少,宋、元儒则自安定、泰山诸先生,以及濂、洛、关、闽,相继而起者,子目不知凡几。故《明儒学案》可以无‘表’,《宋元学案》不可无‘表’以揭其流派。梨洲、谢山原‘表’仅存数页,余窃为之仿补,以便观览。”④但实则《明儒学案》亦不可无“表”,因为《宋元学案》“学案

① 《泰州学案·序·颜钧小传》,(清)黄宗羲著,吴光主编:《黄宗羲全集》第7册,第821页。

② 《南中王门学案·长史周静庵先生冲》,(清)黄宗羲著,吴光主编:《黄宗羲全集》第7册,第679页。

③ 《粤闽王门学案·杨骥》,(清)黄宗羲著,吴光主编:《黄宗羲全集》第7册,第763页。

④ (清)王梓材:《校刊〈宋元学案〉条例》,(清)黄宗羲著,吴光主编:《黄宗羲全集》第3册,第14页。

表”所表达的是宋元儒学，而《明儒学案》的“学案表”应表达的是明代儒学。质言之，“学案表”的体式属于“学案体”整体的体例结构，它不属于某一部单体的学案。1945 年重庆正中书局李心庄《重编明儒学案》列河东、崇仁、三原、白沙、姚江（统王门诸派）、泰州、甘泉、东林学案“传授表”，用“传授表”的方式较早地关注了《明儒学案》“学案表”的问题。《明儒学案》17 个学案群的排列实际上有着规整的内部逻辑：第一结构是学派创始人；第二结构是学派创始人的一传弟子，大体上以拜师时间的先后顺序排列；第三结构是学派创始人的二传弟子，以其本师在一传弟子中的先后排列；第四结构为学派创始人的三传、四传、五传弟子，以其本师在二传、三传、四传弟子中的先后排列，并参考学术影响力、宗旨区分度和地域迁徙等因素，体现了学案的排列一定有师承、一定有辈分、一定有顺序的师承伦理观念。现仿《宋元学案》之例，尝试继“传授表”之后从“学术师承统系表”的角度补《明儒学案》“学案表”①，虽定有疏失和不足，但目的只是希望学界能够进一步批评、补充、完善，这里仅是一种方向性的参考。

崇仁学案

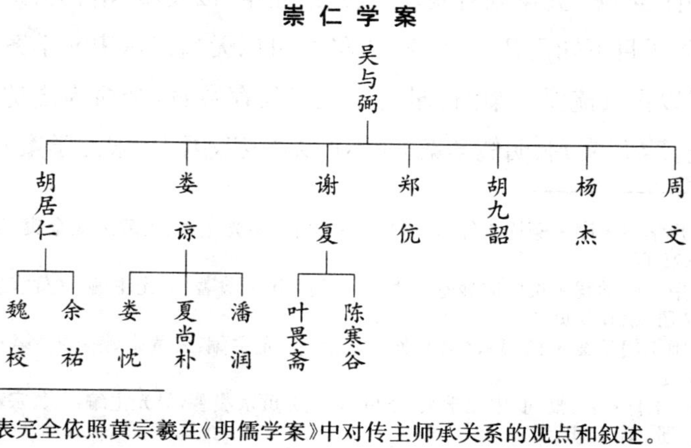

① 本表完全依照黄宗羲在《明儒学案》中对传主师承关系的观点和叙述。

白沙学案

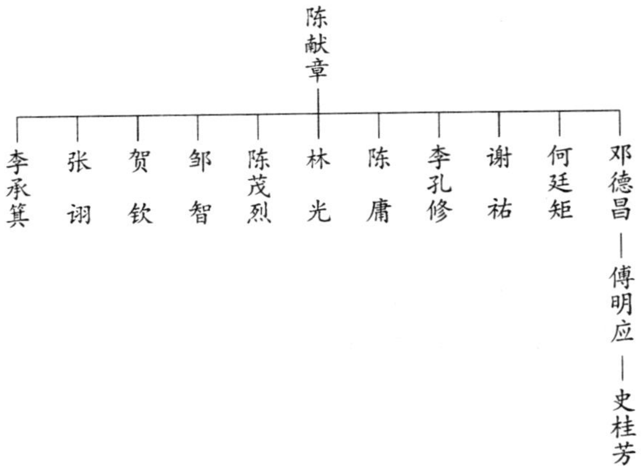

河东学案

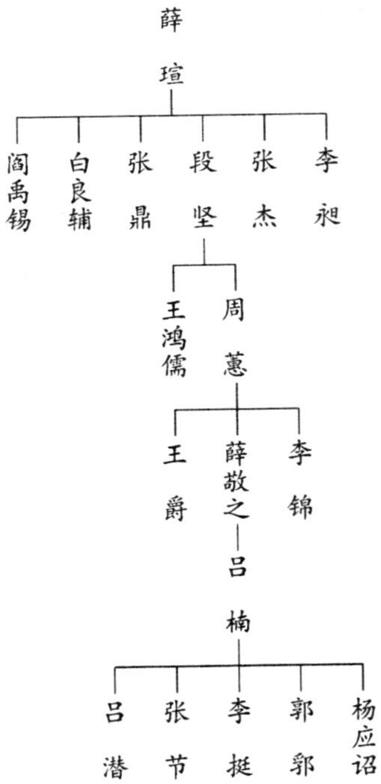

三原学案

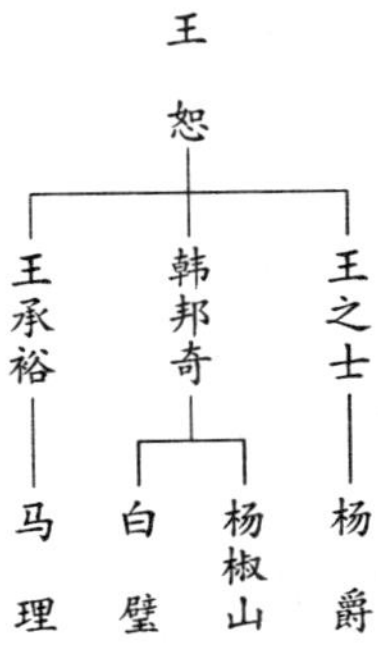

浙中王门学案

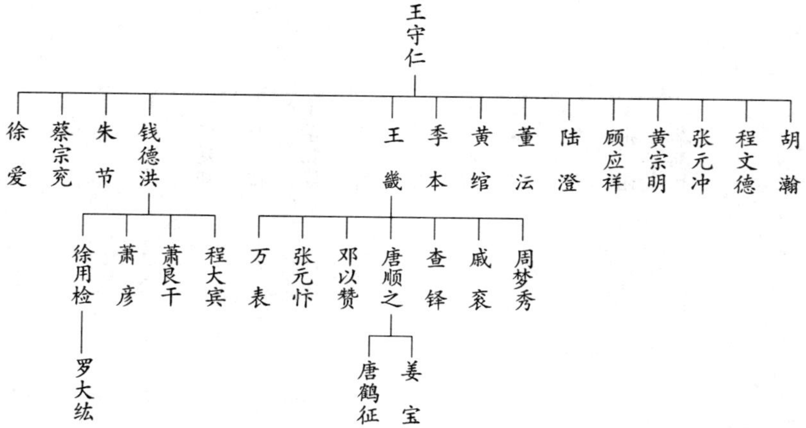

江右王门学案

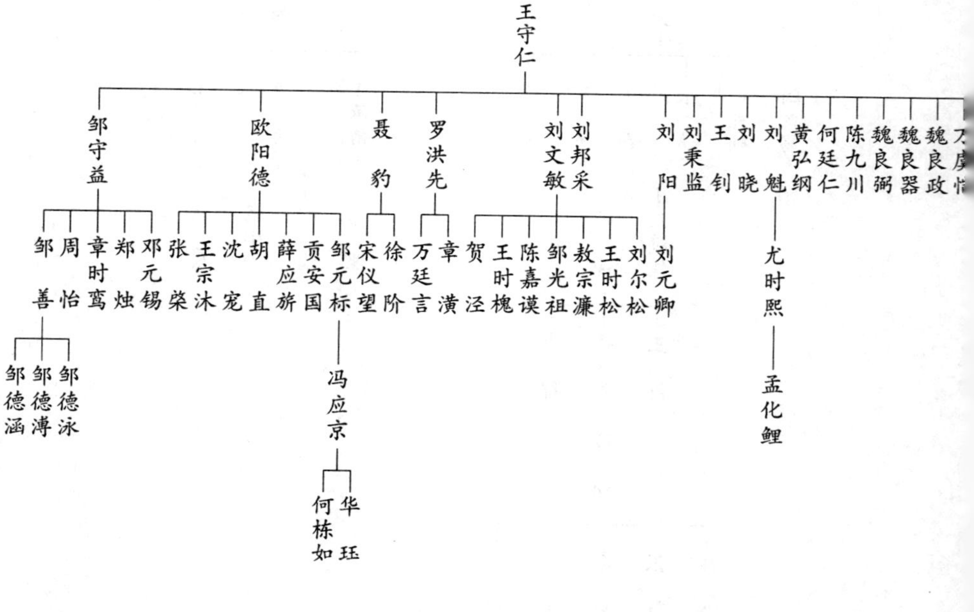

南中王门学案

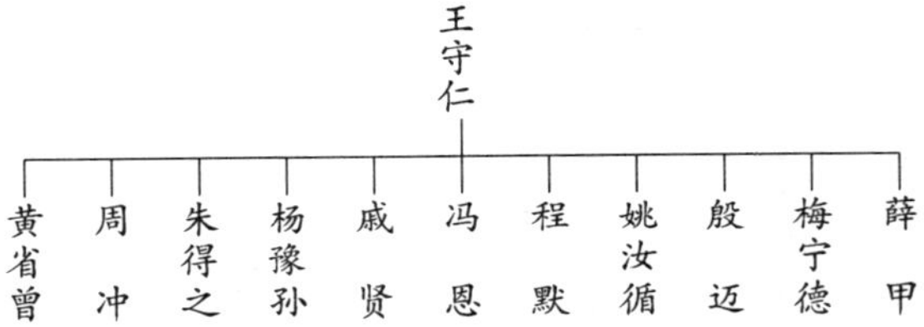

楚中王门学案

北方王门学案

粤闽王门学案

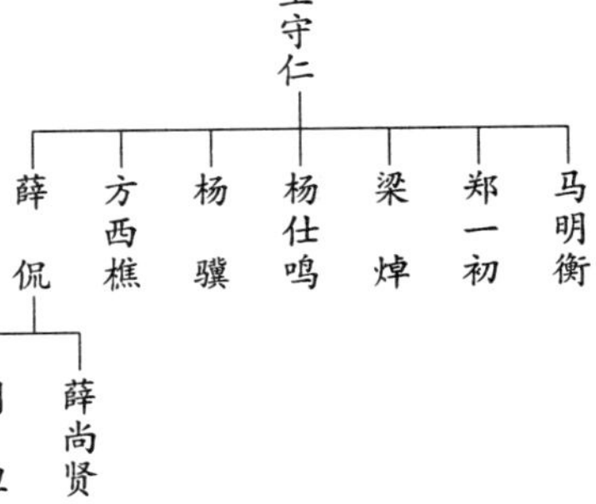

泰州学案

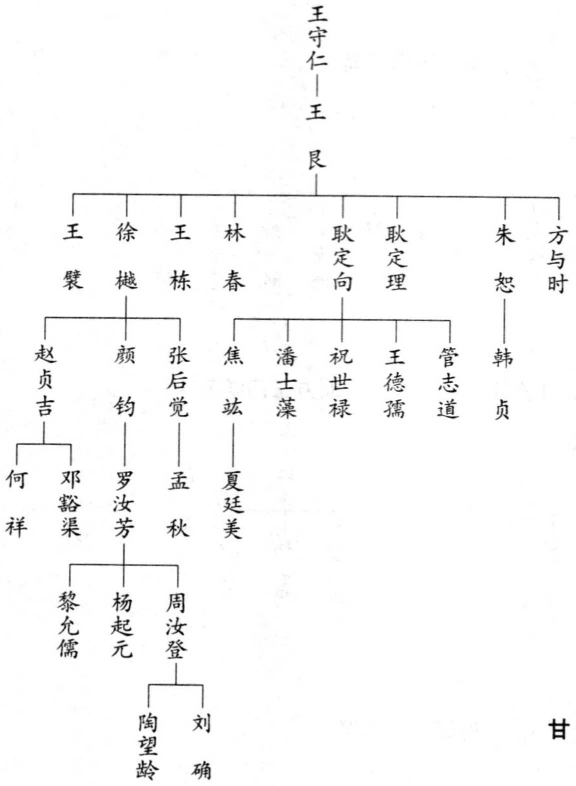
王守仁
王艮
王襞
徐樾
王栋
林春
耿定向
耿定理
朱恕
方与时
赵贞吉
颜钧
张后觉
焦竑
潘士藻
祝世禄
王德獳
管志道
韩贞
何祥
邓豁渠
罗汝芳
孟秋
夏廷美
黎允儒
杨起元
周汝登
陶望龄
刘确

甘泉学案

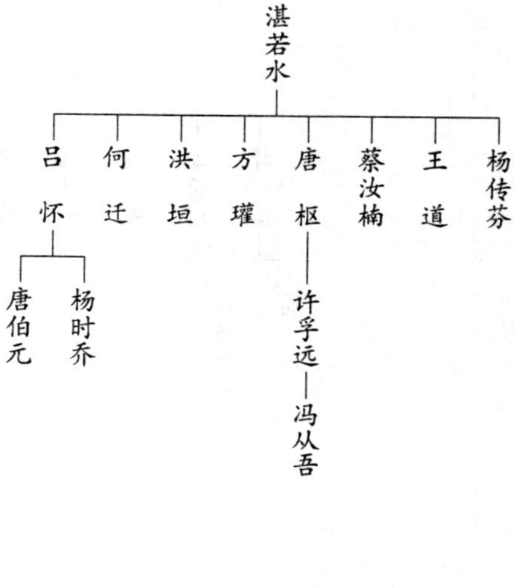
湛若水
吕怀
何迁
洪垣
方瓘
唐枢
蔡汝楠
王道
杨传芬
唐伯元
杨时乔
许孚远
冯从吾

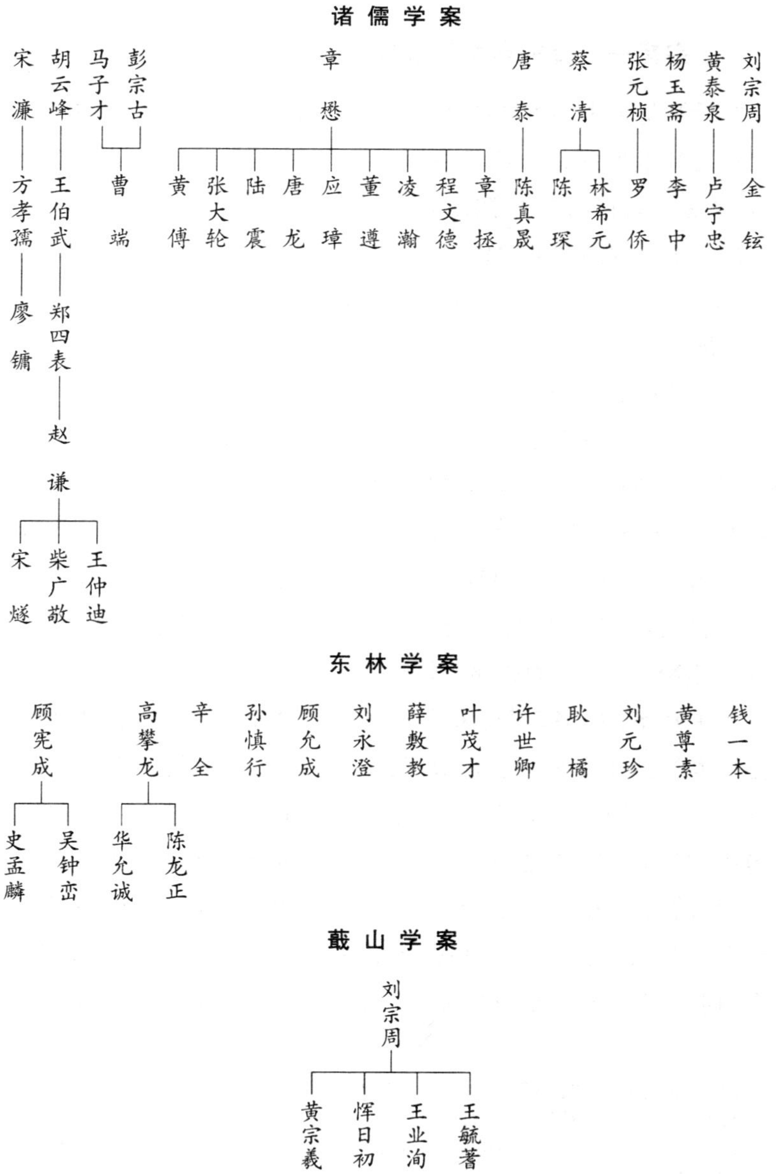

图 5-1 《明儒学案》学术师承统系图

二、宗旨——传主学术形成的核心要素

“宗旨”是传主学术之精义，不仅凝聚了传主一生为学的真精神，也是传主学术形成最核心的要素。与宋元时期理学的发展状况不同，理学家多有自己的为学宗旨是明代学术的重要特点，黄宗羲准确地把握住了学术演变的时代性，他对传主宗旨的记叙、提炼不仅凸显了《明儒学案》的学术史特性，也增强了明代儒学学术形态的辨识度和区分度。

（一）“宗旨”释义

“宗旨”本指佛教宗门的主要教义①，如《宋书·夷蛮传》：“宗旨缅谢，微言沦隔。”②从辞义的角度理解，“宗旨”指主要的思想或意图，如《北齐书·儒林传·孙灵晖》：“《三礼》及《三传》皆通宗旨。”③《史通·序例》：“叙致温雅，味其宗旨。”④以上是“宗旨”一词的基础含义，但在宋明理学的学术语言体系中，“宗旨”是紧贴着理学的本体论、工夫论而来的，有着鲜明的理学印记。到了明代，儒家士大夫理解的“宗旨”与宋儒又有不同，“宗旨”的一般含义与明代儒学发展的实际相结合形成了此一时期“宗旨”的个别意义，《明儒学案》中所论的“宗旨”可试作下解：在宋明理学这一特定的学术语境中，“宗旨”指的是每一个个体性的儒家学者为了达到“成圣贤”的目的，在“为学”（儒家伦理道德心性修养实践）过程中形成的一种对其个人而言具有核心引导和根本支配意义的思想实质，它具有自我的验知性、唯一的独有性、专门的导向性、稳定的倾向性

---

① 何九盈等主编：《辞源》第3版，第1101页。
② （南朝梁）沈约：《宋书》卷九七《夷蛮列传》，北京：中华书局，1974年，第2387页。
③ （唐）李百药：《北齐书》卷四四《儒林列传·孙灵晖》，北京：中华书局，1972年，第596页。
④ （唐）刘知幾著，（清）浦起龙通释，王煦华整理：《史通通释·序例》，第81页。

四种基本特点。①

（二）提炼“宗旨”的目的、方式、内容、特点

1. 提炼“宗旨”之目的。黄宗羲说：“大凡学有宗旨，是其人之得力处，亦是学者之入门处。”②于传主而言，“宗旨”是其得力处；于后学而言，“宗旨”是其入门处；于《明儒学案》而言，这是“自己”和“他人”、“传主”与“后学”之间的双向关系，简言之，于己“得力”方能与人“有益”。黄宗羲是从学术发展史的角度谈“宗旨”问题的。

2. 提炼“宗旨”的方式。“精炼”是黄宗羲提炼宗旨最终最看重的两点，“精”指准确性，“炼”指简约性。黄宗羲说：“是编分别宗旨，如灯取影，杜牧之曰：‘丸之走盘，横斜圆直，不可尽知。其必可知者，知是丸不能出于盘也。’夫宗旨亦若是而已矣。”③“如灯取影”的准确性原则是黄宗羲提炼宗旨的首要思考。但是“宗旨”还须具备另一个特点——简明。黄宗羲说：“天下之义理无穷，苟非定以一二字，如何约之，使其在我？”④“约之”不是“变少”，而是“变精”，这种进一步浓缩、深化、提炼的过程难在既要能够简化形式，又要能够保证意义的升华，但反过来看，这种难处也正是其卓越之处。“由博返约”是黄宗羲提炼宗旨基本的思路和方式。

3. 提炼“宗旨”的内容。首先应当明确《明儒学案》中传主的宗旨

---

① 有学者亦曾提出：“黄宗羲学术‘宗旨’的含义是：学术宗旨是学术精神的体现，源于学者自身的切身体悟，是学者最具特性的思想观念。是‘其人之得力处’；学术宗旨是学者的自得之学，‘以各人自用得著者为真’，学脉学派由此而分；学术宗旨是学者学术思想的核心，也是人们了解与掌握学者学术思想的关键。”（王记录：《经学与黄宗羲的史书编纂观》，《史学理论与史学史学刊》2022 年第 1 期，第 43 页）

② （清）黄宗羲：《〈明儒学案〉发凡》，（清）黄宗羲著，吴光主编：《黄宗羲全集》第 7 册，第 5 页。

③ （清）黄宗羲：《〈明儒学案〉发凡》，（清）黄宗羲著，吴光主编：《黄宗羲全集》第 7 册，第 5 页。

④ （清）黄宗羲：《〈明儒学案〉发凡》，（清）黄宗羲著，吴光主编：《黄宗羲全集》第 7 册，第 5 页。

不全是由黄宗羲一人提炼出来的，如“致良知”“随处体认天理”等均早已是明论，黄宗羲或“记”或“叙”，但主要是自己“提炼”，进而从学术史的角度呈现了这一规模宏大的学术气象，如邹守益得力于“敬”[①]、胡居仁得力于“敬”[②]、赵谦力学主“敬”[③]、夏尚朴传主“敬”[④]之学、吕坤在“思”[⑤]上做工夫、洪垣工夫全在“几”[⑥]上用、刘文敏以“虚”[⑦]为宗、魏校宗旨为“天根”[⑧]之学、黄佐以“博约”[⑨]为宗旨、查铎谓“良知”[⑩]简易直截、薛瑄以“复性”[⑪]为宗、刘宗周以“慎独”[⑫]为宗、唐顺之以“天机”[⑬]为宗、杜惟熙以“复性”[⑭]为宗、颜鲸以“求

---

① 《江右王门学案·文庄邹东廓先生守益》，(清) 黄宗羲著，吴光主编：《黄宗羲全集》第7册，第381页。

② 《崇仁学案·文敬胡敬斋先生居仁》，(清) 黄宗羲著，吴光主编：《黄宗羲全集》第7册，第22页。

③ 《诸儒学案上·琼山赵考古先生谦》，(清) 黄宗羲著，吴光主编：《黄宗羲全集》第8册，第342页。

④ 《崇仁学案·太仆夏东岩先生尚朴》，(清) 黄宗羲著，吴光主编：《黄宗羲全集》第7册，第63页。

⑤ 《诸儒学案下·侍郎吕心吾先生坤》，(清) 黄宗羲著，吴光主编：《黄宗羲全集》第8册，第633页。

⑥ 《甘泉学案·郡守洪觉山先生垣》，(清) 黄宗羲著，吴光主编：《黄宗羲全集》第8册，第200页。

⑦ 《江右王门学案·处士刘两峰先生文敏》，(清) 黄宗羲著，吴光主编：《黄宗羲全集》第7册，第497页。

⑧ 《崇仁学案·恭简魏庄渠先生校》，(清) 黄宗羲著，吴光主编：《黄宗羲全集》第7册，第41页。

⑨ 《诸儒学案中·文裕黄泰泉先生佐》，(清) 黄宗羲著，吴光主编：《黄宗羲全集》第8册，第516页。

⑩ 《南中王门学案·序·查铎小传》，(清) 黄宗羲著，吴光主编：《黄宗羲全集》第7册，第672页。

⑪ 《河东学案·文清薛敬轩先生瑄》，(清) 黄宗羲著，吴光主编：《黄宗羲全集》第7册，第121页。

⑫ 《蕺山学案·忠端刘念台先生宗周》，(清) 黄宗羲著，吴光主编：《黄宗羲全集》第8册，第890页。

⑬ 《南中王门学案·襄文唐荆川先生顺之》，(清) 黄宗羲著，吴光主编：《黄宗羲全集》第7册，第693页。

⑭ 《附案·杜子光先生惟熙》，(清) 黄宗羲著，吴光主编：《黄宗羲全集》第8册，第996页。

仁”[①]为宗、张诩以“自然”[②]为宗、吴执御以“立诚”[③]为本、许孚远以“克己”[④]为要、何迁以“知止”[⑤]为要、刘魁为学之要在“立诚”[⑥]、黄绾立“艮止”[⑦]为学的、张元冲以“戒惧”[⑧]为入门、徐用检主“志学”[⑨]、黄润玉以“知行”[⑩]为两轮、李经纶大旨在“穷理”[⑪]、史桂芳以“知耻”[⑫]为端、王阳明以“致良知”[⑬]为宗、邹德泳守“致良知”[⑭]之宗、唐枢标以“讨真心”[⑮]

---

① 《附案·副使颜冲宇先生鲸》,(清)黄宗羲著,吴光主编:《黄宗羲全集》第8册,第997页。

② 《白沙学案·通政张东所先生诩》,(清)黄宗羲著,吴光主编:《黄宗羲全集》第7册,第100页。

③ 《诸儒学案下·谏议吴朗公先生执御》,(清)黄宗羲著,吴光主编:《黄宗羲全集》第8册,第672页。

④ 《甘泉学案·侍郎许敬庵先生孚远》,(清)黄宗羲著,吴光主编:《黄宗羲全集》第8册,第256页。

⑤ 《甘泉学案·侍郎何吉阳先生迁》,(清)黄宗羲著,吴光主编:《黄宗羲全集》第8册,第193页。

⑥ 《江右王门学案·员外刘晴川先生魁》,(清)黄宗羲著,吴光主编:《黄宗羲全集》第7册,第516页。

⑦ 《浙中王门学案·尚书黄久庵先生绾》,(清)黄宗羲著,吴光主编:《黄宗羲全集》第7册,第318页。

⑧ 《浙中王门学案·侍郎黄致斋先生宗明》,(清)黄宗羲著,吴光主编:《黄宗羲全集》第7册,第342页。

⑨ 《浙中王门学案·太常徐鲁源先生用检》,(清)黄宗羲著,吴光主编:《黄宗羲全集》第7册,第345页。

⑩ 《诸儒学案上·督学黄南山先生润玉》,(清)黄宗羲著,吴光主编:《黄宗羲全集》第8册,第363页。

⑪ 《诸儒学案中·诸生李大经先生经纶》,(清)黄宗羲著,吴光主编:《黄宗羲全集》第8册,第582页。

⑫ 《白沙学案·运使史惺堂先生桂芳》,(清)黄宗羲著,吴光主编:《黄宗羲全集》第7册,第116页。

⑬ 《甘泉学案·文简湛甘泉先生若水》,(清)黄宗羲著,吴光主编:《黄宗羲全集》第8册,第140页。

⑭ 《江右王门学案·文庄邹东廓先生守益小传·附邹德泳》,(清)黄宗羲著,吴光主编:《黄宗羲全集》第7册,第383页。

⑮ 《甘泉学案·主政唐一庵先生枢》,(清)黄宗羲著,吴光主编:《黄宗羲全集》第8册,第226页。

为的、王襞以“不犯手”[①]为妙、耿定向以“不容已”[②]为宗、娄谅以“收放心”[③]为居敬之门、陈选以“克己求仁”[④]为进修之要、罗洪先以濂溪“无欲故静”[⑤]之旨为圣学的传、张棨以“收敛精神”[⑥]为切要、罗汝芳以“赤子良心不学不虑”[⑦]为的、庄昶以“无言自得”[⑧]为宗、陈龙正以“万物一体”[⑨]为宗、朱节于“爱众亲仁”[⑩]二语得力、湛若水以“随处体认天理”[⑪]为宗、季本“贵主宰而恶自然”[⑫]等。

4. 提炼“宗旨”的特点。《明儒学案》提炼传主宗旨突出的特点是“多元”，与宋元理学相比，明代理学至少在“宗旨”问题上有了更多的自主性和自发性。程朱路径大体上不出“主敬穷理”，这是由朱子学客体性伦理道德体系结构所决定的。但是到了明代，尤其是明中叶王阳明提出“圣人之道吾性自足”后，程朱的为学路

---

① 《泰州学案·处士王东崖先生襞》，(清) 黄宗羲著，吴光主编：《黄宗羲全集》第7册，第839页。

② 《泰州学案·恭简耿天台先生定向》，(清) 黄宗羲著，吴光主编：《黄宗羲全集》第8册，第67页。

③ 《崇仁学案·教谕娄一斋先生谅》，(清) 黄宗羲著，吴光主编：《黄宗羲全集》第7册，第38页。

④ 《诸儒学案上·布政陈克庵先生选》，(清) 黄宗羲著，吴光主编：《黄宗羲全集》第8册，第383页。

⑤ 《江右王门学案·文恭罗念庵先生洪先》，(清) 黄宗羲著，吴光主编：《黄宗羲全集》第7册，第447页。

⑥ 《南中王门学案·序·张启小传》，(清) 黄宗羲著，吴光主编：《黄宗羲全集》第7册，第674页。

⑦ 《泰州学案·参政罗近溪先生汝芳》，(清) 黄宗羲著，吴光主编：《黄宗羲全集》第8册，第3页。

⑧ 《诸儒学案上·郎中庄定山先生昶》，(清) 黄宗羲著，吴光主编：《黄宗羲全集》第8册，第375页。

⑨ 《东林学案·中书陈几亭先生龙正》，(清) 黄宗羲著，吴光主编：《黄宗羲全集》第8册，第876页。

⑩ 《浙中王门学案·员外钱绪山先生德洪》，(清) 黄宗羲著，吴光主编：《黄宗羲全集》第7册，第253页。

⑪ 《甘泉学案·文简湛甘泉先生若水》，(清) 黄宗羲著，吴光主编：《黄宗羲全集》第8册，第140页。

⑫ 《浙中王门学案·知府季彭山先生本》，(清) 黄宗羲著，吴光主编：《黄宗羲全集》第7册，第307页。

径受到了强有力的冲击，因为阳明学在一定程度上从理论形态方面解决了外在形而上的“理”与内在形而下的“心”之间的矛盾，从而激发了作为个体性的普普通通的每一个人自我价值的内在彰显，这种主体性意识和主体性的自我价值认同增强了明代学术的活力，震撼了一代学人。正因为阳明学主张儒家的圣贤之道在每个人的吾性之中是完满自具、自本自根的，所以明儒立“宗旨”的情况相对比较普遍。阳明而后，明儒为学的主体方向是“自内而外”的，求道首先由自足的“吾性”出发，进而层层向外展开，这与程朱“穷理”先格“外物”的思路相反，二者的重要区别在于“方向”。明儒“宗旨”的多元现象反映了理学学术形态在不断地衍化。

5. “宗旨提炼”与“门户之见”。毋庸讳言，《明儒学案》确实存在一定的“门户之见”，如四库馆臣说：“此书犹盛国门户之余风，非专为讲学设也。”①（清）恽敬说：“姚江之说则必迁就之以成其是，一迁就不得，则再迁就、三迁就之，此则先生门户之见也。”②（清）沈维鐈论其“祖护师说，主张姚江门户，揽金银铜铁为一器，犹夫海门夏峰也”③。甚至全祖望也曾从侧面论黄宗羲：“盖少年即入社会，门户之见深入，而不可猝去。”④有学者指出“书中以王守仁学派为中心，未免有门户之见”⑤、“未免带有王学门户之见”⑥。但亦有学者认为“宗

① （清）永瑢等：《四库全书总目·〈明儒学案〉提要》，第527页。
② （清）恽敬：《大云山房文稿》初集卷三《明儒学案条辨序》，（清）恽敬著，万陆等标校，林振岳集评：《恽敬集》，第146页。
③ （清）沈维鐈：《国朝学案小识·序》，济南：山东友谊书社，1990年，第11页。
④ （清）全祖望：《答诸生问南雷学术帖子》，（清）全祖望撰，朱铸禹汇校集注：《全祖望集汇校集注》，第1697页。
⑤ 张岱年：《中国哲学史史料学》，北京：中华书局，2018年，第157页。
⑥ 吴光：《〈明儒学案〉考》，（清）黄宗羲著，吴光主编：《黄宗羲全集》第8册，第1004页。

旨是黄宗羲著《明儒学案》最自得处”①,“《明儒学案》突出案主治学宗旨与不争门户相结合”②,“黄宗羲著《明儒学案》,非专立王学门户,而是试图确立一个评论学术是非的客观标准”③。黄宗羲处理“宗旨”与“门户”的关系总体上乃是服从于其“一本万殊”之学术史观,这是理解该论题的重要切入点。

(三)“宗旨”的作用与影响

1. 凝聚了传主学术的根本价值。黄宗羲认为:“讲学而无宗旨,即有嘉言,是无头绪之乱丝也。学者而不能得其人之宗旨,即读其书,亦犹张骞初至大夏,不能得月氏要领也。”④可见“宗旨”是学人之“得力处、入门处、头绪处、要领处”,是“学眼”,故欲解其学术,必先明其宗旨。

2. 凸显了《明儒学案》的学术史特性。《明儒学案》对传主宗旨的述论直至今日仍然是我们探讨明代学术思想不可或缺的重要参考。从内容上看,学术宗旨涵摄了传主学术师承、学术衍化、学术问答、学术考辨、学术引证、学人互评、学术辩论、学术批评等学术要素总的精义。从层次上看,宗旨不仅取“小传”之精华,也是各学案群前“小序”编撰的核心考量,因为学派内传主宗旨的“共性”决定了该学派总体上的“特性”。另外,《明儒学案》提炼出各传主的宗旨之间是有联系的,这或者是由于学派的纵向传承,或者是由于学派间的横向交流,从而在学术之“史”的意义上产生了作用。

3. 增强了明代儒学学术形态的辨识度和区分度。一种学术形态

---

① 李博:《从〈关学编〉到〈明儒学案〉——论黄宗羲重构“关学”的方法及意义》,《人文论丛》2021年第2期,第282页。

② 汪学群:《中国儒学史·清代卷》,第88页。

③ 侯外庐等主编:《宋明理学史》下,第787页。

④ (清)黄宗羲:《〈明儒学案〉发凡》,(清)黄宗羲著,吴光主编:《黄宗羲全集》第7册,第5页。

必然要有使自己能够和其他学术形态相区别开来的特质，黄宗羲著《明儒学案》表彰明代学术也有这方面的思考。“宗旨”多元体现了“一本万殊”，当我们看到“敬、思、几、虚、天根、博约、良知、复性、慎独、天机、求仁、自然、立诚、克己、知止、艮止、戒惧、志学、知行、穷理、知耻、致良知、讨真心、不犯手、不容已、收放心、克己求仁、无欲故静、收敛精神、赤子良心、无言自得、万物一体、爱众亲仁、随处体认天理、贵主宰而恶自然”等宗旨时，至少会意识到这是明代学术，这属于学术特点产生的文化意象。提炼“宗旨”能够增加明代儒学学术形态的辨识度和区分度，在一定程度上彰显着明代儒学的特点。

三、自得——传主学术形成的关键要素

“自得”是传主学术形成的关键要素，也是作为一部学术史的《明儒学案》鲜明的特色。“自得”意在破“成说”，贵在使自己真心受用。“自得”之学不仅充分彰显了传主个人的主体性价值，也体现了学术史的编纂要肯定并重视学术之间差异的合理性问题，此乃学术之“史”形成的重要推动力。从这个意义上讲，“自得”之学深化了人们对于中国传统学术史发展一般规律的认识。

（一）“自得”之含义

“自得”意为“自有所得”①。如《孟子·离娄下》：“君子深造之以道，欲其自得之也。”②《礼记·中庸》：“君子无入而不自得焉。”③但黄宗羲在《明儒学案》中讲的“自得”之学有其特别的含义。首先，“自得”意在破“成说”，由于明代前期程朱的为学路径是一般儒家士大夫

---

① 何九盈等主编：《辞源》第3版，第3413页。

② （汉）赵岐注，（宋）孙奭疏：《孟子注疏》，（清）阮元校刻：《十三经注疏》，第2726页。

③ （汉）郑玄注，（唐）孔颖达疏：《礼记正义》，（清）阮元校刻：《十三经注疏》，第1627页。

修圣贤学的基本遵循，故多守“成说”，“述朱”是黄宗羲倡“自得”的重要思想背景。其次，“自得”意在使自己的为学真心受用。明代儒家士大夫的最高精神理想和价值追求也是“成圣贤”，主体的“自己”“自我”“我”如何能够找到适合的工夫路径进而完成它才是最重要的，而决不能只是袭剿别人的成说，枉做口舌工夫，自己真心受用是“自得”之学最核心的要义。最后，“自得”展现的是“道体之无尽”。儒家的圣贤之“道”是“一本”，而学者们体认“道”的过程、方式、途径却是“万殊”的。各人有各人的“道”，这既是“理一分殊”，更是“一本万殊”。黄宗羲曾明确地提出：“学术之不同，正以见道体之无尽。”①充分肯定了学术间差异的合理性。黄百家也说：“府君之学，原本蕺山，而深造必由乎自得。”②

（二）“自得”之学在《明儒学案》中的体现

《明儒学案》记载了部分理学家重视“自得”之学的情况，如邓以赞说：“学问须求自得。”③周瑛说：“积累既多，自然融会贯通，而于一本者自得之矣。”④戚贤说：“千圣之学，不外于心；一念自反，即得本心。”⑤邹元标释《大学·知本章》说：“学者一向说明德，说亲民，说止至善，说格物，千言万语，旁引曲譬，那个是宋儒说，那个是我明大儒说，纵说得伶俐，与自家身心无干。”⑥王阳明认为：“良知人人现在，

---

① （清）黄宗羲：《改本明儒学案序》，（清）黄宗羲著，陈乃乾编：《黄梨洲文集》，第380页。

② （清）黄百家：《先遗献文孝公梨洲府君行略》，（清）黄宗羲著，吴光主编：《黄宗羲全集》第11册，第411页。

③ 《江右王门学案·文洁邓定宇先生以赞》，（清）黄宗羲著，吴光主编：《黄宗羲全集》第7册，第567页。

④ 《诸儒学案上·方伯周翠渠先生瑛》，（清）黄宗羲著，吴光主编：《黄宗羲全集》第8册，第392—393页。

⑤ 《南中王门学案·序·戚贤小传》，（清）黄宗羲著，吴光主编：《黄宗羲全集》第7册，第671页。

⑥ 《江右王门学案·忠介邹南皋先生元标·〈讲义〉》，（清）黄宗羲著，吴光主编：《黄宗羲全集》第7册，第632页。

一反观而自得。”[①]黄宗羲本人也明确肯定“自得”之学，他在《〈明儒学案〉发凡》论胡季随从朱子学《孟子》一事曰：“古人之于学者，其不轻授如此，盖欲其自得之也。”[②]朱得之对尤时熙说：“子夏笃信圣人，曾子反求诸己，途径堂室，万世昭然。”[③]黄宗羲于此论曰：“可以观其自得矣。”[④]黄宗羲还评价章懋之学“本之自得”[⑤]、概括庄昶之学“以无言自得为宗”[⑥]、认为段坚之于薛瑄乃“私淑而有得者”[⑦]、肯定徐爱“阳明之学先生为得其真”[⑧]。反之，黄宗羲批评理学家的非“自得”之学，如评价罗侨“未必有自得处”[⑨]，论北方王门：“北方之为王氏学者独少……而自得者鲜矣。”[⑩]“自得”是黄宗羲对传主进行学术评价的重要参考。

（三）“自得”之学的作用与影响

1. 充分彰显了传主个人的主体性价值。“自得”之学的逻辑起点是“自”，终点是“得”。传主在为学过程中不断地进行自我体认、自我

① 《姚江学案·小序》，（清）黄宗羲著，吴光主编：《黄宗羲全集》第7册，第197页。
② （清）黄宗羲：《〈明儒学案〉发凡》，（清）黄宗羲著，吴光主编：《黄宗羲全集》第7册，第6页。
③ 《南中王门学案·明经朱近斋先生得之》，（清）黄宗羲著，吴光主编：《黄宗羲全集》第7册，第681页。
④ 《南中王门学案·明经朱近斋先生得之》，（清）黄宗羲著，吴光主编：《黄宗羲全集》第7册，第681页。
⑤ 《诸儒学案上·文懿章枫山先生懋》，（清）黄宗羲著，吴光主编：《黄宗羲全集》第8册，第371页。
⑥ 《诸儒学案上·郎中庄定山先生昶》，（清）黄宗羲著，吴光主编：《黄宗羲全集》第8册，第375页。
⑦ 《河东学案·郡守段容思先生坚》，（清）黄宗羲著，吴光主编：《黄宗羲全集》第7册，第138页。
⑧ 《浙中王门学案·郎中徐横山先生爱》，（清）黄宗羲著，吴光主编：《黄宗羲全集》第7册，第249页。
⑨ 《诸儒学案上·参政罗东川先生侨》，（清）黄宗羲著，吴光主编：《黄宗羲全集》第8册，第404页。
⑩ 《北方王门学案·小序》，（清）黄宗羲著，吴光主编：《黄宗羲全集》第7册，第738页。

反思，这必然会增强传主“自己”“自我”的主体性意识，其间或许有所谓“一偏之见、相反之论”，但这都是传主从“己”的角度出发体认道学的过程，所以都是值得肯定的。正如（清）郑性曰：“后之观者，虚心体察，惟以有裨于为己之学。”[①]（清）贾念祖曰：“以俟学者之自择。”[②]有研究提出：“学贵‘自得’的‘自得’是一种强调主体意识的治学精神。”[③]反过来黄宗羲批评说：“凡倚门傍户、依样葫芦者，非流俗之士则经生之业也。”[④]为圣贤学者应将学问真的体验于自家身心，才可能真有所得。黄宗羲进而提出：“此编所列，有一偏之见，有相反之论，学者于其不同处，正宜着眼理会，所谓一本而万殊也。以水济水，岂是学问？”[⑤]这是黄宗羲论“自得”之要义，所谓“偏”和“反”恰恰反映了理学家各自真心为学体道的过程，“道”是“一本”的，而体认“道”的途径和方式却一定是“万殊”的，“自得”之学充分彰显了传主个人在为学过程中的主体性价值。

2. 促使理学工夫论的发展趋势“由外转内”。理学工夫论大体上可以分为以“心性二分”为基础的外而内求和以“心性合一”为基础的内而外求两种方向，黄宗羲在《明儒学案》中提倡传主的自得之学，实际上是把握了明代理学工夫论在总体上“由外向内”变化的趋势。如（明）耿定理曰：“大洲（赵贞吉）法语危言，砭人沉痼；先

---

① （清）郑性：《〈明儒学案〉序》，（清）黄宗羲：《明儒学案》，（清）乾隆四年二老阁刻本，叶一背。
② （清）贾念祖：《明儒学案跋》，（清）黄宗羲：《明儒学案》，《海王邨古籍丛刊》影印（清）雍正十三年紫筠斋本，第752页。
③ 姚文永：《自得和宗旨——〈明儒学案〉一个重要的编纂方法与原则》，《大连大学学报》2010年第3期，第7页。
④ （清）黄宗羲：《〈明儒学案〉发凡》，（清）黄宗羲著，吴光主编：《黄宗羲全集》第7册，第6页。
⑤ （清）黄宗羲：《〈明儒学案〉发凡》，（清）黄宗羲著，吴光主编：《黄宗羲全集》第7册，第6页。

生(何祥)温辞粹论，辅人参苓。其使人反求而自得本心，一也。”[①](清)莫晋说:“读是书(《明儒学案》)者，诚能不泥其迹，务求自得之真，向身心性命上印证，不向语言文字上生葛藤，则东西相反而不可相无，百川学海而皆可至于海。”[②]求自得之真，向身心性命上印证是自得之学重要的特点。(清)莫晋进一步解释说:“孔子称‘善人不践迹’，孟子谓‘君子欲其自得’，《系辞》云‘天下殊途而同归，一致而百虑’。此三言者，千古道学之指南也。夫道无定体，学无定法，见每歧于仁智，克互用乎刚柔，钧是问仁，而克复敬恕工夫顿渐，同此一贯，而忠恕学识义别知行，各得其性之所近而已。宋儒濂溪、明道之深纯与颜子为近，伊川、横渠之笃实与曾、思为近，象山之高明与孟子为近，立言垂教，不必尽同。”[③](清)莫晋详细地解释了何为“自得”之学以及何为“自得”之学的内向性：第一，“自得、不践迹、殊途百虑”是同一个问题的三种不同表达。第二，“仁、智、刚、柔、克、复、敬、恕、顿、渐”等均是体道的不同途径，周敦颐、程颢、程颐、张载、陆九渊与颜回、曾子、子思、孟子体道各有其自得之处。第三，道无定体，学无定法，立言垂教，不必尽同。(清)莫晋进行这种解释的主要意图是为了说明代中后期以“心性合一”为基础的内求道理工夫论与宋、元、明前期以“心性二分”为基础的外求道理工夫论相反，是明代理学发展的基本特点，“自得”之学的不断深化促使了理学工夫论的发展趋势“由外转内”。

3. 深化了对传统学术史发展一般规律的认识。“自得”之学是学

---

① 《泰州学案·郎中何克斋先生祥》，(清) 黄宗羲著，吴光主编:《黄宗羲全集》第8册，第101—102页。

② (清) 莫晋:《重刻明儒学案序》，(清) 黄宗羲:《明儒学案》，(清)道光元年教忠堂刻本，叶二背。

③ (清) 莫晋:《重刻明儒学案序》，(清) 黄宗羲:《明儒学案》，(清)道光元年教忠堂刻本，叶一正。

术发展的重要推力，一种学术的发展必然要从多个维度进行讨论，而“自得”之学正是这种学术差异与学术区分的重要来源。有学者通过对《四库全书总目·〈明儒学案〉提要》与《明儒学案》的比较提出：“《学案》的学术宗旨可以概括为‘贵自得’，《总目》的学术宗旨可以概括为‘崇笃实’。”①有学者从子学价值的角度提出：“此书为提供学者一个‘前代之所不及’的明代理学读本，作为自修的工具。学者切不可以此书为终极目的，而（应）是寻着它去阅读案主的原著，领会其真谛。”②有学者从学术方式的角度提出：“自得之学由学者自身体会发明而得，黄宗羲强调了学术发展多元化的重要性，并肯定了学术之间相互差异的合理性。”③在中国传统学术史编纂的发展历程中，承认学术之间的差异、不同、区别是很重要的一种思想，这也是学术史格局形成的基本条件。

第六节　学术史批评格式

黄宗羲在《明儒学案》中对明代学术史的发展进行了多维的、动态的、立体的批评、批点、评论、评价、评述，这些批评格式和批评范式最突出的特点在于“是非互见，得失两存”。而“一偏之见，相反之论”中的“偏、反”不是讲正确，而是讲真实，因为“偏、反、正”是学术史衍进过程中的基本状态，决不能先有“偏反为误”的思想成见。“以水济水，岂是学问？”主要说的是“旧学”与“新知”之间的双向、辩证、递进。“殊途百虑，道无定体”讲学术批评的体用关系。以上几个方面集中

① 高寿仙：《变与乱：明代社会与思想史论》，第253页。
② 汪学群：《中国儒学史·清代卷》，第90页。
③ 张圆圆：《提倡自得　把握宗旨——论〈明儒学案〉一以贯之的学术史方法原则》，《学术交流》2016年第2期，第46页。

地体现着“一本万殊”的学术史观。

一、是非互见,得失两存——学术史批评的辩证思维

学术批评的一条重要原则就是“持平”,而“持平”源于“辩证”。既要能看出学术之“得”,也要能见到学术之“失”,既要能论出学术之“是”,更要能断出学术之“非”,并在这个过程中给出自己的原因分析与影响叙述,相续相因,完整连贯。这种学术史批评的辩证思维是保证学术史编纂水平的基础,是一种基本的学术史思维导向。“是非互见,得失两存”本来是(清)道光元年(1821)莫晋在刊刻教忠堂本《明儒学案》的“序言”中所提出的:“要其微意,实以大宗属姚江,而以崇仁为启明,蕺山为后劲。凡宗姚江与辟姚江者,是非互见,得失两存,所以阐良知之秘而防其流弊,用意至深远也。”[①]1983 年,沈芝盈在中华书局点校本《明儒学案》的“前言”中进一步指出:“莫晋在重刻《序》中说,黄宗羲做到了‘是非互见,得失两存’,这是对《明儒学案》的最高评价。”[②]仅就《明儒学案》而言,要做到学术史批评的“是非互见,得失两存”有“三难”:一难在“看得出”,即要有眼光和水平能够看得出二百余位传主各自学术的“得、失、是、非”;二难在“论得准”,即下“批评”要准确,论“得失”有根据,断“是非”能服人;三难在“连得上”,即要有能力将明代前后两百多年的学术现象前后连贯一致,真正从“史”的角度梳理出一代学术。黄宗羲著《明儒学案》,在方式、方向、价值取向上与以上几点很接近,仅就《明儒学案》中载述王阳明及其学说而言,有明一代宗其学者有之,非其学者亦有之,交锋激烈,持续时间长,故以此为例试做探讨。

---

① (清)莫晋:《重刻明儒学案序》,(清)黄宗羲:《明儒学案》,(清)道光元年教忠堂刻本,叶一背至叶二正。

② 沈芝盈:《〈明儒学案〉·前言》,北京:中华书局,1985 年,第 2 页。

(一) 宗其学说

自王阳明提出“致良知”后,很多人宗此学说,如邹德泳守“致良知”①之宗,王艮说:“简易直截,艮不及也。”②查铎谓:“良知简易直截,其他宗旨无出于是。”③黄绾闻致良知之教曰:“简易直截,圣学无疑。”④董沄闻良知“若大梦之得醒”⑤。在欧阳德(1494—1554)生活的学术时代,“士咸知诵致良知之说”⑥。张元冲说:“孔子之道,一以贯之;孟子之道,万物备我;良知之说,如是而已。”⑦将“良知”与孔孟之教并论。魏良弼论“致良知”:“自明而诚,知微以显,天地万物之情与我之情自相照应,能使天回象,君父易虑,士大夫永思,至愚夫孺子,亦征于寤寐。”⑧姚汝循认为:“自良知之说出,乃知人人固有之。即庸夫小童,皆可反求入道,此万世功也。”⑨黄宗羲更是从学术史的角度进行了评价:“有明之学至阳明而后大”⑩“作圣之功至文成而始

---

① 《江右王门学案·文庄邹东廓先生守益小传·附邹德泳》,(清)黄宗羲著,吴光主编:《黄宗羲全集》第7册,第383页。

② 《泰州学案·处士王心斋先生艮》,(清)黄宗羲著,吴光主编:《黄宗羲全集》第7册,第829页。

③ 《南中王门学案·序·查铎小传》,(清)黄宗羲著,吴光主编:《黄宗羲全集》第7册,第672页。

④ 《浙中王门学案·尚书黄久庵先生绾》,(清)黄宗羲著,吴光主编:《黄宗羲全集》第7册,第318页。

⑤ 《浙中王门学案·布衣董萝石先生沄》,(清)黄宗羲著,吴光主编:《黄宗羲全集》第7册,第329页。

⑥ 《江右王门学案·文庄欧阳南野先生德》,(清)黄宗羲著,吴光主编:《黄宗羲全集》第7册,第412页。

⑦ 《浙中王门学案·中丞张浮峰先生元冲》,(清)黄宗羲著,吴光主编:《黄宗羲全集》第7册,第342页。

⑧ 《江右王门学案·太常魏水洲先生良弼》,(清)黄宗羲著,吴光主编:《黄宗羲全集》第7册,第535页。

⑨ 《南中王门学案·小序·姚汝循小传》,(清)黄宗羲著,吴光主编:《黄宗羲全集》第7册,第674页。

⑩ 《白沙学案·小序》,(清)黄宗羲著,吴光主编:《黄宗羲全集》第7册,第78页。

大”[①] “无姚江则古来之学脉绝矣”[②],可见良知学说影响之深远。

（二）非其学说

但明儒亦有非其学说者,如霍韬“颇诋阳明”[③]且“于文成之学不能契”[④],张岳“往往攻击良知”[⑤],张邦奇说:“今之为异论者,直欲糟粕六经,屏程、朱诸子之说置而不用,犹欲其通而窒之窍也。”[⑥]“异论”指阳明之学。唐伯元对顾宪成讲:“足下不见世之谈良知者乎?如鬼如蜮,还得为文成讳否?”[⑦]吕楠论良知:“圣人教人每因人变化,未尝规规于一方也。今不论其资禀造诣,刻数字以必人之从,不亦偏乎?”[⑧]“数字”暗指“致良知”。《泰州学案・小序・夏廷美小传》云:“会中有言良知非究竟宗旨,更有向上一着,无声无臭是也。”[⑨]高攀龙说:“谈良知者,致知不在格物,故虚灵之用多为情识,而非天则之自然,去至善远矣。”[⑩]关于“心”与“理”的关系问题,有人认为:“阳明

---

① 《白沙学案・文恭陈白沙先生献章》,(清) 黄宗羲著,吴光主编:《黄宗羲全集》第7册,第81页。

② 《姚江学案・小序》,(清) 黄宗羲著,吴光主编:《黄宗羲全集》第7册,第197页。

③ (清) 全祖望:《鲒埼亭集外编》卷四四《与郑南溪论〈明儒学案〉事目・渭厓学案》,(清) 全祖望撰,朱铸禹汇校集注:《全祖望集汇校集注》,第1695页。

④ 《诸儒学案下・文敏霍渭厓先生韬》,(清) 黄宗羲著,吴光主编:《黄宗羲全集》第8册,第606页。

⑤ 《诸儒学案中・襄惠张净峰先生岳》,(清) 黄宗羲著,吴光主编:《黄宗羲全集》第8册,第550页。

⑥ 《诸儒学案中・文定张甬川先生邦奇》,(清) 黄宗羲著,吴光主编:《黄宗羲全集》第8册,第545页。

⑦ 《甘泉学案・文选唐曙台先生伯元》,(清) 黄宗羲著,吴光主编:《黄宗羲全集》第8册,第292页。

⑧ 《河东学案・文简吕泾野先生楠》,(清) 黄宗羲著,吴光主编:《黄宗羲全集》第7册,第151页。

⑨ 《泰州学案・小序・夏廷美小传》,(清) 黄宗羲著,吴光主编:《黄宗羲全集》第7册,第842页。

⑩ 《东林学案・忠宪高景逸先生攀龙》,(清) 黄宗羲著,吴光主编:《黄宗羲全集》第8册,第759页。

以理在乎心，是遗弃天地万物。”[①]汪俊说：“阳明学不从穷事物之理，守吾此心，未有能中于理者。”[②]更有崔铣“议阳明为禅学”[③]，陶望龄“以为阳明之于佛氏阳抑而阴扶”[④]。明代有部分理学家对王阳明及其学说提出了不同的意见。

（三）宗其教法

江右刘魁说：“阳明转人轻快。”[⑤]由于王阳明的思想学说本身就是一个不断变化发展的动态过程，其“教法之变”始终与其“学法之变”并生，故而教学弟子自然会在时间、空间、士人社群等方面产生差异。黄宗羲说：“阳明自龙场以后，其教再变，南中之时，大率以‘收敛’为主，‘发散’是不得已。故以‘默坐澄心’为学的。江右以后，则专提‘致良知’三字。”[⑥]更是有诸多理学家宗其“四句教”，王阳明说：“吾教法原有此两种：‘四无’之说为上根人立教，‘四有’之说为中根以下人立教。上根者，即本体便是工夫，顿悟之学也。中根以下者，须用为善去恶工夫以渐复其本体也。”[⑦]由上可见，“顿、渐、收敛、致良知、四句教、四无说、四有说、默坐澄心、上根下根说”等均对理学家修圣贤学的实践产生了一定的影响。

---

① 《粤闽王门学案·行人薛中离先生侃》，（清）黄宗羲著，吴光主编：《黄宗羲全集》第7册，第765页。

② 《诸儒学案中·文庄汪石潭先生俊》，（清）黄宗羲著，吴光主编：《黄宗羲全集》第8册，第449页。

③ 《诸儒学案中·文敏崔后渠先生铣》，（清）黄宗羲著，吴光主编：《黄宗羲全集》第8册，第464页。

④ 《泰州学案·文简陶石篑先生望龄》，（清）黄宗羲著，吴光主编：《黄宗羲全集》第8册，第130页。

⑤ 《江右王门学案·员外刘晴川先生魁》，（清）黄宗羲著，吴光主编：《黄宗羲全集》第7册，第516页。

⑥ 《浙中王门学案·郎中徐横山先生爱》，（清）黄宗羲著，吴光主编：《黄宗羲全集》第7册，第249页。

⑦ 《浙中王门学案·郎中王龙溪先生畿》，（清）黄宗羲著，吴光主编：《黄宗羲全集》第7册，第269页。

（四）非其教法

“王门四句教”首句“无善无恶心之体”引发了无数争论，根本一点是它与作为儒家伦理学说基础的“性善论”是否矛盾。如顾宪成于阳明“无善无恶之语”辩难不遗余力，以为“坏天下之法自斯言始”①。钱一本曰：“无善无恶之说，近时为顾叔时、顾季时、冯仲好明白排决不已，不至蔓延为害。”②“顾泾阳、冯少墟皆以‘无善无恶’一言排摘阳明。”③黄宗羲也说：“阳明言‘无善无恶心之体’，东林多以此为议论。”④黄宗羲在《明儒学案》中为“无善无恶心之体”做了大量的解释甚至是辩护，但从结果来看，他也承认对“四句教”持续不断的反复争议也是一种客观的历史事实。

（五）宗其人格

王阳明本人有很强的人格感召力，明代学者学行上多有宗其人格的情况。如邓以赞说：“阳明必为圣学无疑。”⑤程默曾“负笈千里从学阳明”⑥，刘秉监“尤笃志于阳明”⑦，梅守德“守绍兴时，重修阳明讲堂，延龙溪主之”⑧。关于阳明从祀孔庙一事论不归一，宋仪望“著

---

① 《东林学案·端文顾泾阳先生宪成》，(清) 黄宗羲著，吴光主编：《黄宗羲全集》第8册，第732页。

② 《东林学案·端文顾泾阳先生宪成》，(清) 黄宗羲著，吴光主编：《黄宗羲全集》第8册，第733页。

③ 《泰州学案·尚宝周海门先生汝登》，(清) 黄宗羲著，吴光主编：《黄宗羲全集》第8册，第113页。

④ 《北方王门学案·侍郎杨晋庵先生东明》，(清) 黄宗羲著，吴光主编：《黄宗羲全集》第7册，第756页。

⑤ 《江右王门学案·文恭罗念庵先生洪先》，(清) 黄宗羲著，吴光主编：《黄宗羲全集》第7册，第448页。

⑥ 《南中王门学案·小序·程默小传》，(清) 黄宗羲著，吴光主编：《黄宗羲全集》第7册，第674页。

⑦ 《江右王门学案·御史刘三五先生阳小传·附刘秉监》，(清) 黄宗羲著，吴光主编：《黄宗羲全集》第7册，第512页。

⑧ 《南中王门学案·小序·梅守德小传》，(清) 黄宗羲著，吴光主编：《黄宗羲全集》第7册，第674页。

《或问》以解时人之惑”[1]。陈九川说：“入虔师阳明，即自焚其著书。阳明殁，往拜其墓，复经理其家。”[2]这些均在一定程度上体现了明代部分理学家宗其人格的一面。

（六）非其人格

有明一代亦有学者由批评阳明之学进而转向批评阳明本人，如徐问《读书札记》册二“单辟阳明”[3]，有理学家批评阳明“废书、背考亭、涉虚”[4]。最激烈的是唐伯元，他反对阳明从祀孔庙，其理由如下：“六经无心学之说，孔门无心学之教，凡言心学者皆后儒之误。守仁言良知新学，惑世诬民，立于不禅不霸之间，习为多疑多似之行，招朋聚党，好为人师，后人效之，不为苟成，则从鬼化矣。”[5]唐伯元所论与部分阳明后学的传播从思想文化层面对明代社会秩序所产生的影响有关。

二、一偏之见，相反之论——学术史批评的民主精神

“一偏之见，相反之论”的说法出自黄宗羲：“此编所列，有一偏之见，有相反之论，学者于其不同处，正宜着眼理会。”[6]而所谓的“偏、反、正”首先不是“对与错”的正误判断，而是一种价值判断，它们是学术演进过程中最真实的基本状态。这种差异性充分地体现着学术史

---

① 《江右王门学案·中丞宋望之先生仪望》，(清) 黄宗羲著，吴光主编：《黄宗羲全集》第7册，第639页。

② 《江右王门学案·郎中陈明水先生九川》，(清) 黄宗羲著，吴光主编：《黄宗羲全集》第7册，第527页。

③ 《诸儒学案中·庄裕徐养斋先生问》，(清) 黄宗羲著，吴光主编：《黄宗羲全集》第8册，第566页。

④ 《粤闽王门学案·行人薛中离先生侃》，(清) 黄宗羲著，吴光主编：《黄宗羲全集》第7册，第765页。

⑤ 《甘泉学案·文选唐曙台先生伯元》，(清) 黄宗羲著，吴光主编：《黄宗羲全集》第8册，第291页。

⑥ (清) 黄宗羲：《〈明儒学案〉发凡》，(清) 黄宗羲著，吴光主编：《黄宗羲全集》第7册，第6页。

编纂“多元、多维、多向”的思考，不仅合理，而且必要。“特殊”是“一般”的基础，“多元”是“一体”的基础，“工夫”是“本体”的基础，“万殊”是“一本”的基础。这种基于“真实性”而存在“学术差异”正是学术之“史”构成和存在的基本内核。有学者专门指出：“学问贵在创造，对于‘一偏之见，相反之论’，只要是独特见解就应重视，这种观点具有民主精神。”①学术史编纂重视“一偏之见，相反之论”充分地体现了学术史批评的民主精神。

（一）一偏之见

《明儒学案》叙载了一系列所谓的“一偏之见”。第一，(明)朱国桢说：“弱侯自是真人，独其偏见不可开。”②所谓“偏见”主要是指焦竑不同意北宋程颢的辟佛方式。第二，李材《道性善编》：“性有定体，惟心则不然。”③“心”与“性”是二分的，而黄宗羲认为：“恻隐、是非、辞让、是非，心也，仁义礼智，指此心之即性也。”④主张“心性合一”，故黄宗羲说：“观此知李见罗《道性编》亦一偏之论。”⑤第三，黄宗羲论陈九川：“先生与偏力致知者大相径庭。”⑥此“偏”指守空知、少实行、重体悟、轻工夫、多讲说、少践履的为学路径。第四，吕柟批评“良知”：“今不论其资禀造诣，刻数字以必人之从，不亦偏乎？”⑦此“偏”

---

① 冯契：《中国古代哲学的逻辑发展》，第 1036—1037 页。

② 《泰州学案・文端焦澹园先生竑》，(清) 黄宗羲著，吴光主编：《黄宗羲全集》第 8 册，第 84 页。

③ 《止修学案・中丞李见罗先生材・〈道性善编〉》，(清) 黄宗羲著，吴光主编：《黄宗羲全集》第 7 册，第 802 页。

④ 《诸儒学案中・文庄罗整庵先生钦顺》，(清) 黄宗羲著，吴光主编：《黄宗羲全集》第 8 册，第 409 页。

⑤ 《诸儒学案中・文庄罗整庵先生钦顺》，(清) 黄宗羲著，吴光主编：《黄宗羲全集》第 8 册，第 409 页。

⑥ 《江右王门学案・郎中陈明水先生九川》，(清) 黄宗羲著，吴光主编：《黄宗羲全集》第 7 册，第 528 页。

⑦ 《河东学案・文简吕泾野先生柟》，(清) 黄宗羲著，吴光主编：《黄宗羲全集》第 7 册，第 151 页。

主要指“致良知”宗旨的有限性，同时也在一定程度上否定了其他为学宗旨的无限性。对于吕楠之说，黄宗羲反批评道：“夫因人变化者，言从入之工夫也。良知是言本体，本体无人不同，岂得变化耶？”①他认为吕楠对“良知”的理解亦有所“偏”。第五，王畿认为：“寂者心之本体，寂以照为用，守其空知而遗照，是乖其用也。”②钱德洪则主张：“未发竟从何处觅？离已发而求未发，必不可得。”③黄宗羲批评说：“是两先生之‘良知’，俱以‘见在知觉’而言……不能无毫厘之差。”④“毫厘之差”指王畿和钱德洪均只从“见在知觉”出发，所以导致王畿“从见在悟其变动不居之体”⑤，而钱德洪“只于事物上实心磨炼”⑥。王畿偏“悟”，偏“本体”一路；钱德洪偏“修”，偏“工夫”一路。有学者认为：“阳明后学因为提倡良知现成说的是以王龙溪、王心斋为中心的左派。”⑦还有学者认为：“王学的发展过程，同时也就是它向左右两方面分化的过程。东廓、绪山诸子，谨守师门矩矱，‘无大得亦无大失’；龙溪、心斋使王学向左发展，一直流而为狂禅派；双江、念庵使王学向右发展，事实上成为后来各种王学修正派的前驱。”⑧而所谓的“偏左、偏右、偏悟、偏修、偏本体、偏工夫”所体现出的学术差异正是学术史衍进过程中的基本状态。

---

① 《河东学案·文简吕泾野先生楠》，（清）黄宗羲著，吴光主编：《黄宗羲全集》第7册，第151页。
② （明）王畿著，吴震编校整理：《王畿集》卷一《抚州拟岘台会语》，第26—27页。
③ （明）钱德洪：《钱德洪语录诗文辑佚·文录·〈复何吉阳〉》，钱明编校：《徐爱·钱德洪·董沄集》，第155页。
④ 《浙中王门学案·员外钱绪山先生德洪》，（清）黄宗羲著，吴光主编：《黄宗羲全集》第7册，第254页。
⑤ 《浙中王门学案·员外钱绪山先生德洪》，（清）黄宗羲著，吴光主编：《黄宗羲全集》第7册，第254页。
⑥ 《浙中王门学案·员外钱绪山先生德洪》，（清）黄宗羲著，吴光主编：《黄宗羲全集》第7册，第254页。
⑦ 〔日〕冈田武彦：《王阳明与明末儒学》，重庆：重庆出版社，2016年，第98页。
⑧ 嵇文甫：《晚明思想史论》，北京：北京出版社，2016年，第21页。

（二）相反之论

“相反之论”指《明儒学案》中传主从相对的两个角度观察同一个问题而得出的两种有明确对立关系的结论。第一，黄宗羲论颜鲸：“先生与许敬庵皆谈格物之学，敬庵有见于一物不容之体，先生有见于万物皆备之体，盖相反而相成者。”①“一物不容”重在分析，“万物一体”重在综合，这是从两个方向对同一个“格物”问题的探讨。第二，何瑭著《阴阳管见》，王廷相作《阴阳管见辩》，二人对“阴阳”问题往复辩论。第三，胡居仁“必欲议白沙（陈献章）为禅，一编之中三致意焉”②，罗伦则认为：“白沙观天人之微，究圣贤之蕴，充道以富，崇德以贵。”③此处“圣贤、道、德”均是明确的儒学范围。第四，关于“王门四句教”，钱德洪主“四有”：“至善无恶者心，有善有恶者意，知善知恶是良知，为善去恶是格物。”④王畿主“四无”：“心无善而无恶，意无善而无恶，知无善而无恶，物无善而无恶。”⑤第五，关于“无善无恶心之体”，周汝登作《九解》主“四无”：“善且无，恶更从何容？恶既无，善不必再立。”⑥许孚远作《九谛》主“四有”：“以心意知物俱无善恶可言，非文成之正传也。”⑦“相反之论”鲜明地体现了传主为学的真实性和有效性。论其“真实”是因为“相反之论”表明传主真心为学，决

---

① 《附案·副使颜冲宇先生鲸》，（清）黄宗羲著，吴光主编：《黄宗羲全集》第 8 册，第 997 页。

② 《崇仁学案·文敬胡敬斋先生居仁》，（清）黄宗羲著，吴光主编：《黄宗羲全集》第 7 册，第 22 页。

③ 《白沙学案·小序》，（清）黄宗羲著，吴光主编：《黄宗羲全集》第 7 册，第 78 页。

④ 《江右王门学案·文庄邹东廓先生守益》，（清）黄宗羲著，吴光主编：《黄宗羲全集》第 7 册，第 381 页。

⑤ 《江右王门学案·文庄邹东廓先生守益》，（清）黄宗羲著，吴光主编：《黄宗羲全集》第 7 册，第 381 页。

⑥ 《泰州学案·尚宝周海门先生汝登》，（清）黄宗羲著，吴光主编：《黄宗羲全集》第 8 册，第 112—113 页。

⑦ 《甘泉学案·侍郎许敬庵先生孚远》，（清）黄宗羲著，吴光主编：《黄宗羲全集》第 8 册，第 256 页。

不人云亦云;论其“有效”是因为“相反之论”可以从两个方向观察同一个问题,这种辩证、客观会促进学问越辩越明。

(三)“偏、反、正”——多维、多向、多元的学术思考

1. 我们要把握“一偏之见”,首先自己不能有“偏见”。这里的“偏见”是指误解黄宗羲用于表达理学学术史语境中的特别用法。黄宗羲在《明儒学案》中所说的“一偏之见,相反之论”,指的是传主在为学过程中体认儒家圣贤之学本体过程中的不同方向、不同层面、不同角度,不是一般意义上认为的“偏”就是错的,“反”就是错的这种正误判断上的成见。

2. “偏、反、正”鲜明地体现了学术差异存在的真实性、合理性、必要性。传主各人的师承、学友、为学环境、生平经历、资质禀赋、为学方式、为学阶段、心理过程、情绪意志发展等都千差万别,既然条件各“不相同”,又怎么能要求以这些条件为基础的途径“相同”呢?“偏、反、正”之“万殊”才是“一本”之源,这种“差异性”是促进学术发展和学术衍进的重要推力。

3. “偏、反、正”是多元、多维、多向的学术思考。黄宗羲将“偏、反、正”这种“多元、多维、多向”的学术史思考内化为其学术史方法论的重要特质。有研究认为:“中华哲学批评第一期几乎所有批评家都以‘全’而否定‘偏’之价值,进入到中华哲学批评第二期,‘偏’之价值、‘片面’之价值才逐渐得到承认,黄宗羲是明确承认这一点之重要思想家之一。”①黄宗羲肯定“一偏之见,相反之论”根源于其开放而包容的“一本万殊”之学术史观。

三、以水济水,岂是学问——学术史批评的创新动力

黄宗羲认为学术史的纵向衍进与人们对“学术”本身的理解有很

① 张耀南:《华夷中西:中华哲学史上“批评格式”变迁考》,北京:人民出版社,2017年,第255页。

大关系,学术的创新与发展固然离不开对“旧学”的继承,但也离不开对“新知”的追求,这是一个双向的、辩证的、递进的动态历史过程。他主张:“学问之道,以各人自用得着者为真。以水济水,岂是学问!”①“以水济水”出自《左传·昭公二十年》:“君所谓可,据亦曰可;君所谓否,据亦曰否。若以水济水,谁能食之?”②意为“用清水去调剂清水”③,黄宗羲引申为自己对学术史发展的一种看法,倚门傍户、依样画葫芦,是流俗之士,是经生之业,无助于真学术之发展。“双水说”充分肯定了学术创新的重要性,这里仅以王阳明及其学说试作说明。

(一)心即理

仅从《明儒学案》之叙载来看,理学家大体上沿着“心理二分→心理合一→心即理→心存理弃”的进路理解心理关系之变化。程朱主“心理二分”,明初诸儒亦循此路径,如吴与弼“言心则以知觉而与理为二”④、薛瑄主张“心清则见天理”⑤、张元桢言学“心理为二”⑥、夏尚朴“认心理为二”⑦,王阳明早年亦曾“物理吾心终判为二”⑧。随着“心”与“理”的凑泊之难与“心理二分”“支离”之嫌,而后一些理学家

---

① (清)黄宗羲:《〈明儒学案〉发凡》,(清)黄宗羲著,吴光主编:《黄宗羲全集》第7册,第6页。
② (晋)杜预注,(唐)孔颖达疏:《春秋左传正义》,(清)阮元校刻:《十三经注疏》,第2094页。
③ 杨伯峻:《春秋左传注》,北京:中华书局,2016年,第1578页。
④ 《崇仁学案·小序》,(清)黄宗羲著,吴光主编:《黄宗羲全集》第7册,第1页。
⑤ 《河东学案·文清薛敬轩先生瑄·〈读书录〉》,(清)黄宗羲著,吴光主编:《黄宗羲全集》第7册,第126页。
⑥ 《诸儒学案上·侍郎张东白先生元桢》,(清)黄宗羲著,吴光主编:《黄宗羲全集》第8册,第380页。
⑦ 《崇仁学案·太仆夏东岩先生尚朴》,(清)黄宗羲著,吴光主编:《黄宗羲全集》第7册,第63页。
⑧ 《姚江学案·文成王阳明先生守仁》,(清)黄宗羲著,吴光主编:《黄宗羲全集》第7册,第201页。

对“心理二分”的观点产生了新的认识，如胡居仁提出：“儒者之道，从至变之中以得其不变者，而后心与理一。”①胡直主张：“人心之理，即天地万物之理，非二也。”②宋儒和明初诸儒论“心”多指人的灵明知觉，思维意识，是认识“理”的有工具属性的存在，“心理合一”的提出虽然使得理学工夫论的路径由外转内，但未完成其本体论的架构，直至王阳明提出：“圣人之学心学也，心即理也。”③“心即理”不同于“心理合一”，它属于本体层面的架构，是对“心理合一”思想进一步新的认识。但随着“心即理”学说的广泛传播，又有理学家提出了新的观点：“理在天地万物，吾亦万物中之一物，不得私理为己有。阳明以理在乎心，是遗弃天地万物，与释氏识心无寸土之言相似。”④这些认识各有其立论的背景和根据，虽然有得有失、有深有浅、有醇有疵，但却都是学者真心为学所得，并非“以水济水”，这种持续性的反思有效促进了学术的递进性发展。

（二）致良知

“致知”源自《大学》，“良知”出于《孟子》，“致”作扩充解，“致良知”大体上意为“将良知扩充到底，即将内在的道德自觉性扩充到底”⑤。仅从《明儒学案》之叙载来看，对“致良知”学说的认识大体上经历了“提出—肯定—分化—批评—反思—修正—再实践”的进路。关于“致良知”学说的提出，黄宗羲有三种表述：一是“三字之提不始

① 《崇仁学案·文敬胡敬斋先生居仁》，（清）黄宗羲著，吴光主编：《黄宗羲全集》第7册，第22页。

② 《江右王门学案·宪使胡庐山先生直》，（清）黄宗羲著，吴光主编：《黄宗羲全集》第7册，第593页。

③ 《姚江学案·文成王阳明先生守仁》，（清）黄宗羲著，吴光主编：《黄宗羲全集》第7册，第202页。

④ 《粤闽王门学案·行人薛中离先生侃》，（清）黄宗羲著，吴光主编：《黄宗羲全集》第7册，第765页。

⑤ 张岱年：《中国古典哲学概念范畴要论》，北京：中华书局，2017年，第235页。

于江右明矣"①;二是"江右以后专提致良知三字"②;三是"致良知一语发自晚年"③。三说看似矛盾,实际上这是黄宗羲从"辞源、内涵、意义"三个维度对"致良知"的动态理解,而这种理解本身就是一个历时性的历史过程。"致良知"学说提出后得到了学者广泛的关注,如邹德泳"守致良知之宗"④,查铎、黄绾、王艮皆谓良知"简易直截"⑤,而后"致良知"学说开始分化,据王畿所述当时即已有"归寂、修证、已发、现成、体用、终始"⑥六种方向,而王门学开六派隆盛之至的同时也在客观上产生了一定的流弊,黄宗羲说:"后来门下各以意见搀和,说玄说妙,几同射覆,非复立言之本意。"⑦这种阳明后学与阳明学本之间的距离也招致一系列批评,如唐伯元认为"世之谈良知者如鬼如蜮"⑧、张岳"往往攻击良知"⑨、"良知非究竟宗旨"⑩。明代理学家践行"致良知"的过程反过来又促进了"致良知"学说本身理论体系的成熟,实现了"致良知"学说在哲学维度和历史维度上的辩证统一。

（三）知行合一

仅依《明儒学案》所叙载,理学家大体上是沿着"知先行后→知行

① 《浙中王门学案·郎中徐横山先生爱》,(清)黄宗羲著,吴光主编:《黄宗羲全集》第7册,第249页。

② 《浙中王门学案·郎中徐横山先生爱》,(清)黄宗羲著,吴光主编:《黄宗羲全集》第7册,第249页。

③ 《姚江学案·小序》,(清)黄宗羲著,吴光主编:《黄宗羲全集》第7册,第197页。

④ 《江右王门学案·文庄邹东廓先生守益小传·附邹德泳》,(清)黄宗羲著,吴光主编:《黄宗羲全集》第7册,第383页。

⑤ (清)黄宗羲著,吴光主编:《黄宗羲全集》第7册,第672、318、829页。

⑥ (明)王畿著,吴震编校整理:《王畿集》卷一《抚州拟岘台会语》,第26—27页。

⑦ 《姚江学案·小序》,(清)黄宗羲著,吴光主编:《黄宗羲全集》第7册,第197页。

⑧ 《甘泉学案·文选唐曙台先生伯元》,(清)黄宗羲著,吴光主编:《黄宗羲全集》第8册,第292页。

⑨ 《诸儒学案中·襄惠张净峰先生岳》,(清)黄宗羲著,吴光主编:《黄宗羲全集》第8册,第550页。

⑩ 《泰州学案·小序·夏廷美小传》,(清)黄宗羲著,吴光主编:《黄宗羲全集》第7册,第842页。

二分→知行合一→知行本体”的进路理解知行关系。程颐说：“故人力行，先须要知。”①朱熹说：“论先后，知为先。”②有学者指出：“‘知先行后’是朱子知行学说的代表性观点。”③“知先行后”说的逻辑前提是“知行二分”。而王阳明的“知行合一”说则“把道德实践的主体性原则发展到顶点”④，他主张：“未有知而不行者，知而不行，只是未知。”⑤王阳明论“知行合一”首先是对着“知先行后”和“知行二分”讲的，他说：“我如今且去讲习讨论做知的工夫，待知得真了方去做行的工夫，故遂终身不行，亦遂终身不知。此不是小病痛！其来已非一日矣。”⑥“其来已非一日”说明“知行二分”这种思路所产生的影响之深。王阳明进一步说：“某今说个知行合一，正是对病的药。又不是凿空杜撰，知行本体原是如此。”⑦“知行本体”将对知行关系的认识推向了本体思考的新高度。

四、殊途百虑，道无定体——学术史批评的多元意识

黄宗羲说：“岁己酉，毘陵恽仲升来越，著《刘子节要》。曰：‘今日知先师之学者，惟吾与子，两人议论不容不归一……是则仲升于殊途百虑之学，尚有成局之未化也。’”⑧恽日初这种“归一”的主张与倾向与黄宗羲倡导的“殊途百虑”理念背道而驰。而道体之“无尽”乃是根

① （宋）程颐：《河南程氏遗书》卷一八《伊川先生语·四》，（宋）程颢、（宋）程颐著，王孝鱼点校：《二程集》，第187页。
② （宋）黎靖德编，王星贤点校：《朱子语类》卷九《论知行》，第148页。
③ 陈来：《朱子哲学研究》，北京：生活·读书·新知三联书店，2010年，第365页。
④ 蒙培元：《理学范畴系统》，第329页。
⑤ （明）王守仁：《传习录上·语录一》，吴光等编校：《王阳明全集》卷一，第4页。
⑥ （明）王守仁：《传习录上·语录一》，吴光等编校：《王阳明全集》卷一，第5页。
⑦ （明）王守仁：《传习录上·语录一》，吴光等编校：《王阳明全集》卷一，第5页。
⑧ （清）黄宗羲：《明儒学案序》，（清）黄宗羲著，陈乃乾编：《黄梨洲文集》，第379页。

源于心体之"万殊",黄宗羲说:"盈天地皆心也,变化不测,不能不万殊。"①"变化不测"之于"心"的属性延展开来就是:"夫苟工夫著到,不离此心,则万殊总为一致,学术之不同,正以见道体之无尽。"②即其所谓:"道无定体,学贵适用。"③"殊途百虑、道无定体"是黄宗羲学术史方法论的重要思考。

(一)家学、师学、自得——体道类型的多样

"家学"是《明儒学案》中一些传主重要的学术来源。如王恕之子王承裕之学"皆本之家庭者也"④。关于邹守益的家族之学,其子邹善论学"于文庄之教无所走作"⑤、孙邹德泳"承家学"⑥、孙邹德涵"于家学又一转手"⑦。方孝孺之学"得之家庭者居多"⑧。王襞在王艮卒后,"继父讲席""主其教事"⑨。唐鹤征认为"性不过是此气之极有条理处"⑩,论理气与父唐顺之同。崇仁学派娄性、娄忱之学与其父娄谅、浙中王门董谷之学与其父董沄均在一定程度上体现

① (清)黄宗羲:《明儒学案序》,(清)黄宗羲著,陈乃乾编:《黄梨洲文集》,第379页。
② (清)黄宗羲:《改本明儒学案序》,(清)黄宗羲著,陈乃乾编:《黄梨洲文集》,第380页。
③ (清)黄宗羲:《姜定庵先生小传》,(清)黄宗羲著,陈乃乾编:《黄梨洲文集》,第77页。
④ 《三原学案・康僖王平川先生承裕》,(清)黄宗羲著,吴光主编:《黄宗羲全集》第7册,第180页。
⑤ 《江右王门学案・文庄邹东廓先生守益小传・邹善》,(清)黄宗羲著,吴光主编:《黄宗羲全集》第7册,第382页。
⑥ 《江右王门学案・文庄邹东廓先生守益小传・附邹德泳》,(清)黄宗羲著,吴光主编:《黄宗羲全集》第7册,第383页。
⑦ 《江右王门学案・文庄邹东廓先生守益小传・附邹德涵》,(清)黄宗羲著,吴光主编:《黄宗羲全集》第7册,第382页。
⑧ 《诸儒学案上・文正方正学先生孝孺》,(清)黄宗羲著,吴光主编:《黄宗羲全集》第8册,第334页。
⑨ 《泰州学案・处士王东厓先生襞》,(清)黄宗羲著,吴光主编:《黄宗羲全集》第7册,第839页。
⑩ 《南中王门学案・太常唐凝庵先生鹤征》,(清)黄宗羲著,吴光主编:《黄宗羲全集》第7册,第700页。

着“家学”渊源。“家学”系统中还有兄弟相传的情况，如魏良弼、魏良政、魏良器；耿定向、耿定理；顾宪成、顾允成。“家学”渊源对传主学术的形成是潜移默化的，它是传主学术构成的重要因素。

“师学”是《明儒学案》中传主学术来源最基本的构成，《明儒学案》二百余位传主中 155 人有明确的师承关系，其中有师承一人、师承二人、师承三人的不同情况，师承关系也会在学派内部和不同的学派之间发生变化，亦有多种关于师承方式的表达。

表 5-6 《明儒学案》有师承关系的传主表①

江右王门	27	邹守益　欧阳德　聂豹　罗洪先　刘文敏　刘邦采　刘三五　刘阳　刘晓　刘魁　黄弘纲　何廷仁　陈九川　魏良弼　魏良政　魏良器　王时槐　邓以赞　陈嘉谟　刘元卿　万廷言　胡直　罗大纮　宋仪望　邓元锡　章潢　冯应京
浙中王门	17	徐爱　蔡宗兖　朱节　钱德洪　王畿　季本　黄绾　董沄　陆澄　顾应祥　黄宗明　张元冲　程文德　徐用检　万表　王宗沐　张元忭
泰州学案	17	王艮　王襞　徐樾　王栋　林春　赵贞吉　罗汝芳　杨起元　耿定理　焦竑　潘士藻　方学渐　何祥　祝世禄　周汝登　陶望龄　刘塙
河东学案	15	薛瑄　阎禹锡　张鼎　段坚　张杰　王鸿儒　周蕙　薛敬之　李锦　吕楠　吕潜　张节　李挺　郭郛　杨应诏
白沙学案	12	陈献章　李承箕　张诩　贺钦　邹智　陈茂烈　林光　陈庸　李孔修　谢祐　何廷矩　史桂芳
南中王门	11	黄省曾　周冲　朱得之　周怡　薛应旂　唐顺之　唐鹤征　徐阶　杨豫孙　查铎　薛甲
甘泉学案	10	湛若水　吕怀　何迁　洪垣　唐枢　蔡汝楠　许孚远　冯从吾　唐伯元　杨时乔

① 此表记叙的传主之师承关系完全以黄宗羲在《明儒学案》中所述为准。

续 表

诸儒学案	10	方孝孺 赵谦 曹端 罗侨 徐问 李中 卢宁忠 鹿善继 金铉 孙奇逢
东林学案	9	顾宪成 高攀龙 钱一本 顾允成 史孟麟 薛敷教 吴钟峦 华允诚 陈龙正
崇仁学案	9	胡居仁 娄谅 谢复 郑伉 胡九韶 魏校 余祐 夏尚朴 潘润
北方王门	6	穆孔晖 张后觉 孟秋 尤时熙 孟化鲤 杨东明
三原学案	4	王承裕 马理 杨爵 王之士
姚江学案	2	许璋 王文辕
楚中王门	2	蒋信 冀元亨
粤闽王门	2	薛侃 周坦
止修学案	1	李材
蕺山学案	1	刘宗周
总计	155	

"自得"是指《明儒学案》中一些没有明确家学渊源和师承传授系统而自己或有得于遗经、或有得于学友之间的相互切磋砥砺、或独立兴起的传主，主要在《诸儒学案》中，即如黄宗羲所说："其特起者，后之学者不甚著者，总列诸儒之案。"①第一，为学得于经典。如陈真晟："无师承，独得于遗经之中。"②其修习之经典文献包括《中庸》、《大学·诚意》章、程氏《学制》、吕氏《乡约》、朱氏《贡举私议》等。张

① (清)黄宗羲：《〈明儒学案〉发凡》，(清)黄宗羲著，吴光主编：《黄宗羲全集》第7册，第6页。

② 《诸儒学案上·布衣陈剩夫先生真晟》，(清)黄宗羲著，吴光主编：《黄宗羲全集》第8册，第385页。

吉认为:“士当兼治五经,摒绝人事,穷诸经及宋儒之书。不读五经,遇事便觉窒碍。”[①]吕维祺论己之为学:“一生精神,结聚在《孝经》。”[②]黄宗羲论蔡清:“平生精力尽用之《易》《四书蒙引》,从训诂而窥见其大体。”[③]论郝敬:“五经之外,《仪礼》《周礼》《论》《孟》,各著为解,疏通证明。明代穷经之士,实以先生为巨擘,其学以‘下学上达’为的。”[④]第二,为学得于学友。如曹于汴“与冯应京为友,以圣贤之学相砥砺”[⑤]。鹿善继“与孙奇逢为友,定交杨忠愍祠下”[⑥]。第三,独立兴起者。独立兴起之学者各有其卓异的特点,如罗伦“刚介绝俗”[⑦]、赵谦“清苦自立”[⑧]、黄佐“博物君子”[⑨]、金声“杂之佛学穿透而出”[⑩],这些传主均是那个时代独立兴起之学者的代表。

(二)理本、气本、心本——体道方式的多维

“理本”贯穿着有明一代儒者的学术思考。程朱之学在明初被赋予国家政治层面的意义,并强有力地推及其文化形态方面,如河东学

① 《诸儒学案上·布政张古城先生吉》,(清)黄宗羲著,吴光主编:《黄宗羲全集》第8册,第391—392页。
② 《诸儒学案下·忠节吕豫石先生维祺》,(清)黄宗羲著,吴光主编:《黄宗羲全集》第8册,第650页。
③ 《诸儒学案上·司成蔡虚斋先生清》,(清)黄宗羲著,吴光主编:《黄宗羲全集》第8册,第393页。
④ 《诸儒学案下·给事中郝楚望先生敬》,(清)黄宗羲著,吴光主编:《黄宗羲全集》第8册,第653—654页。
⑤ 《诸儒学案下·总宪曹贞予先生于汴》,(清)黄宗羲著,吴光主编:《黄宗羲全集》第8册,第645页。
⑥ 《诸儒学案下·忠节鹿乾岳先生善继》,(清)黄宗羲著,吴光主编:《黄宗羲全集》第8册,第643页。
⑦ 《诸儒学案上·文毅罗一峰先生伦》,(清)黄宗羲著,吴光主编:《黄宗羲全集》第8册,第368页。
⑧ 《诸儒学案上·琼山赵考古先生谦》,(清)黄宗羲著,吴光主编:《黄宗羲全集》第8册,第342页。
⑨ 《诸儒学案中·文裕黄泰泉先生佐》,(清)黄宗羲著,吴光主编:《黄宗羲全集》第8册,第517页。
⑩ 《诸儒学案下·中丞金正希先生声》,(清)黄宗羲著,吴光主编:《黄宗羲全集》第8册,第706页。

派"恪守宋人矩矱"①,薛瑄本人以"复性"为宗,其弟子阎禹锡讲明《太极图说》《通书》,张鼎、段坚终身恪守师说,张杰论学主张涵养需用敬、进学在致知,李锦以主敬穷理为宗旨,其他如王鸿儒、周蕙、薛敬之、吕楠、张节、李挺、郭郛等均恪守师说,传薛瑄之学,守"理本"之宗。三原学派导源于河东,王恕、王承裕、马理、韩邦奇、杨爵、王之士等均守"理本"之学。《诸儒学案》赵谦力学主"敬",曹端立基于"敬",章懋墨守宋儒,蔡清一生作"穷理"工夫,崔铣之学以"程、朱"为的,至明末东林学派高攀龙为学一本程、朱,以格物为要。可见从明初的薛瑄到明末的高攀龙,"理本"思想一直贯串着有明一代。

"气本"是明代儒学重点讨论的一个方面。王廷相认为:"气者,造化之本。"②从本体论的维度立说。他进而认为:"有形亦是气,无形亦是气,天内外皆气,地中亦气,物虚实皆气,造化之实体。"③有学者解释王廷相的"气本论"包括两方面的基本内容:"第一,'气'是可感知的物质实体。第二,'气'是世界的本原。"④另外持气本论思想的还有罗钦顺,他认为:"通天地,亘古今,无非一气而已,气本一也。"⑤罗钦顺主张"气"为"本",进而论"理气关系"曰:"理只是气之理。"⑥王廷相、罗钦顺等人的"气本"思想反映了明代儒学发展的不同侧面。

"心本"是明代儒学的主流。有学者指出:"明代心学发展大致可分两系,一是白沙一系,一是阳明一系。"⑦陈献章开明代心学之先,

① 《河东学案·小序》,(清)黄宗羲著,吴光主编:《黄宗羲全集》第7册,第117页。
② (明)王廷相著,王孝鱼点校:《王廷相集》,北京:中华书局,1989年,第755页。
③ (明)王廷相著,王孝鱼点校:《王廷相集》,第751页。
④ 侯外庐等主编:《宋明理学史》下,第496页。
⑤ (明)罗钦顺著,阎韬点校:《困知记》,北京:中华书局,1990年,第4页。
⑥ (明)罗钦顺著,阎韬点校:《困知记》,第68页。
⑦ 陈鹏、聂毅:《许孚远心性论辨析》,《中国哲学史》2021年第3期,第66页。

黄宗羲认为“作圣之功至先生而始明”①。由陈献章弟子湛若水所开创的甘泉学派更是在明代中后期与阳明学互相发明，是明代学术格局中重要的一部分，从师承源流看，“吴与弼→陈献章→湛若水→唐枢→许孚远→刘宗周→黄宗羲”的传承谱系清晰明确。王阳明以“致良知”为核心构建起了其整个学术思想体系，《明史》称其“门徒遍天下，流传逾百年”②，黄宗羲分立“浙中王门、江右王门、南中王门、楚中王门、北方王门、粤闽王门”以及虽立论不同却有明确师承源流关系的《止修学案》和《泰州学案》。无论是陈献章一系还是王阳明一系，它们在总的方向上都是明代儒学“心本”的代表。

（三）修、悟、证——体道途径的多元

重“修”是明代理学家基本的体道途径。如钱德洪守“王门四句教”之“四有”说，以渐修为实地工夫，主张为学应有层次地递进，故黄宗羲评价曰：“龙溪（王畿）之修持不如先生（钱德洪）。”③从《明儒学案》所论传主的为学宗旨看，大体上邹守益之“敬”、黄佐之“博约”、黄绾之“艮止”、张元冲之“戒惧”、许孚远之“克己”、何迁之“知止”、黄润玉之“知行”、薛瑄之“复性”、高攀龙之“格物”、史桂芳之“改善迁过”、吕楠之“格物穷理”、王恕之“推之事为之际”均在一定程度上带有以“修”作为其工夫论之主导的倾向。重“修”首先肯定的是理学本体的呈现是以理学工夫的发生为前提，以理学体系的结构层次和递进性特点为逻辑基础，“修”重实践、重践履、重工夫、重道德行为对道德理论的反思，是明代儒家士大夫践行理学的基本思维方式。

重“悟”是明代理学家比较有特色的体道途径。如王畿持“王门

① 《白沙学案·文恭陈白沙先生献章》，（清）黄宗羲著，吴光主编：《黄宗羲全集》第7册，第81页。
② （清）张廷玉等：《明史》卷二八二《儒林列传序》，第7222页。
③ 《浙中王门学案·员外钱绪山先生德洪》，（清）黄宗羲著，吴光主编：《黄宗羲全集》第7册，第254页。

四句教"之"四无"说，为学主张直透本原，故黄宗羲评价曰："先生（钱德洪）之彻悟不如龙溪（王畿）。"[①]从《明儒学案》所论传主的为学宗旨看，大体上陈献章之"静"、程文德之"真心"、唐顺之之"天机"、娄谅之"收放心"、唐枢之"讨真心"、王襞之"不犯手"、耿定向之"不容已"、冯从吾之"透彻本原"、庄昶之"无言自得"、陈龙正之"万物一体"、湛若水之"随处体认天理"、孟秋之"心体本自澄澈"、颜钧之"人心妙万物""纯任自然"、罗汝芳之"赤子良心不学不虑"均在一定程度上带有以"悟"作为其工夫论之主导的倾向。

重"证"彰显了明代理学家体道过程中践履工夫的笃实厚重。"证"是理学行为实践对理学理论体系的反向说明，重道德实证与道德践履也是理学经世致用思想的一种重要体现，如黄宗羲叙方孝孺："文皇降志乞草，先生怒骂不已。磔之聚宝门外，坐死者凡八百四十七人。"[②]方孝孺不事二主，于建文帝有忠君之深德。叙刘宗周："浙省降，先生恸哭曰：'此余正命之时也。'绝食二十日而卒。"[③]刘宗周心系故国，守"士"之大节。叙陈茂烈："入为监察御史，袍服朴陋，蹩躄一牝马，而自系风纪之重，所过无不目而畏之。"[④]足见其清苦自立、品洁志高。陆澄"执父丧，哀毁失明"[⑤]，有孝行；杨爵"幼贫苦，挟

---

① 《浙中王门学案·员外钱绪山先生德洪》，（清）黄宗羲著，吴光主编：《黄宗羲全集》第7册，第254页。
② 《诸儒学案上·文正方正学先生孝孺》，（清）黄宗羲著，吴光主编：《黄宗羲全集》第8册，第333页。
③ 《蕺山学案·忠端刘念台先生宗周》，（清）黄宗羲著，吴光主编：《黄宗羲全集》第8册，第890页。
④ 《白沙学案·御史陈时周先生茂烈》，（清）黄宗羲著，吴光主编：《黄宗羲全集》第7册，第111页。
⑤ 《浙中王门学案·主事陆原静先生澄》，（清）黄宗羲著，吴光主编：《黄宗羲全集》第7册，第336页。

册躬耕”[①]，刻苦励学；东林学派“忠义之盛度越前代”[②]，理学家各以其性之所近作切实的道德践履工夫进而“证”诸道德本体。

第七节 学术史叙述层次

黄宗羲认为：“诸先生学不一途，师门宗旨，或析之为数家；终身学术，每久之而一变。”[③]这是一种非常深刻的洞察。学派衍化有它自己的规律和节奏，它有一次分化、二次分化的基本特点，传主的师承有“墨守”与“转手”两种侧面，而传主个人的为学更是自有其次第和顺序。学术史的演变是一种历时性的历史过程，它的动态性非常明显。从宏观学派到中观师承再到微观传主，《明儒学案》呈现了一个逻辑严密、层次清晰、结构完整的学术史叙述系统[④]。

一、正传与别派——学派分衍层面的变化

“正传”是指黄宗羲在《明儒学案》中对学派发展过程中能够继承学派创始人核心学术宗旨并使之延伸的情况，“正传”更注重继承性，是学派延续的基础性力量。如江右王门与阳明学的关系，黄宗羲认为：“姚江之学，惟江右为得其传，东廓、念庵、两峰、双江其选也。再传而为塘南、思默，皆能推原阳明未尽之旨。是时越中流弊错出，挟师说以杜学者之口，而江右独能破之，阳明之道赖以不坠。盖阳明一

① 《三原学案·忠介杨斛山先生爵》，(清) 黄宗羲著，吴光主编：《黄宗羲全集》第7册，第184页。
② 《东林学案·小序》，(清) 黄宗羲著，吴光主编：《黄宗羲全集》第8册，第727页。
③ (清) 黄宗羲：《改本明儒学案序》，(清) 黄宗羲著，陈乃乾编：《黄梨洲文集》，第380页。
④ 韩学宏在《黄宗羲〈明儒学案〉之研究》(花木兰文化出版社2007年)中首先提出了“黄宗羲学术史陈述方法”的问题。

生精神俱在江右，亦其感应之理也。”[①]江右王门几代学者均能较信实地践履师说，阳明江右一传弟子邹守益、罗洪先、刘文敏、聂豹是代表，阳明江右二传弟子王时槐、万廷言又能进一步推进阳明学的发展，而且江右王门对异域学术能够补偏救弊，故黄宗羲谓之“正传”。阳明主要事功在江右，学说之重大推进在江右，学术之“正传”亦在江右，立德、立功、立言均与江右密切相关，所以黄宗羲称其一生精神俱在江右。

“别派”是指黄宗羲在《明儒学案》中对学派发展过程中能够在继承学派创始人核心学术宗旨的前提下进而有所创新的情况，“别派”不离本根，但更注重创造与转变。第一，黄宗羲说：“白沙出其门，然自叙所得，不关聘君，当为别派。”[②]吴与弼为学大体上仍守宋儒“主敬穷理”之途辙，而陈献章“静中养出端倪”，以虚为基本，以静为门户，为学宗旨和为学路径已然发生了重要变化，再经过数代不断的纵向发展，后期两个学派的面貌已有显著区别。第二，黄宗羲说：“关学大概宗薛氏，三原又其别派也。”[③]薛瑄以“复性”为宗，王恕为学“推之事为之际，以得其心安”，河东与三原虽均同属北方学术系统，但学派特质并不完全相同。第三，黄宗羲说：“见罗从学于邹东廓，固亦王门以下一人也，而到立宗旨，不得不别为一案。”[④]李材师承于江右王门邹守益，有明确的王学渊源，依例应列入王门诸学案，但其学以“止修”为宗旨，与“致良知”有别。第四，黄宗羲说：“泰州之后，其人多能赤手以搏龙蛇，传至颜山农、何心隐一派，遂复非名教之所能羁络

---

① 《江右王门学案・小序》，（清）黄宗羲著，吴光主编：《黄宗羲全集》第7册，第377页。
② 《崇仁学案・小序》，（清）黄宗羲著，吴光主编：《黄宗羲全集》第7册，第1页。
③ 《三原学案・小序》，（清）黄宗羲著，吴光主编：《黄宗羲全集》第7册，第172页。
④ 《止修学案・小序》，（清）黄宗羲著，吴光主编：《黄宗羲全集》第7册，第777页。

矣。”[①]黄宗羲从逻辑上将泰州学派纳入王学系统内，是因为王艮与王阳明有明确的师承源流关系，其“淮南格物”也是导源于阳明的“致良知”。而从文本上将其移出王门诸学案只列为“别派”的主要原因就是基于其对儒释关系的谨慎思考。总体看来，黄宗羲认为白沙“别”于崇仁、三原“别”于河东、止修泰州“别”于姚江。

二、墨守与转手——师承授受关系的变化

“墨守”并不是死守，而是更注重继承性地传承师门学术。如马理师事王承裕，“墨守主敬穷理之传”[②]；余祐师承胡居仁，其学“墨守敬斋”[③]；黄元釜、黄夔是浙中地区阳明的早期弟子，皆“笃实光明，墨守师说”[④]；张鼎师承薛瑄，“终身恪守师说，不敢稍有踰越”[⑤]；吕潜师事吕柟，“一言一动咸以为法”[⑥]；郭郛师事吕应祥，“自少至老，一步不敢屑越”[⑦]。黄宗羲还认为蒋信“实得阳明之传”[⑧]，邹守益之“戒惧”、罗洪先之“主静”乃“阳明之的传”[⑨]，黄傅、张大轮、陆震、唐龙、

---

① 《泰州学案·小序》，(清) 黄宗羲著，吴光主编：《黄宗羲全集》第 7 册，第 820 页。
② 《三原学案·光禄马溪田先生理》，(清) 黄宗羲著，吴光主编：《黄宗羲全集》第 7 册，第 182 页。
③ 《崇仁学案·侍郎余讱斋先生祐》，(清) 黄宗羲著，吴光主编：《黄宗羲全集》第 7 册，第 61 页。
④ 《浙中王门学案·小序》，(清) 黄宗羲著，吴光主编：《黄宗羲全集》第 7 册，第 246 页。
⑤ 《河东学案·侍郎张自在先生鼎》，(清) 黄宗羲著，吴光主编：《黄宗羲全集》第 7 册，第 137 页。
⑥ 《河东学案·司务吕愧轩先生潜》，(清) 黄宗羲著，吴光主编：《黄宗羲全集》第 7 册，第 169 页。
⑦ 《河东学案·郡守郭蒙泉先生郛》，(清) 黄宗羲著，吴光主编：《黄宗羲全集》第 7 册，第 170 页。
⑧ 《楚中王门学案·小序》，(清) 黄宗羲著，吴光主编：《黄宗羲全集》第 7 册，第 728 页。
⑨ 《浙中王门学案·员外钱绪山先生德洪》，(清) 黄宗羲著，吴光主编：《黄宗羲全集》第 7 册，第 254 页。

应璋、董遵、凌瀚、程文德、章拯之学于师章懋“皆不失其传”①。所谓“墨守、恪守、宗传、的传”主要是从继承性的角度论师承关系。

“转手”不是背离，而是更注重创造性地发展师门学术。“转手”在《明儒学案》中包含着为学路径转变的含义。如黄宗羲认为：“康斋倡道小陂，一禀宋人成说，其相传一脉，虽一斋、庄渠稍为转手，终不敢离此矩矱也。”②娄谅“收放心”、魏校“天根”与吴与弼守禀宋学在为学路径上已然有变，故谓其“转手”。邹守益为学主“敬”，然其孙邹德涵以“悟”入门，故黄宗羲谓其“于家学又一转手矣”③。罗大纮师承浙中王门徐用检，与江右王门邹元标互为学友，为学主张破除默照、念不可滞，这与江右王门之旨有所不同，故黄宗羲谓其“于江右先正之脉又一转矣”④。东林学派论学主张与世为体，多关心时务，陈龙正师承吴志远、高攀龙，亦以此为学，但其后转而精究性命，故黄宗羲谓其于“师门之旨又一转矣”⑤。又如黄宗羲论方学渐“别出一机轴”⑥、王道“其后趋向果异”⑦、周汝登“非文成之正传”⑧。所谓“转手、一转、别出、趋异”等主要是从“创造性”的角度论师承关系。

---

① 《诸儒学案上·文懿章枫山先生懋》，(清)黄宗羲著，吴光主编：《黄宗羲全集》第8册，第371页。

② 《崇仁学案·小序》，(清)黄宗羲著，吴光主编：《黄宗羲全集》第7册，第1页。

③ 《江右王门学案·文庄邹东廓先生守益小传·附邹德涵》，(清)黄宗羲著，吴光主编：《黄宗羲全集》第7册，第382页。

④ 《江右王门学案·给谏罗匡湖先生大纮》，(清)黄宗羲著，吴光主编：《黄宗羲全集》第7册，第635页。

⑤ 《东林学案·中书陈几亭先生龙正》，(清)黄宗羲著，吴光主编：《黄宗羲全集》第8册，第876页。

⑥ 《泰州学案·明经方本庵先生学渐》，(清)黄宗羲著，吴光主编：《黄宗羲全集》第8册，第94页。

⑦ 《北方王门学案·小序》，(清)黄宗羲著，吴光主编：《黄宗羲全集》第7册，第738页。

⑧ 《甘泉学案·侍郎许敬庵先生孚远》，(清)黄宗羲著，吴光主编：《黄宗羲全集》第8册，第256页。

三、次第与演变——传主个人为学的变化

传主的为学是一个动态变化的历史过程,其核心学术宗旨决不是一时一地突然间形成的,它必然有一个逐渐衍进与不断变化的过程,即所谓“终身学术每久之而一变”。如黄宗羲认为“泛滥词章→循序格物→出入佛老→龙场悟道”①是王阳明“学成前的三变”;“龙场悟道→默坐澄心→致良知→本心”②是王阳明“学成后的三变”;“知行合一→默坐澄心→致良知”③是王阳明“教法的再变”④。罗洪先论钱德洪“绪山之学数变”⑤。黄宗羲还论黄弘纲“先生之学再变”⑥,论罗汝芳:“十有五而定志于张洵水,二十六而正学于山农,三十四而悟《易》于胡生,四十六而证道于泰山丈人,七十而问心于武夷先生。”⑦其学有“定志→正学→悟《易》→证道→问心”之数变。论薛蕙:“初好养生家之言……久之读老子及佛书……至于《中庸》喜怒哀

---

① 《姚江学案・文成王阳明先生守仁》,(清)黄宗羲著,吴光主编:《黄宗羲全集》第7册,第201页。

② 《姚江学案・文成王阳明先生守仁》,(清)黄宗羲著,吴光主编:《黄宗羲全集》第7册,第201页。

③ 《浙中王门学案・郎中徐横山先生爱》,(清)黄宗羲著,吴光主编:《黄宗羲全集》第7册,第249页。

④ 黄宗羲论王阳明“学法”与“教法”之变化是有根据的,(明)钱德洪《刻文录叙说》论其师之学即曾曰:“先生之学凡三变,其为教也亦三变:少之时,驰骋于辞章,已而出入二氏,继乃居夷处困,豁然有得于圣贤之旨,是三变而至道也。居贵阳时,首与学者为‘知行合一’之说;自滁阳后,多教学者静坐;江右以来,始单提‘致良知’三字,直指本体,令学者言下有悟;是教亦三变也。”(钱明编校:《徐爱・钱德洪・董沄集》,第185页)

⑤ 《浙中王门学案・员外钱绪山先生德洪》,(清)黄宗羲著,吴光主编:《黄宗羲全集》第7册,第254页。

⑥ 《江右王门学案・主事黄洛村先生弘纲》,(清)黄宗羲著,吴光主编:《黄宗羲全集》第7册,第517页。

⑦ 《泰州学案・参政罗近溪先生汝芳》,(清)黄宗羲著,吴光主编:《黄宗羲全集》第8册,第3页。

乐未发谓之中,曰:是矣。”[1]其为有“道→释→儒”之变。记陈九川自叙其为学“三起意见、三易工夫”[2]。记万廷言自叙为学:“弱冠即知收拾此心;入仕后心源未净一切皆浮;幸得还山默识自心。”[3]其学有“收心→浮心→识心”之变。记罗钦顺自叙为学:“昔官京师逢一老僧,漫问何由成佛?……后官南雍,始知前所见者非性之理也。……年垂六十,始了然有见乎心性之真。”[4]其学有“入佛禅→究性理→明心性”之变。《明儒学案》对陈献章、罗洪先、王时槐、胡直、唐鹤征、李材、耿定理、邓豁渠、高攀龙个人为学的次第变化也均有详尽的记述。“次第”与“演变”主要在微观层面体现了黄宗羲历史主义的方法论和重“万殊”的学术史观念。

---

① 《诸儒学案下·考功薛西原先生蕙》,(清)黄宗羲著,吴光主编:《黄宗羲全集》第8册,第610页。

② 《江右王门学案·郎中陈明水先生九川》,(清)黄宗羲著,吴光主编:《黄宗羲全集》第7册,第527页。

③ 《江右王门学案·督学万思默先生廷言》,(清)黄宗羲著,吴光主编:《黄宗羲全集》第7册,第579—580页。

④ 《诸儒学案中·文庄罗整庵先生钦顺》,(清)黄宗羲著,吴光主编:《黄宗羲全集》第8册,第408页。

结　语

中华优秀传统文化创造性转化的部分前提是从学理的角度探究清楚某一类文化的内质，“学术史”自是重要一类。自先秦而下，“学术史”在不同时期称谓不同，著述与表达方式各异，但却始终是传统学术的重要类别，“强烈的时代使命感”和“深沉的历史责任感”则一直伴随着历代学术史编纂者志向前行，发展到明清时期，《明儒学案》相对来说是比较典型的代表，即使与世界其他各国优秀的学术史著作相比，《明儒学案》也仍然能够独树一帜。该书内涵丰富，而“学术史”意义至少是其核心价值之一，但不是单独意义上的“史观、史料、史例、史法”而是它们之间的“关系”才使得《明儒学案》走向经典，《明儒学案》的学术史观、学术史史料选编、学术史编纂体例、学术史方法论是一个完整的意义系统。

《明儒学案》的学术史系统以“一本万殊”的学术史观作为总的根本宗旨，从史料、史例、史法三个维度展开：首先在学术史史料方面以“纂要勾玄”为基本原则，本着优化文本的目的，通过“增、删、改、易、移、补、并”等具体方法对传主的原著进行文献的二次选择与二次呈现。然后以择精语详的史料选编为基础，将“同源同向异体异用”作为“序—传—录”体例关系中最核心的要义，最后在史料和体例深度融合的基础上运用“价值取向、四维结构、编纂范式、主题引领、要素提炼、格式批评、结构叙述”等一系列具体的学术史方法呈现一代学术思想史。这个系统遵循着三条最基本的原则：相同或相异的动态辨析、微观与宏观的多元一体、历史与逻辑的辩证统一。在中国传统学术史编纂理论的文化序列里，《明儒学案》学术史系统的理论结构具有重要的学理价值。

窃谓对于明代学术，梨洲看到的仿佛始终是一个悲欣交集的世界。黄宗羲著《明儒学案》，固然有其优长和局限，但其影响确实是比较深远的。我们今天继续从“学术史”的角度探讨《明儒学案》也只是为了在一定程度上深化对中国传统学术史编纂理论一般规律的认识，这里基于中国传统史学结合前辈时贤真知灼见而初步提出的“学术史系统”之论阈，也仅仅是对于《明儒学案》的一种观察而已。千江有水千江月，万里无云万里天，“道”一本而万殊。

附录:《明儒学案》研究资料索引

序号	作者	书名/篇名	藏地/出处	时间
1	黄宗羲	《理学录》(此稿有助于理解《明儒学案》文本的早期样态)	中国社会科学院文学所图书馆藏	(清)康熙六年
2	贾润	《〈明儒学案〉序》(贾润乃紫筠斋本之刊刻者,紫筠斋本是《明儒学案》最早的全刻本)	(清)康熙三十二年紫筠斋初刻本(中国国家图书馆藏,善本书号:19570,卷首叶一至叶四)	(清)康熙三十年仲夏月
3	贾润	《〈明儒学案〉总评》	(清)康熙三十二年紫筠斋初刻本(中国国家图书馆藏,善本书号:19570,叶十四至叶十五)	(清)康熙三十年至康熙三十二年间(待确考)
4	黄宗羲	《〈明儒学案〉序》(此为黄宗羲的病中"原序",也是《明儒学案》四篇序文中最早、最初的一篇)	《南雷文定四集》	(清)康熙三十一年秋七、八月间
5	黄宗羲	《黄梨洲先生原序》(此序是对之前清康熙三十一年病中"原序"的修改版)	(清)康熙三十二年紫筠斋初刻本(中国国家图书馆藏,善本书号:19570,卷首叶一至叶四)	(清)康熙三十二年

续 表

序号	作 者	书名/篇名	藏地/出处	时 间
6	黄宗羲	《改本〈明儒学案〉序》	《南雷文定五集》	(清)康熙三十二年
7	黄宗羲	《〈明儒学案〉序》(此实为“改本序”,也是目前学界相对比较通见和通用的版本。按,《明儒学案》的四篇序文各有其重要的、独立的文献价值)	(清)雍正十三年紫筠斋重刻本(中国国家图书馆藏,书号:58248,叶一至叶四)	(清)康熙三十二年
8	黄宗羲	《〈明儒学案〉发凡》	(清)康熙三十二年紫筠斋初刻本(中国国家图书馆藏,善本书号:19570,卷首叶一至叶二。按,版心处“发凡”作“凡例”)	(清)康熙三十二年(《发凡》或与《序》相继成文,待确考)
9	贾 朴	《〈明儒学案〉跋》	(清)雍正十三年紫筠斋重刻本(中国国家图书馆藏,书号:58248,卷首叶一至叶二)	(清)康熙三十二年夏月
10	仇兆鳌	《〈明儒学案〉序》(作为黄宗羲的弟子,仇兆鳌与紫筠斋本《明儒学案》的刊刻密切相关)	(清)康熙三十二年紫筠斋初刻本(中国国家图书馆藏,善本书号:19570,卷首叶一至叶五)	(清)康熙三十二年季秋
11	于 准	《〈明儒学案〉序》	(清)雍正十三年紫筠斋重刻本(中国国家图书馆藏,书号:58248,叶二至叶四)	(清)康熙四十六年孟秋
12	贾念祖	《〈明儒学案〉识语》	(清)雍正十三年紫筠斋重刻本(中国国家图书馆藏,书号:58248,卷末叶一)	(清)雍正十三年七月

续 表

序号	作者	书名/篇名	藏地/出处	时间
13	郑 性	《〈明儒学案〉序》	(清) 乾隆四年二老阁刻本(中国国家图书馆藏,善本书号:54564,卷首叶)	(清) 乾隆四年夏五月
14	黄千秋	《〈明儒学案〉跋》	(清) 乾隆四年二老阁刻本(中国国家图书馆藏,善本书号:54564,卷末叶)	(清) 乾隆四年
15	全祖望	《与郑南溪论〈明儒学案〉事目》	《鲒埼亭集外编》卷四四	(清) 乾隆四年至乾隆八年间
16	纪昀等	《四库全书总目·〈明儒学案〉提要》	文渊阁《四库全书》(第四五七册,卷首叶一至叶三)	(清) 乾隆四十三年三月
17	恽 敬	《〈明儒学案条辨〉序》	《大云山房文稿初集》卷三	(清) 乾隆年间或嘉庆年间
18	莫 晋	《重刻〈明儒学案〉序》	(清) 道光元年教忠堂刻本(中国国家图书馆藏,善本书号:01155,叶一至叶二)	(清) 道光元年仲冬朔旦
19	谢 益	《重刻〈明儒学案〉序》	(清) 道光二十二年汜水县衙刻本	(清) 道光二十二年长至月望前四日
20	冯全垓	《〈明儒学案〉跋》	(清) 光绪八年二老阁补修本	(清) 光绪八年如月上瀚
21	黄舒昺	《补刊〈明儒学案〉后序》	(清) 光绪二十一年中州明道书院本	(清) 光绪二十一年

续 表

序号	作者	书名/篇名	藏地/出处	时间
22	梁启超	《〈节本明儒学案〉·例言》	《节本明儒学案》	(清)光绪三十一年
23	赤　霞	《雨花斋笔记:读〈明儒学案〉书后》(存目)	《江宁实业杂志》	1910 年第 5 期
24	张尔田	《学说:〈明儒学案〉点勘》(存目)	《孔教会杂志》	1913 年第 3 期,第 17—24 页
25	张尔田	《〈明儒学案〉点勘——续第三号》(存目)	《孔教会杂志》	1913 年第 4 期,第 7—14 页
26	张尔田	《学说:〈明儒学案〉点勘——续第四号》(存目)	《孔教会杂志》	1913 年第 6 期,第 9—16 页
27	何绍寒	《履薄斋存稿:摘录〈明儒学案〉序》(存目)	《教育周报(杭州)》	1914 年第 49 期,第 37 页
28	吴雨嗟	《读〈明儒学案〉》(存目)	《致中》(“俎杂”栏目)	1919 年第 1 卷第 1 号,第 128—129 页
29	夏成吉	《〈明儒学案〉书后》一卷	开封新民社石印	1920 年
30	李中正	《〈明儒学案·止修学案〉录要》	作于民国十三年,现收录于梁启超、王恩洋等:《历朝学案拾遗》下,北京图书馆出版社 2004 年,第 215—244 页	1924 年

续 表

序号	作 者	书名/篇名	藏地/出处	时 间
31	缪尔舒	《〈明儒学案〉节钞》(存目)	《云南教育会月刊》	1924年第9期,第52—57页
32	缪尔舒	《〈明儒学案〉节钞续》(存目)	《云南教育会月刊》	1924年第10期,第32—34页
33	缪尔舒	《〈明儒学案〉节钞续》(存目)	《云南教育会月刊》	1925年第1期,第52—60页
34	党晴梵	《〈明儒学案〉表补》	手稿本	1929年7—8月
35	王同寿	《阅樵夫陶匠的传记联想到办理民众教育(读〈明儒学案〉杂记之一)》(存目)	《教育与社会(无锡)》	1931年第9期,第1—3页
36	赵九成	《〈明儒学案〉的版本》	《大众报·图书》	1936年3月19日
37	〔日〕小柳司气太	《〈明儒学案〉补》	《续东洋思想研究》	1938年
38	许 鸿	《〈宋儒学案〉与〈明儒学案〉(附表)》	《新中国月刊》	1946年第10期,第24—27页
39	冯 惠	《〈明儒学案〉札记》	现收录于梁启超、王恩洋等:《历朝学案拾遗》下,第83—114页	1949年
40	〔日〕山井涌	《明儒学案の四庫提要に関する二三の問題》	《东京学报》	1966年第12期

续 表

序号	作 者	书名/篇名	藏地/出处	时 间
41	罗联络	《〈明儒学案〉辨微录》(一)	《建设》(台北)	1966年11月第15卷第6期
42	罗联络	《〈明儒学案〉辨微录》(二)	《建设》(台北)	1966年12月第15卷第7期
43	罗联络	《〈明儒学案〉辨微录》(三)	《建设》(台北)	1967年1月第15卷第8期
44	罗联络	《〈明儒学案〉辨微录》(四)	《建设》(台北)	1967年2月第15卷第9期
45	罗联络	《〈明儒学案〉辨微录》(五)	《建设》(台北)	1967年3月第15卷第10期
46	罗联络	《〈明儒学案〉辨微录》(六)	《建设》(台北)	1967年4月第15卷第11期
47	罗联络	《〈明儒学案〉辨微录》(七)	《建设》(台北)	1967年5月第15卷第12期
48	罗联络	《〈明儒学案〉辨微录》(八)	《建设》(台北)	1967年7月第16卷第2期
49	罗联络	《〈明儒学案〉辨微录》(九)	《建设》(台北)	1967年8月第16卷第3期

续 表

序号	作者	书名/篇名	藏地/出处	时间
50	佚　名	《〈明儒学案〉序例节钞》	《人生》	1968年第5期
51	甲　凯	《〈明儒学案〉与黄宗羲》	《"中央"月刊》(台湾)	1972年第2期
52	钱　穆	《中国史学名著：黄梨洲的〈明儒学案〉与全谢山的〈宋元学案〉》	《文艺复兴》	1972年第6期
53	〔日〕吉田公平	《黄宗羲「明儒学案」の思想史的研究》	日本东北大学资助研究项目(X00095－261008)	1977年
54	陈荣捷	《论〈明儒学案〉之"师说"》	《幼狮月刊》	1978年7月第48卷第1期
55	成中英	《谈〈明儒学案〉中的明儒气象》	《幼狮月刊》	1978年第2期
56	仓修良	《黄宗羲和〈明儒学案〉》	《杭州大学学报》	1983年第4期
57	沈芝盈	点校本《明儒学案·前言》	中华书局1985年，第1—6页	1983年6月28日
58	陈锦忠	《黄宗羲〈明儒学案〉著成因缘与其体例性质初探》	《东海学报》	1984年6月第25期
59	任大援	《中国最早的有系统的学术史专著——〈明儒学案〉》	《文史知识》	1985年第2期
60	朱义禄	《黄宗羲哲学史方法论发微——兼论〈明儒学案〉》	《哲学研究》	1985年第4期

续 表

序号	作 者	书名/篇名	藏地/出处	时 间
61	余金华	《黄宗羲学术史观新探——对〈明儒学案〉一书的结构功能分析》	武汉大学硕士学位论文	1986 年
62	梁远华	《明儒学案》	《古籍整理出版情况简报》	1986 年第 158 期,第 28—31 页
63	卢钟锋	《论〈宋元学案〉〈明儒学案〉的理学史观点》	《孔子研究》	1987 年第 2 期
64	卢钟锋	《略论〈明儒学案〉学术风格的新特点》	载于吴光主编:《黄宗羲论——国际黄宗羲学术讨论会论文集》,浙江古籍出版社	1987 年
65	朱仲玉	《试论黄宗羲〈明儒学案〉》	载于《黄宗羲论》	1987 年
66	余金华	《〈明儒学案〉的结构与功能分析》	载于《黄宗羲论》	1987 年
67	陈正夫	《试论〈明儒学案〉》	载于《黄宗羲论》	1987 年
68	〔美〕司徒琳	《〈明夷待访录〉与〈明儒学案〉的再评价》	载于《黄宗羲论》	1987 年
69	Julia Ching	*The Records of Ming Scholars*	Honolulu: University of Hawaii Press	1987 年
70	吴 光	《〈明儒学案〉考》	载氏著《黄宗羲著作汇考》(学生书局 1990 年,第 11—28 页)	1987 年 8 月
71	默明哲	《〈明儒学案·崔铣·松窗寤言〉订正》	《孔子研究》	1988 年第 1 期

续 表

序号	作 者	书名/篇名	藏地/出处	时 间
72	刘 敏	《黄宗羲在〈明儒学案〉中的哲学思想》	北京大学硕士学位论文	1988 年
73	凡 夫	《关于〈明儒学案〉》	《宁波师院学报》	1988 年第 5 期
74	Benjamin. A.Ehlman	《〈明儒学案〉英译本问世》	《古籍整理研究学刊》	1989 年第 3 期
75	古清美	《从〈明儒学案〉谈黄宗羲思想中的几个问题》	《明代理学论文集》，台北大安出版社	1990 年
76	吴怀祺	《〈明儒学案〉，一部开风气的学术史专著》	《史学史研究》	1990 年第 4 期
77	朱鸿林	《〈明儒学案〉点校释误》	"中央研究院"历史语言研究所专刊之九十六	1991 年
78	李 庆	《阳明学中的欲望观：〈明儒学案〉中对欲望的几种见解》	《金沢大学教养部论集・人文科学篇》	1992 年 8 月 30 日
79	曾春海	《经典导读——〈明儒学案〉》	《哲学与文化》	1992 年第 4 期
80	余贵林	《简评〈明儒学案〉研究中的两种观点》	《内江师专学报》	1993 年第 1 期
81	〔日〕福田殖	《『明儒学案』成立に関する一考察》	九州大学中国哲学研究会 *Studies in Chinese Philosophy*	1995 年 12 月 25 日
82	陈荣捷	《论〈明儒学案〉》	朱荣贵编：《宋明理学之概念与历史》（台北"中央研究院"中国文哲研究所筹备处出版，第 363—365 页）	1996 年

续　表

序号	作 者	书名/篇名	藏地/出处	时　间
83	朱鸿林	《〈明儒学案〉中之唐伯元文字》	《"国家图书馆"馆刊》(台湾)	1996 年第 2 期
84	李显裕	《〈明儒学案〉与明代学术思想史之研究》	《史汇》	1997 年第 6 期
85	刘康德	《论"四十不惑"——〈明儒学案〉》	《世纪论评》	1997 年第 5—6 期,第 107 — 110 页
86	〔日〕柴田笃	《黄宗羲の〈明儒学案〉成立に关する基础的研究》	九州大学平成九年科研报告书(基盘研究 B,07451003)	1997 年
87	韩学宏	《黄宗羲〈明儒学案〉之研究》	政治大学中国文学系博士学位论文	1998 年
88	蔡淑闵	《从〈明儒学案〉论黄宗羲对四句教之疏解》	《陈百年先生学术论文奖论文集》第二期	1999 年,第 61—76 页
89	祁　英	《学术史专著:〈明儒学案〉》	《华夏文化》	2000 年第 3 期
90	仓修良	《阅读古籍应当注意版本选择——读〈明儒学案〉所联想到的》	《史家·史籍·史学》,山东教育出版社	2000 年
91	罗炳良	《我国第一部完整的学术史著作——〈明儒学案〉》	《光明日报》	2001 年 10 月 16 日
92	高玮谦	《〈明儒学案·浙中王门学案〉中钱绪山与王龙溪思想之述评》	《鹅湖学志》	2001 年第 12 期
93	彭国翔	《周海门的学派归属与〈明儒学案〉相关问题之检讨》	《清华学报》(新竹)	2002 年第 3 期

续 表

序号	作 者	书名/篇名	藏地/出处	时 间
94	张承宗 潘浩	《黄宗羲与〈明儒学案〉》	《历史教学问题》	2002年第4期
95	王 樾	《从史体结构的分析与诠释论黄宗羲〈明儒学案〉的意义》	《海峡两岸古典文献学学术研讨会论文集》	2002年12月
96	郭 齐	《说黄宗羲〈明儒学案〉晚年定本》	《史学史研究》	2003年第2期
97	王记录	《〈明儒学案〉缘何不为李贽立学案？——兼谈黄宗羲的学术史观》	《河南师范大学学报》	2003年第5期
98	〔日〕佐藤炼太郎	《周汝登『聖学宗伝』と黄宗羲『明儒学案』》	二松学舍大学《阳明学》	2003年3月31日
99	方光华	《〈明儒学案〉研究中国思想学术史的理论与方法》	《明清浙东学术文化研究》，中国社会科学出版社	2004年
100	朱鸿林	《〈明儒学案·白沙学案〉的文本问题》	《燕京学报》	2004年第16期
101	〔日〕难波征男	《『明儒学案』における「慎独」の展開》	《比较文化：福冈女学院大学大学院人文科学研究科纪要》	2004年3月31日
102	郭 齐	《〈明儒学案〉点校说明》	《宋代文化研究》	2005年
103	四川大学古籍所	《〈明儒学案〉校点前言》	《儒藏·史部·历代学案》第二十五册，四川大学出版社2005年，第2页	2005年
104	朱康有	《〈明儒学案〉中的“实学”意考》	《中共宁波市委党校学报》	2005年第6期

续 表

序号	作 者	书名/篇名	藏地/出处	时 间
105	曾明泉	《“义理溶液,操持洒落”之诗哲吴康斋——兼论〈明儒学案·崇仁学案〉之缺憾》	《文明探索丛刊》	2005 年第 10 期
106	谢江飞	《百年遗珍莫晋刻本〈明儒学案〉》	《收藏界》	2006 年第 1 期
107	邓国亮	《资料不足对〈明儒学案〉编纂的限制——以闽粤王门学案为例》	《燕京学报》	2006 年新 21 期
108	〔韩〕崔在穆	《关于郑寅普〈阳明学演论〉中反映的黄宗羲及其〈明儒学案〉的评价论》	载于吴光主编:《从民本走向民主——黄宗羲民本思想国际学术研讨会论文集》,浙江古籍出版社	2006 年
109	钱 明	《〈明儒学案〉中的“意”范畴与黄宗羲的“主意”说》	载于《从民本走向民主》	2006 年
110	胡发贵	《心学立场 史家眼光——从〈明儒学案〉看黄宗羲对罗钦顺的解读》	载于吴光主编:《黄宗羲与明清思想》,上海古籍出版社	2006 年
111	〔日〕福田殖	《关于〈明儒学案〉成书的基础性研究》	载于《黄宗羲与明清思想》	2006 年
112	王 宇	《方孝孺与黄宗羲对明代理学开端的构建——兼论宋濂不入〈明儒学案〉》	载于《黄宗羲与明清思想》	2006 年
113	侯羽穜	《〈明儒学案〉中“河东”与“三原”学派对程朱理学之承继与演变》	台湾师范大学国文研究所博士学位论文	2006 年

续 表

序号	作 者	书名/篇名	藏地/出处	时 间
114	韩学宏	《黄宗羲〈明儒学案〉之研究》	潘美月、杜洁祥主编:《古典文献研究辑刊》五编第19册,台北花木兰文化出版社	2007年
115	张实龙	《修德而后可讲学——论〈明儒学案〉的精神》	《浙江学刊》	2007年第1期
116	许惠敏	《〈明儒学案〉以〈崇仁学案〉为卷首之意义之衡定——从吴与弼"心学"论述之》	《当代儒学研究》	2007年第1期,第203—227页
117	王 宇	《试论〈明儒学案〉对明代理学开端的构建》	《中共浙江省委党校学报》	2007年第4期
118	蔡家和	《从黄宗羲〈明儒学案〉的评语见其心学意涵》	《鹅湖学志》(载于2007年3月18日第十届儒佛会通暨文化哲学学术研讨会"中国哲学的心性论"论文集)	2007年第6期
119	Chu, Hung-lam	Chapter in Charlotte Furth, Judith T. Zeitlin, and Ping-chen Hsiung, eds.	*Thinking with Cases: Specialist Knowledgein Chinese Cultural History*. Honolulu: University of Hawaii Press, pp. 244 - 273	2007年
120	刘 勇	《黄宗羲对泰州学派历史形象的重构——以〈明儒学案·颜钧传〉的文本检讨为例》	《汉学研究》第26卷第1期	2008年3月

续 表

序号	作 者	书名/篇名	藏地/出处	时 间
121	钟彩钧	《黄宗羲〈明儒学案〉的异本问题》	《中国文哲研究通讯》(原为2007年11月15日“再造与衍义”——文献学国际学术研讨会之专题)	2008年第2期
122	孟庆楠	《〈明儒学案〉修订本》	《哲学门》	2008年第2期,第18页
123	朱文杰	《是“吟风”而非“冷风”考述——点校本〈明儒学案〉勘误一则》	《第十二届明史国际学术讨论会论文集》	2009年
124	李文辉	《从〈伊洛渊源录〉到〈明儒学案〉——学案体之体例演进研究》	《中山大学研究生学刊》	2009年第1期
125	陈祖武	《〈明儒学案〉发微》	《中国史研究》	2009年第4期
126	李 俊	《黄宗羲及其〈明儒学案〉》	《中国社会科学报》	2009年7月2日
127	姚文永	《“共行只是人间路,得失谁知天壤分”——从“一本而万殊”看〈明儒学案〉为何不给李贽立案》	《云南民族大学学报》	2010年第2期
128	姚文永	《〈明儒学案〉的编纂原则与方法初探》	《淡江人文社会学刊》	2010年第41期
129	姚文永 宋晓伶	《“自得”和“宗旨”——〈明儒学案〉一个重要的编纂方法与原则》	《大连大学学报》	2010年第3期

续 表

序号	作者	书名/篇名	藏地/出处	时间
130	姚文永	《〈明儒学案〉百年研究回顾与展望》	《北京理工大学学报》	2010 年第 5 期
131	姚文永	《浅谈〈明儒学案〉在编辑学上的特色》	《编辑之友》	2010 年第 6 期
132	姚文永 张国平	《重"工夫"轻"本体"——谈黄宗羲编著〈明儒学案〉所贯穿的一条重要原则》	《殷都学刊》	2011 年第 4 期
133	毛益华	《黄宗羲〈明儒学案〉序文比较》	《乐山师范学院学报》	2011 年第 9 期
134	李佳爱	《〈明儒学案〉学术观研究》	拉曼大学中华研究院中文系硕士学位论文	2011 年
135	佟　雷	《由〈明儒学案〉观黄宗羲对心学的继承与发展》	辽宁大学硕士学位论文	2011 年
136	朱鸿林	《〈明儒学案〉选讲》	北京三联书店	2012 年
137	王维和 张宏敏	《〈明儒学案〉〈宋元学案〉之黄宗羲案语汇辑》	杭州出版社	2012 年
138	陈　畅	《论〈明儒学案〉的道统论话语建构》	《学海》	2012 年第 1 期
139	陈卫平	《突破传统，书写信史——〈明儒学案〉对中国哲学史学科的历史先导意义》	《人文杂志》	2012 年第 3 期
140	朱鸿林	《〈明儒学案·曹端学案〉研读》	《汉学研究学刊》	2012 年第 3 期
141	姚文永 王明云	《从〈明儒学案〉看黄宗羲的儒佛观及其矛盾》	《中国石油大学学报》	2012 年第 5 期

续 表

序号	作 者	书名/篇名	藏地/出处	时 间
142	王婧倩 唐玉洁	《〈明儒学案〉学术史观发微》	《黑河学刊》	2012年第6期
143	朱鸿林	《梁启超与〈节本明儒学案〉》	《中国文化》	2012年第1期
144	姚文永 王明云	《〈明儒学案〉补编编著刍议》	《佳木斯大学学报》	2012年第6期
145	屈 宁 王 曼	《论〈明儒学案〉的历史内涵和思想价值》	《史学理论与史学史学刊》	2012年
146	柴 锐	《〈明儒学案·楚中王门学案〉蒋信(1483—1559)的学派归属研究》	中山大学硕士学位论文	2012年
147	朱鸿林	《〈明儒学案·姚江学案〉的文本问题初探(一)》	《第三届中国古文献与传统文化国际研讨会学术论文集》,中国社科院历史所	2012年10月19—21日
148	朱鸿林	《〈明儒学案·姚江学案〉的文本问题初探(二)》	《第二届国际阳明学研讨会论文集》,浙江余姚	2012年11月30日—12月2日
149	朱鸿林	《朱鸿林读黄宗羲〈明儒学案〉讲稿》	香港中文大学出版社	2013年
150	朱鸿林	《孔院院长朱鸿林埋首研〈明儒学案〉》	《大公报》	2013年1月14日
151	张笑龙	《钱穆对〈明儒学案〉评价之转变》	《广东社会科学》	2013年第3期
152	姚文永	《析薛瑄的复性说——兼论黄宗羲在〈明儒学案〉中对薛瑄的评价》	《中国石油大学学报》	2013年第4期

续 表

序号	作者	书名/篇名	藏地/出处	时间
153	朱光磊	《〈明儒学案·师说〉“邓先生”考述》	《人文杂志》	2013年第5期
154	赵文会	《〈明儒学案·师说罗汝芳传〉人物考辨》	《宁波大学学报》	2013年第5期
155	张圆圆	《黄宗羲学术史思想研究——以〈明儒学案〉为中心》	黑龙江大学博士学位论文	2013年
156	袁光仪	《论晚明儒者耿定向之学术及其价值——与〈明儒学案〉商榷》	《中国学术年刊》	2013年9月
157	白洁尹	《黄宗羲对蔡清的评价——兼论〈明儒学案〉对史料的剪裁》	《新亚论丛》	2013年第12期
158	姚文永	《黄宗羲〈明儒学案〉研究》	四川大学出版社	2014年
159	姚文永	《浅谈〈明儒学案〉的文献选择——以颜钧、何心隐、陈九川为例》	《运城学院学报》	2014年第1期
160	吴　琼	《简论黄宗羲及其〈明儒学案〉》	《金田》	2014年第1期
161	黄敏浩	《黄宗羲〈明儒学案〉对阳明学的评价》	《全球与本土之间的哲学探索：刘述先先生八秩寿庆论文集》，台湾学生书局，第341—374页	2014年
162	刘　盛	《〈明儒学案〉纂修探微》	《明清论丛》第十四辑，故宫出版社	2014年
163	秦　峰	《〈明儒学案〉对“四句教”的诠释和批评》	《哲学动态》	2014年第11期

续 表

序号	作者	书名/篇名	藏地/出处	时间
164	何威萱	《〈明儒学案〉的文本剪裁及编纂问题析说:以魏校学案为例》	《明史研究》第十四辑,黄山书社	2014年
165	姚文永	《浅析黄宗羲对学案体的设计——兼释〈明儒学案〉未列诸儒之原因》	《图书馆研究与工作》	2014年第1期
166	黎业明	《唐伯元编次之〈白沙先生文编〉略述——兼论黄宗羲〈明儒学案·白沙学案上〉之取材问题》	《理学与岭南社会文化国际学术研讨会·会议论文集》	2014年6月25—29日
167	张 明	《〈明儒学案〉缺载"黔中王门"考论——兼论"黔中王门"源流演变及其心学成就》	《贵阳学院学报》	2015年第1期
168	郑礼炬	《〈明儒学案·粤闽相传学案〉王守仁福建门人考》	《中国典籍与文化》	2015年第1期
169	张圆圆	《中国哲学史诠释模式的传统借鉴与当代反思——论〈明儒学案〉的哲学史意义》	《社会科学辑刊》	2015年第2期
170	张圆圆	《黄宗羲论东林学派和蕺山之学——基于对〈明儒学案〉文本的解读》	《江南大学学报》	2015年第2期
171	陈文新 王冯英	《由唐顺之由文入道看文学史与哲学史之相关性——〈明儒学案〉视野下的唐顺之》	《哈尔滨工业大学学报》	2015年第4期
172	赵文会	《〈明儒学案〉勘误二十三则》	《图书馆杂志》	2015年第6期

续 表

序号	作者	书名/篇名	藏地/出处	时间
173	朱鸿林	《〈明儒学案·崇仁学案〉校读》	《明史研究论丛》第十四辑，中国社会科学出版社	2015年
174	〔日〕豊島ゆう子	《黄宗羲の思想とその背景—清初学術をめぐる諸問題と『明儒学案』》	日本东北大学资助项目(13J04211)	2015年3月31日
175	赵文会	《〈明儒学案〉研究》	福建师范大学博士学位论文	2015年
176	朱鸿林	《〈明儒学案〉研究及论学杂著》	北京三联书店	2016年
177	白洁尹	《和而不同——黄宗羲的门户关怀与〈明儒学案〉的编纂》	林庆彰主编：《中国学术思想研究辑刊》二三编第16册，花木兰文化出版社	2016年
178	袁立泽	《从〈理学宗传〉到〈明儒学案〉——"以经学济理学之穷"视角下学案体史籍初论》	《清史论丛》	2016年第1期
179	张圆圆	《提倡自得　把握宗旨——论〈明儒学案〉一以贯之的学术史方法原则》	《学术交流》	2016年第2期
180	庄兴亮	《黄宗羲对聂豹政治形象的构建——以〈明儒学案·贞襄聂双江豹传〉为探讨中心》	《国学学刊》	2016年第3期
181	赖玉树	《黄宗羲气学思想探赜——以〈明儒学案〉为主的考察》	《万能学报》	2016年第7期

续 表

序号	作 者	书名/篇名	藏地/出处	时 间
182	陈 畅	《〈明儒学案〉中的"宗传"与"道统"——论〈明儒学案〉的著述性质》	《哲学动态》	2016 年第 11 期
183	王国轩 王秀梅	《〈明儒学案〉点校前言》	《儒藏·精华编》第一五五册,北京大学出版社 2016 年,第 13—16 页	2016 年
184	〔日〕佐藤炼太郎	《明末清初相反对立的阳明学派史——周汝登〈圣学宗传〉与黄宗羲〈明儒学案〉的比较》	《湖南大学学报》	2017 年第 1 期
185	吴兆丰	《〈明儒学案〉(中华书局修订版)点校辨误举隅》	《明史研究论丛》第十六辑,中国社会科学出版社	2017 年
186	张圆圆	《中国哲学视阈下的传统学术史思想研究:以〈明儒学案〉为中心个案》	黑龙江人民出版社	2018 年
187	赵文会	《〈明儒学案〉研究》	黑龙江人民出版社	2018 年
188	邓伊帆	《"语道之书":〈明儒学案〉性质蠡测》	中南民族大学硕士学位论文	2018 年
189	李训昌	《全集本〈明儒学案·甘泉学案〉一至三点校勘误》	《平顶山学院学报》	2018 年第 1 期
190	李训昌	《全集本〈明儒学案·甘泉学案〉四至六点校勘误》	《平顶山学院学报》	2018 年第 3 期
191	黄 涛 庄兴亮	《〈明儒学案〉文本研究和校点整理——访朱鸿林教授》	《中国史研究动态》	2018 年第 2 期
192	张二平	《〈明儒学案〉的生生哲学》	《江南大学学报》	2018 年第 3 期

续 表

序号	作 者	书名/篇名	藏地/出处	时 间
193	金香花	《罗钦顺性论新诠——〈明儒学案〉商兑》	《社会科学》	2018 年第 8 期
194	连 伟	《〈明儒学案〉载王阳明余姚籍弟子管州事迹考订》	《长江丛刊》	2018 年第 11 期
195	甄洪永	《黄宗羲〈明儒学案·夏尚朴〉文献选编的一则失误》	《文化学刊》	2019 年第 1 期
196	谢丽泉	《梁启超〈节本明儒学案〉的德育方法论启示》	《北京教育(德育)》	2019 年第 1 期
197	陈 畅	《明清之际哲学转向的气学视野——以黄宗羲〈明儒学案〉〈孟子师说〉为中心》	《现代哲学》	2019 年第 5 期
198	陈 畅	《个体性与公共性之间——论〈明儒学案〉形上学结构及其当代意义》	《中国哲学史》	2019 年第 5 期
199	甄洪永 李 珂	《论黄宗羲〈明儒学案〉对明代关学的新构建》	《武陵学刊》	2019 年第 6 期
200	文碧方 卢添成	《章潢性气思想探微——从〈明儒学案〉的一处文本错误谈起》	《井冈山大学学报》	2019 年第 6 期
201	洪伟侠	《北大〈儒藏〉版〈明儒学案〉勘误一则》	《市场调查信息》	2019 年第 8 期
202	赵文会	《〈明儒学案〉所见科举业妨圣贤学史料价值探析》	《中华传奇》	2019 年第 9 期
203	李一禾 张如安	《"不拘"与"纵情"——论〈明儒学案〉中黄宗羲对邓豁渠形象的建构》	《南京师大学报》	2020 年第 1 期

续 表

序号	作 者	书名/篇名	藏地/出处	时 间
204	汪学群	《〈明儒学案〉与阳明学的分派》	《贵阳学院学报》	2020 年第 3 期
205	魏 冬	《党晴梵〈明儒学案表补〉版本考述》	《渭南师范学院学报》	2020 年第 3 期
206	赵江红	《〈明儒学案〉成书时间与天象——兼谈古代天文记录研究方法论的反思》	《科学技术哲学研究》	2020 年第 4 期
207	韩春平	《〈明儒学案〉清刻本及版本源流》	《古籍研究》	2020 年第 2 期
208	王珊珊	《〈明儒学案·卢冠岩学案〉文本与义理研究——以卢冠岩〈献子遗存〉为参照》	同济大学硕士学位论文	2020 年
209	朱义禄	《论泰州学派对日本明治维新思想的影响——以梁启超〈节本明儒学案〉为中心的考察》	《贵州文史丛刊》	2021 年第 1 期
210	胡传吉	《经史分离与史学"致用"——梁启超"新史学"与黄梨洲〈明儒学案〉关系考论》	《关东学刊》	2021 年第 1 期
211	甄洪永 李 珂	《黄宗羲〈明儒学案·崇仁学案〉一处文献失误献疑》	《宁德师范学院学报》	2021 年第 2 期
212	李 博	《从〈关学编〉到〈明儒学案〉——论黄宗羲重构"关学"的方法及意义》	《人文论丛》	2021 年第 2 期
213	余劲东	《略论黄宗羲〈明儒学案〉传记镕裁的旨趣——以〈文正方正学先生孝孺〉为中心》	《明史研究论丛》第十九辑,中国社会科学出版社	2021 年

续 表

序号	作者	书名/篇名	藏地/出处	时间
214	陈 畅	《方学渐心学的理论特质及其困境——兼论黄宗羲〈明儒学案·泰州学案〉的思想主旨》	《同济大学学报》	2022 年第 1 期
215	赵文会	《一本万殊：〈明儒学案〉学术史观考论》	《赣南师范大学学报》	2022 年第 2 期
216	陈心怡	《〈明儒学案〉略载“闽中王门”成因钩沉》	《国文天地》	2022 年 8 月
217	徐 倩	《〈明儒学案〉之阳明后学的分派》	《今古文创》	2022 年第 33 期
218	刘 辰	《贾氏紫筠斋本〈明儒学案〉删改史实探微》	《清史研究》	2023 年第 3 期
219	甄洪永 王 宁	《〈明儒学案·方孝孺〉的文本生成及“有明之学祖”的重构》	《武陵学刊》	2023 年第 4 期
220	薄文梅	《论黄宗羲〈明儒学案〉的历史编纂学特色》	东北师范大学硕士学位论文	2023 年
221	李 萍 王 巍	《超越〈明儒学案〉局限建构黔中王门心学体系》	《贵阳学院学报》	2024 年第 2 期

参 考 文 献

一、史籍

（唐）刘知幾：《史通》，上海古籍出版社 2009 年。

（宋）张　载：《张载集》，中华书局 1978 年。

（宋）陆九渊：《陆九渊集》，中华书局 1980 年。

（宋）朱　熹：《四书章句集注》，中华书局 1983 年。

（宋）李　侗：《李延平集》，中华书局 1985 年。

（宋）黎靖德编：《朱子语类》，中华书局 1986 年。

（宋）程颢、（宋）程颐：《二程集》，中华书局 2004 年。

（宋）周敦颐：《周敦颐集》，中华书局 2009 年。

（宋）朱　熹：《伊洛渊源录》，中国书店 2015 年。

（明）陈献章：《陈献章集》，中华书局 1987 年。

（明）罗钦顺：《困知记》，中华书局 1990 年。

（明）李　材：《见罗先生书》，齐鲁书社 1995 年。

（明）颜　钧：《颜钧集》，中国社会科学出版社 1996 年。

（明）何　瑭：《何瑭集》，中州古籍出版社 1999 年。

（明）曹　端：《曹端集》，中华书局 2003 年。

（明）蒋　信：《桃冈日录》，广西师范大学出版社 2003 年。

（明）唐顺之：《荆川集》，吉林出版集团有限责任公司 2005 年。

（明）徐爱等：《徐爱·钱德洪·董沄集》，凤凰出版社 2007 年。
（明）王　畿：《王畿集》，凤凰出版社 2007 年。
（明）邹守益：《邹守益集》，凤凰出版社 2007 年。
（明）聂　豹：《聂豹集》，凤凰出版社 2007 年。
（明）罗洪先：《罗洪先集》，凤凰出版社 2007 年。
（明）聂汝芳：《罗汝芳集》，凤凰出版社 2007 年。
（明）欧阳德：《欧阳德集》，凤凰出版社 2007 年。
（明）刘宗周：《刘宗周全集》，浙江古籍出版社 2007 年。
（明）吕　坤：《吕坤全集》，中华书局 2008 年。
（明）蒋　信：《道林先生文粹》，岳麓书社 2010 年。
（明）王守仁：《王阳明全集》，上海古籍出版社 2011 年。
（明）胡居仁：《胡居仁文集》，江西人民出版社 2013 年。
（明）湛若水：《湛甘泉先生文集》，广西师范大学出版社 2014 年。
（明）吕　楠：《吕楠集·泾野子内篇》，西北大学出版社 2014 年。
（明）薛　侃：《薛侃集》，上海古籍出版社 2014 年。
（明）王　恕：《王恕集》，西北大学出版社 2015 年。
（明）周汝登：《圣学宗传》，凤凰出版社 2015 年。
（明）耿定向：《耿定向集》，华东师范大学出版社 2015 年。
（明）穆孔晖、（明）尤时熙：《北方王门集》，上海古籍出版社 2017 年。
（明）陶望龄：《陶望龄全集》，上海古籍出版社 2019 年。
（明）刘元卿：《刘元卿集》，上海古籍出版社 2020 年。
（明）王时槐：《王时槐集》，上海古籍出版社 2020 年。
（明）顾宪成：《小心斋札记》，中国社会科学出版社 2020 年。
（明）王　艮：《王艮全集》，上海古籍出版社 2022 年。
（清）黄宗羲：《黄梨洲文集》，中华书局 1959 年。
（清）永瑢等：《四库全书总目》，中华书局 1965 年。
（清）张廷玉等：《明史》，中华书局 1974 年。
（清）赵尔巽：《清史稿》，中华书局 1977 年。

（清）阮元校刻：《十三经注疏》，中华书局 1980 年。

（清）黄宗羲原著，（清）全祖望补修：《宋元学案》，中华书局 1986 年。

（清）黄宗羲：《明文海》，中华书局 1987 年。

（清）吴光酉：《陆陇其年谱》，中华书局 1993 年。

（清）周中孚：《郑堂读书记》，上海古籍出版社 1995 年。

（清）丁丙、（清）丁仁：《八千卷楼书目》，上海古籍出版社 2002 年。

（清）唐　晏：《两汉三国学案》，中华书局 2008 年。

（清）章学诚：《文史通义》，上海古籍出版社 2008 年。

（清）莫友芝：《藏园订补郘亭知见传本书目》，中华书局 2009 年。

（清）黄宗羲：《黄宗羲全集》，浙江古籍出版社 2012 年。

（清）丁日昌：《持静斋书目·持静斋藏书记要》，中华书局 2012 年。

（清）孔广森：《大戴礼记补注》，中华书局 2013 年。

（清）李慈铭：《越缦堂读书记》，上海书店出版社 2015 年。

（清）张伯行：《道统录》，凤凰出版社 2015 年。

（清）全祖望：《全祖望集汇校集注》，上海古籍出版社 2021 年。

二、论著

谢国桢：《黄梨洲学谱》，上海商务印书馆 1932 年。

〔日〕小柳司气太：《续东洋思想の研究》，森北书店 1943 年。

杜维运、黄进兴编：《中国史学史论文选集》，华世出版社 1976 年。

古清美：《黄梨洲之生平及其学术思想》，台湾大学文学院 1978 年。

〔日〕山井涌：《明清思想史の研究》，东京大学出版会 1980 年。

金景芳：《中国奴隶社会史》，上海人民出版社 1983 年。

杨向奎：《清儒学案新编》，齐鲁书社 1985 年。

冯　契：《中国古代哲学的逻辑发展》，上海人民出版社 1985 年。

张立文：《宋明理学研究》，中国人民大学出版社 1985 年。

侯外庐等主编：《宋明理学史》下，人民出版社 1987 年。

蒙培元：《理学范畴系统》，人民出版社 1989 年。

张高评：《黄梨洲及其史学》，文津出版社 1989 年。
杨国荣：《王学通论——从王阳明到熊十力》，上海三联书店 1990 年。
吴　光：《黄宗羲著作汇考》，学生书局 1990 年。
陈　来：《有无之境——王阳明哲学的精神》，人民出版社 1991 年。
《中国古籍善本书目》编辑委员会编：《中国古籍善本书目》，上海古籍出版社 1993 年。
季学原、章亦平主编：《黄宗羲研究资料索引》，浙江古籍出版社 1993 年。
李明友：《一本万殊——黄宗羲的哲学与哲学史观》，人民出版社 1994 年。
陈祖武：《中国学案史》，文津出版社 1994 年。
刘宗贤：《陆王心学研究》，山东人民出版社 1997 年。
屠承先：《本体功夫论》，杭州大学出版社 1997 年。
卢钟锋：《中国传统学术史》，河南人民出版社 1998 年。
黄进兴：《优入圣域：权力、信仰与正当性》，陕西师范大学出版社 1998 年。
刘泽华：《中国的王权主义》，上海人民出版社 2000 年。
朱义禄：《黄宗羲与中国文化》，贵州人民出版社 2001 年。
张显清、林金树：《明代政治史》，广西师范大学出版社 2003 年。
吴　震：《明代知识界讲学活动系年：1522—1602》，学林出版社 2003 年。
陈　垣：《中国佛教史籍概论》，上海书店出版社 2005 年。
程志华：《困境与转型——黄宗羲哲学文本的一种解读》，人民出版社 2005 年。
余英时：《宋明理学与政治文化》，广西师范大学出版社 2006 年。
刘述先：《黄宗羲心学的定位》，浙江古籍出版社 2006 年。
白寿彝主编：《中国史学史》，上海人民出版社 2006 年。
严佐之：《古籍版本学概论》，华东师范大学出版社 2008 年。
林久贵、周春健：《中国学术史研究》，崇文书局 2008 年。
梁启超：《中国历史研究法》，中华书局 2009 年。
仓修良：《中国古代史学史》，人民出版社 2009 年。
钱　明：《王阳明及其学派论考》，人民出版社 2009 年。
金毓黻：《中国史学史》，商务印书馆 2010 年。

牟宗三：《从陆象山到刘蕺山》，吉林出版集团有限责任公司 2010 年。
徐定宝：《黄宗羲与浙东学术》，海洋出版社 2010 年。
俞樟华：《王学编年》，吉林大学出版社 2010 年。
刘兴淑：《学案体研究》，吉林人民出版社 2010 年。
汤一介、李中华主编：《中国儒学史》，北京大学出版社 2011 年。
来新夏等汇补：《书目答问汇补》，中华书局 2011 年。
蔡仁厚：《王阳明哲学》，九州出版社 2012 年。
张舜徽：《清儒学记》，华中师范大学出版社 2012 年。
张学智：《明代哲学史》，中国人民大学出版社 2012 年。
〔瑞士〕耿宁：《王阳明及其后学论致良知》，商务印书馆 2014 年。
杨立华：《宋明理学十五讲》，北京大学出版社 2015 年。
彭国翔：《王龙溪与中晚明的阳明学》，北京三联书店 2015 年。
嵇文甫：《晚明思想史论》，北京出版社 2016 年。
〔日〕冈田武彦：《王阳明与明末儒学》，重庆出版社 2016 年。
朱鸿林：《〈明儒学案〉研究及论学杂著》，北京三联书店 2016 年。
张岱年：《中国古典哲学概念范畴要论》，中华书局 2017 年。
张希清主编：《中国科举制度通史》，上海人民出版社 2017 年。
瞿林东：《中国史学的理论遗产》，北京师范大学出版社 2017 年。
束景南：《王阳明年谱长编》，上海古籍出版社 2017 年。
吕妙芬：《阳明学士人社群》，北京师范大学出版社 2017 年。
冯友兰：《中国哲学简史》，中华书局 2019 年。
贺　麟：《五十年来的中国哲学》，上海人民出版社 2019 年。
金晓刚：《编纂与刊刻：〈宋元学案〉文本生成史研究》，浙江大学出版社 2021 年。

后　　记

书生，或许始终还是有些凄凉的……

这本小书与十多年前的一个批评有关。那时我初涉梨洲宏著，毕业答辩前梁师韦弦对我说："你这劲儿使了不少，但逻辑性太差。"我深责己之愚鲁，亦哀沉疴痼疾之难祛。后来有一次偶然旁听体育学科的开题，无意间瞄到他们讲"宏观、中观、微观"，我瞬间好像被什么东西猛击着了。慢慢的，"系统论"浸润着我从史源、文献、思想等维度对《明儒学案》的粗浅思考。前几年，老师突然病了，当时只是想大体上以后亦与学术不再相逢，可转眼间，老师却在 2024 年 10 月 7 日与世长辞了……遥想当年千里求学的榕城岁月，我深感人生之无常。恩师德高、学粹、慧而勤，常勘得破世间事，在《易》学方面造诣极深。常记得以前茶余饭后在闽江边散步，老师会经常和我们讲"慎独"。这本小书首先要献给我的恩师——梁韦弦先生。

尝慨叹世间万物之来去自有其定数。2019 年我曾用整整大半年的时间集中撰写第三部分，即将写完的前一天晚上心中充满了小幸福。第二天早上，电脑突然死机了……此后整整一个月我都很"呆"，因此往后"备份"便更加刻骨铭心。书稿完成后，我试着向上海古籍出版社投稿，这源于多年来对于其顶级水平的认知，蒙不弃而择录，真的是兴高采烈。可第二天早上却懵了，刻资何来？我甚至傻傻的没有意识到还有这个环节。于是开始奔走，人情冷暖，世态炎凉……之后幸得铜仁学院科研处的大力支持，本书才得以付梓，在此敬谢其求实之风。感谢上海古籍出版社曾晓红老师自始至终真心的宽容、理解以及黄芬老师对书稿认真细致的校改。由于个人确实学力尚浅、识见有限，故本书疏漏及错讹之处在所难免，恳请各位时贤师友批评指正，以帮我弥补十三年间曾经留下的那些无法回头的遗憾。

2023 年 10 月我有幸携此书之小稿赴江西大余参加第四届阳明文化国际论坛，站在赣粤交边的梅岭古道，微风吹起间，想起了很多的过往……于是妄作小诗一首以自省：

落星亭下思圣贤，驿道无苔望古山。
莫道年华悲已去，青梅煮酒过雄关。

要感谢的人还有很多，我只能默默地把你们藏进我的心里，于寂时常念诸君恩泽。长河霜冷，落日孤寒，只愿世间书生，或许还是可以少一些凄凉！

2024 年 9 月记于故乡吉林伊通

图书在版编目(CIP)数据

《明儒学案》学术史系统研究 / 赵文会著. -- 上海 : 上海古籍出版社, 2024. 11. -- ISBN 978-7-5732-1421-8

Ⅰ. B248.05

中国国家版本馆 CIP 数据核字第 202419X8M1 号

《明儒学案》学术史系统研究

赵文会　著

上海古籍出版社出版发行

(上海市闵行区号景路 159 弄 1-5 号 A 座 5F　邮政编码 201101)

(1) 网址: www.guji.com.cn

(2) E-mail: guji1@guji.com.cn

(3) 易文网网址: www.ewen.co

金坛市古籍印刷厂印刷

开本 890×1240　1/32　印张 12.375　插页 5　字数 299,000

2024 年 11 月第 1 版　2024 年 11 月第 1 次印刷

ISBN 978-7-5732-1421-8

K·3747　定价: 88.00 元